10일 만에 끝내는

해커스
OPIc
Advanced 공략

200% 활용법

온라인 실전모의고사 이용 방법

해커스인강(HackersIngang.com) 접속 ▶ 페이지 상단의 [토스/오픽] 클릭 ▶
상단의 [MP3/자료 → 오픽 → 실전모의고사 프로그램] 클릭 ▶
본 교재의 [실전모의고사 프로그램] 이용하기

교재 MP3 이용 방법

해커스인강(HackersIngang.com) 접속 ▶ 페이지 상단의 [토스/오픽] 클릭 ▶
상단의 [MP3/자료 → 오픽 → 문제풀이 MP3] 클릭하여 이용하기

*QR 코드로 교재 MP3 바로 가기

누적 수강건수 550만 선택
취업교육 1위 해커스잡

10일 만에 끝내는

해커스
OPIc
Advanced 공략

해커스

Hackers.co.kr

OPIc 성적을 빨리 받아야 하는데…
정말 10일 만에 IH/AL 등급 달성이 가능할까요?

<해커스 OPIc>은 자신 있게 말합니다.

IH/AL 등급, 10일이면 충분합니다.

최신 출제 경향을 완벽 반영한 문제로,

실전에서 바로 쓸 수 있는 다양한 표현과 답변 아이디어로,

돌발 문제, 롤플레이 문제 등 **고난도 문제에 대한 체계적인 학습으로,**

<해커스 OPIc>은 단기간에 IH/AL 등급을 달성할 수 있도록 하였습니다.

"이미 수많은 사람들이 안전하게 지나간 길
가장 확실한 길
가장 빠른 길로 가면 돼요."

OPIc 시험, 해커스가 여러분과 함께합니다.

CONTENTS

돌발 주제 공략

롤플레이 유형 공략

어떤 질문에도 답할 수 있는
주제별 답변 아이디어&표현 사전(별책)

실제 시험과 동일한 환경의
"온라인 실전모의고사 프로그램 1회분"

해커스인강(HackersIngang.com) 접속 > 페이지상단의
[토스/오픽] 클릭 > 상단의 [MP3/자료 → 오픽 → 실전모의고사
프로그램] 클릭 > 본 교재의 [실전모의고사 프로그램] 이용하기

이 책의 특징과 구성

01

10일 만에 완성하는 IH/AL

유형 공략부터 실전 연습까지 10일이면 충분합니다. IH/AL 등급 달성을 위해 설문 주제를 비롯하여 다양한 돌발 주제와 롤플레이 문제까지 체계적이면서도 효과적으로 단기간에 OPIc 시험을 준비할 수 있도록 구성하였습니다.

02

OPIc 최신 출제 경향 완벽 반영 – 개편된 설문 항목, 빈출 주제 수록

최신 OPIc 문제의 출제 경향을 철저히 분석하여 가장 최근 업데이트된 Background Survey 항목들과 가장 자주 출제되는 돌발 주제를 수록하였습니다. 그뿐만 아니라 각각의 문제들도 최근에 가장 자주 출제된 것으로만 엄선하여 한 문제를 풀더라도 보다 철저하게 OPIc 시험에 대비할 수 있도록 하였습니다.

03

IH/AL 등급 달성을 위한
돌발 주제와 롤플레이 문제 완벽 대비

IH/AL 등급 달성을 위해 학습자들이 가장 어려워하는 돌발 주제와 롤플레이 문제를 각각 별도의 파트로 구성하여 보다 완벽하게 대비할 수 있도록 하였습니다. 실전에서 유용한 표현과 효과적인 답변 방법을 통해 어떤 주제, 어떤 상황이 주어지더라도 능숙하게 답변할 수 있습니다.

04

어떤 질문에도 답할 수 있는
[주제별 답변 아이디어&표현 사전] 제공

실전에서 어떤 질문이 나와도 답변할 수 있도록, 주제별로 활용할 수 있는 답변 아이디어와 표현을 별도의 핸드북으로 제공합니다. 자신이 선택한 설문 주제 및 돌발 주제에 활용할 수 있는 답변 아이디어와 표현을 찾아 틈틈이 익히면 보다 확실하게 실전에 대비할 수 있습니다.

05

IH/AL 목표 학습자가 자주 묻는
[알면서도 틀리는 OPIc 표현] 수록

IH/AL 목표 레벨의 학습자가 자주 틀리는 표현들을 엄선하여 올바른 표현과 함께 부록으로 수록하였습니다. 이를 통해 평소 자신의 말하기 습관을 점검하고, 정확한 표현을 사용하여 목표로 한 등급을 달성할 수 있도록 하였습니다.

06

어떤 상황에도 당황하지 않고 답한다!
[시험장 위기 상황 대처 표현] 수록

실전에서 문제의 질문을 잊어버리거나 답할 내용이 빨리 떠오르지 않는 등 예상치 못한 상황을 맞게 될 수도 있습니다. 이러한 경우를 대비하여 위기 상황에 대처할 수 있는 표현들을 상황별로 수록하여 어떤 상황에서도 능숙하고 유연하게 대처할 수 있도록 하였습니다.

07

무료 [온라인 실전모의고사]로
시험 전 최종 마무리(HackersIngang.com)

해커스인강(HackersIngang.com)에서는 OPIc 온라인 실전모의고사 1회분을 무료로 제공합니다. 실제 시험과 같은 컴퓨터 환경에서 최신 경향이 반영된 온라인 모의고사를 통해 자신의 실력을 최종 점검하고 실전 감각을 극대화할 수 있습니다.

08

OPIc 시험 정보 및 무료 학습자료 제공(Hackers.co.kr)

해커스영어(Hackers.co.kr)에서는 OPIc 시험에 대한 최신 정보뿐 아니라 다양한 무료 학습자료를 제공합니다. 매일 업데이트되는 콘텐츠를 통해 영어 실력을 쌓고, 다른 학습자들과 OPIc 시험에 대한 정보를 공유할 수 있습니다.

● OPIc 유형 공략

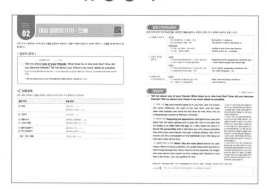

| 유형 소개 · 빈출 문제

OPIc 시험에 어떤 유형의 문제가 출제되는지, 각 유형에 따라 주제별로 자주 출제되는 문제는 무엇인지 파악합니다.

| 답변구조&핵심표현

유형별로 어떠한 내용으로 답변을 구성해야 할지 답변구조를 통해 파악한 후, 각각의 내용에서 활용할 수 있는 표현을 익힙니다.

| 모범답변

자주 출제되는 대표 문제에 대한 모범답변을 참고하여, 실제 답변을 어떻게 구성할 수 있는지 확인한 후, 이를 응용하여 나만의 답변을 말해 봅니다.

● 설문/돌발 주제 공략

| Overview

설문 주제 학습 시, 본인이 선택할 Background Survey 답변에 따라 출제될 수 있는 주제의 빈출 문제와 문제 유형, 그리고 자주 출제되는 3단 콤보 문제를 확인합니다. 최신 출제 경향을 철저히 분석한 결과를 바탕으로 수록한 돌발 주제에서도 주제별 빈출 문제와 유형을 확인하고, 3단 콤보 문제가 어떻게 구성되는지 확인합니다.

| 대표문제

주제별로 자주 출제되는 대표문제의 답변구조 및 내용, 모범답변을 통해 실제 답변을 어떻게 구성할 수 있을지 확인합니다. '골라 쓰는 답변 아이디어'를 통해 다양한 아이디어와 표현을 익히고, 이를 활용하여 나만의 답변을 만들어 봅니다.

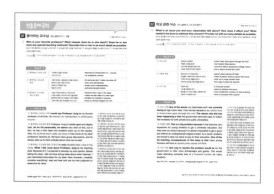

| 빈출 문제 공략

주어진 빈출 문제에 대해 먼저 자신의 답변을 구성하여 말해본 후, '등급 UP! 핵심표현'과 'AL 달성! 모범답변'을 참고하여 자신의 답변을 보완합니다.

🔍 롤플레이 유형 공략

| Overview

롤플레이 문제의 유형을 파악하고, 유형별로 자주 출제되는 문제와 각 문제가 어떤 주제에서 출제되는지를 함께 확인합니다.

| 대표문제

유형별로 자주 출제되는 대표문제의 답변구조 및 내용, 모범답변을 통해 실제 답변을 어떻게 구성할 수 있을지 확인합니다. '골라 쓰는 답변 아이디어'를 통해 아이디어와 표현을 익히고, 이를 활용하여 나만의 답변을 만들어 봅니다.

| 빈출 문제 공략

주어진 빈출 문제에 대해 먼저 자신의 답변을 구성하여 말해본 후, '등급 UP! 핵심표현'과 'AL 달성! 모범답변'을 참고하여 자신의 답변을 보완합니다.

놓쳐서는 안 될 <IH/AL> 등급 필수 학습자료

어떤 질문에도 답할 수 있는 [주제별 답변 아이디어&표현 사전] (별책)

답변할 내용이 마땅치 않은데, 괜찮은 아이디어 없을까요?

주제별로 답변에 활용할 수 있는 아이디어와 표현을 수록한 **[주제별 답변 아이디어& 표현 사전]**을 참고해 보세요. 한 손에 쏙 잡히는 핸드북 사이즈에 OPIc 답변에 바로 활용할 수 있는 1,000개 이상의 예문으로 롤플레이 문제까지 대비할 수 있습니다.

어떤 상황에도 당황하지 않고 답한다! [시험장 위기 상황 대처 표현] (부록)

말을 하던 중, 정확한 표현이 생각나지 않으면 어떡하죠?

다양한 위기 상황별로 대처할 수 있는 표현을 수록해 둔 **[시험장 위기 상황 대처 표현]**을 익혀 두세요. 말문이 막히거나 질문 내용이 기억나지 않는 등 어떠한 상황에서도 당황하지 않고 침착하게 대처할 수 있습니다.

IH/AL 목표 학습자가 자주 묻는 [알면서도 틀리는 OPIc 표현] (부록)

제 표현이 맞는 표현인가요?

[알면서도 틀리는 OPIc 표현]에서 정확한 표현을 확인하고, Quiz를 통해 연습해 보세요. 헷갈리는 표현, 알면서도 자꾸만 틀리는 표현 등 IH/AL 목표 학습자가 가장 궁금해하는 표현들을 모아 명쾌한 설명과 함께 수록하였습니다.

10일/5일/20일 완성 학습 플랜

● 나에게 맞는 학습 플랜 찾기

| 10일 완성 학습 플랜

단기간에 집중 학습해서 IH/AL 등급을 10일 만에 받고 싶은 학습자

1. OPIc 유형 공략에서 **답변구조와 핵심표현 위주로 학습**합니다.
2. 내가 선택할 설문 주제의 해당 UNIT에서 빈출 문제를 확인하고 모범답변을 통해 **답변 아이디어와 표현을 학습**합니다.
3. 교재에 수록된 20개의 돌발 주제를 훑어보며 **생소한 주제를 중심으로 학습**합니다.
4. 보충학습이 필요한 주제가 있다면 **[주제별 답변 아이디어&표현 사전]을 참고**합니다.

| 5일 완성 학습 플랜

시험에 응시한 경험이 있거나 스피킹에 어느 정도 자신이 있는 학습자

1. 선택한 UNIT의 각 페이지를 훑으며 **모범답변을 중심으로 나의 답변 만들기에 유용한 답변 아이디어와 표현을 학습**합니다.
2. **학습 플랜에 따라 추천된 UNIT을 중심으로 학습**하면, 8개의 UNIT으로 Background Survey 선택 항목 12가지에 대비할 수 있습니다.
3. 돌발 주제를 훑어보며 추천된 UNIT을 중심으로 **답변 아이디어를 정리**합니다.
4. 해커스영어(Hackers.co.kr)를 통해 다른 학습자들의 시험 후기를 참고하면 **최신 기출 돌발 주제를 파악**하는 데 도움이 됩니다.
5. 보충학습이 필요한 문제 유형이 있다면 **유형 공략 UNIT을 선별적으로 학습**합니다.

| 20일 완성 학습 플랜

OPIc 응시 경험이 없거나 기초부터 꼼꼼하게 학습하고 싶은 학습자

1. 10일 완성 학습 플랜의 **하루 분량을 이틀에 걸쳐 학습**합니다.
2. 내가 선택할 모든 설문 주제에 해당하는 UNIT을 **꼼꼼히 학습**합니다.
3. 교재에 수록된 20개의 돌발 주제를 학습하고 **취약한 문제를 중심으로 나의 답변을 연습**합니다.
4. 매일 [주제별 답변 아이디어&표현 사전]에서 당일 학습한 주제에 해당하는 부분을 참고합니다.
5. 매일 [알면서도 틀리는 OPIc 표현]을 조금씩 학습합니다.

● 10일 완성 학습 플랜

1일	2일	3일	4일	5일
유형 공략	설문 주제	설문 주제	설문 주제	돌발 주제
☐ 유형 01~12	☐ UNIT 01~02(학생) 또는 UNIT 03~04 (직장인) ☐ UNIT 05~06(거주지)	☐ 4~6개 UNIT 선택* (설문 UNIT 07, 15, 25 추천)	☐ 4~6개 UNIT 선택* (설문 UNIT 08, 09, 23 추천)	☐ UNIT 01~05

6일	7일	8일	9일	10일
돌발 주제	돌발 주제	돌발 주제	롤플레이	최종 마무리
☐ UNIT 06~10	☐ UNIT 11~15	☐ UNIT 16~20	☐ UNIT 01~06	☐ 최종 답변 연습** ☐ 실전모의고사 프로그램

* OPIc 시험은 자신이 Background Survey에서 선택한 주제의 문제가 나옵니다. 따라서 '설문 주제'에서는 모든 UNIT을 학습하기보다 **자신이 선택할 주제에 해당하는 UNIT을 골라 학습**합니다.
** 최종 답변 연습을 할 때는 그동안 학습한 문제들을 바탕으로 답변 연습을 하며 시험 준비를 마무리합니다.

● 5일 완성 학습 플랜

1일	2일	3일	4일	5일
유형 공략/설문 주제	설문 주제	설문 주제	돌발 주제/롤플레이	최종 마무리
☐ 유형 01~12 ☐ UNIT 01~02(학생) 또는 UNIT 03~04 (직장인) ☐ UNIT 05~06(거주지)	☐ 4~6개 UNIT 선택* (설문 UNIT 07, 15, 25 추천)	☐ 4~6개 UNIT 선택* (설문 UNIT 08, 09, 23 추천)	☐ 돌발 주제 UNIT 선택** (돌발 UNIT 01, 12, 17, 20 추천) ☐ 롤플레이 UNIT 01~06	☐ 최종 답변 연습*** ☐ 실전모의고사 프로그램

* OPIc 시험은 자신이 Background Survey에서 선택한 주제의 문제가 나옵니다. 따라서 '설문 주제'에서는 모든 UNIT을 학습하기보다 **자신이 선택할 주제에 해당하는 UNIT을 골라 학습**합니다.
** 추천 UNIT을 중심으로 **가능한 한 많은 돌발 주제 UNIT을 학습**합니다.
*** 최종 답변 연습을 할 때는 그동안 학습한 문제들을 바탕으로 답변 연습을 하며 시험 준비를 마무리합니다.

성향별 학습 방법

혼자 하는 공부가 제일 잘돼요! 개별 학습 성향

학습 플랜에 따라 공부하고 **그날의 학습량은 반드시 끝마칩니다**.
교재, 해커스영어 사이트, MP3 파일을 적극적으로 활용하여 실력을 쌓습니다.
실제 시험을 보는 것처럼 **답변하는 연습을 최대한 많이** 합니다.

여러 사람과 함께 공부하는 것이 좋아요! 스터디 학습 성향

팀원들끼리 **스터디 계획에 맞춰** 함께 표현을 정리하고, 서로 질문하고 답변해 봅니다.
팀원들끼리 **서로 답변한 것에 대해 점검**해 주며 학습합니다.
스터디 규칙, 벌금 등을 정해 모두가 꾸준히 학습할 수 있도록 합니다.

선생님 강의를 들으며 공부하는 것이 좋아요! 학원 학습 성향

학원 강의를 듣고, **궁금한 점은 질문을 통해 바로 해결**합니다.
반별 게시판을 활용해 추가로 궁금한 점을 물어보거나, 선생님 자료를 통해 공부합니다.
결석하지 않겠다는 의지를 가지고 수업에 임하며, **배운 내용은 반드시 그날 복습**합니다.

인강을 들으며 공부하는 것이 좋아요! 인강 학습 성향

제공되는 **스터디 플랜을 활용**하여 계획한 시간 내에 모든 강의를 수강합니다.
인강을 들을 때는 최대한 집중하도록 **인터넷이나 스마트폰 사용을 자제**합니다.
궁금한 점이 있을 때는 **해커스인강의 '선생님께 질문하기' 코너를 적극 활용**합니다.

교재 문제에 대한 답변구조 및 표현 학습 → 모범답변 확인 → [주제별 답변 아이디어&표현 사전]의 해당 부분 학습 → 학습
   내용을 바탕으로 나의 답변 작성 후 연습

Hackers.co.kr 해커스 OPIc (Advanced 공략) 교재 Q&A에서 궁금증 해결 → [오픽 첨삭게시판]에서 답변 첨삭

HackersIngang.com 교재 MP3를 다운받아 듣기와 말하기 훈련, 온라인 실전모의고사 응시

교재 스터디 계획대로 예습 → 답변 아이디어 및 중요 표현 정리 → 대표문제·빈출 문제에 대해 팀원들 앞에서 답변하고 의견
   듣기 → 스터디를 통해 알게 된 부족한 부분 보충·복습 → 나의 답변 연습

Hackers.co.kr 해커스 OPIc (Advanced 공략) 교재 Q&A에서 궁금증 해결 → [오픽 첨삭게시판]에서 답변 첨삭

HackersIngang.com 교재 MP3를 다운받아 듣기와 말하기 훈련, 온라인 실전모의고사 응시

교재 수업 전 예습 → 수업을 듣고 궁금한 점은 선생님께 질문하여 바로 해결 → 수업 후 복습 → 나의 답변 작성 후 연습

Hackers.ac 반별 게시판에서 선생님과 질의응답 및 학생들과 커뮤니케이션

Hackers.co.kr 해커스 OPIc (Advanced 공략) 교재 Q&A에서 궁금증 해결 → [오픽 첨삭게시판]에서 답변 첨삭

HackersIngang.com 교재 MP3를 다운받아 듣기와 말하기 훈련, 온라인 실전모의고사 응시

교재 수업 전 예습 → 인강 수강 → 수업 후 복습 → 나의 답변 작성 후 연습

Hackers.co.kr 해커스 OPIc (Advanced 공략) 교재 Q&A에서 궁금증 해결 → [오픽 첨삭게시판]에서 답변 첨삭

HackersIngang.com 교재 인강 수강 및 MP3를 다운받아 듣기와 말하기 훈련, Warm up 및 Hand-out 등 부가 자료
   학습, 온라인 실전모의고사 응시

실전모의고사 프로그램 활용법

● 실전모의고사 프로그램이란?

실제 OPIc 시험과 동일한 컴퓨터 환경에서 문제를 풀 수 있도록 Actual Test 1회분과 답변 말하기 프로그램으로 구성되어 있습니다. 교재 학습을 모두 마친 후, 실제 시험을 치르는 기분으로 Actual Test를 풀고, 모범답변과 비교하며 자신의 실력을 최종 점검합니다. 또한, 프로그램에 포함된 답변 말하기 프로그램 기능을 활용하여 실전 감각을 극대화할 수 있습니다.

*실전모의고사 프로그램 이용하는 법
해커스인강(HackersIngang.com) 접속 **>** 페이지 상단의 [토스/오픽] 클릭 **>** 상단의 [MP3/자료 → 오픽 → 실전모의고사 프로그램] 클릭 **>** 본 교재의 [실전모의고사 프로그램] 이용하기

시험 진행 화면

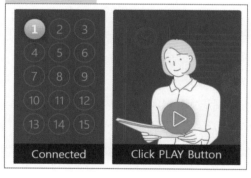

실제 OPIc 시험과 동일하게 구성된 실전모의고사를 통해 시험 방식을 익히고, 실전 문제를 풀어보며 답변도 녹음해 봅니다.

복습 화면

자신의 답변과 모범답변의 음성을 비교하여 들어보고, 제시된 모범 답변과 해석을 확인합니다. 그 후 다시 한번 자신의 답변을 녹음해 봅니다.

복습 페이지 녹음 파일 저장 기능

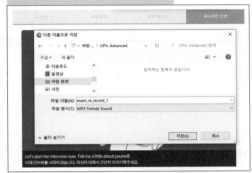

자신의 답변을 녹음한 파일을 저장할 수 있습니다. 녹음 파일을 활용해 답변을 반복적으로 연습하여 보완합니다.

답변 말하기 프로그램

실전과 동일한 환경에서 답변 연습을 하고 싶은 문제에 대해 실제 시험 화면을 보며 제한 시간에 맞춰 답변을 말하고 녹음해 봅니다.

OPIc 시험 소개

OPIc이란?

OPIc(Oral Proficiency Interview-computer)은 컴퓨터를 통해 진행되는 영어 말하기 시험입니다. 이 시험은 단순하게 문법이나 어휘, 영어 표현을 얼마나 많이 알고 있는지를 측정하는 것이 아니라 실제 생활에서 얼마나 효과적이고 적절하게 영어를 말할 수 있는지를 총체적으로 평가하는 언어 활용 능력 측정 시험입니다.

OPIc 시험의 특징

1. 개인 맞춤형 시험
시험 전 Background Survey에서 각 응시자가 원하는 주제를 선택할 수 있습니다. 또한 자신의 말하기 수준에 맞는 난이도를 선택할 수 있습니다.

2. 수험자 친화형 시험
실제 인터뷰와 유사한 형태의 시험으로 실제 인터뷰 상황과 같이 질문을 못 들은 경우 질문을 한 번 더 들을 수 있습니다.

3. 유창함에 중점을 둔 시험
OPIc 시험은 실제 생활에서 얼마나 효과적이고 적절하게 영어를 사용하는지를 보여주는 유창함을 측정합니다.

시험 시간 및 문항 수

시험 시간	총 60분 *오리엔테이션이 약 20분간, 본 시험은 40분간 진행됩니다.
문항 수	12문항 또는 15문항 *난이도 1~2단계에서는 12문제, 난이도 3~6단계에서는 15문제가 출제됩니다.
답변 시간	본 시험이 진행되는 40분 내에 모든 문제를 답해야 하며, 문제별 답변 제한 시간은 없습니다. *한 문제에 대한 권장 답변 시간은 약 2분이지만, 더 짧거나 길게 대답해도 됩니다.

OPIc 시험 접수 및 성적 확인

- OPIc 시험은 웹사이트(www.opic.or.kr)에서만 접수 가능합니다.
- 시험 접수 시 추가 금액을 지불하고 OPIc 세부 진단서를 신청할 경우, 개선이 필요한 언어 항목에 대한 진단표와 평가자 코멘트를 추가로 제공받을 수 있습니다.
- OPIc 성적은 응시일로부터 5일 후에 발표되며, 온라인으로만 확인 가능합니다.

OPIc 등급 체계

OPIc 시험은 총 7개의 등급으로 되어 있으며, 지원하는 부서와 직무에 따라 상이하지만 IH 등급 이상을 요구하는 기업이 늘어나는 추세입니다.

등급	등급별 요약 설명
AL (Advanced Low)	사건을 서술할 때 동사 시제를 일관적으로 관리하고, 사람과 사물을 묘사할 때 다양한 형용사를 사용한다. 적절한 위치에서 접속사를 사용하기 때문에 문장 간의 결속력도 높고, 문단의 구조를 능숙하게 구성할 수 있다. 익숙하지 않은 복잡한 상황에서도 문제를 설명하고 해결할 수 있는 수준의 능숙도이다.
IH (Intermediate High)	개인에게 익숙하지 않거나 예측하지 못한 복잡한 상황을 만날 때, 대부분의 상황에서 사건을 설명하고 문제를 효과적으로 해결하곤 한다. 발화량이 많고, 다양한 어휘를 사용한다.
IM (Intermediate Mid)	일상적인 소재뿐만 아니라 개인적으로 익숙한 상황에서는 문장을 나열하며 자연스럽게 말할 수 있다. 다양한 문장 형식이나 어휘를 실험적으로 사용하려고 하며, 상대방이 조금만 배려해 주면 오랜 시간 대화가 가능하다.
IL (Intermediate Low)	일상적인 소재에서는 문장으로 말할 수 있다. 대화에 참여하고 선호하는 소재에서는 자신감을 가지고 말할 수 있다.
NH (Novice High)	일상적인 대부분의 소재에 대해서 문장으로 말할 수 있다. 개인 정보에 대해 질문을 하고 응답을 할 수 있다.
NM (Novice Mid)	이미 암기한 단어나 문장으로 말하기를 할 수 있다.
NL (Novice Low)	제한적인 수준이지만 영어 단어를 나열하며 말할 수 있다.

* IM(Intermediate Mid)의 경우 IM 1 < IM 2 < IM 3로 세분화하여 제공합니다.

● 오리엔테이션 (약 20분)

Background Survey

Background Survey

● 이 Background Survey 응답을 기초로 개인 맞춤형 문항이 출제가 됩니다. 질문을 자세히 읽고 답변해 주시기 바랍니다.

1. 현재 귀하는 어느 분야에 종사하고 계십니까?
- ⊙ 사업/회사
- ○ 가사
- ○ 재택근무/재택사업
- ○ 군복무
- ○ 일 경험 없음

   1.1 현재 귀하는 직업이 있으십니까?
- ○ 네
- ○ 아니오

2. 현재 귀하는 학생이십니까?
- ○ 네
- ○ 아니오

3. 현재 귀하는 어디에 살고 계십니까?

| 본인의 신분 및 관심 분야 선택

- 직업(학생, 직장인 등), 거주지, 여가 활동, 취미나 관심사, 운동, 휴가나 출장 등의 파트별로 해당하는 항목(주제)을 선택합니다.
- 여기에서 선택한 항목(주제)에 대한 문제가 시험에 출제됩니다.

Tip 자신이 선택할 항목을 미리 정하여 이 항목들을 중심으로 시험을 준비하는 것이 효과적입니다. Background Survey 항목 선택 전략(p.20)을 참고하세요.

Self Assessment

Self Assessment

● 본 Self Assessment에 대한 응답을 기초로 개인 맞춤형 문항이 출제가 됩니다. 아래 여섯 단계의 샘플 답변을 들어보시고, 본인의 실력과 비슷한 수준을 선택하시기 바랍니다.

- ⊙ 나는 10단어 이하의 단어로 말할 수 있습니다.
- ○ 나는 기본적인 물건, 색깔, 요일, 음식, 의류, 숫자 등을 말할수 있습니다. 나는 항상 완벽한 문장을 구사하지 못하고 간단한 질문도 하기 어렵습니다.
- ○ 나는 나 자신, 직장, 친한사람과 장소, 일상에 대한 기본적인 정보를 간단한 문장으로 전달할 수 있습니다. 간단한 질문을 할수 있습니다.
- ○ 나는 나자신, 일상, 일/학교와 취미에 대해 간단한 대화를 할수 있습니다. 나는 이 친근한 주제와 일상에 대해 쉽게 간단한 문장들을 만들 수 있습니다. 나는 또한 내가 원하는 질문도 할 수 있습니다.
- ○ 나는 친근한 주제와 가정, 일, 학교, 개인과 사회적 관심사에 대해 자신있게 대화할수 있습니다. 나는 일어나 일어났고 있는 일, 일어날 일에 대해 합리적으로 자신있게 말할 수 있습니다. 필요한 경우 설명도 할 수 있습니다. 일상 생활에서 예기치 못한 상황이 발생하더라도 임기응변으로 대처할 수 있습니다.
- ○ 나는 개인적, 사회적 또는 전문적 주제에 나의 의견을 제시하여 토론할 수 있습니다. 나는 다양하고 어려운 주제에 대해 정확하고 다양한 어휘를 사용하여 자세히 설명할 수 있습니다.

| 시험의 난이도 선택

- 본인의 말하기 능력과 비슷한 수준(난이도)을 선택하는 단계입니다. 샘플 오디오와 설명을 참고하여 선택한 난이도에 따라 OPIc 시험의 난이도가 결정됩니다.
- Self Assessment 시험 화면에서 맨 위의 항목부터 차례대로 1~6단계로, 6단계가 가장 어려운 난이도입니다.

Tip 시험을 보러 가기 전에 자신이 선택할 난이도를 미리 정해둡니다. Self Assessment 난이도 선택 전략(p.23)을 참고하세요.

Sample Question

Question 1 of 15

문항 진행

1	2	3	4	5	6	7	8	9	10

11	12	13	14	15

Click 'PLAY' button to Listen

Next >

| 문제를 듣고 답변하는 방법 안내

- 화면 구성, 문제 청취 방법, 답변 방법이 안내됩니다.
- 실전에 들어가기 전에 샘플 문제에 대한 짧은 답변을 해보며 워밍업을 할 수 있습니다.
- 샘플 문제에 대한 답변은 시험 성적에 영향을 주지 않습니다.

● 본 시험 (약 40분)

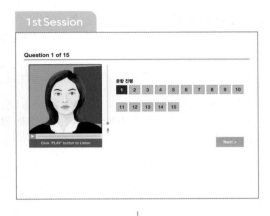

| 첫 번째 세션 (1~7번 문제)

· 7문제가 출제됩니다.

· 별도의 답변 준비 시간 없이 질문 청취가 끝나면 바로 답변 시간이 시작됩니다.

· 한 문제당 답변 제한 시간이 없으므로 총 40분의 시험 시간 내에 각 문제의 답변 시간을 스스로 조절하면 됩니다.

Tip 문제가 나온 후 5초 이내에 Replay 버튼을 누르면 문제를 한 번 더 들을 수 있습니다. 문제를 두 번 들어도 감점을 받지 않으므로 꼭 다시 들으면서 답변 준비 시간으로 활용하세요.

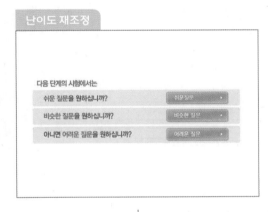

| 시험의 난이도 재조정

첫 번째 세션의 질문 난이도를 기준으로 쉬운 질문, 비슷한 질문, 어려운 질문 중 하나를 선택해 두 번째 세션의 난이도를 결정합니다.

Tip 난이도는 '비슷한 질문'으로 선택하도록 합니다.

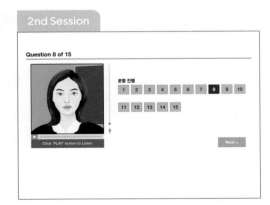

| 두 번째 세션 (8~12/15번 문제)

· 재조정된 난이도의 문제가 출제됩니다.

· 5문제 또는 8문제가 출제됩니다.

· 시험 방식은 첫 번째 세션과 동일합니다.

OPIc IH/AL 등급 달성 전략

● Background Survey 항목 선택 전략 (최신 업데이트된 Background Survey 반영)

1. Background Survey에서 어떤 항목을 선택할지 미리 정해 놓습니다.

Background Survey에서 선택할 항목(신분, 거주지 및 12가지 선택 항목)을 OPIc 시험 준비를 시작할 때 미리 정해 놓으면, 그 항목을 중심으로 답변 준비를 할 수 있어 효과적입니다.

2. OPIc 응시생들이 많이 선택했던 항목을 선택합니다.

다른 응시생들이 많이 선택했던 항목에 대해서는 어떤 문제가 많이 출제되었는지 알 수 있습니다. 그 문제들을 중심으로 답변을 준비하면 시험장에서 실력을 발휘하기가 더 쉽습니다. **선택 항목 중 굵게 표시된 항목들은 본 교재에서 다루는 주제들로, 많은 응시생들이 선택했던 것들이므로 이 중에서 선택하는 것이 효과적입니다.**

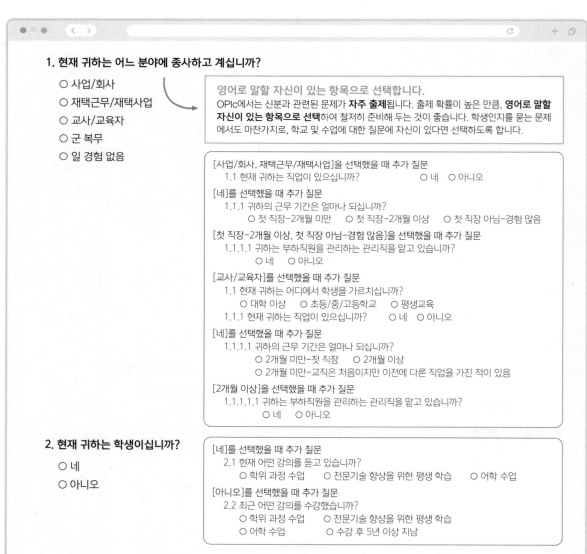

3. 현재 귀하는 어디에 살고 계십니까?

○ 개인 주택이나 아파트에 홀로 거주
○ 친구나 룸메이트와 함께 주택이나 아파트에 거주
○ 가족[배우자/자녀/기타 가족 일원]과 함께 주택이나 아파트에 거주
○ 학교 기숙사
○ 군대 막사

> **영어로 말할 자신이 있는 항목으로 선택합니다.**
> 거주지에 관한 문제도 OPIc 시험에서 **자주 출제되는 문제** 중 하나입니다. 좋아하는 방,
> 동네 및 이웃을 묻는 문제로 시험에 자주 나오므로 이를 염두에 두고 **영어로 답하기에 가장
> 자신 있는 항목으로 선택**합니다.

아래의 4~7번 문항에서 12개 이상을 선택해 주시기 바랍니다.

> **12개 항목만 선택합니다.**
> 12개 이상의 항목을 선택할 수 있지만, **선택한 항목 중 단 2~3개 주제에 대해서만 문제
> 가 출제됩니다. 가능한 한 적은 수의 항목을 선택**하면 준비해야 하는 범위가 좁아져 시험
> 을 준비하기가 수월해집니다.

4. 귀하는 여가 활동으로 주로 무엇을 하십니까? (두 개 이상 선택)

☐ 영화 보기	☐ **해변 가기**	☐ 당구치기	☐ 요리 관련 프로그램 시청하기
☐ 클럽/나이트클럽 가기	☐ **스포츠 관람**	☐ 체스하기	
☐ 공연 보기	☐ 주거 개선	☐ **SNS에 글 올리기**	☐ 차로 드라이브하기
☐ 콘서트 보기	☐ 술집/바에 가기	☐ 친구들과 문자 대화하기	☐ 스파/마사지숍 가기
☐ 박물관 가기	☐ **카페/커피전문점에 가기**	☐ 시험 대비 과정 수강하기	☐ 구직활동하기
☐ **공원 가기**	☐ 게임하기(비디오,카드, 보드, 휴대폰 등)	☐ 뉴스를 보거나 듣기	☐ 자원봉사 하기
☐ **캠핑하기**		☐ **TV 시청하기**	☐ **쇼핑하기**
		☐ 리얼리티 쇼 시청하기	

* 굵게 표시된 항목들은 본 교재에서 다루는 주제들입니다.

> **영어로 말하기 쉬운 항목을 선택합니다.**
> 자신에게 해당하는 항목보다는 **자신이 영어로 말하기 쉬운 항목을 선택**하는 것이 유리
> 합니다.
> [예시] 영화 보기(O) , 체스하기(X)
>
> **답변이 유사한 항목 위주로 선택합니다.**
> **답변이 유사한 항목을 위주로 선택**하면, 한 항목에 대한 답변으로 두세 항목을 준비할 수
> 있어 효과적입니다. 이후 선택 항목인 취미·관심사, 운동, 여행 등과의 관계도 고려해 유사
> 한 항목을 선택하도록 합니다.
> [예시] · TV 시청하기 – 리얼리티 쇼 시청하기
> · 캠핑하기 – 해변 가기 – 국내 여행 – 해외여행

5. 귀하의 취미나 관심사는 무엇입니까?(한 개 이상 선택)

- ☐ 아이에게 책 읽어주기
- ☐ 음악 감상하기
- ☐ 악기 연주하기
- ☐ 독서
- ☐ 혼자 노래 부르거나 합창하기
- ☐ 춤추기
- ☐ 글쓰기(편지, 단문, 시 등)
- ☐ 그림 그리기
- ☐ **요리하기**
- ☐ 반려동물 기르기
- ☐ 주식 투자하기
- ☐ 신문 읽기
- ☐ 여행 관련 잡지나 블로그 읽기
- ☐ 사진 촬영하기

> 영어로 말하기 쉬운 항목을 선택합니다.
> [예시] 음악 감상하기(O), 주식 투자하기(X)
>
> 답변이 유사한 항목 위주로 선택합니다.
> [예시] · 음악 감상하기 – 악기 연주하기

6. 귀하는 주로 어떤 운동을 즐기십니까?(한 개 이상 선택)

- ☐ 농구
- ☐ 야구/소프트볼
- ☐ 축구
- ☐ 미식축구
- ☐ 하키
- ☐ 크리켓
- ☐ 골프
- ☐ 배구
- ☐ 테니스
- ☐ 배드민턴
- ☐ 탁구
- ☐ **수영**
- ☐ **자전거**
- ☐ 스키/스노보드
- ☐ 아이스 스케이트
- ☐ 조깅
- ☐ 걷기
- ☐ **요가**
- ☐ 하이킹/트레킹
- ☐ 낚시
- ☐ **헬스**
- ☐ 태권도
- ☐ 운동 수업 수강하기
- ☐ 운동을 전혀 하지 않음

> 영어로 말하기 쉬운 항목을 선택합니다.
> [예시] 걷기(O), 크리켓(X)
>
> 답변이 유사한 항목 위주로 선택합니다.
> [예시] · 농구 – 야구 – 축구   · 수영 – 해변 가기
>
> 선택해도 해당 주제의 문제가 출제되지 않는 항목 위주로 선택합니다.
> [예시] 조깅, 걷기, 운동을 전혀 하지 않음

7. 귀하는 어떤 휴가나 출장을 다녀온 경험이 있습니까?(한 개 이상 선택)

- ☐ 국내 출장
- ☐ 해외 출장
- ☐ 국내 여행
- ☐ 해외여행
- ☐ 집에서 보내는 휴가

[12개 추천 항목] Background Survey 항목 선택 전략을 적용해 선별한 추천 항목!

☑ 영화 보기	☑ 캠핑하기	☑ 걷기
☑ 공연 보기	☑ 해변 가기	☑ 국내 여행
☑ 콘서트 보기	☑ 음악 감상하기	☑ 해외여행
☑ 공원 가기	☑ 조깅	☑ 집에서 보내는 휴가

● Self Assessment 난이도 선택 전략

1. 자신의 말하기 수준과 비슷한 난이도를 선택합니다.

본인의 수준보다 현저히 높거나 낮은 단계를 선택할 경우 시험 결과에 좋지 않은 영향이 있을 수 있으므로 가능한 한 자신의 수준과 비슷한 난이도를 선택하는 것이 좋습니다.

2. 목표로 하는 등급을 고려하여 난이도를 선택합니다.

IH 또는 AL을 목표로 하는 경우, 난이도 1~6단계 중 5단계 또는 6단계 선택을 권장합니다.
높은 단계를 선택할수록,

∨ 문제의 난도가 높아집니다.

∨ 문제의 길이가 길어집니다. 한 문제가 여러 개의 질문으로 이루어집니다.

∨ 이슈를 묻는 문제가 출제될 확률이 높아집니다.

● 답변 연습 전략

1. 답변구조를 익혀 여러 답변에 활용하며 연습합니다.

다양한 문제에 보다 짜임새 있게 답변할 수 있도록 이 교재에 수록된 답변구조를 익혀 이를 바탕으로 나의 답변을 만들어 연습합니다.

2. 문법에 유의하며 풍부한 답변을 하도록 연습합니다.

OPIc에서 높은 등급을 받기 위해서는 정확한 문법으로 풍부한 답변을 하는 것이 좋습니다. 본 교재의 [알면서도 틀리는 OPIc 표현]과 [주제별 답변 아이디어&표현 사전]을 참고하면서 답변을 연습하면 도움이 됩니다.

3. 감정을 실어 구체적으로 답변하도록 연습합니다.

OPIc에서 높은 등급을 받기 위해서는 최대한 자연스럽게 말하는 것이 좋습니다. 특히 주어진 상황에서 연기를 해야 하는 롤플레이 문제와 자신의 경험·생각을 이야기하는 문제에서는 답변에 적절한 감정을 실어 이야기하면 답변이 보다 자연스럽게 들릴 수 있습니다. 더불어 OPIc 문제는 한 문제에서 여러 가지 내용을 묻는 경우가 많기 때문에 문제가 묻는 모든 구체적인 사항들에 빠짐없이 답변하도록 유의하여야 합니다.

● 시험장 전략

1. 무슨 말을 해야 할지 잘 떠오르지 않는 경우

문제를 한 번에 이해했더라도 Replay 버튼을 눌러, 문제를 다시 듣는 시간을 이용해 답변 아이디어를 떠올립니다. 문제를 듣는 횟수는 성적에 영향을 주지 않습니다. 만약 이렇게 해도 무슨 말을 해야 할지 떠오르지 않는다면, 당황하지 말고 [시험장 위기 상황 대처 표현]을 이용해 말하여 시간을 벌면서 아이디어를 떠올려 답변합니다.

2. 답변 중 'Time for a new question' 문구가 뜨는 경우

각 문제에 답변을 시작한 지 약 2분이 지나면 이 문구가 뜨지만, 이 문구가 뜬 이후 계속 답변해도 시험 결과에 영향을 주지 않으므로 침착하게 답변합니다. 단, 총 시험 시간에는 40분의 시간제한이 있으므로 이를 고려하여 답변 시간을 배분해야 합니다.

OPIc 문제 유형 미리보기

● 자기소개

· 자기소개 문제는 OPIc 시험에서 **항상 1번**으로 출제되는 문제입니다.

· 면접관에게 자신을 전반적으로 소개하는 문제입니다.

> Let's start the interview now. Tell me a little bit about yourself. 이제 인터뷰를 시작하겠습니다. 자신에 대해 간단히 이야기해 주세요.

● 설문 주제

설문 주제 문제는 **Background Survey에서 자신이 선택한 항목들 중 일부**에 대해 묻는 문제입니다.

1. 학생·직장

· Background Survey의 **1~2번 질문(종사 분야, 학생 여부)**과 관련된 문제입니다.

· 설문 주제 중에서 **시험에 나올 확률이 가장 높은 주제**입니다.

> You indicated that you're a student. What is your major? Why did you choose that specific major? What do you learn in your classes? 당신은 학생이라고 했습니다. 당신의 전공은 무엇인가요? 그 전공을 택한 이유는 무엇인가요? 수업에서는 무엇을 배우나요?

2. 거주지

· Background Survey의 **3번 질문(사는 곳)**과 관련된 문제입니다.

· 학생·직장 관련 주제와 마찬가지로 **시험에 나올 확률이 높습니다**.

> Please tell me about your house. What's your favorite room? What does it look like? Why do you like that room? 당신의 집에 대해서 이야기해 주세요. 당신이 가장 좋아하는 방은 어디인가요? 그곳은 어떻게 생겼나요? 왜 그 방을 좋아하나요?

3. 그 외 설문 주제

· Background Survey의 **4~7번(여가 활동, 취미나 관심사, 운동, 휴가나 출장)**과 관련된 문제입니다.

> Please tell me about the most memorable movie you have seen. What was the movie about? Who was in it? Why was it memorable? 당신이 본 영화 중 가장 기억에 남는 영화에 대해 이야기해 주세요. 무엇에 관한 영화였나요? 누가 출연했나요?
> 왜 그 영화가 기억에 남나요?

● 돌발 주제

· 돌발 주제는 **Background Survey의 선택 항목에 없는 주제들(재활용, 호텔 등)**입니다.

· Self Assessment에서 **높은 난이도를 선택할수록** 돌발 주제가 시험에 나올 확률이 높습니다.

· 난이도 5~6단계 선택 시, **평균적으로 한 주제씩 출제**되므로 반드시 준비해 두어야 합니다.

· 특히 **은행, 호텔, 재활용**에 관련된 문제가 자주 출제됩니다.

> Tell me about the hotels in your country. Where are they usually located? Do they have any facilities that are unique to your country? Give as many details as possible. 당신 나라의 호텔에 대해 이야기해 주세요. 어디에 주로 위치해 있나요? 당신 나라에만 있는 독특한 시설이 있나요? 되도록 상세히 설명해 주세요.

● 롤플레이

· 롤플레이는 **특정 상황에서 연기를 해야 하는 유형**으로, 설문 또는 돌발 주제와 관련해 시험에 나옵니다.

· 롤플레이에는 **크게 6가지 유형**이 있습니다.

  1) 면접관에게 질문하기   2) 주어진 상황에서 직접 질문하기   3) 주어진 상황에서 전화로 질문하기

  4) 상황 설명하고 대안 제시하기   5) 상황 설명하고 부탁하기   6) 상황 설명하고 예매·약속하기

· 난이도 5~6단계 선택 시, **평균적으로 두 문제씩 출제**되므로 반드시 준비해 두어야 합니다.

· 연기를 하라고 요구하는 유형인 만큼, 상황에 맞게 적절히 감정을 실어서 답변하면 보다 자연스러운 답변을 할 수 있습니다.

I have a problem I'd like you to resolve. You arrive home with the clothes you bought and realize you didn't get them at the sale price. Call the store to explain the situation, and suggest two or three alternatives to the problem.

당신이 해결해 주었으면 하는 문제가 있습니다. 당신은 구입한 옷을 가지고 집에 도착했고, 세일 가격에 구입하지 못했다는 것을 알게 됩니다. 가게에 전화를 걸어 상황을 설명하고, 문제에 대한 대안을 두세 가지 제시해 주세요.

Tip OPIc 문제는 콤보 형태로 나와요!

· 콤보 형태는 **한 주제에 대해서 문제 2~3개가 연속으로 출제되는 것**을 말합니다.

· 문제 2개가 연속으로 나오는 2콤보, 문제 3개가 연속으로 나오는 3콤보 형태가 있습니다.

· Self Assessment에서 난이도 3~6단계를 선택하면, **자기소개하기 1문제, 2콤보 1개(2문제), 3콤보 4개(12문제)** 출제되어 **총 15문제**가 시험에 나옵니다.

· 본 교재에는 주제에 따라 자주 출제되는 콤보 구성이 수록되어 있으므로 학습 시 활용합니다.

예시 **Self Assessment에서 난이도 3~6단계를 선택했을 때 출제되는 문제(15문제)**

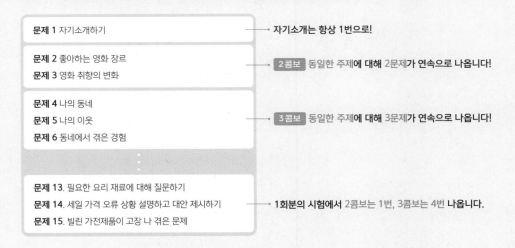

| 문제 1 자기소개하기 | → 자기소개는 항상 1번으로! |

| 문제 2 좋아하는 영화 장르
문제 3 영화 취향의 변화 | → **2콤보** 동일한 주제에 대해 **2문제**가 연속으로 나옵니다! |

| 문제 4 나의 동네
문제 5 나의 이웃
문제 6 동네에서 겪은 경험 | → **3콤보** 동일한 주제에 대해 **3문제**가 연속으로 나옵니다! |

| 문제 13. 필요한 요리 재료에 대해 질문하기
문제 14. 세일 가격 오류 상황 설명하고 대안 제시하기
문제 15. 빌린 가전제품이 고장 나 겪은 문제 | → **1회분의 시험에서 2콤보는 1번, 3콤보는 4번 나옵니다.** |

Hackers.co.kr

무료 토익·토스·오픽·취업 자료 제공

OPIc 유형 공략

'OPIc 유형 공략'에서는 OPIc 문제를 12가지 유형으로 분류하여 각 유형별 공략법을 다룹니다. 유형별로 제시된 답변구조와 핵심표현을 학습하여 어떤 문제가 나오더라도 짜임새 있는 답변을 구성할 수 있도록 하였습니다. 이후에 설문 주제 및 돌발 주제를 학습할 때 바탕이 되므로 유형 공략을 확실히 학습하면 도움이 됩니다.

자기소개하기

자신에 대해 소개하는 유형이다. OPIc 시험에 항상 1번 문제로 출제된다. 본격적인 답변을 위한 워밍업을 하고, 자신 있게 시험을 시작할 수 있도록 한다.

| 질문의 형태 |

→ 문제유형 키워드

Q Let's start the interview now. **Tell me a little bit about yourself**.

이제 인터뷰를 시작하겠습니다. 자신에 대해 간단히 이야기해 주세요.

★ Tell me a little bit about yourself를 통해 자기소개 유형임을 알 수 있다.

⚡ 답변구조&핵심표현

답변구조에 따라 아래 핵심표현을 사용하면 자신에 대해 소개하는 유형의 문제에 유창하게 답할 수 있다.

① 이름과 나이를 말할 때	**이름** · 내 이름은 김진수이다. **나이** · 나는 바로 지난달에 27살이 되었다. · 나는 30대 초반이다. **사는 곳** · 나는 인천에 있는 주택에서 부모님과 함께 산다. · 나는 서울 근교에 아파트가 있다.	· **My name is** Jin Soo Kim. · **I turned** 27 **years old** just last month. · **I'm in my early** 30s. · **I live in** a house in Incheon **with** my parents. · **I have an apartment in** a suburb of Seoul.
② 하는 일, 성격, 취미를 말할 때	**하는 일** · 나는 요즘 회계사 일을 찾고 있다. · 나는 현재 화학을 전공하는 대학 2학년생이다. **성격** · 나는 성격이 사교적이다. · 내 성격에 대해 말하면, 약간 내성적인 경향이 있다. **취미** · 요즘 내 취미 중에는 하이킹과 암벽등반이 있다. · 좀 놀고 싶을 때면, 나는 컴퓨터 게임을 한다. · 내가 가장 최근 몰두하고 있는 것은 요가이다. **취미의 좋은 점** · 이는 운동을 할 수 있는 매우 좋은 방법이다. · 나는 이런 활동이 긴장을 풀 수 있게 해 주어서 좋다.	· **These days I'm looking for a job as** an accountant. · **I'm currently** a sophomore **majoring in** chemistry. · **I have** an outgoing **personality**. · **As for my personality, I tend to be** a bit introverted. · **My hobbies these days include** hiking and rock climbing. · **When I want to have some fun, I** play computer games. · **My most recent addiction is** yoga. · **It is a great way to** get some exercise. · **I like these activities because they let me** relax.
③ 미래의 꿈을 말할 때	**하고 싶은 것** · 나는 언젠가는 제약회사에서 일하고 싶다. · 결국, 나는 나만의 광고 회사를 소유하고 싶다. **일하고 싶은 곳** · 나는 큰 회계법인에서 꼭 일하고 싶다.	· **Someday I hope to** work for a pharmaceutical company. · **Eventually, I'd like to** own my own advertising firm. · **I'd** really **like to work for** a big accounting firm.

1 대학생

Q **Let's start the interview now. Tell me a little bit about yourself.**

🎧 유형01 Track 01

① **이름과 나이, 사는 곳** **My name is** Jin Soo Kim. **I am** 22 **years old. I live in** a small apartment **in** Seoul **with** my older brother. **It is** a little cramped, but I like it.

② **하는 일, 성격, 취미** **I'm currently** a sophomore **majoring in** chemistry. **I chose this major because** chemistry is a subject that has always fascinated me. **I find my classes to be** challenging but interesting. **My hobbies these days include** hiking and rock climbing. **I generally prefer** outdoor activities that I can do with other people. Every weekend, I go to the mountains around Seoul. **It is a great way to** relax and get some exercise. **People have told me that I have** an outgoing **personality**. In fact, I have many friends and acquaintances.

③ **미래의 꿈** **Someday I hope to** work for a pharmaceutical company. The competition is fierce in today's job market, so I study hard to make my dream a reality.

골라 쓰는 답변 아이디어

→ • 사는 곳
  기숙사 a dorm
  부모님 집 parents' house

→ • 사는 곳의 특징
  조금 낡은 a bit run-down
  밤에 약간 시끄러운 a little noisy at night

→ • 학년
  신입생 freshman
  3학년 junior
  4학년 senior

→ • 전공
  경영학 business
  컴퓨터 공학 computer engineering
  건축학 architecture

→ • 취미
  TV 보기 watching TV
  해외여행하기 traveling overseas
  요리하기 cooking

→ • 취미의 좋은 점
  숨을 좀 돌리다 get some breathing room
  생기를 되찾다 refresh oneself

→ • 성격
  친근한 friendly
  상냥하고 정감 있는 pleasant and amiable

→ • 하고 싶은 것
  변호사가 되다 become a lawyer
  대기업에서 일하다 work for a major company
  창업하다 start my own business

① **이름과 나이, 사는 곳** 제 이름은 김진수입니다. 저는 22살입니다. 저는 서울에 있는 작은 아파트에서 제 형과 함께 살고 있습니다. 이곳은 약간 비좁지만, 저는 마음에 듭니다. ② **하는 일, 성격, 취미** 저는 현재 화학을 전공하는 대학 2학년생입니다. 화학은 언제나 제 마음을 사로잡아 왔던 과목이었기에 저는 이 전공을 선택했습니다. 저는 제 수업들이 어렵지만 흥미롭다고 생각합니다. 요즘 제 취미 중에는 하이킹과 암벽등반이 있습니다. 저는 보통 다른 사람들과 함께 할 수 있는 야외 활동을 즐깁니다. 매주 주말마다 저는 서울 근교의 산에 갑니다. 이는 긴장을 풀고 운동을 할 수 있는 매우 좋은 방법입니다. 사람들은 저에게 성격이 사교적이라는 말을 해왔습니다. 사실, 저는 친구와 지인들이 많이 있습니다. ③ **미래의 꿈** 저는 언젠가는 제약회사에서 일하고 싶습니다. 오늘날의 취업시장에서는 경쟁이 치열하므로 저는 제 꿈을 이루기 위해 열심히 공부합니다.

cramped 비좁은 challenging 어려운, 도전적인 acquaintance 지인 pharmaceutical company 제약회사 competition 경쟁
fierce 치열한, 사나운

나의 답변 🎤 | 주어진 답변구조&핵심표현과 모범답변을 활용하여, 나의 답변을 실제로 말해보자!

OPIc 유형 공략

유형 01 자기소개하기 10일 만에 끝내는 해커스 OPIc (Advanced 공략)

Q **Let's start the interview now. Tell me a little bit about yourself.** 🎧 유형01 Track 02

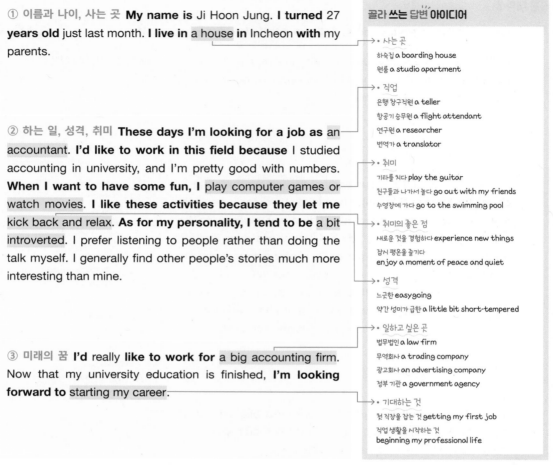

① 이름과 나이, 사는 곳 **My name is** Ji Hoon Jung. **I turned** 27 **years old** just last month. **I live in** a house in Incheon **with** my parents.

② 하는 일, 성격, 취미 **These days I'm looking for a job as** an accountant. **I'd like to work in this field because** I studied accounting in university, and I'm pretty good with numbers. **When I want to have some fun, I** play computer games or watch movies. **I like these activities because they let me** kick back and relax. **As for my personality, I tend to be** a bit introverted. I prefer listening to people rather than doing the talk myself. I generally find other people's stories much more interesting than mine.

③ 미래의 꿈 **I'd** really **like to work for** a big accounting firm. Now that my university education is finished, **I'm looking forward to** starting my career.

골라 쓰는 답변 아이디어

→ • 사는 곳
하숙집 a boarding house
원룸 a studio apartment

→ • 직업
은행 창구직원 a teller
항공기 승무원 a flight attendant
연구원 a researcher
번역가 a translator

→ • 취미
기타를 치다 play the guitar
친구들과 나가서 놀다 go out with my friends
수영장에 가다 go to the swimming pool

→ • 취미의 좋은 점
새로운 것을 경험하다 experience new things
잠시 평온을 즐기다
enjoy a moment of peace and quiet

→ • 성격
느긋한 easygoing
약간 성미가 급한 a little bit short-tempered

→ • 일하고 싶은 곳
법무법인 a law firm
무역회사 a trading company
광고회사 an advertising company
정부 기관 a government agency

→ • 기대하는 것
첫 직장을 잡는 것 getting my first job
직업 생활을 시작하는 것
beginning my professional life

① 이름과 나이, 사는 곳 제 이름은 정지훈입니다. 저는 바로 지난달에 27살이 되었습니다. 저는 인천에 있는 주택에서 부모님과 함께 삽니다. ② 하는 일, 성격, 취미 저는 요즘 회계사 일을 찾고 있습니다. 저는 대학에서 회계를 공부했고, 숫자에 밝기 때문에 이 분야에서 일하고 싶습니다. 좀 놀고 싶을 때면 저는 컴퓨터 게임을 하거나 영화를 봅니다. 저는 이러한 활동이 제가 쉬면서 긴장을 풀 수 있게 해 주어서 좋습니다. 제 성격에 대해 말하면, 약간 내성적인 경향이 있습니다. 저는 직접 말을 하는 것보다는 다른 사람의 말을 듣는 것을 선호합니다. 저는 대체로 다른 사람들의 이야기가 저 자신의 이야기보다 더욱 흥미롭다고 생각합니다. ③ 미래의 꿈 저는 큰 회계법인에서 꼭 일하고 싶습니다. 이제 제 대학 교육도 끝났으니 저는 제 커리어를 시작하길 기대하고 있습니다.

good with numbers 숫자에 밝다 **kick back** 쉬다 **introverted** 내성적인 **accounting firm** 회계법인

나의 답변 🎤 | 주어진 답변구조&핵심표현과 모범답변을 활용하여, 나의 답변을 실제로 말해보자!

3 직장인

Q **Let's start the interview now. Tell me a little bit about yourself.**

① 이름과 나이, 사는 곳 **My name is** So Eun Kim. **I'm in my early 30s. I have an apartment in** a suburb of Seoul **where** I live by myself.

② 하는 일, 성격, 취미 **I work as** a marketing consultant **for** a small company. **I spend most of my time at work** meeting with clients and helping them come up with new marketing strategies. **It's hard work because** I always have to think of new and creative ideas. I have several hobbies, but **my most recent addiction is** yoga. **When it comes to personality, I'm** a pretty funny person. **I like to** make a lot of jokes, and I try not to take things too seriously.

③ 미래의 꿈 **Eventually, I'd like to** own my own advertising firm. Working for my company has been great, but **I'm ready to** start a new chapter in my life.

골라 쓰는 답변 아이디어

• 사는 곳
조용한 동네 a quiet neighborhood
작은 마을 a small town
대도시 a large city

• 직업
영업사원 a sales representative
관리자 a manager
재무설계사 a financial planner
임원 비서 an executive assistant

• 직장에서 하는 일
컴퓨터로 일하기 working on the computer
발표 준비하기 preparing presentations
보고서 작성하기 writing reports
시장 조사하기 conducting market research

• 일의 어려운 점
장시간 근무한다 the hours are long
많은 것을 요구하는 상사를 두었다
I have a demanding boss

• 취미
소설책 읽기 reading novels
TV 보기 watching TV

• 성격
꽤 사교적인 pretty sociable
열린 마음을 가진 open-minded
상당히 수다스러운 사람 a very talkative person
내성적인 사람 an introverted person

• 하고 싶은 것
직종을 변경하다 change careers
관리자 역할을 맡다 take on a management role
보다 큰 회사에서 일하다 work at a larger company

① 이름과 나이, 사는 곳 제 이름은 김소은입니다. 저는 30대 초반이고, 서울 근교에 방이 있으며 혼자 삽니다. ② 하는 일, 성격, 취미 저는 작은 회사에서 마케팅 컨설턴트로 일합니다. 저는 직장에서 대부분의 시간을 고객들과 만나서 그들이 새로운 마케팅 전략을 생각해 내도록 돕는 데 사용합니다. 이 일은 항상 새롭고 창의적인 아이디어를 떠올려야 해서 힘든 업무입니다. 저는 몇 가지 취미가 있지만, 제가 가장 최근 몰두하고 있는 것은 요가입니다. 성격에 대해 말하자면, 저는 꽤 재미있는 사람입니다. 저는 농담을 많이 하는 것을 좋아하고, 매사를 너무 진지하게 받아들이지 않으려 합니다. ③ 미래의 꿈 결국, 저는 저 자신의 광고회사를 소유하고 싶습니다. 저희 회사에서 일하는 것은 매우 좋았지만, 저는 제 인생의 새로운 장을 시작할 준비가 되어 있습니다.

come up with 생각해 내다 **think of** 떠올리다 **make a joke** 농담을 하다 **own** 소유하다; 자신의

나의 답변 🎤 │ 주어진 답변구조&핵심표현과 모범답변을 활용하여, 나의 답변을 실제로 말해보자!

대상 설명하기 (1) - 인물

음성 바로 듣기

친한 친구나 좋아하는 가수와 같이 인물을 설명하는 유형이다. 인물이 어떻게 생겼는지, 성격이 어떤지, 그 인물을 왜 좋아하는지 등을 묻는다.

| 질문의 형태 |

문제유형 키워드 → 주제

Q Tell me about **one of your friends**. What does he or she look like? How did you become friends? Tell me about your friend in as much detail as possible.

당신의 친구 중 한 명에 대해 이야기해 주세요. 그 친구는 어떻게 생겼나요? 당신은 어떻게 친구가 되었나요? 친구에 대해 되도록 상세히 이야기해 주세요.

★ Tell me about one of your friends를 통해 인물을 설명하는 유형임을 알 수 있다.

빈출 문제

설문·돌발 주제에서 인물을 설명하는 유형으로 어떤 문제가 자주 출제되는지 알아보자.

설문 주제	빈출 문제
☑ 학생	친한 친구 p.33
	좋아하는 교수님 p.58
☑ 거주지	나의 이웃 p.78
☑ 영화 보기	좋아하는 영화배우 p.82
☑ 스포츠 관람	좋아하는 팀과 선수 p.99
☑ 음악 감상하기	좋아하는 가수 p.121
☑ 악기 연주하기	좋아하는 음악가 p.130
돌발 건강·병원	건강한 사람 p.247

답변구조 & 핵심표현

답변구조에 따라 아래 핵심표현을 사용하면 인물을 설명하는 유형의 다양한 OPIc 문제에 유창하게 답할 수 있다.

① 인물을 소개할 때	**이름** · 내가 가장 좋아하는 ~의 이름은 …이다 · 내가 이야기하려는 사람은 ~이다 **직업/소속** · 그/그녀는 가장 유명한 ~ 중 하나이다 · 그/그녀는 ~ 회사에서 일한다	· My favorite ~'s name is … · The person I'd like to talk about is ~ · He/She is one of the most famous ~ · He/She works for ~ company
② 인물의 특징을 말할 때	**외모** · 그/그녀의 외모에 대해 말하자면, 그/그녀는 ~을 지닌다 · ~는 자기 나이보다 더 나이 들어/젊어 보인다 **성격** · 그/그녀의 성격에 대해 말하자면, 그/그녀는 약간 ~하다 · 그/그녀를 눈에 띄게 하는 특징은 …이다	· Regarding his/her appearance, he's/she's got ~ · ~ looks older/younger than his/her age · As for his/her personality, he's/she's a bit ~ · You might recognize ~ by …
③ 인물에 대한 내 생각을 말할 때	**장점** · 그/그녀에 대해 가장 좋아하는 점은 ~이다 · 나는 ~ 때문에 그/그녀를 좋아한다	· What I like most about him/her is ~ · I like him/her for ~

모범답변

🎧 유형 02 Track 04

Q **Tell me about one of your friends. What does he or she look like? How did you become friends? Tell me about your friend in as much detail as possible.**

① 인물 소개 **My** best friend**'s name is** Ki Joo Kim, and I've known him since childhood. He used to live next door, and we have been best buddies ever since the first time we met. Now, he's an undergraduate student at Namsan University.

② 인물의 특징 **Regarding his appearance, he's got** brown eyes and black hair. He wears glasses and is quite tall. He's in his early 20s but **looks** a lot **older than his age**, so I often tease him about it. **As for his personality, he's** a laid-back guy who enjoys spending time with a few close friends. He's also a decent athlete. He's OK at soccer, but he's unstoppable on the basketball court. We hang out with each other all the time.

③ 인물에 대한 내 생각 **What I like the most about him is** his calm nature. When he faces a problem, he usually steps back and tries to think things through first. Since I tend to do the opposite, his insight and wise advice have saved me from making rash decisions more than a few times. I am very grateful for that.

① 인물 소개 제 가장 친한 친구의 이름은 김기주이며, 저는 그를 어릴 적부터 알아 왔습니다. 그는 옆집에 살았고, 저희는 처음 만났을 때 이후로 최고의 친구로 지내왔습니다. 지금 그는 남산대학교 학부생입니다.

② 인물의 특징 그의 외모에 대해 말하자면, 그는 갈색 눈과 검은 머리를 지녔습니다. 그는 안경을 써서 상당히 키가 큽니다. 그는 20대 초반이지만 자기 나이보다 훨씬 나이 들어 보여서, 저는 이것을 가지고 그를 자주 놀립니다. 그의 성격에 대해 말하자면, 그는 몇몇 친한 친구들과 시간을 보내는 것을 즐기는 털털한 성격의 친구입니다. 그는 또한 운동 실력이 괜찮습니다. 그의 축구 실력은 그럭저럭 괜찮은 편이지만, 농구장에서는 당할 사람이 없습니다. 우리는 늘 서로 함께 어울립니다.

③ 인물에 대한 내 생각 제가 그에 대해 가장 좋아하는 점은 그의 침착한 성격입니다. 그는 문제에 직면하면 보통 한 발짝 물러나서 먼저 이것저것 꼼꼼히 생각해 보려 합니다. 저는 그와 정반대로 하는 경향이 있기 때문에, 그의 통찰력과 현명한 조언은 제가 성급한 결정을 내리는 것을 여러 차례 넘게 막아주었습니다. 저는 그에 대해 매우 고맙게 생각합니다.

tease 놀리다 **laid-back** 털털한, 느긋한 **unstoppable** 당할 사람이 없는 **think ~ through** ~을 꼼꼼히 생각하다 **rash** 성급한

나의 답변 🎤 주어진 답변구조&핵심표현과 모범답변을 활용하여, 나의 답변을 실제로 말해보자!

유형 03 대상 설명하기(2) - 장소

음성 바로 듣기

내가 사는 곳이나 좋아하는 카페와 같은 장소를 설명하는 유형이다. 장소의 이름이 무엇인지, 어떻게 생겼는지, 그 장소를 왜 좋아하는지 등을 묻는다.

| 질문의 형태 |

> 문제유형 키워드   주제
>
> **Q I'd like to know about the place where you live.** Do you live in an apartment or a house? What does it look like? How many rooms does it have? Describe it in as much detail as possible.
>
> 당신이 사는 곳에 대해 알고 싶어요. 당신은 아파트에서 사나요, 아니면 주택에서 사나요? 그곳은 어떻게 생겼나요? 방은 몇 개가 있나요? 그곳에 대해 되도록 상세히 설명해 주세요.
>
> ★ I'd like to know about the place where you live를 통해 장소를 설명하는 유형임을 알 수 있다.

빈출 문제

설문·돌발 주제에서 장소를 설명하는 유형으로 어떤 문제가 자주 출제되는지 알아보자.

설문 주제	빈출 문제
☑ 학생 ☑ 직장인	나의 학교 p.57 나의 사무실 p.65
☑ 거주지	내가 사는 곳 p.35 좋아하는 방 p.73 나의 동네 p.77
☑ 공원 가기 ☑ 해변 가기 ☑ 카페/커피전문점에 가기	좋아하는 공원 p.87 좋아하는 해변 p.94 좋아하는 카페 p.114
☑ 축구 ☑ 헬스	축구를 하는 장소 p.145 다니는 헬스장 p.151
☑ 국내 여행	좋아하는 여행지 p.162
돌발 외식·음식 돌발 은행 돌발 호텔	자주 가는 식당 p.179 우리나라의 은행 p.219 우리나라의 호텔 p.239

답변구조&핵심표현

답변구조에 따라 아래 핵심표현을 사용하면 장소를 설명하는 유형의 다양한 OPIc 문제에 유창하게 답할 수 있다.

① 장소를 소개할 때	**이름/종류**	
	· 내가 사는 곳은 ~이다	· The place where I live is ~
	· 내가 가장 자주 드나드는 장소는 ~이다	· The place I visit most often is ~
	위치	
	· …에서 ~분 거리에 위치하고 있다	· It is located ~ minutes from …
	· ~는 …에 위치해 있다	· ~ is based in …
② 장소의 특징을 말할 때	**특별히 다른 점**	
	· ~를 다른 곳보다 돋보이게 하는 것은 …이다	· What sets ~ apart from others is …
	· 그곳을 매력적으로 만드는 것은 ~이다	· What makes that place so attractive is ~
	그 장소에 있는 것	
	· 그 모든 것에 더해, 그곳에는 ~이 있다	· To top it all off, there's ~
③ 장소에 대한 내 생각을 말할 때	**좋아하는 이유**	
	· ~는 …하기에 훌륭한 장소이다	· ~ is an ideal place to …
	· ~를 방문하는 것은 긴장을 푸는 데 도움이 된다	· Visiting ~ helps me unwind
	아쉬운 점	
	· ~에서 유일하게 마음에 들지 않는 점은 …이다	· The only issue I have with ~ is …
	· 이곳은 내가 원하는 것보다 ~하다	· The place is ~ than I would've liked

모범답변

🎧 유형03 Track 05

Q I'd like to know about the place where you live. Do you live in an apartment or a house? What does it look like? How many rooms does it have? Describe it in as much detail as possible.

① 장소 소개 **The place where I live is** a small apartment in the downtown area. The location is very convenient. It is not too far from a subway station and there is a park about ten minutes away on foot.

② 장소의 특징 At first glance, it looks like a pretty typical studio apartment. It has a private bathroom, and there is a small kitchen area at one end of the room. However, **what sets** my apartment **apart from others is** the small veranda. The wall that separates it from the main room is entirely made of glass, so it gives the impression that the room is much larger than it actually is. Also, the glass wall lets a lot of light in, which makes the room brighter and more welcoming than the average one-room studio.

③ 장소에 대한 내 생각 This is the first apartment I've had since I moved out of my parents' house. **The place is** a bit smaller **than I would've liked**, but it's really cozy and the rent isn't too steep, so I'm not complaining.

① 장소 소개 제가 사는 곳은 시내 지역에 있는 작은 아파트입니다. 이곳의 위치는 매우 편리합니다. 이곳은 지하철역에서 너무 많이 떨어져 있지 않으면서도 걸어서 10분 거리에 공원이 있습니다.

② 장소의 특징 처음 봤을 때는, 이곳은 상당히 평범한 원룸 아파트처럼 보입니다. 이곳은 별도의 화장실이 있으며, 방 한쪽 끝에는 작은 주방이 있습니다. 하지만 제 아파트를 다른 곳들보다 돋보이게 하는 것은 작은 베란다입니다. 이 베란다를 큰방과 나누는 벽은 완전히 유리로 되어 있어서 방이 실제보다 훨씬 더 큰 느낌을 줍니다. 또한, 유리 벽은 많은 양의 빛이 들어오게 해 주기 때문에 일반적인 원룸보다는 더 밝고 안락해 보이게 만듭니다.

③ 장소에 대한 내 생각 이곳은 제가 부모님 집에서 나온 뒤 처음 얻은 아파트입니다. 이곳은 제가 원했던 것보다는 다소 좁지만, 정말 안락하고, 방세도 너무 비싸지 않으므로 불만은 없습니다.

on foot 걸어서 **at a glance** 얼핏 보면, 한눈에 **welcoming** 안락해 보이는 **cozy** 안락한 **steep** 너무 비싼

나의 답변 🎤 주어진 답변구조&핵심표현과 모범답변을 활용하여, 나의 답변을 실제로 말해보자!

유형 04 대상 설명하기(3) - 사물

음성 바로 듣기

나의 자전거나 내가 듣는 수업과 같이 여러 가지 사물을 설명하는 유형이다. 사물의 종류나 특징이 무엇인지, 어떻게 생겼는지, 왜 그것을 좋아하는지 등을 묻는다.

│ 질문의 형태 │

문제유형 키워드 ⟶ 주제

Q In your background survey, you indicated that you enjoy riding a bicycle. **Tell me about your bicycle**. What does it look like? When did you buy it? Why do you like it? Please describe it in detail.

배경 설문에서, 당신은 자전거 타기를 즐긴다고 했습니다. 당신의 자전거에 대해 이야기해 주세요. 어떻게 생겼나요? 언제 그것을 구입했나요? 왜 당신은 그것을 좋아하나요? 그것에 대해 상세히 이야기해 주세요.

★ Tell me about your bicycle을 통해 사물을 설명하는 유형임을 알 수 있다.

빈출 문제

설문·돌발 주제에서 사물을 설명하는 유형으로 어떤 문제가 자주 출제되는지 알아보자.

설문 주제	빈출 문제
☑ 학생	수강 중인 강의 p.61 나의 전공 p.63
☑ 영화 보기 ☑ 캠핑하기 ☑ TV 시청하기 ☑ SNS에 글 올리기	좋아하는 영화 장르 p.81 캠핑에 가져가는 장비 p.97 좋아하는 TV 프로그램 p.107 좋아하는 SNS p.117 최근 읽은 포스팅 p.119
☑ 음악 감상하기	음악 감상 기기 p.125
☑ 자전거	나의 자전거 p.37
돌발 외식·음식 돌발 교통수단 돌발 날씨·계절 돌발 지형·야외 활동	유명한 한국 요리 p.181 많이 이용하는 대중교통 p.191 우리나라의 계절 p.199 우리나라의 지형 p.227

⚡ 답변구조&핵심표현

답변구조에 따라 아래 핵심표현을 사용하면 사물을 설명하는 유형의 다양한 OPIc 문제에 유창하게 답할 수 있다.

① 사물을 소개할 때	**이름**	
	· ~에 대해서라면 나는 …을 가장 좋아한다	· When it comes to ~, my favorite is …
	용도	
	· 나는 이것을 주로 ~에 사용한다	· I primarily use it for ~
	· 그것은 ~하기에 좋다	· It is a great way to ~
② 사물의 특징을 말할 때	**특장점**	
	· ~도 포함하고 있다	· It also features ~
	· 그것에 대해 매력적으로 느끼는 부분은 …이다	· what attracts me to it is …
	구성물/내용	
	· 그것은 ~과 공통점이 있다	· It has something in common with ~
③ 사물에 대한 내 생각을 말할 때	**좋아하는 이유**	
	· 그것이 ~해서 나는 그것을 좋아한다	· I like it because it's ~
	아쉬운 점	
	· 그것에 한 가지 마음에 들지 않는 점은 ~이다	· One thing I don't like about it is that ~
	· 내 유일한 불만은 ~이다	· My only complaint is that ~

➤ 모범답변

🎧 유형04 Track 06

Q **In your background survey, you indicated that you enjoy riding a bicycle. Tell me about your bicycle. What does it look like? When did you buy it? Why do you like it? Please describe it in detail.**

① 사물 소개 My bicycle is a "city bike". **I primarily use it for** short rides to a nearby park in the evenings. I also use it to shop for groceries on weekends.

② 사물의 특징 I bought it online several years ago because it had lots of positive customer reviews. The body is painted black and red. It's got a light frame and sturdy wheels, and the seat is quite comfortable. **It also features** a metal rack, so it can carry small boxes and packages. Lastly, the handlebars are slightly curved.

③ 사물에 대한 내 생각 **I like** my bike **because it's** rugged, reliable, and not too pricey. However, **one thing I don't like about** my bike **is that** it's starting to look outdated. Nowadays, there are a lot of nice-looking bikes out there, especially this year's new models.

① 사물 소개 제 자전거는 "시티 바이크"입니다. 저는 이것을 주로 저녁에 근처 공원으로 가는 단거리 주행에 사용합니다. 저는 또한 주말에 시장을 보기 위해서도 사용합니다.

② 사물의 특징 이 자전거는 좋은 소비자 평이 많았기 때문에 저는 몇 년 전에 이 자전거를 인터넷으로 구매했습니다. 몸체는 검은색과 빨간색으로 칠해져 있습니다. 이 자전거는 가벼운 프레임과 튼튼한 바퀴를 가지고 있으며, 안장은 상당히 편안합니다. 제 자전거는 또한 작은 상자나 짐을 실을 수 있는 금속 짐받이도 포함하고 있습니다. 마지막으로, 손잡이는 약간 굽어 있습니다.

③ 사물에 대한 내 생각 저는 제 자전거가 튼튼하고, 안정적이며, 너무 비싸지 않아서 좋습니다. 하지만 제 자전거에 한 가지 마음에 들지 않는 점은 자전거가 구식처럼 보이기 시작한다는 것입니다. 요즘은 멋지게 생긴 자전거들이 많이 나와 있는데, 특히 올해 새 모델들이 그렇습니다.

shop for groceries 시장을 보다 **sturdy** 튼튼한 **metal** 금속의 **rack** 짐받이, 받침대 **rugged** 튼튼한 **outdated** 구식인

🎤 나의 답변 주어진 답변구조&핵심표현과 모범답변을 활용하여, 나의 답변을 실제로 말해보자!

유형 05 두 가지 대상 비교하기

음성 바로 듣기

과거와 현재의 동네를 비교하는 것과 같이 두 가지 대상을 비교하는 유형이다. 비교할 두 대상 사이의 차이점이 무엇인지를 묻는다.

| 질문의 형태 |

→ 문제유형 키워드　　→ 주제　　　　　　　　　　　　　　　　→ 문제유형 키워드

Q **Compare** your **neighborhood** when you were growing up to how it is today. What has changed from the past? Please describe the **differences** in detail.

당신이 어렸을 때 당신의 동네를 지금 어떤지와 비교해 주세요. 과거에 비해 무엇이 변했나요? 차이점을 상세히 설명해 주세요.

★ Compare, differences를 통해 두 가지 대상을 비교하는 유형임을 알 수 있다.

빈출 문제

설문·돌발 주제에서 두 가지 대상을 비교하는 유형으로 어떤 문제가 자주 출제되는지 알아보자.

설문 주제	빈출 문제
☑ 주택이나 아파트에 거주	과거와 현재의 동네 비교　p.39
	과거와 현재의 집 비교　p.74
☑ 공원 가기	공원에서 하는 아이와 어른의 활동 비교　p.90
☑ 음악 감상하기	두 가지 음악 장르 비교　p.124
☑ 요리하기	우리나라와 다른 나라의 요리 비교　p.136
돌발 인터넷 서핑	과거와 현재의 웹사이트 비교　p.185
돌발 교통수단	과거와 현재의 대중교통 비교　p.192
돌발 날씨·계절	과거와 현재의 날씨 비교　p.200
돌발 도서관	과거와 현재의 도서관 비교　p.205
돌발 가구·가전	과거와 현재의 가구 비교　p.212
돌발 은행	과거와 현재의 은행 비교　p.220
돌발 패션	과거와 현재의 패션 비교　p.232
돌발 기술	과거와 현재의 기술 비교　p.243
돌발 건강·병원	과거와 현재의 병원 비교　p.251

답변구조&핵심표현

답변구조에 따라 아래 핵심표현을 사용하면 두 가지 대상을 비교하는 유형의 다양한 OPIc 문제에 유창하게 답할 수 있다.

① 비교 대상을 소개할 때	**종류/이름** · 내가 비교하고 싶은 것들은 A와 B이다 **차이점** · A와 B 사이에는 차이점들이 있다 · ~ 간에는 밤과 낮처럼 큰 차이가 있다	· The things I'd like to compare are A and B · There are differences between A and B · There is a night-and-day difference between A and B
② 첫 번째 비교 대상의 특징을 말할 때	**말머리** · A부터 이야기해 보겠다 **상세한 유사점/차이점** · A는 ~이라는 점에서 B와 비슷하다 · A와 B의 차이점은 ~이다	· Let's start with A · A is similar to B in that ~ · The key difference between A and B is ~
③ 두 번째 비교 대상의 특징을 말할 때	**말머리** · 반면에 **상세한 유사점/차이점** · B가 A와 공통으로 가지고 있는 것은 ~이다 · B를 A와 매우 다르게 만드는 것은 ~이다	· On the other hand · What B has in common with A is ~ · What makes B so different from A is ~

 **모범답변**

🎧 유형05 Track 07

Q **Compare your neighborhood when you were growing up to how it is today. What has changed from the past? Please describe the differences in detail.**

① 비교 대상 소개 I no longer live in the area where I grew up, but I still visit it every once in a while. Without a doubt, **there are differences between** how it was in the past **and** how it is today.

② 첫 번째 비교 대상의 특징 **Let's start with** how it used to be. When I was a kid, my neighborhood was a quiet residential area. The apartment buildings most people lived in were only three or four stories high, and some families lived in old houses. There was a little playground where children went after school. There weren't any big stores within walking distance, but there was an assortment of local businesses that sold things like furniture and household items.

③ 두 번째 비교 대상의 특징 **On the other hand**, the neighborhood is much busier these days. Modern high-rise apartment complexes have replaced nearly all of the old buildings, and several large supermarkets have opened up nearby. A lot of people in their 20s have moved into the area, too. This has changed the atmosphere significantly. For instance, the businesses you find here today are mostly boutiques, cafés, and chain restaurants.

① 비교 대상 소개 저는 제가 자란 지역에서 더는 살지 않지만 여전히 가끔 그곳을 찾아갑니다. 의심의 여지 없이, 그 동네가 과거에 어땠는지와 지금 어떤지 사이에는 차이점들이 있습니다.

② 첫 번째 비교 대상의 특징 동네가 옛날에 어땠는지부터 이야기해 보겠습니다. 제가 어렸을 때, 저희 동네는 조용한 주택가였습니다. 대부분의 사람들이 살았던 아파트 건물들은 서너 층 높이밖에 되지 않았고, 어떤 가족들은 옛날 주택에서 살았습니다. 아이들이 방과 후에 갔던 작은 놀이터가 하나 있었습니다. 걸어서 갈 수 있는 거리에는 큰 상점이 하나도 없었지만, 가구나 가정용품 등을 파는 여러 가지 지역 상점들이 있었습니다.

③ 두 번째 비교 대상의 특징 반면에, 요즘에는 동네가 훨씬 분주해졌습니다. 현대식 고층 아파트 단지가 거의 대부분의 옛날 건물들을 대체했고, 근처에 몇몇 큰 슈퍼마켓들도 문을 열었습니다. 또한, 20대들이 많이 그 지역으로 이사를 왔습니다. 이것은 현저하게 동네 분위기를 바꾸었습니다. 예를 들자면, 지금 여기에서 찾아볼 수 있는 상점들은 대부분 부티크, 카페 그리고 식당 체인점들입니다.

neighborhood 동네 residential area 주택가 an assortment of 여러 가지의 household item 가정용품 high-rise 고층의

나의 답변 🎤 주어진 답변구조&핵심표현과 모범답변을 활용하여, 나의 답변을 실제로 말해보자!

유형 06 습관/경향에 대해 말하기

음성 바로 듣기

내가 얼마나 자주 해변을 가는지, 보통 언제 가는지, 주로 누구랑 함께 가는지와 같이 어떤 활동을 할 때의 습관/경향에 대해 말하는 유형이다. 그 활동을 얼마나 자주, 보통 언제, 주로 누구와 함께 하는지 등을 묻는다.

| 질문의 형태 |

> 문제유형 키워드   주제
>
> Q In your background survey, you indicated that you like **going to beaches**. **How often** do you go to the beach, and when do you typically go? Who do you **usually** go with? What do you like to do there?
>
> 배경 설문에서, 당신은 해변에 가는 것을 좋아한다고 했습니다. 얼마나 자주 해변에 가고, 보통 언제 해변에 가나요? 주로 누구와 함께 가나요? 그곳에서 어떤 일을 하기 좋아하나요?
>
> ★ How often, usually를 통해 습관/경향에 대해 말하는 유형임을 알 수 있다.

빈출 문제

설문·돌발 주제에서 습관/경향에 대해 말하는 유형으로 어떤 문제가 자주 출제되는지 알아보자.

⚡ 답변구조&핵심표현

답변구조에 따라 아래 핵심표현을 사용하면 습관/경향에 대해 말하는 유형의 다양한 OPIc 문제에 유창하게 답할 수 있다.

① 활동을 소개할 때	**얼마나 자주** · 한 시간/하루/한 주/한 달/일 년에 적어도 ~번 · 내가 ~을 하지 않는 날은 없다 · 정기적으로	· at least ~ times an hour/a day/a week/a month/a year · Not a day goes by that I don't do ~ · on a regular basis
	누구와 · 보통 ~가 나를 따라온다 · 대부분의 경우 나는 혼자 ~하게 된다	· ~ usually tags along with me · Most of the time, I end up ~ on my own
② 활동의 구체적인 경향을 말할 때	**무엇을** · 우리가 주로 하는 일은 ~이다 · 우리의 평소 일과는 ~을 포함한다 · 내가 ~하는 것은 상당히 흔한 일이다	· What we usually do is ~ · Our typical routine involves ~ · It's quite usual for me to ~
	순서 · 내가 처음에 하는 일은 ~이다	· The first thing I do is ~
③ 내 생각을 말할 때	**의견표현** · 개인적으로 나는 ~이라고 생각한다	· I personally think that ~
	좋은 점/아쉬운 점 · ~ 때문에 그것을 좋아한다 · 더 ~했다면 좋았을 것이다	· I love it because ~ · I wish it was more ~

➤ 모범답변

🎧 유형 06 Track 08

Q **In your background survey, you indicated that you like going to beaches. How often do you go to the beach, and when do you typically go? Who do you usually go with? What do you like to do there?**

① 활동 소개 I try to go to the beach **at least** two **times a month** during the spring and summer. My friend, Ji Hoon, **usually tags along with me**.

② 활동의 구체적인 경향 **What we usually do is** walk about two to three kilometers along the coast. The beach we like to go to has an amazing ocean view. Plus, it's not too crowded, so it's a perfect place to enjoy the peace and quiet. When the weather is warm enough, we sometimes sunbathe on the sand or swim in the sea. There are also a lot of cafés nearby, so when we get thirsty, we often stop by one of the cafés and have some cold drinks and snacks together. We always have a wonderful time.

③ 내 생각 Even though these visits are quite short, **I personally think that** going to the beach is beneficial because it helps me feel refreshed and energized.

① 활동 소개 저는 봄과 여름에 한 달에 적어도 두 번은 해변에 가려고 노력합니다. 보통 저의 친구인 지훈이가 저를 따라옵니다.
② 활동의 구체적인 경향 저희가 주로 하는 일은 해안을 따라 2~3킬로미터 정도 걷는 것입니다. 저희가 가기 좋아하는 해변은 멋진 전망을 가지고 있습니다. 게다가, 너무 붐비지 않아서 평화와 고요를 즐기기에 완벽한 장소입니다. 날씨가 충분히 따뜻할 때, 저희는 때때로 모래사장에서 일광욕하거나 바다에서 수영합니다. 근처에 카페도 많아서, 갈증을 느끼면, 종종 카페 중 한 곳에 들러 함께 차가운 음료와 간식을 먹습니다. 저희는 항상 멋진 시간을 보냅니다.
③ 내 생각 비록 이런 방문들이 꽤 짧지만, 제 기분이 상쾌해지고 기운을 북돋아 주도록 도와주기 때문에 개인적으로 해변에 가는 것이 유익하다고 생각합니다.

coast 해안 sunbathe 일광욕을 하다 beneficial 유익한

🎤 나의 답변 | 주어진 답변구조&핵심표현과 모범답변을 활용하여, 나의 답변을 실제로 말해보자!

유형 07 기억에 남는 경험 말하기

음성 바로 듣기

수영하다 겪은 가장 기억에 남는 경험이나 여행하다 겪은 경험과 같이 기억에 남는 경험을 말하는 유형이다. 경험을 겪은 시기와 장소, 무슨 일이 있었는지, 누구와 함께 있었는지, 왜 기억에 남는지에 대해 묻는다.

| 질문의 형태 |

문제유형 키워드 →   주제 →

Q Tell me about the most **memorable experience** you had while **swimming**. What happened? Where did you swim? Who were you with? What made the experience so memorable? Please describe it in detail.

수영 도중 가장 기억에 남는 경험은 무엇인가요? 무슨 일이 있었나요? 어디에서 수영했나요? 누구와 함께 있었나요? 왜 그 일이 기억에 남나요? 그것에 대해 상세히 말해주세요.

★ memorable experience를 통해 기억에 남는 경험을 말하는 유형임을 알 수 있다.

빈출 문제

설문·돌발 주제에서 기억에 남는 경험을 말하는 유형으로 어떤 문제가 자주 출제되는지 알아보자.

설문 주제	빈출 문제
☑ 학생	가장 어려웠던 시험 p.62
☑ 거주지	동네에서 겪은 경험 p.79
☑ 공원 가기	공원에서 겪은 경험 p.88
☑ 음악 감상하기	음악 감상 도중 겪은 경험 p.123
☑ 요리하기	요리 도중 겪은 경험 p.134
☑ 농구	기억에 남는 농구 경험 p.144
☑ 수영	수영하다 겪은 경험 p.43
☑ 자전거	자전거를 타다 겪은 경험 p.157
☑ 국내·해외여행	여행하다 겪은 경험 p.161
☑ 집에서 보내는 휴가	집에서 보낸 기억에 남는 휴가 p.170
돌발 집안일 거들기	집안일 도중 겪은 경험 p.177
돌발 프로젝트	기억에 남는 프로젝트 경험 p.195
돌발 날씨·계절	이상 기후로 인해 겪은 경험 p.201
돌발 호텔	기억에 남는 호텔 투숙 경험 p.240
돌발 건강·병원	치과에 처음 간 경험 p.250

답변구조&핵심표현

답변구조에 따라 아래 핵심표현을 사용하면 기억에 남는 경험에 대해 말하는 유형의 다양한 OPIc 문제에 유창하게 답할 수 있다.

① 경험을 소개할 때	**언제**	
	· 기억에 남는 경험은 며칠/몇 주/몇 달 전에 일어났다	· One experience that sticks out for me happened a few days/a few weeks/a few months ago
	· 마지막으로 ~했던 것은 하루/한 주/한 달 전이었다	· The last time I ~ was a day/a week/a month ago
	무엇을	
	· ~이 내게 가장 깊은 인상을 남겼다	· ~ made the biggest impression on me

② 구체적인 경험을 말할 때	**말머리**	
	· 더 자세히 설명하자면	· To give you a more detailed account
	· 보다 세부적으로 들어가자면	· To go into detail
	설명	
	· 그것을 더욱 악화시킨 것은 ~이었다	· What made it even worse was that ~
	· 나는 ~할 수밖에 없었다	· I couldn't help but ~

③ 결과와 느낀 점을 말할 때	**결과**	
	· 결과적으로	· As a result
	· 결국 나는 간신히 ~을 해냈다	· In the end, I managed to ~
	느낀 점	
	· 그 경험은 ~ 때문에 잊을 수 없었다	· The experience was unforgettable because ~

 **모범답변**

🎧 유형07 Track 09

Q Tell me about the most memorable experience you had while swimming. What happened? Where did you swim? Who were you with? What made the experience so memorable? Please describe it in detail.

① 경험 소개 **One experience that sticks out for me happened a few days ago**. I was on vacation with my family, and we decided to visit a beach close to our hotel.

② 구체적인 경험 We spent the whole morning playing in the water. After a while, my parents got tired and went back to the hotel. I wasn't tired yet, so I decided to go swimming by myself. While I was swimming, I encountered a large group of colorful fish. **To give you a more detailed account**, there were hundreds of fish, and I was able to observe them for about five minutes before they swam away.

③ 결과와 느낀 점 **The experience was unforgettable because** I had never seen anything like it before. I feel lucky to have been in the right place at the right time.

encounter 마주치다 observe 관찰하다

① 경험 소개 기억에 남는 경험은 며칠 전에 일어났습니다. 저는 가족들과 휴가 중이었고, 저희는 호텔과 가까운 곳에 있는 해변을 방문하기로 했습니다.
② 구체적인 경험 저희는 아침 내내 물속에서 놀면서 보냈습니다. 얼마 후, 저희 부모님은 피곤해지셔서 호텔로 돌아가셨습니다. 저는 아직 피곤하지 않아서 혼자 수영하기로 했습니다. 수영하는 동안, 저는 형형색색 물고기의 큰 무리와 마주쳤습니다. 더 자세히 설명하자면, 수백 마리의 물고기가 있었고, 저는 그것들이 헤엄쳐서 가버리기 전까지 약 5분 동안 그것들을 관찰할 수 있었습니다.
③ 결과와 느낀 점 그 경험은 제가 이전에는 이런 것을 본 적이 없었기 때문에 잊을 수 없었습니다. 저는 딱 맞는 시간에 딱 맞는 장소에 있었던 것을 행운으로 생각합니다.

🎙 나의 답변 주어진 답변구조&핵심표현과 모범답변을 활용하여, 나의 답변을 실제로 말해보자!

유형 08 · 시간 순서대로 설명하기

음성 바로 듣기

영화 보러 가는 날에 일반적으로 하는 일을 처음부터 끝까지 말하는 것처럼 특정 활동을 시간 순서대로 설명하는 유형이다. 그 활동을 하기 전부터 활동을 마친 후까지 시간 순서대로 무엇을 하는지를 묻는다.

| 질문의 형태 |

> 문제유형 키워드 ┐   문제유형 키워드 ┐   주제 ┐
>
> **Q** I'd like to know what you usually do when you go to a **movie**. What do you do **before and after** the movie? Describe a typical day when you visit the cinema **from beginning to end**.
>
> 당신이 영화를 보러 갈 때 보통 무엇을 하는지 알고 싶어요. 영화 보기 전과 후에 무엇을 하나요? 당신이 극장을 방문하는 날에 일반적으로 하는 일을 처음부터 끝까지 이야기해 주세요.
>
> ★ before and after, from beginning to end를 통해 시간 순서대로 설명하는 유형임을 알 수 있다.

◁ 빈출 문제

설문·돌발 주제에서 시간 순서대로 설명하는 유형으로 어떤 문제가 자주 출제되는지 알아보자.

설문 주제	빈출 문제
☑ 직장인	출근하는 과정 p.67
☑ 영화 보기	영화 보러 가기 전후에 하는 일 p.45
☑ 요리하기	좋아하는 음식의 요리 과정 p.133
☑ 수영	수영 가기 전후에 한 일 p.154
돌발 프로젝트	최근에 끝낸 프로젝트의 과정 p.197
돌발 약속	약속 잡기 전 연락 과정 p.217
돌발 재활용	집에서 하는 재활용 과정 p.253

답변구조&핵심표현

답변구조에 따라 아래 핵심표현을 사용하면 시간 순서대로 설명하는 유형의 다양한 OPIc 문제에 유창하게 답할 수 있다.

① 활동을 소개할 때	**얼마나 자주** · 일주일에/한 달에/일 년에 한 번, 나는 꼭 ~을 한다 **누구와** · 가끔 ~가 나와 함께 간다	· Once a week/a month/a year, I make it a point to ~ · ~ sometimes accompanies me
② 시간 순서대로 설명할 때	**시작** · 내가 ~하는 일반적인 날은 …으로 시작된다 · 내가 처음 하는 일은 ~이다 **중간 과정** · 그 다음에 나는 ~을 한다 **끝** · 다 끝나면	· A typical day when I ~ begins with … · The first thing I do is to ~ · I follow it up by ~ · When it's over
③ 내 생각을 말할 때	**의견 표현** · 나는 항상 ~이라고 느꼈다 **좋은 점/아쉬운 점** · ~은 나의 하루를 기분 좋게 해준다 · 만약 ~하다면 더 좋을 것이다	· I've always found ~ · ~ brightens my day · It'd be much better if ~

모범답변

Q I'd like to know what you usually do when you go to a movie. What do you do before and after the movie? Describe a typical day when you visit the cinema from beginning to end.

① 활동 소개 **Once a month, I make it a point to** go to the movies with my sister Hannah.

② 시간 순서대로 설명 **A typical day when I** visit the cinema **begins with** a call to my sister to decide which film to see. Then, we choose a theater and reserve tickets. We usually have some free time before the movie starts, so we fill the time by roaming around the downtown area and window shopping. We never forget to stop at the concession stand to buy some popcorn and beverages. During the movie, we focus on the show while eating our snacks. After the credits roll, we leave the theater and we look for a coffee shop where we can talk about the movie. Hannah and I have similar taste in movies, so we rarely disagree with each other.

③ 내 생각 Both Hannah and I are big fans of Hollywood productions, and we **have always found** these monthly trips to the movies both enjoyable and relaxing.

① 활동 소개 한 달에 한 번씩 꼭 저는 제 여동생 하나와 함께 영화를 보러 갑니다.
② 시간 순서대로 설명 제가 극장에 가는 일반적인 날은 여동생에게 어떤 영화를 볼지 결정하라는 전화로 시작됩니다. 그 후, 저희는 극장을 고르고 표를 예매합니다. 저희는 보통 영화가 시작하기 전에 여유 시간이 있어서 시내를 돌아다니고 윈도 쇼핑을 하면서 시간을 보냅니다. 저희는 매점에 들러 팝콘과 음료를 사는 것을 절대 잊지 않습니다. 영화 중에는 간식을 먹으면서 영화에 집중합니다. 크레딧이 올라간 후 저희는 영화관을 떠나 영화에 대해 이야기를 나눌 수 있는 커피숍을 찾습니다. 하나와 저는 영화 취향이 비슷하기 때문에 서로 의견이 다른 경우가 거의 없습니다.
③ 내 생각 하나와 저는 둘 다 할리우드 제작 영화의 열렬한 팬이고, 이렇게 매월 영화를 보러 가는 것이 항상 즐겁고 편안하다고 느꼈습니다.

fill the time 시간을 보내다   roam around ~를 돌아다니다   concession stand 매점   taste 취향, 맛

 나의 답변 | 주어진 답변구조&핵심표현과 모범답변을 활용하여, 나의 답변을 실제로 말해보자!

유형 09 시작한 계기와 변화 말하기

음성 바로 듣기

음악을 처음 듣게 된 계기와 그 이후의 음악 취향 변화처럼 시작한 계기와 변화를 말하는 유형이다. 어떤 활동을 언제 시작했는지, 시작하게 된 계기가 무엇인지, 그 후로 어떻게 변화하였는지 등을 묻는다.

| 질문의 형태 |

> → 문제유형 키워드   → 문제유형 키워드   → 주제

Q You indicated in your background survey that you like **listening to music**. When and **how did you first start** listening to music? Has your taste in music **changed since then**? Tell me about the changes in your musical tastes.

당신은 배경 설문에서 음악 감상을 좋아한다고 했습니다. 언제 그리고 어떻게 처음 음악을 듣기 시작했나요? 그때 이후로 당신의 음악 취향이 변했나요? 당신의 음악적 취향의 변화에 대해 이야기해 주세요.

★ how did you first start, changed since then을 통해 시작한 계기와 변화를 말하는 유형임을 알 수 있다.

빈출 문제

설문·돌발 주제에서 시작한 계기와 변화를 설명하는 유형으로 어떤 문제가 자주 출제되는지 알아보자.

설문 주제	빈출 문제
☑ 영화 보기	영화 취향의 변화　p.84
☑ TV 시청하기	TV 프로그램 취향의 변화　p.109
☑ 음악 감상하기	음악을 듣게 된 계기와 취향의 변화　p.47
☑ 악기 연주하기	악기를 연주하게 된 계기와 변화　p.128
☑ 요리하기	요리에 흥미를 갖게 된 계기　p.137
☑ 독서	독서에 흥미를 갖게 된 계기와 변화　p.141
☑ 야구	야구를 시작하게 된 계기　p.146
☑ 요가	요가를 시작하게 된 계기　p.149
☑ 수영	수영을 배우게 된 계기와 변화　p.153
☑ 자전거	자전거를 타게 된 계기와 변화　p.159

답변구조&핵심표현

답변구조에 따라 아래 핵심표현을 사용하면 시작한 계기와 변화를 말하는 유형의 다양한 OPIc 문제에 유창하게 답할 수 있다.

① 시작한 계기를 말할 때	**언제** · 내가 …살 때 처음으로 ~하기 시작했다	· I first started ~ when I was … years old
	어떻게 · 그렇게 ~이 시작되었다 · ~에 흥미를 붙이게 된 계기는 …이었다	· That's how ~ started · What got me interested in ~ was …
② 변화 과정을 말할 때	**처음** · 내가 단지 초보자였을 때는 ~	· When I was just a beginner ~
	과정 · 시간이 지나며, 나는 ~하기 시작했다 · 점차 푹 빠져들며, 나는 ~하기 시작했다	· As time passed, I began to ~ · As I got more into it, I started to ~
③ 현재 상황을 말할 때	**현재** · 그 이후로, 나는 ~에 관심을 가지게 되었다 · ~은 이제 전혀 어렵지 않다	· Since then, I have become interested in ~ · ~ holds no challenge for me anymore

 모범답변

🎧 유형09 Track 11

Q **You indicated in your background survey that you like listening to music. When and how did you first start listening to music? Has your taste in music changed since then? Tell me about the changes in your musical tastes.**

① 시작한 계기 **I first started** listening to American pop songs **when I was** 15 **years old**. A friend of mine recommended me some songs for me to listen to. **That is how** my lifelong interest in pop music **started**.

② 변화 과정 **At the beginning**, I didn't understand a word of what the artists were singing and the music sounded kind of alien to me. However, as time passed, I began to appreciate the songs. Thanks to my English classes at school, I could gradually understand the meaning of the lyrics, and the rhythm and notes became more and more familiar. As I got more into it, I started to develop a taste for certain types of songs and became a fan of several pop artists.

③ 현재 상황 **Since then, I have become interested in** music from other cultures as well. Now, my favorite artists include several singers who sing in Spanish as well as in English. Of course, I don't entirely understand what they sing about, but I find the songs beautiful anyway.

① 시작한 계기 저는 15살 때 처음으로 미국 팝송을 듣기 시작했습니다. 한 친구가 제게 들어볼 수 있는 노래들을 추천해 줬습니다. 바로 그렇게 팝 음악에 대한 제 평생의 취미가 시작되었습니다.

② 변화 과정 처음에는, 저는 음악가들이 무엇을 노래하는지 한 마디도 알아들을 수 없었고, 음악도 다소 이질적으로 들렸습니다. 하지만, 시간이 지나며, 저는 이 노래가 좋아지기 시작했습니다. 학교에서의 영어 수업 덕택에 저는 점차 가사의 뜻을 알아듣게 되었으며, 곡의 박자나 음도 점점 더 익숙해졌습니다. 점차 푹 빠져들며 저는 특정한 종류의 노래에 대해 취미를 붙이기 시작했고, 몇몇 팝 음악가들의 팬이 되었습니다.

③ 현재 상황 그 이후로, 저는 다른 문화권의 음악에도 관심을 가지게 되었습니다. 이제, 제가 좋아하는 가수들 중에는 영어뿐만 아니라 스페인어로도 노래하는 가수들도 몇 명 있습니다. 물론 제가 이들이 무엇에 대해 노래하는지 완전히 이해하는 건 아니지만 어쨌든 노래가 아름답다고 생각합니다.

alien 이질적인 **gradually** 점차, 서서히 **develop a taste** 취미를 붙이다

 나의 답변 🎙

주어진 답변구조&핵심표현과 모범답변을 활용하여, 나의 답변을 실제로 말해보자!

문제 해결 경험 말하기

음성 바로 듣기

여행하다 겪은 문제가 무엇이었고, 어떻게 그 문제를 해결했는지와 같이 문제를 해결한 경험에 대해 말하는 유형이다.

| 질문의 형태 |

→ 문제유형 키워드   → 주제   → 문제유형 키워드

Q Have you experienced a problem while **traveling**? What was the **problem**, and how did you **deal with** it? Describe it in as much detail as possible.

여행하다가 문제를 겪은 적이 있었나요? 문제가 무엇이었고, 어떻게 그 문제를 해결했나요? 그것에 대해 되도록 상세히 이야기해 주세요.

★ problem, deal with를 통해 문제 해결 경험을 말하는 유형임을 알 수 있다.

빈출 문제

설문·돌발 주제에서 문제를 해결한 경험을 말하는 유형으로 어떤 문제가 자주 출제되는지 알아보자.

설문 주제	빈출 문제
☑ 직장인	직장에서 겪은 문제 p.70
☑ 거주지	집에서 겪은 문제 p.75
☑ 쇼핑하기	쇼핑하다 겪은 문제 p.105
☑ 요리하기	요리하다 겪은 문제 p.135
☑ 국내·해외여행	여행하다 겪은 문제 p.49
☑ 국내·해외 출장	출장 갔다 겪은 문제 p.166
(돌발) 집안일 거들기	집안일을 하지 못해 겪은 문제 p.176
(돌발) 교통수단	대중교통을 이용하다 겪은 문제 p.193
(돌발) 프로젝트	프로젝트를 하다 겪은 문제 p.196
(돌발) 가구·가전	빌린 가전제품이 고장 나 겪은 문제 p.213
(돌발) 건강·병원	건강에 이상이 생겨 겪은 문제 p.249

답변구조&핵심표현

답변구조에 따라 아래 핵심표현을 사용하면 문제를 해결한 경험을 말하는 유형의 다양한 OPIc 문제에 유창하게 답할 수 있다.

① 문제점과 원인을 말할 때	**문제점** · 내가 ~중에 겪은 문제는 ~이었다 · ~를 찾는 데 상당히 고생했다	· A problem I had while ~ was that · I had such trouble finding ~
	원인 · 문제의 원인은 ~이었다 · 이 모든 문제를 일으킨 것은 ~이었다	· The source of the problem was ~ · What caused all these troubles was ~
② 해결 방법을 말할 때	**무엇을** · 문제를 해결하기 위해 · 전환점은 ~ 때 왔다 · ~에게 도움을 청했다 · 도움을 청해야 할 때가 되었다고 생각했다	· To solve the problem · The turning point came when ~ · I enlisted the help of ~ · I decided it was time to get some help
③ 결과와 배운 점을 말할 때	**결과** · 상황이 종료되었을 때	· When it was all over
	배운 점 · 이 사건으로부터 나는 ~해야 한다는 것을 배웠다 · ~이라는 것을 어렵게 배우게 되었다	· From this incident, I learned to ~ · I learned the hard way that ~

 모범답변

🎧 유형 10 Track 12

Q **Have you experienced a problem while traveling? What was the problem, and how did you deal with it? Describe it in as much detail as possible.**

① 문제점과 원인 **A problem I had while** traveling **was that** I lost my passport a few years ago when I was visiting France. I guess it either fell out of my bag, or a pickpocket managed to snatch it while I was on the crowded subway.

② 해결 방법 I tried my best to keep calm, but I was definitely panicking. **To solve the problem**, I immediately found out where the Korean embassy was and went there to explain my situation. They asked to see photo ID and my plane ticket. They also wanted the phone number of someone back home who could confirm my identity. I gave them what they wanted, and they promised to issue me a replacement passport before my flight.

③ 결과와 배운 점 **From this incident, I learned to** be more careful. When I travel now, I avoid crowded places and always double-check my belongings.

① 문제점과 원인 제가 여행 중에 겪은 문제는 몇 해 전 프랑스를 여행하고 있을 때 여권을 분실한 것이었습니다. 제 생각에는 지갑이 제 가방에서 떨어졌거나 아니면 제가 붐비는 지하철을 타고 있었을 때 소매치기가 낚아채 간 것 같습니다.

② 해결 방법 저는 침착함을 유지하려고 최선을 다했지만, 무척 당황하고 있었습니다. 문제를 해결하기 위해, 저는 즉시 한국대사관이 있는 곳을 찾아냈고, 그곳에 가서 제 상황을 설명했습니다. 그들은 사진이 있는 신분증과 제 비행기 표를 보여달라고 했습니다. 그들은 또한 제 신분을 확인해 줄 수 있는 한국 사람의 전화번호를 원했습니다. 저는 그들이 원하는 것을 주었고, 그들은 제가 비행기에 타기 전에 대체 여권을 발급해 주기로 약속했습니다.

③ 결과와 배운 점 이 사건으로부터 저는 더욱 조심해야 한다는 것을 배웠습니다. 저는 이제 여행할 때, 붐비는 장소를 피하고, 제 소지품을 항상 재차 확인합니다.

pickpocket 소매치기 **snatch** 낚아채 가다 **embassy** 대사관 **issue** 발급하다

나의 답변 🎙 주어진 답변구조&핵심표현과 모범답변을 활용하여, 나의 답변을 실제로 말해보자!

규칙 / 방법 설명하기

음성 바로 듣기

축구를 하는 방법 및 규칙이나 게임 방법과 같이 경기나 게임의 규칙 및 방법을 설명하는 유형이다.

| 질문의 형태 |

> → 문제유형 키워드 → 주제 → 문제유형 키워드
>
> **Q** Can you **explain how to** play **soccer**? What are the **rules** of the game? How many people play on each team? Provide me with as many details as possible.
>
> 축구를 하는 방법을 설명할 수 있나요? 경기의 규칙이 무엇인가요? 각 팀에서 몇 명이 하나요? 되도록 상세히 이야기해 주세요.
>
> ★ explain how to, rules를 통해 규칙 및 방법을 설명하는 유형임을 알 수 있다.

빈출 문제

설문·돌발 주제에서 규칙/방법을 설명하는 유형으로 어떤 문제가 자주 출제되는지 알아보자.

설문 주제	빈출 문제
☑ 악기 연주하기	악기 연주 방법 p.131
☑ 축구	축구 경기 규칙 p.51
☑ 야구	야구 경기 규칙 p.147

답변구조&핵심표현

답변구조에 따라 아래 핵심표현을 사용하면 게임의 규칙 및 방법을 설명하는 유형의 다양한 OPIc 문제에 유창하게 답할 수 있다.

① 경기/게임을 소개할 때	**인원** · ~은 …명의 선수로 구성된 … 팀 간의 경기이다	· ~ is played between … teams of … players
	장소 · ~에서 경기를 한다	· It's played on ~
	목표 · 게임의 목표는 ~ 이다	· The goal of the game is to ~
② 규칙/방법을 말할 때	**기본적인 규칙** · ~에 대해 유념해야 할 기본적인 규칙은 …이다 · ~이 …를 하는 것은 허용된다	· The basic rules to keep in mind for ~ are … · It is acceptable for ~ to …
	득점/우승 · 득점을 하려면 · 경기에서 이기려면 ~을 해야 한다	· To score a point · To win a match, you need to
	반칙 · ~가 …하는 것은 규칙에 어긋난다 · ~은 반칙으로 간주된다	· It is against the rules for ~ to … · ~ count as a foul

◉ 모범답변

🎧 유형11 Track 13

Q **Can you explain how to play soccer? What are the rules of the game? How many people play on each team? Provide me with as many details as possible.**

① **경기/게임 소개** Soccer is a sport that is fun, competitive, and pretty straightforward. **It's played on** a large field by two teams that have 11 players. One player from each team has the job of guarding his or her team's net. The other players either help to defend their net or try to score points. There are a few rules you need to know in order to play soccer properly.

② **규칙/방법** First of all, **to score a point**, the ball must be kicked into a net without the goalkeeper stopping it. **It is acceptable for** goalkeepers **to** use their hands to do this, but **it is against the rules for** any other player **to** touch the ball this way. This means that players must get the ball to the opposing team's net by kicking it to teammates who are further up the field. This can be difficult because players on the other team try to block these passes. In any case, whichever team has the most points at the end of the game wins.

① **경기/게임 소개** 축구는 재미있고, 경쟁적인, 그리고 꽤 단순한 스포츠입니다. 축구는 11명의 선수로 구성된 2개의 팀이 큰 운동장에서 경기를 합니다. 각 팀에서 한 명의 선수가 자기 팀의 골문을 지키는 역할을 하게 됩니다. 다른 선수들은 자기 골문을 방어하는 것을 도와주거나 득점을 하려고 합니다. 축구를 올바로 하기 위해 당신이 알아야 하는 몇 가지 규칙이 있습니다.

② **규칙/방법** 먼저, 득점하기 위해서는 공을 골키퍼가 막지 못하고 골대 안으로 차서 들어가야 합니다. 골키퍼는 공을 막기 위해 자신의 손을 사용하는 것이 허락되지만, 그 외에 다른 선수가 이런 식으로 공을 만지는 것은 규칙에 어긋납니다. 이것은 선수들이 경기장에서 자신보다 더 멀리 나가 있는 같은 팀 선수에게 공을 발로 차서 상대 팀의 골대까지 공을 움직여야 한다는 것을 의미합니다. 이것은 다른 팀의 선수들이 이런 패스들을 막으려고 노력하기 때문에 어려울 수 있습니다. 어쨌든, 경기 마지막에 가장 많은 점수를 가진 팀이 이기게 됩니다.

net 골문, 골대 **opposing team** 상대 팀 **teammate** 같은 팀 선수

 나의 답변

주어진 답변구조&핵심표현과 모범답변을 활용하여, 나의 답변을 실제로 말해보자!

이슈 설명하고 나의 의견 말하기

음성 바로 듣기

동네와 관련된 이슈와 같이 어떤 이슈를 설명하고 그에 대한 나의 의견을 말하는 유형이다.

| 질문의 형태 |

→ 문제유형 키워드　　　　　→ 주제　　　→ 문제유형 키워드

Q I'd like to know about the **issues** related to **your neighborhood**. How did they start, and what effect have they had on your community? What is **your opinion** regarding these issues? Tell me in as many details as possible.

당신의 동네와 관련된 이슈에 대해 알고 싶습니다. 이슈가 어떻게 시작되었고, 당신의 지역사회에 어떤 영향을 미쳤나요? 이 이슈에 대한 당신의 의견은 무엇인가요? 되도록 상세히 이야기해 주세요.

★ issues, your opinion을 통해 이슈를 설명하고 나의 의견을 말하는 유형임을 알 수 있다.

빈출 문제

설문·돌발 주제에서 이슈를 설명하고 나의 의견을 말하는 유형으로 어떤 문제가 자주 출제되는지 알아보자.

설문 주제	빈출 문제
☑ 학생	학교 관련 이슈　p.59
☑ 직장인	초과근무 관련 이슈　p.71
☑ 거주지	동네 관련 이슈　p.53
☑ 영화 보기	영화 관련 이슈　p.85
☑ 공원 가기	공원 관련 이슈　p.91
☑ 집에서 보내는 휴가	휴가 관련 이슈　p.171

답변구조&핵심표현

답변구조에 따라 아래 핵심표현을 사용하면 이슈를 설명하고 나의 의견을 말하는 유형의 다양한 OPIc 문제에 유창하게 답할 수 있다.

① 이슈를 소개할 때	**문제** · ~이 현재 직면한 이슈 중 하나는 …이라는 것이다 · ~에서 이슈가 되고 있는 문제는 …이다 **원인** · 이러한 일이 발생하고 있는 이유는 ~ 때문이다	· One of the issues ~ currently facing is that … · The ongoing issue in ~ is … · The reason why this has been happening is that ~
② 이슈의 다양한 영향을 말할 때	**영향** · 이 이슈로 인해 · 이는 ~때문에 큰 문제이다 · 이 이슈의 장기적 결과 중 하나는 ~이다 · 이는 …으로 인해 ~에게 직접적인 영향을 미친다	· Because of this issue · This is a big problem because ~ · One of the far-reaching consequences of this issue is that ~ · It directly affects ~ because …
③ 해결 방법을 말할 때	**해결 방법** · 이 문제를 해결하기 위해 나는 ~이라고 생각한다 · 이 문제를 해결할 한 가지 방법은 ~이다	· To address the issue, I think ~ · One way to resolve this problem would be ~

모범답변

🎧 유형12 Track 14

Q I'd like to know about the issues related to your neighborhood. How did they start, and what effect have they had on your community? What is your opinion regarding these issues? Tell me in as many details as possible.

① 이슈 소개 **One of the issues** our neighborhood is **currently facing is that** there are not enough buses that make stops in our town. **The reason why this has been happening is that** the city council decided not to increase the number of buses even though our town's population has been steadily growing over the past few years.

② 이슈의 다양한 영향 **Because of this issue**, nowadays people have to stand in long lines every morning. **This is a big problem because** not only is it inconvenient and frustrating but it's also very dangerous. These days, passengers are forced to stand in tightly packed buses that sometimes go at high speed. If there's an accident, many people could be seriously injured. My neighbors have been voicing this same concern for several months now.

③ 해결 방법 **To address the issue, I think** our city council should simply allow more buses to operate.

① 이슈 소개 저희 동네가 최근 직면하고 있는 이슈 중 하나는 저희 마을에서 서는 버스가 충분하지 않다는 것입니다. 이러한 일이 발생하고 있는 이유는 지난 수년간 마을 인구가 지속적으로 증가했음에도 불구하고 시 의회가 버스의 수를 늘리지 않기로 결정했기 때문입니다.
② 이슈의 다양한 영향 이 이슈로 인해 이제 사람들은 매일 아침 길게 줄을 서야 합니다. 이는 불편하고 불쾌감을 줄 뿐만 아니라 매우 위험하기 때문에 큰 문제입니다. 요즘 승객들은 가끔 빠른 속도로 움직이기도 하는 만원 버스에 서서 가야 합니다. 만일 사고가 일어난다면, 많은 사람들이 심각한 부상을 입을 수 있습니다. 저희 이웃들은 몇 달째 계속 바로 이와 같은 우려를 표명해 왔습니다.
③ 해결 방법 이 문제를 해결하기 위해 저는 저희 시 의회에서 다만 보다 많은 버스가 운용될 수 있도록 허가해야 한다고 생각합니다.

steadily 지속적으로 **frustrating** 불쾌감을 주는 **tightly packed** 만원인, 꽉 찬 **voice** 표명하다, 말로 나타내다

나의 답변 🎙 | 주어진 답변구조&핵심표현과 모범답변을 활용하여, 나의 답변을 실제로 말해보자!

Hackers.co.kr
무료 토익·토스·오픽·취업 자료 제공

설문 주제 공략

'설문 주제 공략'에서는 Background Survey에 제시된 주제들을 다룹니다.
수험생들이 가장 많이 선택하는 아래 주제 중에서 자신이 선택할 주제를 중심으로 시험을 준비하세요.

UNIT 01

학교

Background Survey에서 "현재 귀하는 학생이십니까?"라는 질문에 "네"를 선택할 것이라면, 이 UNIT을 통해 <학교> 빈출 문제 및 모범답변, 그리고 관련 표현을 학습하여 나만의 답변을 준비해 두자. UNIT 02 수업과 함께 학습하면 효과적이다.

🔄 빈출 문제

나의 학교
대상 설명하기(2) – 장소

In the background survey, you indicated that you are a student. Tell me about your school. Where is it located? What does the campus look like? What can you see on campus? Give me all the details.

배경 설문에서 당신은 학생이라고 했습니다. 당신의 학교에 대해 이야기해 주세요. 어디에 있나요? 캠퍼스는 어떻게 생겼나요? 캠퍼스에서는 무엇이 보이나요? 모두 상세히 이야기해 주세요.

좋아하는 교수님
대상 설명하기(1) – 인물

Who is your favorite professor? What classes does he or she teach? Does he or she have any special teaching methods? Describe him or her in as much detail as possible.

당신이 가장 좋아하는 교수님은 누구인가요? 그 교수님은 어떤 수업을 가르치나요? 그 교수님만의 특별한 교수법이 있나요? 그 교수님에 대해 되도록 상세히 설명해 주세요.

학교 관련 이슈
이슈 설명하고 나의 의견 말하기

What is an issue you and your classmates talk about? How does it affect you? What needs to be done to address this concern? Provide me with as many details as possible.

당신과 급우들이 이야기하는 이슈는 무엇인가요? 그것이 당신에게 어떻게 영향을 미치나요? 이런 우려에 대처하기 위해서 무엇이 필요할까요? 되도록 상세히 설명해 주세요.

자주 나오는! 3단 콤보
- 나의 학교 – 대학에서의 첫날 – 나의 일상적인 학교생활
- 좋아하는 교수님 – 교수님의 수업 방법 – 기억에 남는 과제

| 대표문제 | 나의 학교 | 대상 설명하기(2) – 장소 | 🎧 설문 UNIT 01 Track 1 |

In the background survey, you indicated that you are a student. Tell me about your school. Where is it located? What does the campus look like? What can you see on campus? Give me all the details.

배경 설문에서 당신은 학생이라고 했습니다. 당신의 학교에 대해 이야기해 주세요. 어디에 있나요? 캠퍼스는 어떻게 생겼나요? 캠퍼스에서는 무엇이 보이나요? 모두 상세히 이야기해 주세요.

답변구조에 따라 말할 내용을 살펴보고, 아래 모범답변을 참고하여 나의 답변을 말해보자.

AL 달성! 답변구조 ⚙

① 나의 학교 소개	● 학교의 이름, 학교가 어디에 있는지
② 학교의 특징	● 학교의 특별한 점이 무엇인지, 건물의 특징이 무엇인지, 학교가 무엇으로 유명한지
③ 학교에 대한 내 생각	● 학교가 어떤 인상을 주는지, 어느 계절에 캠퍼스가 예쁜지

AL 달성! 모범답변 ✏

① **나의 학교 소개** I attend Daesan University. **It is located** in Seoul. Even though Seoul is the biggest city in my country, the campus itself is free of all the hustle and bustle of a big city. **It's a very quiet place.**

② **학교의 특징** The university has been around for over a hundred years, and **what sets it apart from others is that** there are so many beautiful buildings. The best one is the campus library. It was built in the early 1900s, and it's a four-story building made of red brick. Not every building on campus is old, though. My dorm was built only two years ago. It's mostly made of steel and glass, and all of the rooms have huge windows. I love the way sunlight always beams in.

③ **학교에 대한 내 생각** **In my opinion**, the mix of old and new buildings strikes a good balance. Walking around campus is always a pleasure, especially in the winter. The snow covers all of the buildings and makes them look even more picture-perfect.

골라 쓰는 답변 아이디어

● 학교가 어디에 있는지
in the heart of the city
도시의 심장부에
way up on top of a hill
언덕 아주 높은 꼭대기에

● 학교의 특별한 점이 무엇인지
it offers many scholarship programs
많은 장학금 프로그램을 제공한다
it has a state-of-the-art gym
최신식 체육관이 있다

● 건물의 특징이 무엇인지
is covered in ivy 담쟁이덩굴로 덮여있다
is strikingly modern
눈에 띄게 현대적이다

● 학교가 어떤 인상을 주는지
it could use some updating
새롭게 단장할 필요가 있다
it creates a good atmosphere for studying
공부하기 좋은 분위기를 조성한다

① **나의 학교 소개** 저는 대산 대학에 다닙니다. 대산 대학은 서울에 위치하고 있습니다. 서울이 우리나라에서 가장 큰 도시임에도 불구하고 캠퍼스 자체는 대도시의 혼잡과 떨어져 있습니다. 아주 고요한 곳입니다. ② **학교의 특징** 대산 대학은 약 100년 이상 되었고, 다른 대학들과 다르게 돋보이는 점은 아름다운 건물들이 아주 많이 있다는 것입니다. 그중에서도 가장 뛰어난 건물은 캠퍼스 도서관입니다. 그 건물은 1900년대 초반에 지어졌고, 빨간 벽돌로 만들어진 4층 건물입니다. 그렇지만 캠퍼스에 있는 모든 건물이 오래된 것은 아닙니다. 제가 있는 기숙사는 겨우 2년 전에 지어졌습니다. 대부분 철과 유리로 지어졌고, 모든 방에는 큰 창문이 있습니다. 저는 햇빛이 항상 비추어 들어오는 점이 정말 좋습니다. ③ **학교에 대한 내 생각** 제 의견으로는, 오래된 건물과 새로 지은 건물이 균형이 잘 잡힌 듯한 인상을 준다고 생각합니다. 캠퍼스 주위를 거니는 것은 항상 기분 좋은 일인데, 특히 겨울에 그렇습니다. 흰 눈이 모든 건물을 뒤덮어서 훨씬 더 흠잡을 데 없이 완벽하게 보이게 만듭니다.

hustle and bustle 혼잡 **beam** 비추다, 빛 **strike** 인상을 주다, 치다 **picture-perfect** 흠잡을 데 없이 완벽한

나의 답변 🎤 먼저 나의 답변을 실제로 말해보자. 그 후, AL 달성! 답변구조와 AL 달성! 모범답변을 참고하여 나의 답변을 보완하자.

① **나의 학교 소개**

② **학교의 특징**

③ **학교에 대한 내 생각**

01 좋아하는 교수님 대상 설명하기(1) - 인물

🎧 설문 UNIT 01 Track 2

Q **Who is your favorite professor? What classes does he or she teach? Does he or she have any special teaching methods? Describe him or her in as much detail as possible.**

당신이 가장 좋아하는 교수님은 누구인가요? 그 교수님은 어떤 수업을 가르치나요? 그 교수님만의 특별한 교수법이 있나요? 그 교수님에 대해 되도록 상세히 설명해 주세요.

나의 답변 🎤 │ 먼저 나의 답변을 실제로 말해보자. 그 후, 등급 UP! 핵심표현과 AL 달성! 모범답변을 참고하여 나의 답변을 보완하자.

등급 UP! **핵심표현** ⚡

① 좋아하는 교수님 소개	· ~학개론 수업을 가르친다	→ teaches an introduction to ~ course
	· 나의 지도 교수	→ my academic advisor
② 좋아하는 교수님의 특징	· 그분의 강의는 나를 졸리게 만들지 않는다	→ his lectures don't make me doze off
	· 엄격하고 많은 것을 요구하는	→ strict and demanding
	· 관대하고 이해심이 있는	→ lenient and understanding
	· 책을 몇 권 썼다	→ authored several books
③ 좋아하는 교수님에 대한 내 생각	· 그분의 수업에 있었다는 것에 감사한	→ thankful that I was in his class
	· 수학을 새로운 시각으로 보게 만들어줬다	→ made me see math in a new light
	· 물리학에 대해 내가 관심을 가지게 해줬다	→ kindled my interest in physics
	· 그분에 대한 깊은 존경심을 가지고 있다	→ have an utmost respect for him

AL 달성! **모범답변** ✏️

① 좋아하는 교수님 소개 **I would say Professor Jung is** my favorite professor of all time. He **teaches an introduction to philosophy course**.

② 좋아하는 교수님의 특징 Professor Jung is middle-aged and slightly bald. **As for his personality**, **he seems** very strict at first, but in fact, he has a kind heart and students warm up to him quickly. Also, **his lectures don't make me doze off** like some of my other professors' lectures do. We have many group discussions, and he always asks us to think critically about what we've read.

③ 좋아하는 교수님에 대한 내 생각 I'm really **thankful that I was in his class**. **What I like most about Professor Jung is** his teaching style. Because of it, I've learned to develop my own opinion. Before taking his class, I did not have strong ideas about what I learned. I just memorized information for my tests. Now, however, I carefully consider everything I read and hear and use my own judgment to determine its value.

① 좋아하는 교수님 소개 저는 정 교수님이 제가 역대 가장 좋아하는 교수님이라고 할 수 있을 것 같습니다. 교수님께서는 철학 개론 수업을 가르치십니다.

② 좋아하는 교수님의 특징 정 교수님은 중년이고, 살짝 대머리이십니다. 그분의 성격에 대해 말하자면, 처음엔 굉장히 엄격해 보이시지만, 사실은 정이 많으셔서 학생들이 교수님을 금방 좋아하게 됩니다. 또한, 그분의 강의는 몇몇 다른 교수님들의 강의들이 그런 것처럼 저를 졸리게 만들지 않습니다. 저희는 집단 토의가 많은데, 교수님께서는 항상 저희가 읽은 것에 대해 비판적으로 생각하라고 요구하십니다.

③ 좋아하는 교수님에 대한 내 생각 저는 제가 그분의 수업에 있었다는 것에 정말 감사합니다. 정 교수님에 대해 제가 가장 좋아하는 것은 그분의 수업 방식입니다. 그 덕분에, 저는 저 자신만의 의견을 키우는 법을 배웠습니다. 교수님의 수업을 듣기 전에 저는 제가 배운 것에 대해서 뚜렷한 의견이 없었습니다. 저는 시험을 위한 지식을 그저 외우기만 했습니다. 하지만 이제 저는 제가 읽고 듣는 모든 것을 유심히 생각하고 그것의 가치를 결정하기 위해 제 자신의 판단을 사용합니다.

middle-aged 중년의 warm up to ~을 좋아하게 되다 doze off 졸다 judgment 판단, 평가

02 학교 관련 이슈 이슈 설명하고 나의 의견 말하기

Q **What is an issue you and your classmates talk about? How does it affect you? What needs to be done to address this concern? Provide me with as many details as possible.**

당신과 급우들이 이야기하는 이슈는 무엇인가요? 그것이 당신에게 어떻게 영향을 미치나요? 이런 우려에 대처하기 위해서 무엇이 필요할까요? 되도록 상세히 설명해 주세요.

나의 답변 ▮ 먼저 나의 답변을 실제로 말해보자. 그 후, 등급 UP! 핵심표현과 AL 달성! 모범답변을 참고하여 나의 답변을 보완하자.

등급 UP! 핵심표현 ⚡

① 이슈 소개	· 등록금은 급등했다	→ tuition fees have gone through the roof
	· 격렬한 논쟁을 벌였다	→ had heated discussions
	· 비싼 대학 등록금에 대한 우려	→ concerns about expensive college tuition
	· 극심한 취업난에 대해 걱정한다	→ worry about severe job crisis
② 다양한 영향	· 빚을 갚는 데 수년을 보낸다	→ spend years paying off debt
	· 학생들이 미래에 대해 걱정하게 만든다	→ make students anxious about the future
	· 거액의 학자금 대출을 받았다	→ took out a huge student loan
	· 이력서의 공간을 채울 방법을 찾는다	→ find ways to pad the résumé
③ 나의 의견	· 재정적 부담	→ a financial burden
	· 이슈를 해결해야 한다	→ need to address the issue
	· 왕따를 막기 위한 정책을 시행해야 한다	→ must implement a policy to stop bullying
	· 신중하게 진행해야 한다	→ have to proceed with caution

AL 달성! 모범답변 ✐

① 이슈 소개 **One of the issues** my classmates and I **are currently facing is** high tuition fees. Over the last decade or so, **tuition fees in Korea have gone through the roof. The reason why this has been happening is that** the government removed caps on tuition fee increases for both private and public universities.

② 다양한 영향 **This is a big problem because** it has become very expensive for young Koreans to get a university education. But they have no choice because it is almost impossible to get a good job without an undergraduate degree at least. As a result, students are forced to take out loans to pay for their education. **One of the far-reaching consequences of this issue is that** many young Koreans will have to **spend years paying off debt.**

③ 나의 의견 **One way to resolve this problem would be** for the government to offer more scholarships and grants. This would make attending university less of **a financial burden** for many students.

① 이슈 소개 제 급우들과 제가 현재 직면하고 있는 이슈들 중 하나는 높은 등록금입니다. 지난 10여 년 동안 한국의 등록금은 급등했습니다. 이것이 일어나는 이유는 정부가 사립과 국립대학교들 모두의 등록금 인상에 대한 한도를 없앴기 때문입니다.

② 다양한 영향 이것은 큰 문제인데, 한국 젊은이들이 대학 교육을 받는 게 매우 비싸졌기 때문입니다. 하지만 최소한 학사 학위도 없이 좋은 직업을 얻기란 거의 불가능하기 때문에 그들은 선택의 여지가 없습니다. 그 결과, 학생들은 교육비를 내기 위해 대출을 받도록 강요됩니다. 이 이슈의 장기적인 결과 중 하나는 많은 한국 젊은이들이 빚 갚는 데 수년을 보내야 할 것이라는 겁니다.

③ 나의 의견 이 문제를 해결할 한 가지 방법은 정부가 더 많은 장학금과 보조금을 제공하는 것입니다. 이것은 많은 학생들에게 대학교에 다니는 것의 재정적 부담을 덜어줄 것입니다.

cap (액수의) 한도 increase 인상, 증가하다 undergraduate degree 학사 학위 grant 보조금

*설문 주제 <학교>에 대한 추가 답변 아이디어와 표현은 [주제별 답변 아이디어&표현 사전]의 p.4에서 학습할 수 있습니다.

UNIT 02

수업

Background Survey에서 "현재 귀하는 학생이십니까?"라는 질문에 "네"를 선택할 것이라면, 이 UNIT을 통해 <수업> 빈출 문제 및 모범답변, 그리고 관련 표현을 학습하여 나만의 답변을 준비해 두자. UNIT 01 학교와 함께 학습하면 효과적이다.

🔁 빈출 문제

수강 중인 강의 대상 설명하기(3) – 사물	You mentioned in the background survey that you're a student. Which classes are you taking this semester? What are they about? Please focus on one or two and describe them in detail. 배경 설문에서 당신은 학생이라고 했습니다. 이번 학기에 어떤 강의들을 듣고 있나요? 무엇에 관한 강의인가요? 한두 개에 초점을 맞추어 되도록 상세히 설명해 주세요.
가장 어려웠던 시험 기억에 남는 경험 말하기	Tell me about the most difficult test you've taken in school. What in particular made the test difficult? How did you study for it? What was the result of the test? 당신이 학교에서 보았던 시험 중 가장 어려웠던 시험에 대해 이야기해 주세요. 특별히 어떤 점이 그 시험을 어렵게 만들었나요? 그것을 위해 어떻게 공부했나요? 시험 결과는 어땠나요?
나의 전공 대상 설명하기(3) – 사물	You indicated that you're a student. What is your major? Why did you choose that specific major? What do you learn in your classes? 당신은 학생이라고 했습니다. 당신의 전공은 무엇인가요? 그 전공을 택한 이유는 무엇인가요? 수업에서는 무엇을 배우나요?

자주 나오는! 3단 콤보
- 수강 중인 강의 – 가장 어려웠던 시험 – 최근 본 시험
- 나의 전공 – 수강 중인 강의 – 가장 좋았던 수업

대표문제 | 수강 중인 강의 대상 설명하기(3) – 사물 🎧 설문 UNIT 02 Track 1

You mentioned in the background survey that you're a student. Which classes are you taking this semester? What are they about? Please focus on one or two and describe them in detail.

배경 설문에서 당신은 학생이라고 했습니다. 이번 학기에 어떤 강의들을 듣고 있나요? 무엇에 관한 강의인가요? 한두 개에 초점을 맞추어 되도록 상세히 설명해 주세요.

답변구조에 따라 말할 내용을 살펴보고, 아래 모범답변을 참고하여 나의 답변을 말해보자.

AL 달성! 답변구조 ⚙️

① 수강 중인 강의 소개	▶ 어떤 수업을 듣고 있는지, 왜 그 수업을 선택했는지
② 수강 중인 강의의 특징	▶ 무엇을 배우는지, 어떤 방식으로 진행되는지, 어떤 과제가 있는지
③ 수강 중인 강의에 대한 내 생각	▶ 수업에 대해 어떻게 생각하는지

AL 달성! 모범답변 ✍️

① 수강 중인 강의 소개 I'm taking five classes this semester, and I'd like to describe the two that I find most interesting. The names of these two courses are English Composition and Introduction to English Literature. These classes are both required for my major, which is English.

② 수강 중인 강의의 특징 I'm going to start with English Composition. This is a course that focuses on writing skills. The instructor helps each student develop a good writing style, and there are a number of different writing assignments each week. Most of these are personal essays about our own experiences. The second course is Introduction to English Literature, which is basically a primer course about important novels, plays, and poems in the English language. As you'd expect, there's quite a bit of reading to be done in this class.

③ 수강 중인 강의에 대한 내 생각 I like Introduction to English Literature the most because I find the professor's lectures to be fascinating. She gives us a lot of interesting background information about the works and authors we study, and she has a very engaging manner of speaking.

골라 쓰는 답변 아이디어

▶ • 어떤 수업을 듣고 있는지
an Advanced Engineering course
고급 공학 수업
Intermediate-level Chinese
중급 중국어

▶ • 왜 그 수업을 선택했는지
A friend recommended that I sign up. 친구가 등록하라고 추천해 주었다.
These were the only ones I could fit into my schedule.
내 스케줄에 맞는 유일한 것들이었다.

▶ • 무엇을 배우는지
goes over the basics of chemistry
화학의 기초를 다룬다
explores advanced topics in science
과학의 고급 주제들을 탐구한다

▶ • 수업에 대해 어떻게 생각하는지
the highlights of my week
내 일주일 중 가장 흥미로운 부분
not all that great 그다지 좋지는 않은

① 수강 중인 강의 소개 저는 이번 학기에 5개의 강의를 듣고 있고, 저는 제가 가장 흥미롭다고 생각하는 두 과목에 대해 설명하고자 합니다. 이 두 과목의 이름은 영작문과 영문학 개론입니다. 이 과목들은 둘 다 저의 전공인 영문과의 필수 과목입니다. **② 수강 중인 강의의 특징** 저는 영작문부터 이야기해 보겠습니다. 이 수업은 글솜씨에 초점을 맞추는 수업입니다. 강사는 각각의 학생들이 좋은 문체를 개발할 수 있도록 도와주고, 수업에는 매주 다양한 작문 과제가 많이 있습니다. 과제들의 대부분은 저희 자신의 경험에 대한 개인 수필입니다. 두 번째 수업은 영문학 개론으로, 기본적으로 영어에서 중요한 소설, 희곡, 시에 대한 입문 수업입니다. 예상하시다시피, 이 수업에는 해야 할 독서가 꽤 많이 있습니다. **③ 수강 중인 강의에 대한 내 생각** 저는 영문학 개론이 가장 좋은데, 왜냐하면 교수님의 수업이 아주 재미있다고 생각하기 때문입니다. 그분은 저희가 공부하는 작품과 작가들에 대한 흥미로운 배경지식을 많이 전달해 주시고, 매력적인 말투를 갖고 계십니다.

composition 작문, 작시 **personal essay** 개인 수필 **primer** 입문 **engaging** 매력적인, 호감 가는 **manner of speaking** 말투

나의 답변 ❘ 먼저 나의 답변을 실제로 말해보자. 그 후, AL 달성! 답변구조와 AL 달성! 모범답변을 참고하여 나의 답변을 보완하자.

① 수강 중인 강의 소개

② 수강 중인 강의의 특징

③ 수강 중인 강의에 대한 내 생각

01 가장 어려웠던 시험 기억에 남는 경험 말하기

🎧 설문 UNIT 02 Track 2

Q **Tell me about the most difficult test you've taken in school. What in particular made the test difficult? How did you study for it? What was the result of the test?** 당신이 학교에서 보았던 시험 중 가장 어려웠던 시험에 대해 이야기해 주세요. 특별히 어떤 점이 그 시험을 어렵게 만들었나요? 그것을 위해 어떻게 공부했나요? 시험 결과는 어땠나요?

> 나의 답변 🎙 먼저 나의 답변을 실제로 말해보자. 그 후, 등급 UP! 핵심표현과 AL 달성! 모범답변을 참고하여 나의 답변을 보완하자.

등급 UP! 핵심표현 ⚡

① 어려웠던 시험 소개	· 그 학기 전체를 다 다루었다 · 두 시간 이상 지속되었다	→ covered the entire semester → lasted more than two hours
② 어려웠던 시험을 본 구체적인 경험	· 진도 따라잡는 것을 더 어렵게 만들었다 · 밤늦게까지 공부했다 · 머리가 하얘졌다 · 시간과의 싸움 · 답을 생각해 낼 수 없었다	→ made catching up even tougher → stayed up late studying → my mind went blank → a race against the clock → couldn't come up with an answer
③ 결과와 느낀 점	· 결국 B를 받았다 · 받아들이기 다소 힘든 · 예상보다 훨씬 더 좋은	→ ended up getting a B → a bit hard to swallow → much better than expected

AL 달성! 모범답변 🎯

① **어려웠던 시험 소개** The most difficult test I have ever taken was in my economics class last year. It was the final exam, so it covered the entire semester.

② **어려웠던 시험을 본 구체적인 경험** The sheer amount of material the exam covered made the test difficult enough. Moreover, I had pneumonia that semester and had to spend a week and a half in the hospital because of it. I missed several lectures, so I had to learn from the textbook on my own, which made catching up even tougher. What was even worse was that my hospitalization happened toward the end of the semester, so I really had to cram.

③ **결과와 느낀 점** I was often worried I might even fail. However, to my surprise, I ended up getting a B. So even though it wasn't the best grade, I was happy with it. It made me realize that I can succeed in a tough situation as long as I do my best.

① **어려웠던 시험 소개** 제가 지금까지 봤던 가장 어려운 시험은 작년에 들었던 경제학 수업의 시험이었습니다. 그것은 기말고사였기 때문에 그 학기 전체를 다 다루었습니다.

② **어려웠던 시험을 본 구체적인 경험** 시험이 다루는 자료의 절대적인 양은 시험을 충분히 어렵게 만들었습니다. 게다가 저는 그 학기에 폐렴에 걸렸고, 그것 때문에 병원에서 일주일 반을 보내야 했습니다. 저는 수업을 몇 번 놓쳐서 교과서로 스스로 공부해야 했고, 그것은 진도 따라잡는 것을 더 어렵게 만들었습니다. 설상가상으로 병원 입원은 학기말쯤에 일어나서, 저는 정말 벼락치기를 해야 했습니다

③ **결과와 느낀 점** 저는 종종 제가 심지어 낙제를 할 수도 있다는 걱정을 했습니다. 하지만 놀랍게도, 저는 결국 B를 받았습니다. 그래서 이것이 비록 최고의 성적은 아니었지만 저는 이에 만족했습니다. 이것은 제가 최선을 다하는 한 어려운 상황에서도 성공할 수 있다는 것을 깨닫게 만들었습니다.

sheer 절대적인, 순전한 **pneumonia** 폐렴 **what is worse** 설상가상으로 **hospitalization** 병원 입원 **cram** 벼락치기를 하다

Q **You indicated that you're a student. What is your major? Why did you choose that specific major? What do you learn in your classes?** 당신은 학생이라고 했습니다. 당신의 전공은 무엇인가요? 그 전공을 택한 이유는 무엇인가요? 수업에서는 무엇을 배우나요?

나의 답변 🎤 ｜ 먼저 나의 답변을 실제로 말해보자. 그 후, 등급 UP! 핵심표현과 AL 달성! 모범답변을 참고하여 나의 답변을 보완하자.

등급 UP! 핵심표현 ⚡

① 나의 전공 소개	· 현재 경영학을 전공하고 있는	→ currently majoring in business
	· 전공으로 심리학을 선택했다	→ chose psychology as my major
② 나의 전공의 특징	· 마케팅에 대해 조금씩 배웠다	→ learned bits and pieces about marketing
	· 고등학교에서 수학과 물리학을 잘했다	→ excelled in math and physics in high school
	· 의사가 되기 위한 첫걸음	→ first step in becoming a medical doctor
	· 컴퓨터 프로그래밍에 관련된 모든 것	→ all things related to computer programming
	· 화학에 대한 충분한 사전지식	→ solid background in chemistry
③ 나의 전공에 대한 내 생각	· 재무분석가가 어떤 일을 하는지에 대해 감을 잡게 해줬다	→ gave me a sense of what financial analysts do
	· 내 능력과 관심사에 잘 맞는	→ well suited to my abilities and interests

AL 달성! 모범답변 🎯

① 나의 전공 소개 I am **currently majoring in business**. I'm enjoying it so far and think I can handle more, so I am planning to pursue a second major in economics.

② 나의 전공의 특징 I chose to major in business because I've wanted to be a financial analyst ever since I finished high school. **I'm fascinated by** the financial aspects of running a business, such as finding ways to reduce costs so that a company can save money. As a result, most of my classes focus on accounting and finance. However, I've **learned bits and pieces about marketing**, management and other aspects of business in other classes. My university's business department goes to great lengths to ensure that students graduate with a well-rounded education.

③ 나의 전공에 대한 내 생각 **The best class I've had so far is** Corporate Finance. In that class, we did a project where we had to research a real-life company. It **gave me a sense of what financial analysts do** and reaffirmed my career choice.

① 나의 전공 소개 저는 현재 경영학을 전공하고 있습니다. 저는 지금까지 경영학을 매우 즐기고 있고, 더 많은 것도 감당할 수 있다고 생각해서 경제학을 제2 전공으로 해나갈 계획입니다.

② 나의 전공의 특징 저는 고등학교를 마친 이후로 줄곧 재무분석가가 되고 싶었기 때문에 경영학을 전공하기로 선택했습니다. 저는 예를 들어 회사가 돈을 절약할 수 있도록 비용을 절감하는 방법을 모색하는 것처럼 회사를 운영하는 것의 재정적 측면에 매력을 느낍니다. 그 결과, 저의 대부분의 수업들은 회계와 재무에 초점이 맞춰져 있습니다. 하지만 저는 다른 수업에서 마케팅, 관리, 그리고 경영학의 다른 측면에 대해서 조금씩 배웠습니다. 저희 대학의 경영학과는 학생들이 균형 잡힌 교육을 받고 졸업하도록 보장하기 위해 많은 애를 쓰고 있습니다.

③ 나의 전공에 대한 내 생각 제가 지금까지 들었던 수업 중 최고의 수업은 기업 재무입니다. 그 수업에서 저희는 실제 회사를 조사해야 하는 프로젝트를 했습니다. 그것은 재무분석가가 어떤 일을 하는지에 대해 감을 잡게 해주었고 저의 진로 선택을 재확인해 주었습니다.

financial analyst 재무분석가　go to great lengths 많은 애를 쓰다　well-rounded 균형 잡힌　reaffirm 재확인하다

*설문 주제 <수업>에 대한 추가 답변 아이디어와 표현은 [주제별 답변 아이디어&표현 사전]의 p.6에서 학습할 수 있습니다.

UNIT 03

직장

음성 바로 듣기

Background Survey에서 "현재 귀하는 직업이 있으십니까?"라는 질문에 "네"를 선택할 것이라면, 이 UNIT을 통해 <직장> 빈출 문제 및 모범답변, 그리고 관련 표현을 학습하여 나만의 답변을 준비해 두자. UNIT 04 업무와 함께 학습하면 효과적이다.

🔄 빈출 문제

나의 사무실 대상 설명하기(2) – 장소	You indicated that you work. Tell me about your workplace. Where is it located? What does it look like? Do you like your workplace? Describe it in as much detail as possible. 당신은 일을 한다고 했습니다. 당신의 사무실에 대해 이야기해 주세요. 어디에 위치해 있나요? 그곳은 어떻게 생겼나요? 일하는 곳이 마음에 드나요? 그곳에 대해 되도록 상세히 설명해 주세요.
점심시간을 보내는 경향 습관/경향에 대해 말하기	What time is your lunch break during the workday, and how long is it for? Where do you usually eat lunch? What do you like to eat? 평일에 당신의 점심시간은 몇 시이고, 얼마 동안인가요? 주로 어디서 점심을 먹나요? 무엇을 먹기 좋아하나요?
출근하는 과정 시간 순서대로 설명하기	You indicated that you are employed. How do you get to work every day? Do you drive or use public transportation? How long does your commute take? Explain in detail how you get to work from beginning to end. 당신은 직장이 있다고 했습니다. 매일 직장에 어떻게 가나요? 차를 몰고 가나요, 아니면 대중교통을 이용하나요? 출근하는 데 시간이 얼마나 걸리나요? 어떻게 출근하는지 처음부터 끝까지 상세히 설명해 주세요.

자주 나오는!
3단 콤보

• 내가 다니는 회사 – 나의 사무실 – 최근 사무실에서 있었던 일
• 점심시간을 보내는 경향 – 점심시간에 식사 외 하는 다른 일 – 최근 먹은 점심식사

대표문제 | 나의 사무실 | 대상 설명하기(2) – 장소

🎧 설문 UNIT 03 Track 1

You indicated that you work. Tell me about your workplace. Where is it located? What does it look like? Do you like your workplace? Describe it in as much detail as possible.

당신은 일을 한다고 했습니다. 당신의 사무실에 대해 이야기해 주세요. 어디에 위치해 있나요? 그곳은 어떻게 생겼나요? 일하는 곳이 마음에 드나요? 그곳에 대해 되도록 상세히 설명해 주세요.

답변구조에 따라 말할 내용을 살펴보고, 아래 모범답변을 참고하여 나의 답변을 말해보자.

AL 달성! 답변구조 ⚙️

① 나의 사무실 소개	● 사무실이 어디 있는지, 어떤 업무를 보는 곳인지
② 나의 사무실의 특징	● 사무실 내에 어떤 공간들이 있는지, 특별한 점이 무엇인지
③ 나의 사무실에 대한 내 생각	● 어떤 점이 좋은지, 어떤 점이 불편한지

AL 달성! 모범답변 ✏️

① 나의 사무실 소개 I work for a marketing firm in Busan. It is right in the heart of the city's financial district.

② 나의 사무실의 특징 The office building I work in is 32 stories tall, and it is black on the outside. Our firm **is located on** the 20th floor. When you walk into the office, you can see row upon row of cubicles. Each cubicle has a desk and a computer and is enclosed by blue partitions. There are two large offices for the managers at the back of the room. In addition, there is a lounge with comfy sofas where employees can relax together on their breaks. **The thing that sets this room apart from the others is** that one wall is made entirely of glass, so you can look down at the street below.

③ 나의 사무실에 대한 내 생각 Generally, I am satisfied with my office. I appreciate the amount of sunlight we get there, as it creates a cheerful atmosphere. **It's a pretty good place to** work in.

골라 쓰는 답변 아이디어

➤ • 사무실이 어디 있는지
  in a quiet corner of the city
  도시의 조용한 구역에
  on a major street 주요 거리에

➤ • 사무실 내에 어떤 공간들이 있는지
  a break room with coffee and snacks 커피와 간식이 있는 휴게실
  a conference room 회의실

➤ • 특별한 점이 무엇인지
  a huge table that is used for meetings 회의에 사용되는 큰 책상
  a wall decorated with pictures
  사진들로 장식된 벽

➤ • 어떤 점이 좋은지
  peace and quiet in the office
  사무실의 평화와 고요
  ergonomic chairs 인체공학적 의자

① 나의 사무실 소개 저는 부산에 있는 마케팅 회사에서 일합니다. 회사는 시내 금융가의 바로 한가운데에 있습니다. **② 나의 사무실의 특징** 제가 일하는 사무실 건물은 32층이고 외관은 검은색입니다. 저희 회사는 20층에 위치해 있습니다. 사무실에 들어가면 작은 공간들이 줄줄이 있는 것을 볼 수 있습니다. 각각의 작은 공간에는 책상과 컴퓨터가 있고 파란색 칸막이로 에워싸여 있습니다. 사무실의 뒤편에는 관리자들을 위한 두 개의 큰 사무실이 있습니다. 게다가, 안락한 소파가 있는 휴게실이 있는데, 그곳에서 직원들이 쉬는 시간에 함께 휴식을 취할 수 있습니다. 이 방이 다른 방들과 다르게 돋보이는 점은, 벽 한 면이 완전히 유리로 되어 있어서 밑에 있는 거리를 내려다볼 수 있다는 것입니다. **③ 나의 사무실에 대한 내 생각** 전반적으로 저는 제 사무실에 만족합니다. 사무실에 드는 햇빛의 양도 마음에 드는데, 햇빛이 쾌적한 분위기를 만들어 주기 때문입니다. 그곳은 일하기에 꽤 좋은 장소입니다.

cubicle (칸막이로 이루어진) 작은 공간 **enclosed** 에워싸인, 동봉된 **partition** 칸막이 **comfy** 안락한 **cheerful** 쾌적한, 쾌활한

나의 답변 🎤 먼저 나의 답변을 실제로 말해보자. 그 후, AL 달성! 답변구조와 AL 달성! 모범답변을 참고하여 나의 답변을 보완하자.

① 나의 사무실 소개

② 나의 사무실의 특징

③ 나의 사무실에 대한 내 생각

01 점심시간을 보내는 경향 습관/경향에 대해 말하기

⌂ 설문 UNIT 03 Track 2

Q **What time is your lunch break during the workday, and how long is it for? Where do you usually eat lunch? What do you like to eat?** 평일에 당신의 점심시간은 몇 시이고, 얼마 동안인가요? 주로 어디서 점심을 먹나요? 무엇을 먹기 좋아하나요?

나의 답변 ✏ 먼저 나의 답변을 실제로 말해보자. 그 후, 등급 UP! 핵심표현과 AL 달성! 모범답변을 참고하여 나의 답변을 보완하자.

등급 UP! 핵심표현 ⚡

① 점심시간 소개	· 12시 30분에 시작해 한 시간 동안 지속된다	→ starts at 12:30 and lasts an hour
	· 가끔 나는 나가서 먹는다	→ sometimes I eat out
	· 매일 아침 점심 도시락을 싼다	→ pack my lunch every morning
② 점심시간의 구체적인 경향	· 샌드위치를 빨리 사 온다	→ grab a sandwich
	· 혼자만의 시간을 갖는 것을 선호한다	→ prefer to have some time to myself
	· 책상에서 먹을 간단한 간식을 가져온다	→ bring some munchies to eat at my desk
	· 점심시간 동안 낮잠을 잔다	→ take a nap during my lunch break
③ 점심시간에 대한 내 생각	· 에너지를 회복하는 시간	→ a time to renew my energy
	· 하루를 위한 기운을 북돋아 준다	→ gives me an energy boost for the day
	· 업무에서 물러나 긴장을 풀게 해 준다	→ lets me step away from work and unwind

AL 달성! 모범답변 🎯

① 점심시간 소개 My lunch break on workdays **starts at 12:30 and lasts an hour**. I eat lunch with my coworkers **at least four times a week**.

② 점심시간의 구체적인 경향 **Our typical lunch routine involves** taking turns deciding where to eat. It doesn't really matter to me where we eat as long as the food is served quickly. We usually go to small Korean restaurants, but they're always crowded so we have to wait for a table. Sometimes we eat at Italian and Chinese spots, but they take a long time to prepare food. **It's quite unusual for the group to** eat at fast food places, but **I like these places the most because** the food is ready in a matter of minutes. On days when I don't eat with coworkers, I **grab a sandwich** and eat it at my desk. It's not fun to eat alone, but I do get to take a quick nap after finishing my meal.

③ 점심시간에 대한 내 생각 **I personally think that** lunchtime is **a time to renew my energy**, so I would rather eat quickly and get some rest. This keeps me going for the rest of the day.

① 점심시간 소개 평일에 제 점심시간은 12시 30분에 시작하며 한 시간 동안 지속됩니다. 저는 일주일에 적어도 네 번은 동료들과 함께 점심을 먹습니다.

② 점심시간의 구체적인 경향 저희의 일상적인 점심 일과는 어디에서 먹을지 돌아가면서 결정하는 것을 포함합니다. 음식이 빨리 나오기만 하면 어디서 먹는지는 제게 그다지 중요하지 않습니다. 저희는 주로 작은 한식당으로 가지만 그곳은 항상 붐벼서 자리가 나기를 기다려야 합니다. 가끔 저희는 이탈리아나 중국 음식점에서 먹기도 하지만, 그곳들은 음식을 준비하는 데 시간이 오래 걸립니다. 저희 일행이 패스트푸드점에서 먹는 것은 상당히 드물긴 하지만, 저는 음식이 몇 분 만에 준비되기 때문에 이런 곳들을 가장 좋아합니다. 제가 동료들과 함께 먹지 않는 날에는 샌드위치를 빨리 사 와서 책상에서 먹습니다. 혼자 먹는 것은 즐겁지는 않지만, 식사를 끝낸 후에 잠깐 낮잠을 잘 수는 있게 됩니다.

③ 점심시간에 대한 내 생각 저는 개인적으로 점심시간이 에너지를 회복하는 시간이라고 생각하기 때문에 저는 차라리 빨리 먹고 휴식을 취하는 게 낫습니다. 이것은 제가 남은 하루를 계속 버틸 수 있게 해줍니다.

workday 평일 **take turns** 돌아가면서 (~을) 하다 **in a matter of minutes** 몇 분 만에 **grab** 빨리 ~을 하다, 먹다

02 출근하는 과정 시간 순서대로 설명하기

🎧 설문 UNIT 03 Track 3

Q **You indicated that you are employed. How do you get to work every day? Do you drive or use public transportation? How long does your commute take? Explain in detail how you get to work from beginning to end.** 당신은 직장이 있다고 했습니다. 매일 직장에 어떻게 가나요? 차를 몰고 가나요, 아니면 대중교통을 이용하나요? 출근하는 데 시간이 얼마나 걸리나요? 어떻게 출근하는지 처음부터 끝까지 상세히 설명해 주세요.

나의 답변 🎤 먼저 나의 답변을 실제로 말해보자. 그 후, 등급 UP! 핵심표현과 AL 달성! 모범답변을 참고하여 나의 답변을 보완하자.

등급 UP! 핵심표현 ⚡

① 출근 과정 소개	· 출근하는 데 약 한 시간이 걸린다 · 나를 직장에 태워 준다	→ my commute to work takes about an hour → gives me a lift to work
② 출근 과정을 시간 순서대로 설명	· 걸어서 5분 거리 · 지하철을 두 번 갈아탄다 · 월요일 아침의 교통체증 · 사람들로 빽빽하게 가득 차 있는 · 버스 타는 시간에 깨지 않고 잔다	→ a five-minute walk away → change trains twice → traffic jams on Monday mornings → tightly packed with people → sleep through the bus ride
③ 출근 과정에 대한 내 생각	· 여름 동안에는 더 심한 · 버스를 타는 것은 귀찮은 일이다 · 그것도 그나마 다행으로 여겨야 한다	→ worse during summer → It's a hassle to take the bus → should be thankful for the little things

AL 달성! 모범답변 🎯

① 출근 과정 소개 I work in downtown Seoul, but I live in a different part of the city. I don't have a car, so I usually depend on public transportation. **On most days**, **my commute to work takes about an hour**.

② 출근 과정을 시간 순서대로 설명 **On a typical day, my commute begins when** I leave my house at 7 a.m. and go to the bus station, which is **a five-minute walk away**. **Then**, I take a bus for about 10 minutes to a subway station. The green line train makes 11 stops before it reaches the stop nearest to my work. From there, I walk about three blocks to my office building.

③ 출근 과정에 대한 내 생각 **I have always found** the commute to be a hassle. During rush hour, the train is mobbed with people. There's hardly room to breathe, which gets on my nerves. It is **worse during summer** when everyone is sweaty from the humid weather.

① 출근 과정 소개 저는 서울 중심가에서 일하지만, 서울의 다른 지역에 살고 있습니다. 저는 차가 없기 때문에 보통 대중교통에 의존합니다. 대부분의 날에는 출근하는 데 약 한 시간이 걸립니다.

② 출근 과정을 시간 순서대로 설명 일반적인 날에 저의 통근은 제가 7시에 집을 나가서, 걸어서 5분 거리에 있는 버스 정류장으로 가면서 시작됩니다. 그다음, 저는 지하철역까지 약 10분 동안 버스를 타고 갑니다. 초록색 노선 지하철은 회사에 가장 가까운 정거장에 도착할 때까지 11정거장에 섭니다. 거기서부터 저는 사무실 건물까지 3블록 정도 걷습니다.

③ 출근 과정에 대한 내 생각 저는 항상 통근을 귀찮은 일이라고 생각해 왔습니다. 러시아워 동안, 사람들이 열차에 떼로 몰립니다. 숨 쉴 공간이 거의 없는데, 이것은 저의 신경을 건드립니다. 습한 날씨로 인해 모두가 땀투성이인 여름 동안에는 더 심합니다.

public transportation 대중교통 mobbed with ~이 떼로 몰리다 get on one's nerves 신경을 건드리다 sweaty 땀투성이인 humid 습한

*설문 주제 <직장>에 대한 추가 답변 아이디어와 표현은 [주제별 답변 아이디어&표현 사전]의 p.8에서 학습할 수 있습니다.

업무

음성 바로 듣기

Background Survey에서 "현재 귀하는 직업이 있으십니까?"라는 질문에 "네"를 선택할 것이라면, 이 UNIT을 통해 <업무> 빈출 문제 및 모범답변, 그리고 관련 표현을 학습하여 나만의 답변을 준비해 두자. UNIT 03 직장과 함께 학습하면 효과적이다.

⟳ 빈출 문제

업무를 하는 경향 습관/경향에 대해 말하기	You indicated that you work. What are your responsibilities at the company you work for? What tasks do you take care of during a typical workday? Please explain in as much detail as possible. 당신은 직업이 있다고 했습니다. 회사에서 당신의 책임은 무엇인가요? 일반적인 근무일에 당신은 어떤 업무를 처리하나요? 되도록 상세히 설명해 주세요.
직장에서 겪은 문제 문제 해결 경험 말하기	People sometimes face difficulties and problems while at work. Have you ever experienced difficulties at work? What were you doing, and what difficulty did you face? How did you deal with the problem? How did the situation turn out? Give me as many details as possible. 사람들은 가끔 직장에서 어려움과 문제에 직면합니다. 당신은 직장에서 어려움을 겪은 적이 있나요? 당신은 무엇을 하고 있었고, 어떤 어려움을 겪었나요? 어떻게 그 문제를 해결했나요? 결과는 어떻게 되었나요? 되도록 상세히 설명해 주세요.
초과근무 관련 이슈 이슈 설명하고 나의 의견 말하기	People have to work overtime sometimes. They might stay late at the office or even work during the weekend. Has there ever been an issue related to overtime work discussed among you and your coworkers? Tell me about the issue. What is your opinion about it and why? 사람들은 가끔 초과근무를 해야 합니다. 사무실에 늦게까지 남아있거나 심지어 주말에 일하기도 합니다. 당신과 당신의 동료들이 초과근무와 관련해 논의해 본 이슈가 있나요? 그 이슈에 대해서 이야기해 주세요. 그에 대한 당신의 의견과 이유는 무엇인가요?

자주 나오는 3단 콤보 • 업무를 하는 경향 – 직장에서 겪은 문제 – 좋은 동료와 나쁜 동료 비교

업무를 하는 경향 🎧 설문 UNIT 04 Track 1

You indicated that you work. What are your responsibilities at the company you work for? What tasks do you take care of during a typical workday? Please explain in as much detail as possible.

당신은 직업이 있다고 했습니다. 회사에서 당신의 책임은 무엇인가요? 일반적인 근무일에 당신은 어떤 업무를 처리하나요? 되도록 상세히 설명해 주세요.

답변구조에 따라 말할 내용을 살펴보고, 아래 모범답변을 참고하여 나의 답변을 말해보자.

AL 달성! 답변구조 ⚙️

① 업무 소개	● 맡은 업무가 무엇인지, 어느 부서에 소속되어 있는지
② 업무의 구체적인 경향	● 구체적으로 어떤 일을 하는지, 그 일들을 언제 하는지, 얼마나 걸리는지
③ 업무에 대한 내 생각	● 업무를 좋아하는지, 아쉬운 점이 무엇인지

AL 달성! 모범답변 🎯

① 업무 소개 At my work, I'm responsible for managing a team of computer programmers. I give them assignments and make sure they have everything they need to do their work.

② 업무의 구체적인 경향 My typical day begins by checking e-mails and phone messages. This usually takes an hour because many people try to get in touch with me. Then, I check in with my team members to make sure their projects are going smoothly. If they have a problem, I'll go to any length to solve it. For the rest of my day, I write progress reports and plan for upcoming projects.

③ 업무에 대한 내 생각 For the most part, I enjoy my job. I like working with people one-on-one, which I get to do with my programmers. **The only downside of my job is** that it can get too busy at times. But overall, my work is very rewarding.

골라 쓰는 답변 아이디어

→ ● 맡은 업무가 무엇인지
I'm in charge of the customer service team
난 고객 서비스 팀을 담당하고 있다
I work in the marketing department 난 마케팅 부서에서 일한다

→ ● 구체적으로 어떤 일을 하는지
deal with customer complaints
고객 불만을 처리한다
put together presentations
발표를 준비한다

→ ● 업무를 좋아하는지
I have mixed feelings about my job. 내 일에 대해 복잡한 감정을 갖고 있다.
I'm not sure I'm up to this job.
내가 이 업무에 충분한 역량을 갖추고 있는지 잘 모르겠다.

→ ● 아쉬운 점이 무엇인지
a long commute to my office
사무실까지 먼 통근 거리
that we have to work long hours
오랜 시간 근무해야 한다는 것

① 업무 소개 직장에서 저는 컴퓨터 프로그래머 팀을 관리하는 일을 맡고 있습니다. 저는 그들에게 할당된 업무를 주고, 그들이 업무를 하는 데 필요한 모든 것을 가지고 있는지 확인합니다. **② 업무의 구체적인 경향** 저의 일반적인 하루는 이메일과 전화 메시지를 확인하는 것으로 시작됩니다. 많은 사람들이 제게 연락하려 하기 때문에 이것은 보통 한 시간이 걸립니다. 그다음, 저는 팀원들의 프로젝트가 원활히 진행되고 있는지 확실히 하기 위해 팀원들과 확인합니다. 만약 그들에게 문제가 있다면, 저는 그 문제를 해결하기 위해 많은 애를 씁니다. 하루의 나머지 시간에는 진행 보고서를 쓰고 다가오는 프로젝트들에 대해 계획을 세웁니다. **③ 업무에 대한 내 생각** 대체로 저는 제 일을 즐깁니다. 저는 사람들과 일대일로 일하는 것을 좋아하는데, 제가 저희 프로그래머들과 그렇게 일하게 됩니다. 제 일의 유일한 단점은 가끔 너무 바빠질 수 있다는 것입니다. 하지만 전반적으로 제 업무는 매우 보람 있습니다.

get in touch with ~에게 연락하다 **go to any length** 많은 애를 쓰다 **upcoming** 다가오는 **one-on-one** 일대일로 **downside** 단점, 부정적인 면 **rewarding** 보람 있는

나의 답변 🎙️ 먼저 나의 답변을 실제로 말해보자. 그 후, AL 달성! 답변구조와 AL 달성! 모범답변을 참고하여 나의 답변을 보완하자.

① 업무 소개

② 업무의 구체적인 경향

③ 업무에 대한 내 생각

01 직장에서 겪은 문제 문제 해결 경험 말하기

🎧 설문 UNIT 04 Track 2

Q **People sometimes face difficulties and problems while at work. Have you ever experienced difficulties at work? What were you doing, and what difficulty did you face? How did you deal with the problem? How did the situation turn out? Give me as many details as possible.** 사람들은 가끔 직장에서 어려움과 문제에 직면합니다. 당신은 직장에서 어려움을 겪은 적이 있나요? 당신은 무엇을 하고 있었고, 어떤 어려움을 겪었나요? 어떻게 그 문제를 해결했나요? 결과는 어떻게 되었나요? 되도록 상세히 설명해 주세요.

나의 답변 🎙 먼저 나의 답변을 실제로 말해보자. 그 후, 등급 UP! 핵심표현과 AL 달성! 모범답변을 참고하여 나의 답변을 보완하자.

등급UP! **핵심표현** ⚡

① 직장에서 겪은 문제점과 원인	· 프로젝트를 처음부터 다시 시작한다 · 승진에서 제외되었다	→ start the project again from scratch → have been passed over for a promotion
② 해결 방법	· 변경 사항에 단호히 반대했다 · 초과 근무를 많이 해야 했다 · 가능한 모든 방법을 시도해 봤다 · 기한에 맞추기 위해 늦게까지 야근했다	→ was dead set against the changes → had to put in a lot of overtime hours → tried every option available → worked long nights to meet the deadline
③ 결과와 배운 점	· 의사표시를 분명히 할 만한 가치가 있다 · 항상 최선책은 아니다 · 이제 내 시간을 관리하는 법을 안다	→ it pays to speak up → isn't always the best option → now understand how to manage my time

AL 달성! **모범답변** 🖋

① **직장에서 겪은 문제점과 원인** I remember a time I faced an **especially difficult problem** at work. Our department was assigned the task of developing accounting software for our company. None of us had ever developed this kind of program before, so we had to work extra hard. When we were about halfway done developing the program, the company changed its mind about what they wanted the software to do. Making those changes would have meant **starting the project again from scratch.**

② **해결 방법** **To solve the problem**, I spoke with the department heads and explained to them why I **was dead set against the changes** they had requested. I told them that it would mean redoing the project, which would push back the completion date and cost a lot of money.

③ **결과와 배운 점** **In the end**, management agreed with me and decided to stick to the original plan. I was very relieved that the company took my side. Now I know that when I don't agree with a decision, **it pays to speak up.**

① 직장에서 겪은 문제점과 원인 저는 직장에서 특히 어려운 문제에 직면했던 때가 기억납니다. 저희 부서는 회사를 위한 회계 소프트웨어를 개발하는 업무를 할당받았습니다. 저희 중 누구도 이전에 이런 종류의 프로그램을 개발해 본 적이 한 번도 없었기 때문에 저희는 더 열심히 일해야 했습니다. 저희가 프로그램 개발하는 것을 절반 정도 마쳤을 때, 회사는 소프트웨어가 해주길 바라는 것에 대해 의견을 바꾸었습니다. 그러한 변경을 하는 것은 프로젝트를 처음부터 다시 시작하는 것을 의미했을 것입니다.

② 해결 방법 그 문제를 해결하기 위해, 저는 부서장들과 이야기했고, 왜 제가 그들이 요구한 변경 사항에 단호히 반대하는지를 설명했습니다. 저는 그들에게 그것은 곧 프로젝트를 다시 한다는 것을 의미하고, 그러면 완료일이 미루어지고 많은 비용이 들 것이라고 말했습니다.

③ 결과와 배운 점 결국, 임원들은 저에게 동의했고 원래의 계획을 고수하기로 결정했습니다. 저는 회사가 제 편을 들어준 것에 크게 안도했습니다. 이제 저는 어떤 결정에 동의하지 않을 때, 제 의사표시를 분명히 할 만한 가치가 있다는 것을 알게 되었습니다.

halfway 절반 정도, 중간에 **head** 장, 우두머리 **redo** 다시 하다 **stick to** ~을 고수하다 **take side** 편을 들다

02 초과근무 관련 이슈   이슈 설명하고 나의 의견 말하기

Q **People have to work overtime sometimes. They might stay late at the office or even work during the weekend. Has there ever been an issue related to overtime work discussed among you and your coworkers? Tell me about the issue. What is your opinion about it and why?** 사람들은 가끔 초과근무를 해야 합니다. 사무실에 늦게까지 남아있거나 심지어 주말에 일하기도 합니다. 당신과 당신의 동료들이 초과근무와 관련해 논의해 본 이슈가 있나요? 그 이슈에 대해서 이야기해 주세요. 그에 대한 당신의 의견과 이유는 무엇인가요?

나의 답변 먼저 나의 답변을 실제로 말해보자. 그 후, 등급 UP! 핵심표현과 AL 달성! 모범답변을 참고하여 나의 답변을 보완하자.

등급 UP! 핵심표현 ⚡

① 이슈 소개	· 초과근무 요청이 증가했다	→ the demand for overtime has increased
	· 종종 2교대를 뛰어야 한다	→ often have to pull double shifts
	· 최근 직장에서 야근하고 있다	→ I've been keeping late hours at work recently
② 다양한 영향	· 덜 힘든 일을 찾아보려고 한다	→ try to find less demanding work
	· 회사 밖에서 자기 삶이 별로 없다	→ don't have much of a life outside of work
	· 과로하면 생산성이 떨어진다	→ productivity suffers if you're overworked
	· 소진상태가 된다	→ get burnt out
③ 나의 의견	· 초과근무 시간의 양에 제한	→ a limit on the number of overtime hours
	· 문제를 직접 해결해야 한다	→ need to take matters into their own hands
	· 돈을 더 주는 것은 기적같이 통할 것이다	→ offering more money would work like a charm

AL 달성! 모범답변 🎯

① 이슈 소개 Overtime work **is an issue I have often encountered** at my job. There are always deadlines to meet, so I understand that putting in extra time is sometimes unavoidable. However, in the last few months, things have been so busy at work that **the demand for overtime has increased** greatly. **This is an issue that** my coworkers and I talk about a lot.

② 다양한 영향 It's a big problem because working such long hours is exhausting. Because we get home late every night, we don't get the chance to relax enough before it's time to go to work again. When we work on the weekends, we don't even get a day off. In the end, I think some of my coworkers might get frustrated and **try to find less demanding work**.

③ 나의 의견 **To address the issue**, I think there should be **a limit on the number of overtime hours** we are required to work. In addition, I think that we should at least be allowed to do overtime from our homes whenever possible.

① 이슈 소개 초과근무는 제가 직장에서 종종 맞닥뜨리는 이슈입니다. 지켜야 하는 마감 시간이 항상 있어서 가끔은 추가로 시간을 들여 일하는 것이 불가피하다는 것은 이해합니다. 하지만 지난 몇 달 동안, 직장에 일이 너무 바빠져서 초과근무에 대한 요청이 크게 증가했습니다. 이것은 제 동료들과 제가 많이 이야기하는 이슈입니다.

② 다양한 영향 그것은 큰 문제인데, 그렇게 오랜 시간 일하는 것은 심신을 피로하게 하기 때문입니다. 저희는 매일 밤늦게 집에 오기 때문에 다시 직장에 갈 시간이 되기 전에 충분한 휴식을 취할 기회를 얻지 못합니다. 주말에 일할 때, 저희는 하루조차도 쉬지 못하게 됩니다. 결국에, 동료들 중 일부는 좌절감을 느끼고 덜 힘든 일을 찾아보려고 할 수도 있다고 생각합니다.

③ 나의 의견 이 이슈를 해결하기 위해, 저는 저희가 근무하도록 요구되는 초과근무 시간의 양에 제한이 있어야 한다고 생각합니다. 덧붙여, 저는 최소한 가능할 때마다 저희가 자택에서 초과근무를 하는 것이 허용되어야 한다고 생각합니다.

put in (시간·노력 등을) 들여 일하다   **unavoidable** 불가피한   **exhausting** 심신을 피로하게 하는   **frustrated** 좌절감을 느끼는

*설문 주제 <업무>에 대한 추가 답변 아이디어와 표현은 [주제별 답변 아이디어&표현 사전]의 p.10에서 학습할 수 있습니다.

UNIT 05

사는 곳

음성 바로 듣기

Background Survey에서 "현재 귀하는 어디에 살고 계십니까?"라는 질문에 대한 답변에 따라 문제가 출제된다. 이 UNIT을 통해 <사는 곳> 빈출 문제 및 모범답변, 그리고 관련 표현을 학습하여 나만의 답변을 준비해 두자. UNIT 06 동네 및 이웃과 함께 학습하면 효과적이다.

↻ 빈출 문제

좋아하는 방 대상 설명하기(2) – 장소	Please tell me about your house. What's your favorite room? What does it look like? Why do you like that room? 당신의 집에 대해서 이야기해 주세요. 당신이 가장 좋아하는 방은 어디인가요? 그곳은 어떻게 생겼나요? 왜 그 방을 좋아하나요?
과거와 현재의 집 비교 두 가지 대상 비교하기	Compare the home you lived in before to the one you live in now. What are the differences between those two homes? Provide me with as many details as possible. 당신이 예전에 살았던 집과 지금 살고 있는 집을 비교하세요. 두 집 사이에는 어떤 차이점들이 있나요? 되도록 상세히 설명해 주세요.
집에서 겪은 문제 문제 해결 경험 말하기	Have you ever had any problems with your home? What was the problem, and how did you deal with it? Give me as many details as possible. 집에서 어떤 문제를 겪은 적이 있나요? 문제가 무엇이었으며, 어떻게 해결했나요? 되도록 상세히 설명해 주세요.

**자주 나오는!
3단 콤보**
- 좋아하는 방 – 과거와 현재의 집 비교 – 집에서 겪은 경험
- 내가 사는 집 – 좋아하는 방 – 집에서 겪은 문제

좋아하는 방 대상 설명하기(2) – 장소

Please tell me about your house. What's your favorite room? What does it look like? Why do you like that room?

당신의 집에 대해서 이야기해 주세요. 당신이 가장 좋아하는 방은 어디인가요? 그곳은 어떻게 생겼나요? 왜 그 방을 좋아하나요?

답변구조에 따라 말할 내용을 살펴보고, 아래 모범답변을 참고하여 나의 답변을 말해보자.

AL 달성! 답변구조 ⚙

① 좋아하는 방 소개	● 어떤 방을 좋아하는지, 좋아하는 방이 어디 있는지
② 좋아하는 방의 특징	● 어떤 물건이 있는지, 특별한 점이 무엇인지
③ 좋아하는 방에 대한 내 생각	● 아쉬운 점이 무엇인지, 좋아하는 점은 무엇인지

AL 달성! 모범답변 ✍

① **좋아하는 방 소개** I live on the seventh floor of an apartment complex. My apartment is quite cozy, and I like living in it very much. I've got a kitchen, a living room, and a bedroom. **Of those, the room I like the most is** my bedroom, which **is located** in the rear of the apartment.

② **좋아하는 방의 특징** My bedroom is not a very large room, but it's my safe haven. It's got a thick, beige rug on the floor and a comfortable bed. However, **what sets this room apart from the others is that** the window looks out over the forest behind my apartment building. Whenever I open it, I can get some fresh air, which helps clear my thoughts.

③ **좋아하는 방에 대한 내 생각** Of all the rooms in my house, my bedroom is definitely my favorite place to hang out. **The only complaint I have is that** the room needs some new furniture. I may put in a new bookshelf and a comfortable chair to read in.

골라 쓰는 답변 아이디어

• 좋아하는 방이 어디 있는지
right beside the living room
거실 바로 옆에
across from the main entrance
현관 맞은편에

• 어떤 물건이 있는지
a wooden desk 나무 책상
a dressing table 화장대
a large, hanging mirror
커다란 벽걸이 거울

• 특별한 점이 무엇인지
it's an air-conditioned room
냉난방이 되는 방이다
it's the largest room in the apartment
아파트에서 가장 큰 방이다

• 아쉬운 점이 무엇인지
it's in need of some decoration
장식이 좀 필요하다
the floor could use some carpet
바닥에 카펫이 있으면 좋을 것 같다

① **좋아하는 방 소개** 저는 아파트 건물의 7층에 살고 있습니다. 제 아파트는 상당히 아늑하고, 저는 여기 사는 것을 매우 좋아합니다. 저는 주방, 거실, 그리고 침실 하나가 있습니다. 이 중에 제가 가장 좋아하는 방은 저의 침실로, 아파트 뒷부분에 위치해 있습니다. ② **좋아하는 방의 특징** 제 침실은 매우 큰 방은 아니지만, 저에게는 안식처입니다. 방에는 두꺼운 베이지색 깔개가 바닥에 깔려 있고 편안한 침대가 있습니다. 하지만 이 방을 다른 방보다 돋보이게 하는 점은 저희 아파트 건물 뒤편의 숲을 내다보는 창문입니다. 창문을 열 때마다 신선한 공기를 마실 수 있고, 그것은 제 생각을 맑게 하도록 도와줍니다. ③ **좋아하는 방에 대한 내 생각** 저희 집에 있는 모든 방들 중에서 제 침실은 분명 제가 시간을 보내기 가장 좋아하는 곳입니다. 제가 갖고 있는 유일한 불만은 방에 새 가구가 조금 필요하다는 것입니다. 새로운 책장과 책을 읽을 수 있는 편안한 의자를 하나 들여놓을까 합니다.

cozy 아늑한 rear 뒷부분 safe haven 안식처, 피난처 look out over ~을 내다보다 hang out 시간을 보내다 put in (가구를) 들여놓다, 설치하다

나의 답변 먼저 나의 답변을 실제로 말해보자. 그 후, AL 달성! 답변구조와 AL 달성! 모범답변을 참고하여 나의 답변을 보완하자.

① 좋아하는 방 소개

② 좋아하는 방의 특징

③ 좋아하는 방에 대한 내 생각

01 과거와 현재의 집 비교 두 가지 대상 비교하기

Q Compare the home you lived in before to the one you live in now. What are the differences between those two homes? Provide me with as many details as possible.

당신이 예전에 살았던 집과 지금 살고 있는 집을 비교하세요. 두 집 사이에는 어떤 차이점들이 있나요? 되도록 상세히 설명해 주세요.

나의 답변 먼저 나의 답변을 실제로 말해보자. 그 후, 등급 UP! 핵심표현과 AL 달성! 모범답변을 참고하여 나의 답변을 보완하자.

등급 UP! **핵심표현** ⚡

① 비교 대상 소개	· 내가 자란 집	→ the place where I grew up
	· 이전 것과 꽤 비슷한	→ pretty similar to my old one
	· 기숙사 방에 살았었다	→ used to live in a dorm room
	· 부모님 집으로 다시 이사 들어왔다	→ have moved back in with my parents
② 과거에 살았던 집의 특징	· 침실 4개짜리의 큰 아파트에 살았다	→ lived in a large, four-bedroom apartment
	· 내 필요에 더 잘 맞는	→ better suited to my needs
	· 모든 입주자에게 개방된 옥상	→ a rooftop open to all the residents
③ 현재 살고 있는 집의 특징	· 작은 원룸	→ a small studio
	· 사진으로 뒤덮여 있는	→ covered with photos
	· 모든 게 손이 닿는 곳에 있다	→ everything is within arm's reach

AL 달성! **모범답변** 🎯

① 비교 대상 소개 Up until three years ago, I lived in a spacious apartment in a suburb of Seoul with my parents. It was **the place where I grew up**, and it **was very different from** where I live now.

② 과거에 살았던 집의 특징 **Back then**, I **lived in a large, four-bedroom apartment** in a quiet neighborhood. Every room had wood floors and large windows that let in lots of sunlight. There was a park nearby, and we'd go jogging on the weekends.

③ 현재 살고 있는 집의 특징 **In contrast**, my current home is **a small studio**. It doesn't have many windows, so I always have the lights turned on. There is no balcony, so I have to leave the building to get fresh air if it gets stuffy. **On the plus side**, my studio is conveniently located near many good restaurants and cafés. Also, living in the city makes it easier to have a social life.

① 비교 대상 소개 3년 전까지 저는 부모님과 함께 서울 교외의 널찍한 아파트에서 살았습니다. 그 집은 제가 자란 집이었고, 지금 제가 살고 있는 집과는 많이 달랐습니다.

② 과거에 살았던 집의 특징 그 당시에는 저는 조용한 동네에 있는 침실 4개짜리의 큰 아파트에 살았습니다. 모든 방이 나무 바닥으로 되어 있었고, 햇빛이 많이 들어오는 큰 창문들이 있었습니다. 근처에 공원이 있어서 저희는 주말에 조깅을 가곤 했습니다.

③ 현재 살고 있는 집의 특징 그에 반해서, 제가 현재 사는 집은 작은 원룸입니다. 이곳은 창문이 많이 없어서 저는 항상 불을 켜 놓습니다. 발코니가 없기 때문에 환기가 안 되어 답답해지면 상쾌한 공기를 마시기 위해 건물을 나가야 합니다. 좋은 점으로는, 제 원룸이 여러 좋은 식당과 카페 근처에 편리하게 위치해 있다는 것입니다. 또한, 도시에 사는 것은 사회 활동을 하기 더 쉽게 만들어 줍니다.

spacious 널찍한 **suburb** 교외 **stuffy** (환기가 안 되어) 답답한 **on the plus side** 좋은 점으로는

02 집에서 겪은 문제 문제 해결 경험 말하기

Q **Have you ever had any problems with your home? What was the problem, and how did you deal with it? Give me as many details as possible.** 집에서 어떤 문제를 겪은 적이 있나요? 문제가 무엇이었으며, 어떻게 해결했나요? 되도록 상세히 설명해 주세요.

나의 답변 🎤 먼저 나의 답변을 실제로 말해보자. 그 후, 등급 UP! 핵심표현과 AL 달성! 모범답변을 참고하여 나의 답변을 보완하자.

등급 UP! 핵심표현 ⚡

① 집에서 겪은 문제점과 원인	· 변기가 막혔다	→ had a clogged toilet
	· 천장에서 새고 있는 물	→ water leaking from the ceiling
	· 곤경에 빠져	→ in a jam
	· 겨울철 단열이 제대로 되지 않았다	→ wasn't properly insulated for winter
② 해결 방법	· 상황을 수습하려 시도했다	→ tried to get a hold of the situation
	· 예약을 신청했다	→ requested an appointment
	· 수리에 엄청난 돈을 들여야만 했다	→ was forced to pay a fortune for repairs
③ 결과와 배운 점	· 어떤 문제라도 해결할 수 있을 것이다	→ would be able to handle any problems
	· 정기적으로 에어컨을 점검한다	→ check the air conditioner on a regular basis
	· 곰팡이에 특별히 주의해야 할 필요가 있다	→ need to pay extra attention to mold

AL 달성! 모범답변 ✍

① 집에서 겪은 문제점과 원인 **A big problem I had with my apartment was** that I **had a clogged toilet.** The water almost reached the top of the toilet bowl, so I was worried the water would spill onto the floor.

② 해결 방법 It was the middle of the night. I did my best not to panic and **tried to get a hold of the situation.** I couldn't call a plumber because it was so late. Unfortunately, I didn't have a plunger either. So I did the only thing I could, which was searching the Internet. Luckily, there were a lot of simple solutions. The easiest one was to pour dish soap and then a bucket of hot water into the toilet. It worked almost immediately!

③ 결과와 배운 점 **I realized from that experience that** I could do things on my own. By doing this, I felt more independent and knew that I **would be able to handle any problems** in the future.

① 집에서 겪은 문제점과 원인 제가 저희 아파트에서 겪은 큰 문제는 변기가 막혔다는 것이었습니다. 물은 거의 화장실 변기의 맨 위까지 이르러서, 저는 물이 바닥으로 흘러 내릴까 걱정했습니다.

② 해결 방법 한밤중이었습니다. 저는 당황하지 않기 위해 최선을 다했고 상황을 수습하려 시도했습니다. 너무 늦어서 배관공을 부를 수가 없었습니다. 불행하게도, 저는 플런저도 없었습니다. 그래서 저는 제가 할 수 있는 유일한 일을 했는데, 그것은 인터넷을 검색하는 것이었습니다. 다행히도, 많은 간단한 해결책들이 있었습니다. 가장 쉬운 것은 주방용 세제를 붓고 나서 뜨거운 물을 한 양동이 변기에 붓는 것이었습니다. 그것은 거의 즉시 효과가 있었습니다!

③ 결과와 배운 점 저는 이 경험으로부터 저 스스로 무언가를 할 수 있다는 것을 깨달았습니다. 이렇게 함으로써, 저는 더 독립적인 기분이 들었고 미래에 어떤 문제라도 해결할 수 있을 것이라는 것을 알았습니다.

plumber 배관공 unfortunately 불행하게도 plunger 플런저, 뚫어뻥

*설문 주제 <사는 곳>에 대한 추가 답변 아이디어와 표현은 [주제별 답변 아이디어&표현 사전]의 p.12에서 학습할 수 있습니다.

UNIT 06

동네 및 이웃

Background Survey에서 "현재 귀하는 어디에 살고 계십니까?"라는 질문에 대한 답변에 따라 문제가 출제된다. 이 UNIT을 통해 <동네 및 이웃> 빈출 문제 및 모범답변, 그리고 관련 표현을 학습하여 나만의 답변을 준비해 두자. UNIT 05 사는 곳과 함께 학습하면 효과적이다.

🔄 빈출 문제

나의 동네 대상 설명하기(2) – 장소	I would like to know about your neighborhood. What does your neighborhood look like? Please describe your neighborhood in as much detail as possible. 당신의 동네에 대해 알고 싶어요. 동네가 어떻게 생겼나요? 당신의 동네를 되도록 상세히 설명해 주세요.
나의 이웃 대상 설명하기(1) – 인물	Can you tell me about your neighbors? Describe one of your neighbors in detail. How did you first become acquainted with that neighbor? Are you close to the person? What do you usually do together? 당신의 이웃에 대해 말해줄 수 있나요? 당신의 이웃 중 한 명을 상세히 설명해 주세요. 그 이웃을 어떻게 처음 알게 되었나요? 그 이웃과 친한가요? 보통 함께 무엇을 하나요?
동네에서 겪은 경험 기억에 남는 경험 말하기	Please tell me about a memorable experience you have had in your neighborhood. When and where did it occur? What happened that made the experience so memorable? Please describe it in detail. 당신이 동네에서 겪었던 기억에 남는 경험에 대해서 이야기해 주세요. 언제 그리고 어디서 그 일이 일어났나요? 어떤 점이 그 경험을 기억에 남게 만들었나요? 그것에 대해 상세히 설명해 주세요.

자주 나오는! 3단 콤보
- 나의 동네 – 어릴 적 살았던 동네 – 동네에서 겪은 경험
- 나의 이웃 – 동네에서 겪은 경험 – 동네에서 즐겨 하는 활동

대표문제 | 나의 동네 | 대상 설명하기(2) - 장소

🎧 설문 UNIT 06 Track 1

I would like to know about your neighborhood. What does your neighborhood look like? Please describe your neighborhood in as much detail as possible.

당신의 동네에 대해 알고 싶어요. 동네가 어떻게 생겼나요? 당신의 동네를 되도록 상세히 설명해 주세요.

답변구조에 따라 말할 내용을 살펴보고, 아래 모범답변을 참고하여 나의 답변을 말해보자.

AL 달성! 답변구조 ⚙️

① 나의 동네 소개	● 동네의 위치, 동네가 어떤 지역인지
② 나의 동네의 특징	● 동네에 어떤 것들이 있는지, 동네에서 내가 살고 있는 곳은 어떤지
③ 나의 동네에 대한 내 생각	● 어떤 점이 마음에 드는지, 아쉬운 점은 무엇인지

AL 달성! 모범답변 ✍️

① **나의 동네 소개** I live in a neighborhood **located in** the south part of Seoul. It's a mostly residential neighborhood with some restaurants, grocery stores, and shops.

② **나의 동네의 특징** There are two main roads that form an intersection at the center of my neighborhood. **That's where you'll find** most of the businesses. There's also a subway station at the intersection, which makes it really convenient to get around. Once you get off the main streets, there are a lot of side roads with apartment buildings. I live in one of these buildings on the 10th floor, which is at the very top. In fact, my apartment building is probably the tallest building in the area.

③ **나의 동네에 대한 내 생각** **I'm mostly satisfied with** my neighborhood. When you consider that it's located in a major city, it's a surprisingly quiet area. However, at times, living there can be a little boring. I guess having more shops and bars would be a great improvement in my neighborhood.

골라 쓰는 답변 아이디어

→ ● 동네가 어떤 지역인지
sleepy suburban area 조용한 교외 지역
bustling university town
분주한 대학가

→ ● 동네에 어떤 것들이 있는지
tree-lined streets 나무가 늘어선 길
a playground 놀이터
a city library 시립 도서관
a shopping mall 쇼핑몰

→ ● 어떤 점이 마음에 드는지
has easy access to stores and parks 상점과 공원에 쉽게 갈 수 있다
has an affordable cost of living 생활비가 적당하게 든다

→ ● 아쉬운 점은 무엇인지
there is little interaction among the tenants
세입자들 간에 교류가 거의 없다
rent is too expensive
집세가 너무 비싸다

① **나의 동네 소개** 저는 서울의 남쪽에 위치한 동네에 살고 있습니다. 이곳은 몇몇 레스토랑, 식료품점, 그리고 상점이 있는 거의 주택가 지역입니다. ② **나의 동네의 특징** 저희 동네의 가운데에는 교차로를 형성하는 두 개의 큰 도로가 있습니다. 대부분의 상점들을 그곳에서 찾을 수 있을 것입니다. 교차로에는 지하철역도 있는데, 이는 돌아다니는 것을 매우 편리하게 만들어 줍니다. 일단 대로를 벗어나면, 아파트 건물들이 있는 골목이 많이 있습니다. 저는 그 아파트 건물 중 하나의 꼭대기 층인 10층에 삽니다. 사실, 저희 아파트가 아마 이 지역에서 가장 높은 건물일 겁니다. ③ **나의 동네에 대한 내 생각** 저는 대체로 저희 동네에 만족합니다. 이곳이 주요 도시에 위치하고 있다는 것을 고려하면 놀라울 정도로 조용한 지역입니다. 그러나 가끔은, 그곳에 사는 것이 조금 지루할 수 있습니다. 제 생각에는 상점과 술집이 더 있다면 저희 동네에 큰 발전이 될 것 같습니다.

residential 주택지의   intersection 교차로   business 상점, 회사   get around 돌아다니다   at times 가끔은

나의 답변 🎤 | 먼저 나의 답변을 실제로 말해보자. 그 후, AL 달성! 답변구조와 AL 달성! 모범답변을 참고하여 나의 답변을 보완하자.

① 나의 동네 소개

② 나의 동네의 특징

③ 나의 동네에 대한 내 생각

01 나의 이웃 대상 설명하기(1) – 인물

🎧 설문 UNIT 06 Track 2

Q **Can you tell me about your neighbors? Describe one of your neighbors in detail. How did you first become acquainted with that neighbor? Are you close to the person? What do you usually do together?** 당신의 이웃에 대해 말해줄 수 있나요? 당신의 이웃 중 한 명을 상세히 설명해 주세요. 그 이웃을 어떻게 처음 알게 되었나요? 그 이웃과 친한가요? 보통 함께 무엇을 하나요?

나의 답변 🎙 먼저 나의 답변을 실제로 말해보자. 그 후, 등급 UP! 핵심표현과 AL 달성! 모범답변을 참고하여 나의 답변을 보완하자.

등급 UP! 핵심표현 ⚡

① 나의 이웃 소개	· 복도 바로 맞은편에 살고 있다	→ lives directly across the hall from me
	· 옆집 사는 남자/여자의 이름은 ~이다	→ The name of the guy/girl next door is ~
	· 그는 그저 알고 지내는 사람이다	→ he is just an acquaintance
	· 그녀와 친한 사이가 되었다	→ became on first name basis with her
② 나의 이웃의 특징	· 사람들에게 쉽게 마음을 연다	→ opens up to people easily
	· 태평스러워 보인다	→ seems happy-go-lucky
	· 허풍을 떠는 타입	→ a larger-than-life sort of guy
	· 개성이 넘친다	→ full of personality
③ 나의 이웃에 대한 내 생각	· 느긋한 태도가 매력적이라고 생각한다	→ find his easygoing manner charming
	· 그에 대해 판단을 못 내리겠다	→ I'm on the fence about him

AL 달성! 모범답변 🎯

① **나의 이웃 소개** I live in a boarding house, so there are lots of students who live in my building. I've gotten to know quite a few of them, but **my favorite neighbor is** Min Soo, who **lives directly across the hall from me.**

② **나의 이웃의 특징** Min Soo and I are both 23 years old. He's pretty tall. I'd say he's about 180 centimeters, and he has short black hair and wears glasses. He **opens up to people easily** and is very outgoing. I first met him at dinner when I moved into the boarding house a few months back. He saw that I was new and immediately struck up a conversation with me. We've been really close ever since. We like to play sports together. Usually this means kicking a soccer ball around or shooting hoops.

③ **나의 이웃에 대한 내 생각** I **find his easygoing manner quite charming. I think I'm lucky to** have such a good neighbor.

① **나의 이웃 소개** 저는 하숙집에 살고 있어서 제가 있는 건물에는 학생들이 많이 있습니다. 저는 그들 중 상당수를 알게 되었지만, 제가 가장 좋아하는 이웃은 복도 바로 맞은편에 사는 민수입니다.

② **나의 이웃의 특징** 민수와 저는 둘 다 23살입니다. 그는 키가 꽤 큽니다. 제 생각엔 그가 180cm 정도 되는 것 같고, 짧은 검정 머리에 안경을 씁니다. 그는 사람들에게 쉽게 마음을 열고 매우 외향적입니다. 몇 달 전 제가 하숙집에 들어왔을 때 저녁 식사 자리에서 민수를 처음 만났습니다. 민수는 제가 새로 온 사람이란 것을 보고는 곧바로 저와 대화를 시작했습니다. 그때 이후로 저희는 아주 가깝게 지내왔습니다. 저희는 함께 운동하는 것을 좋아합니다. 보통 이것은 축구공을 차거나 농구를 한다는 말입니다.

③ **나의 이웃에 대한 내 생각** 저는 그의 느긋한 태도가 꽤 매력적이라고 생각합니다. 저는 이처럼 좋은 이웃을 가진 것이 행운이라고 생각합니다.

boarding house 하숙집 **outgoing** 외향적인 **strike up** (대화를) 시작하다 **shoot hoops** 농구를 하다

02 동네에서 겪은 경험 기억에 남는 경험 말하기

Q **Please tell me about a memorable experience you have had in your neighborhood. When and where did it occur? What happened that made the experience so memorable? Please describe it in detail.** 당신이 동네에서 겪었던 기억에 남는 경험에 대해서 이야기해 주세요. 언제 그리고 어디서 그 일이 일어났나요? 어떤 점이 그 경험을 기억에 남게 만들었나요? 그것에 대해 상세히 설명해 주세요.

나의 답변 🎤 | 먼저 나의 답변을 실제로 말해보자. 그 후, 등급 UP! 핵심표현과 AL 달성! 모범답변을 참고하여 나의 답변을 보완하자.

등급 UP! **핵심표현** ⚡

① 동네에서 겪은 경험 소개	· 결코 잊지 못할 사건	→ one that I will never forget
	· 차에 치였다	→ got hit by a car
	· 엉뚱한 버스를 탔다	→ took a wrong bus
	· 이웃과 말다툼을 벌였다	→ got into an argument with a neighbor
② 동네에서 겪은 구체적인 경험	· 내가 온 길을 따라 되돌아가려고 했다	→ tried to backtrack the way I came
	· 내 기억이 맞다면,	→ If memory serves,
	· 차가 난데없이 나타났다	→ the car came out of nowhere
	· 서둘러서	→ in a hurry
	· 위층에서 나는 소음을 견딜 수 없었다	→ couldn't stand the noise from upstairs
③ 결과와 느낀 점	· 그것을 지금 돌아보면 재미있는	→ amusing when I look back on it now
	· 똑같은 실수를 반복하고 싶지 않다	→ don't want to make the same mistake again

AL 달성! **모범답변** ✏️

① 동네에서 겪은 경험 소개 **An experience I had in** my neighborhood way back when I was seven is **one that I will never forget.**

② 동네에서 겪은 구체적인 경험 I've lived in a quiet neighborhood near a large park for as long as I can remember. When I was young, my parents always told me not to go to the park alone, but one day I went by myself anyway. On my way to the park, I got lost. At first, I **tried to backtrack the way I came**, but it was no use. As you can imagine, I got scared and started to cry. My parents were expecting me back in time for dinner, and when I didn't return, they went out to track me down. A couple of neighbors joined in. **Finally**, just after the sun had set, I heard my dad yelling my name, and I ran to him as fast as I could.

③ 결과와 느낀 점 These days, **I'm often reminded of the incident when** I visit the park. It was a frightening experience at the time, but it's **amusing when I look back on it now.**

① 동네에서 겪은 경험 소개 오래전 제가 일곱 살 때 동네에서 겪은 경험은 제가 결코 잊지 못할 사건입니다.

② 동네에서 겪은 구체적인 경험 저는 제가 기억하는 한 큰 공원 근처에 있는 조용한 동네에서 계속 살아왔습니다. 제가 어렸을 때, 부모님께서는 저에게 항상 공원에 혼자 가지 말라고 말씀하셨지만, 하루는 그래도 혼자 가보았습니다. 공원에 가는 도중, 저는 길을 잃고 말았습니다. 처음에 저는 제가 온 길을 따라 되돌아가려고 했지만 소용이 없었습니다. 당신이 상상할 수 있듯이, 저는 겁을 먹고 울기 시작했습니다. 저의 부모님은 제가 저녁 먹을 시간에 맞춰 돌아올 것으로 예상하고 계셨는데, 제가 돌아오지 않자 저를 찾으러 나가셨습니다. 몇몇 이웃들도 합류했습니다. 결국, 해가 진 직후에 저는 아빠가 제 이름을 외치는 것을 들었고, 전속력으로 아빠에게 뛰어갔습니다.

③ 결과와 느낀 점 요즘 그 공원에 갈 때면 저는 그 사건이 종종 기억납니다. 그 당시에는 무서운 경험이었지만, 그것을 지금 돌아보면 재미있습니다.

way back 오래전   **track down** ~을 찾다, 찾아내다   **join in** 합류하다   **yell** 외치다, 소리 지르다   **frightening** 무서운

*설문 주제 <동네 및 이웃>에 대한 추가 답변 아이디어와 표현은 [주제별 답변 아이디어&표현 사전]의 p.14에서 학습할 수 있습니다.

UNIT 07

영화 관람

음성 바로 듣기

Background Survey에서 여가 활동으로 "영화 보기"를 선택할 것이라면, 이 UNIT을 통해 <영화 관람> 빈출 문제 및 모범답변, 그리고 관련 표현을 학습하여 나만의 답변을 준비해 두자.

↻ 빈출 문제

좋아하는 영화 장르
대상 설명하기(3) – 사물

In your background survey, you indicated that you like to see movies. What kind of movies do you enjoy watching? Why do you like to watch those kinds of movies? Tell me about these movies in as much detail as possible.

배경 설문에서, 당신은 영화 관람을 좋아한다고 했습니다. 어떤 종류의 영화를 보기 좋아하나요? 왜 그런 종류의 영화를 좋아하나요? 그 영화들에 대해 되도록 상세히 이야기해 주세요.

좋아하는 영화배우
대상 설명하기(1) – 인물

I'd like you to tell me about your favorite actor. Who is the actor? What movies has he or she starred in? What do you like most about him or her? Please tell me about the actor in as much detail as possible.

당신이 가장 좋아하는 배우에 대해 알고 싶어요. 누구인가요? 그 배우가 어떤 영화에 출연했나요? 그 배우의 어떤 점을 가장 좋아하나요? 그 배우에 대해 되도록 상세히 이야기해 주세요.

기억에 남는 영화 관람 경험
기억에 남는 경험 말하기

Please tell me about the most memorable movie you have seen. What was the movie about? Who was in it? Why was it memorable?

당신이 본 영화 중 가장 기억에 남는 영화에 대해 이야기해 주세요. 무엇에 관한 영화였나요? 누가 출연했나요? 왜 그 영화가 기억에 남나요?

영화 취향의 변화
시작한 계기와 변화 말하기

Has your taste in movies changed over time? Tell me about the changes in your tastes in movies over the past few years. How are the movies you enjoy now different from those in the past? Please explain in as much detail as possible.

당신의 영화 취향이 시간이 지나면서 변했나요? 지난 몇 년간 당신의 영화 취향의 변화에 대해 이야기해 주세요. 현재 당신이 즐기는 영화들은 과거에 즐겼던 영화들에 비해 어떻게 다른가요? 되도록 상세히 설명해 주세요.

영화 관련 이슈
이슈 설명하고 나의 의견 말하기

I'd like to know about a major issue or concern affecting the movie industry these days. What is the issue? How is it affecting the lives of people? What needs to be done to address this issue? Please explain in detail.

요즘 영화산업에 영향을 미치는 주요 이슈나 우려에 대해서 알고 싶어요. 무엇이 이슈인가요? 그것이 사람들에게 어떤 영향을 주고 있나요? 이 이슈에 대처하기 위해 무엇이 필요할까요? 상세히 설명해 주세요.

자주 나오는! **3단 콤보**
- 좋아하는 영화 장르 – 좋아하는 영화배우 – 좋아하는 영화관
- 좋아하는 영화 장르 – 영화 보기 전후에 하는 일 – 기억에 남는 영화 관람 경험

| 대표문제 | 좋아하는 영화 장르 | 대상 설명하기(3) – 사물 | 🎧 설문 UNIT 07 Track 1 |

In your background survey, you indicated that you like to see movies. What kind of movies do you enjoy watching? Why do you like to watch those kinds of movies? Tell me about these movies in as much detail as possible.

배경 설문에서, 당신은 영화 관람을 좋아한다고 했습니다. 어떤 종류의 영화를 보기 좋아하나요? 왜 그런 종류의 영화를 좋아하나요? 그 영화들에 대해 되도록 상세히 이야기해 주세요.

답변구조에 따라 말할 내용을 살펴보고, 아래 모범답변을 참고하여 나의 답변을 말해보자.

AL 달성! 답변구조 ⚙️

① 좋아하는 영화 장르 소개	● 좋아하는 영화 장르가 무엇인지
② 좋아하는 영화 장르의 특징	● 어떤 특징이 있는지, 다른 장르와 차별화되는 요소
③ 좋아하는 영화 장르에 대한 내 생각	● 왜 좋아하는지, 언제 즐겨보는지

AL 달성! 모범답변 ✏️

① **좋아하는 영화 장르 소개** I like watching all kinds of movies, including romances, comedies, and thrillers. However, **the type of film I enjoy most is** science fiction.

② **좋아하는 영화 장르의 특징** **The thing about these films that attracts me is that** they are so imaginative. They focus on ideas that are really out there, such as aliens and time travel. Watching a good sci-fi movie, you can't help but marvel at the creativity of the filmmakers. You really have to think outside the box to come up with such outlandish and thought-provoking characters and settings. Also, sci-fi movies often feature advanced special effects, so they are a treat to watch on the big screen.

③ **좋아하는 영화 장르에 대한 내 생각** **In my opinion**, sci-fi films are a great way to unwind. They allow me to escape from my stress for a couple of hours. **I especially enjoy watching them when** I've had a difficult week and I am feeling down. Sci-fi films are entertaining, so they always cheer me up.

골라 쓰는 답변 아이디어

→ • 좋아하는 영화 장르가 무엇인지
action 액션
horror 공포
romantic comedies 로맨틱 코미디

→ • 어떤 특징이 있는지
full of emotion 감정이 풍부한
highly suspenseful 매우 긴장감이 넘치는
deeply profound 대단히 심오한

→ • 다른 장르와 차별화되는 요소
chase scenes 추격신
tear-jerking stories 감상적인 이야기

→ • 왜 좋아하는지
are the perfect type of movie for a date 데이트에 딱 맞는 종류의 영화이다
are fun to watch with friends 친구들과 함께 보기 재미있다
expose me to new ideas 내가 새로운 생각을 접하게 해준다

① **좋아하는 영화 장르 소개** 저는 로맨스, 코미디 그리고 스릴러를 포함한 모든 종류의 영화를 관람하기 좋아합니다. 그러나 제가 가장 좋아하는 영화 장르는 공상 과학 영화입니다. ② **좋아하는 영화 장르의 특징** 이러한 영화들에 대해 제가 매력적으로 느끼는 점은 이들이 매우 창의적이라는 것입니다. 이 영화들은 외계인이나 시간 여행 같은 정말 독특한 아이디어에 중점을 둡니다. 좋은 공상 과학 영화를 보면, 영화 제작자들의 창의력에 경이로워할 수밖에 없습니다. 그렇게 기이하고 시사하는 바가 큰 캐릭터와 설정을 내놓으려면 정말 고정관념을 깨야 합니다. 또한, 공상 과학 영화는 종종 고도의 특수 효과를 포함하기 때문에, 대형 스크린에서 보는 것이 특별한 즐거움입니다. ③ **좋아하는 영화 장르에 대한 내 생각** 제 생각에 공상 과학 영화는 긴장을 푸는 훌륭한 방법입니다. 그 영화들은 저를 몇 시간 동안 스트레스에서 벗어나게 해줍니다. 저는 특히 힘든 한 주를 보냈을 때, 그리고 울적할 때 공상 과학 영화를 보기 좋아합니다. 공상 과학 영화는 재미있어서 늘 제 기운을 북돋아 줍니다.

marvel 경이로워하다 **think outside the box** 고정관념을 깨다 **outlandish** 기이한 **thought-provoking** 시사하는 바가 큰 **feature** 포함하다
treat 특별한 즐거움 **unwind** 긴장을 풀다 **feel down** 울적한

🎙 **나의 답변** 먼저 나의 답변을 실제로 말해보자. 그 후, AL 달성! 답변구조와 AL 달성! 모범답변을 참고하여 나의 답변을 보완하자.

① 좋아하는 영화 장르 소개

② 좋아하는 영화 장르의 특징

③ 좋아하는 영화 장르에 대한 내 생각

01 좋아하는 영화배우 대상 설명하기(1) – 인물

🎧 설문 UNIT 07 Track 2

Q **I'd like you to tell me about your favorite actor. Who is the actor? What movies has he or she starred in? What do you like most about him or her? Please tell me about the actor in as much detail as possible.** 당신이 가장 좋아하는 배우에 대해 알고 싶어요. 누구인가요? 그 배우가 어떤 영화에 출연했나요? 그 배우의 어떤 점을 가장 좋아하나요? 그 배우에 대해 되도록 상세히 이야기해 주세요.

나의 답변 🎙 먼저 나의 답변을 실제로 말해보자. 그 후, 등급 UP! 핵심표현과 AL 달성! 모범답변을 참고하여 나의 답변을 보완하자.

등급 UP! 핵심표현 ⚡

① 좋아하는 영화배우 소개	· 종합적으로 가장 좋아하는 배우는 Tom Cruise 이다	→ my overall favorite is Tom Cruise
	· 비평가들의 극찬을 받는 배우	→ a critically acclaimed actor
	· 영화 *타이타닉*에서의 역할로 가장 잘 알려진	→ best known for her role in *Titanic*
	· 유명한 스타들을 별로 좋아하지 않는다	→ don't really like big-name stars
② 좋아하는 영화배우의 특징	· 수많은 영화에 출연했다	→ has starred in a number of movies
	· 평범한 사람 역할에 완벽한	→ perfect for the role of an everyman
	· 배트맨 배역을 맡게 되었다	→ was cast as Batman
	· 매력적인 미소를 가졌다	→ has a winning smile
③ 좋아하는 영화배우에 대한 내 생각	· 훌륭한 영화배우의 전형적인 특징	→ the hallmark of a great actor
	· 그녀의 가장 최근 영화에 푹 빠져있다	→ I'm so into her latest movie
	· 그의 다음 영화를 빨리 보고 싶다	→ can't wait to watch his next movie

AL 달성! 모범답변 ✍

① 좋아하는 영화배우 소개 I'm a movie lover, so there are a lot of actors that I admire. But I would have to say that **my overall favorite is Tom Cruise**.

② 좋아하는 영화배우의 특징 Tom Cruise has brown eyes, brown hair, and a dazzling smile. He is a little on the short side, but this isn't really noticeable when he's on screen. He **is in his 60s**, but he looks much younger. In fact, he could easily be mistaken for a man in his 30s or 40s. **As for his personality**, he is very energetic. When you see him in an interview, you get the impression that he is full of life. He **has starred in a number of movies**, ranging from *Top Gun: Maverick* to the *Mission Impossible* series.

③ 좋아하는 영화배우에 대한 내 생각 **What I like the most about him is** his talent as an actor. The characters he plays always seem believable and authentic. I think this is **the hallmark of a great actor**.

① 좋아하는 영화배우 소개 저는 영화 애호가라서 동경하는 배우가 많습니다. 그렇지만 제가 종합적으로 가장 좋아하는 배우는 Tom Cruise라고 해야 할 것 같습니다.

② 좋아하는 영화배우의 특징 Tom Cruise는 갈색 눈과 갈색 머리, 그리고 눈부신 미소를 가졌습니다. 그는 키가 좀 작은 편이지만 화면에 나올 때는 그 점이 그다지 눈에 띄지 않습니다. 그는 60대이지만 훨씬 젊어 보입니다. 사실 그는 30대나 40대로 오해받기 쉽습니다. 그의 성격에 대해 말하자면, 그는 매우 활기찹니다. 당신이 인터뷰에서 그를 본다면, 그가 생기에 차 있다는 인상을 받을 것입니다. 그는 탑건: 매버릭부터 미션 임파서블 시리즈에 이르기까지 수많은 영화에 출연했습니다.

③ 좋아하는 영화배우에 대한 내 생각 제가 그에 대해 가장 좋아하는 점은 영화배우로서의 재능입니다. 그가 연기하는 인물들은 항상 그럴듯하고 진짜 같아 보입니다. 저는 이것이 훌륭한 영화배우의 전형적인 특징이라고 생각합니다.

dazzling 눈부신 **be on the short side** 키가 작다, 짤따랗다 **noticeable** 눈에 띄는 **full of life** 생기에 찬 **authentic** 진짜의, 진정한

Q **Please tell me about the most memorable movie you have seen. What was the movie about? Who was in it? Why was it memorable?** 당신이 본 영화 중 가장 기억에 남는 영화에 대해 이야기해 주세요.
무엇에 관한 영화였나요? 누가 출연했나요? 왜 그 영화가 기억에 남나요?

나의 답변 🎙 먼저 나의 답변을 실제로 말해보자. 그 후, 등급 UP! 핵심표현과 AL 달성! 모범답변을 참고하여 나의 답변을 보완하자.

등급 UP! **핵심표현** ⚡

① 영화를 본 경험 소개	· 집 근처 영화관에서 보았다 · 스트리밍 플랫폼으로 보았다 · 그 당시 논란을 불러일으켰다	→ saw it at the movie theater near my home → watched it on a streaming platform → sparked controversy at the time
② 영화를 본 구체적인 경험	· 놀라운 반전이 많이 있다 · 긴장감이 넘쳤다 · 현실적인 등장인물들이 있다	→ has many surprising plot twists → was full of tension → featured realistic characters
③ 결과와 느낀 점	· 결말이 특히 나에게 기억에 남았다 · 영화의 주제는 나를 생각하게 만들었다 · 오래오래 행복하게 살다 · 괴물은 나를 겁이 나 죽을 것 같게 만들었다	→ The ending especially stuck with me → the film's subject matter made me think → live happily ever after → the monster scared me to death

---

AL 달성! **모범답변** ✍

① 영화를 본 경험 소개 **The most memorable movie I have ever seen is** *Parasite*. **I saw it at the movie theater near my home** when it was released, and I still think about it often.

② 영화를 본 구체적인 경험 The film takes place in modern-day Seoul. It features the famous actor Song Gang Ho, who is the head of a poor family of four. The family members trick their way into working in a very wealthy household. The father gets a job as a driver, the mother as a housekeeper, and the two adult children as an English and art tutor. **At first**, the movie starts out like a comedy, but then there is a dramatic change in the middle of the film. It also **has many surprising plot twists** that keep the audience guessing.

③ 결과와 느낀 점 **This movie was unforgettable because** it made me think a lot about wealth and class. **The ending especially stuck with me.** I think the film is relevant to many issues in society today. At the same time, the movie was fun and enjoyable to watch.

① 영화를 본 경험 소개 제가 지금까지 본 영화 중 가장 기억에 남는 영화는 기생충입니다. 저는 그 영화가 집 근처 영화관에서 개봉되었을 때 봤는데, 지금도 자주 생각납니다.

② 영화를 본 구체적인 경험 영화는 현대의 서울을 배경으로 합니다. 유명한 배우인 송강호가 가난한 4인 가족의 가장 역할로 나옵니다. 가족 구성원들은 속임수를 써서 아주 부유한 가정에서 일을 하게 됩니다. 아버지는 운전기사, 어머니는 가사도우미, 그리고 두 명의 성인 자녀는 영어와 미술 과외 선생님으로 일자리를 얻습니다. 처음에는, 코미디처럼 영화가 시작되지만, 영화 중간에 극적인 변화가 있습니다. 그것은 관객들이 계속해서 추측하게 하는 놀라운 반전도 많이 있습니다.

③ 결과와 느낀 점 이 영화는 부와 계급에 대해 많은 생각을 하게 해주었기 때문에 잊히지 않습니다. 결말이 특히 저에게 기억에 남았습니다. 저는 이 영화가 오늘날 사회의 많은 문제들과 관련이 있다고 생각합니다. 동시에, 그 영화는 보기에도 재미있고 즐거웠습니다.

---

housekeeper 가사도우미, 가정부 **dramatic** 극적인 **class** 계급, 계층

03 영화 취향의 변화 시작한 계기와 변화 말하기　　　　　　　🎧 설문 UNIT 07 Track 4

Q **Has your taste in movies changed over time? Tell me about the changes in your tastes in movies over the past few years. How are the movies you enjoy now different from those in the past? Please explain in as much detail as possible.** 당신의 영화 취향이 시간이 지나면서 변했나요? 지난 몇 년간 당신의 영화 취향의 변화에 대해 이야기해 주세요. 현재 당신이 즐기는 영화들은 과거에 즐겼던 영화들에 비해 어떻게 다른가요? 되도록 상세히 설명해 주세요.

나의 답변 🎤 | 먼저 나의 답변을 실제로 말해보자. 그 후, 등급 UP! 핵심표현과 AL 달성! 모범답변을 참고하여 나의 답변을 보완하자.

등급 UP! 핵심표현 ⚡

① 과거에 즐겨 보던 영화	· 코미디 영화를 아주 많이 보곤 했다	→ used to watch tons of comedies
	· 그것에 대한 열정은 ~ 때 시작되었다	→ my love affair with it began when ~
	· 항상 스릴러물에 끌렸다	→ I've always been drawn to thrillers
② 취향의 변화 과정	· 현실성 없는 시나리오와는 대조적으로	→ as opposed to the implausible scenarios
	· 판타지 영화에 관심을 잃기 시작했다	→ began losing interests in fantasy movies
	· 애니메이션을 즐기게 되었다	→ came to appreciate animation
	· 마음이 바뀌었다	→ had a change of heart
③ 현재 즐겨 보는 영화	· 가끔 코미디 영화를 본다	→ catch the odd comedy movie
	· 옛날 생각을 하며 액션물을 본다	→ watch an action flick for old time's sake

AL 달성! 모범답변 🎯

① 과거에 즐겨 보던 영화 **I used to watch tons of comedies** when I was a kid. **I loved them because** they were fun and pretty easy to understand.

② 취향의 변화 과정 However, in recent years, I've taken to watching more serious movies. When I went away to university, **I became interested in** dramas. **These types of films appeal to me because** they usually feature realistic situations, **as opposed to the implausible scenarios** in the comedic movies I used to watch. I also find them interesting because they tend to deal with serious themes, such as poverty and discrimination. Unlike comedies, which have the primary goal of entertaining you, dramas go to great lengths to make the audience think about social and political issues. After watching them, I feel great because now I know more about the world around me.

③ 현재 즐겨 보는 영화 **I catch the odd comedy movie these days**, but I mostly watch dramas. Comedies are great because they make me laugh and forget my worries. But dramas are better because they are thought-provoking.

① 과거에 즐겨 보던 영화 저는 어릴 때 코미디 영화를 아주 많이 보곤 했습니다. 저는 그런 영화가 재미있고 꽤 이해하기 쉬웠기 때문에 좋아했습니다.

② 취향의 변화 과정 그러나 최근 몇 년간, 저는 좀 더 심각한 영화들을 보는 것을 좋아하게 되었습니다. 제가 대학에 갔을 때, 저는 드라마에 관심이 생겼습니다. 이런 종류의 영화들은 제가 보던 코미디 영화의 현실성 없는 시나리오와는 대조적으로 주로 현실적인 상황을 특징으로 하기 때문에 저의 흥미를 끕니다. 또한, 가난과 차별 같은 심각한 주제를 다루는 경향이 있기 때문에 흥미롭다고 생각합니다. 당신을 즐겁게 하는 것이 주된 목적인 코미디 영화와는 달리, 드라마는 관객들이 사회적 그리고 정치적인 이슈에 대해 생각하게 만들기 위해 애를 씁니다. 그것들을 보고 나면 제 주변 세계에 대해 더 잘 알게 되어서 기분이 좋습니다.

③ 현재 즐겨 보는 영화 요즘 저는 가끔 코미디 영화를 보지만, 대부분 드라마를 봅니다. 코미디 영화는 저를 웃게 하고 걱정을 잊게 해주어서 좋습니다. 그러나 드라마는 시사하는 바가 커서 더 좋습니다.

take to ~을 좋아하게 되다, ~에 마음을 붙이다　**theme** 주제, 테마　**discrimination** 차별　**go to great lengths** 애를 쓰다
thought-provoking 시사하는 바가 많은

Q I'd like to know about a major issue or concern affecting the movie industry these days. What is the issue? How is it affecting the lives of people? What needs to be done to address this issue? Please explain in detail. 요즘 영화산업에 영향을 미치는 주요 이슈나 우려에 대해서 알고 싶어요. 무엇이 이슈인가요? 그것이 사람들에게 어떤 영향을 주고 있나요? 이 이슈에 대처하기 위해 무엇이 필요할까요? 상세히 설명해 주세요.

🎤 나의 답변 먼저 나의 답변을 실제로 말해보자. 그 후, 등급 UP! 핵심표현과 AL 달성! 모범답변을 참고하여 나의 답변을 보완하자.

등급 UP! 핵심표현 ⚡

① 이슈 소개	· 많은 사람들이 영화를 불법 복제한다	→A large number of people pirate movies
	· 요즘 영화의 낮은 질	→the poor quality of movies today
	· 너무 엄격한 검열	→an overly strict censorship
	· 영화에서의 무분별한 폭력	→senseless violence in movies
② 다양한 영향	· 비용을 줄일 수밖에 없었다	→are forced to cut costs
	· 점점 더 충격적인 영상을 갈망한다	→craves more and more shocking images
	· 폭력에 무감각해진다	→becomes apathetic towards violence
	· 표현의 자유를 제한한다	→limits the freedom of expression
③ 나의 의견	· 문제를 해결하지 못할 것이다	→won't make the problem go away
	· 영화 콘텐츠의 전면적 개선이 필요하다	→need a major overhaul of movie content

AL 달성! 모범답변 ✏️

① 이슈 소개 **A major issue confronting the movie industry today is** film piracy, or the illegal downloading and streaming of movies. **A large number of people pirate movies** rather than watch them in a theater or pay for online services.

② 다양한 영향 **The overall effect of film piracy on the movie industry is** lost revenues for everyone involved in making and selling films. When fewer people go to theaters or pay to watch movies online, the film industry earns less. As a result, producers **are forced to cut costs** for subsequent films. This can mean making low-budget movies. The quality of film-making suffers, and theaters have no choice but to show poorly-made movies. This further reduces box office earnings.

③ 나의 의견 Some movie producers take individual illegal downloaders to court, but this **won't make the problem go away**. **I think one solution to the problem is** to shut down illegal websites and punish the owners with fines. **Another solution is to** make websites pay fees to movie producers for providing streamed or downloadable movies.

① 이슈 소개 요즘 영화산업이 직면한 주요 이슈는 영화 불법 복제 또는 영화 불법 다운로드와 스트리밍입니다. 많은 사람들이 영화를 극장에서 보거나 온라인 서비스 비용을 지불하기보다는 영화를 불법 복제합니다.

② 다양한 영향 영화 불법 복제가 영화 산업에 미치는 전반적인 영향은 영화 제작과 판매에 관련된 모든 사람들의 수입 손실입니다. 더 적은 사람들이 극장에 가거나 온라인으로 영화를 보기 위해 돈을 지불할 때, 영화 산업은 더 적은 수익을 올리게 됩니다. 그 결과, 제작자들은 다음 영화에서 비용을 줄일 수밖에 없게 됩니다. 이것은 저예산 영화를 만드는 것을 뜻할 수 있습니다. 영화 제작의 질이 나빠지고, 영화관은 조악하게 만들어진 영화를 상영할 수밖에 없게 됩니다. 이것은 나아가 매표 수익을 감소시킵니다.

③ 나의 의견 몇몇 영화 제작자들은 개인 불법 다운로더들을 법정에 세우지만, 이것은 문제를 해결하지 못할 것입니다. 한가지 해결책은 불법 사이트를 폐쇄하거나 사이트 소유주를 벌금으로 처벌하는 것이라고 생각합니다. 또 다른 해결책은 웹사이트들이 영화 제작자에게 스트리밍이 되거나 다운로드 가능한 영화를 제공하는 데 대해 요금을 지불하게 만드는 것입니다.

confront 직면하다 piracy 불법 복제 subsequent 다음의 suffer 나빠지다 take ~ to court ~를 법정에 세우다 illegal 불법의

*설문 주제 <영화 관람>에 대한 추가 답변 아이디어와 표현은 [주제별 답변 아이디어&표현 사전]의 p.16에서 학습할 수 있습니다.

UNIT 08

공원 가기

음성 바로 듣기

Background Survey에서 여가 활동으로 "공원 가기"를 선택할 것이라면, 이 UNIT을 통해 <공원 가기> 빈출 문제 및 모범답변, 그리고 관련 표현을 학습하여 나만의 답변을 준비해 두자.

🔄 빈출 문제

좋아하는 공원
대상 설명하기(2) – 장소

In your background survey, you mentioned that you like going to parks. Please tell me about the park you like to go to. Where is it located, and what does it look like? What makes it special?

배경 설문에서, 당신은 공원 가기를 좋아한다고 했습니다. 당신이 가기 좋아하는 공원에 대해 이야기해 주세요. 어디에 위치해 있고, 어떻게 생겼나요? 무엇이 그곳을 특별하게 만드나요?

공원에서 겪은 경험
기억에 남는 경험 말하기

Please tell me about something interesting or memorable that has happened at a park. When was it? What were you doing? Who were you with? Please describe why it was so memorable in detail.

공원에서 생긴 흥미롭거나 기억에 남는 일에 대해 이야기해 주세요. 언제였나요? 당신은 무엇을 하고 있었나요? 누구와 함께 있었나요? 왜 그 일이 기억에 남는지 상세히 설명해 주세요.

공원에서 하는 활동 경향
습관/경향에 대해 말하기

What kind of activities do you usually do at the park? Do you take walks or exercise at the park? Do you prefer to go there with others, or do you prefer to go alone? Please describe a typical day at the park.

당신은 공원에서 주로 어떤 활동을 하나요? 산책을 하나요, 아니면 운동을 하나요? 다른 사람들과 같이 가는 것과 혼자 가는 것 중 어떤 것을 선호하나요? 공원에서의 일반적인 하루를 설명해 주세요.

공원에서 하는 아이와 어른의 활동 비교
두 가지 대상 비교하기

Please tell me about the activities people do at a park you often visit. What sorts of things do children do? How are they similar to or different from what adults do? Give me as many details as possible.

당신이 자주 방문하는 공원에서 사람들이 하는 활동에 대해 이야기해 주세요. 아이들은 어떤 일을 하나요? 그것은 어른들이 하는 일과 어떻게 같거나 다른가요? 되도록 상세히 설명해 주세요.

공원 관련 이슈
이슈 설명하고 나의 의견 말하기

I'd like to know the main issue related to public parks today. What is the biggest problem that users of public parks face? What needs to be done to solve this problem? Tell me about it in detail.

요즘 공원에 관련된 주요 이슈에 대해서 알고 싶어요. 공원 이용자들이 직면하는 가장 큰 문제점은 무엇인가요? 이 문제를 해결하기 위해 무엇이 필요할까요? 그것에 대해 상세히 이야기해 주세요.

자주 나오는! 3단 콤보
- 좋아하는 공원 – 공원에서 겪은 경험 – 공원에서 하는 활동 경향
- 좋아하는 공원 – 공원에서 하는 활동 경향 – 최근에 공원에 간 경험

대표문제 | 좋아하는 공원 | 대상 설명하기(2) - 장소

In your background survey, you mentioned that you like going to parks. Please tell me about the park you like to go to. Where is it located, and what does it look like? What makes it special?

배경 설문에서, 당신은 공원 가기를 좋아한다고 했습니다. 당신이 가기 좋아하는 공원에 대해 이야기해 주세요. 어디에 위치해 있고, 어떻게 생겼나요? 무엇이 그곳을 특별하게 만드나요?

답변구조에 따라 말할 내용을 살펴보고, 아래 모범답변을 참고하여 나의 답변을 말해보자.

AL 달성! 답변구조 ⚙️

① 좋아하는 공원 소개	→ 어디 있는지, 얼마나 자주 가는지, 어떻게 생겼는지
② 좋아하는 공원의 특징	→ 공원에 있는 것들, 공원에서 무엇을 할 수 있는지
③ 좋아하는 공원에 대한 내 생각	→ 왜 좋아하는지, 무엇이 특별한지

AL 달성! 모범답변 🎯

① 좋아하는 공원 소개 Living in Seoul, I feel very lucky to have the Hangang Park nearby. It runs along the Han River, which divides Seoul into north and south. Fortunately for me, it is located within walking distance of my home. **I go there at least once a week**, and often a lot more.

② 좋아하는 공원의 특징 The Hangang Park has some great facilities. There are biking trails throughout the park, and several places have bikes for rent. If you don't like biking, there are lots of other activities to do, such as playing badminton. In addition, the park **has all of the things you would expect in** a park, like soccer fields, basketball courts, and beautiful gardens.

③ 좋아하는 공원에 대한 내 생각 The gardens are my favorite part of the park. Every spring, the flowers begin to blossom and give off an incredible scent. Even though you're right in the middle of a huge city, it feels like you're out in the country. **In my opinion, this is an excellent place to** have a picnic, read a book, or just go for a stroll.

골라 쓰는 답변 아이디어

- 어디 있는지
  a short bike ride away
  자전거로 가면 금방 도착하는 거리
  on the other side of town
  동네 반대쪽에

- 공원에 있는 것들
  play areas for kids
  아이들을 위한 놀이터
  exercise machines for public use
  공용 운동 기구

- 공원에서 무엇을 할 수 있는지
  kicking back and taking in the view
  편히 쉬면서 경치 감상하기
  walking the dog 반려견 산책시키기

- 왜 좋아하는지
  hang out with friends
  친구들과 함께 시간을 보낸다
  enjoy nature 자연을 즐긴다

① 좋아하는 공원 소개 저는 제가 서울에서 살아서 근처에 한강 공원이 있다는 게 무척 행운이라고 느낍니다. 한강 공원은 서울을 남과 북으로 나누는 한강을 따라서 있습니다. 저에게는 운 좋게도, 그곳은 저희 집에서 걸어갈 수 있는 거리에 있습니다. 저는 그곳에 적어도 일주일에 한 번은 가는데, 종종 훨씬 더 자주 갑니다. **② 좋아하는 공원의 특징** 한강 공원에는 몇몇 훌륭한 시설들이 있습니다. 공원 도처에 자전거 도로가 있고, 대여용 자전거가 있는 몇몇 장소도 있습니다. 당신이 만약 자전거 타기를 좋아하지 않는다면, 배드민턴 치기 같은 다른 여러 활동들도 할 수 있습니다. 게다가 그 공원에는 축구장, 농구코트, 아름다운 정원같이 당신이 공원에 기대할 만한 모든 것이 있습니다. **③ 좋아하는 공원에 대한 내 생각** 정원은 제가 공원에서 가장 좋아하는 부분입니다. 봄마다 꽃들이 피기 시작하고 놀라운 향기를 냅니다. 당신이 대도시의 한복판에 있음에도 불구하고 마치 교외에 나와 있는 것처럼 느껴집니다. 제 생각에 이곳은 소풍을 하거나, 책을 읽거나, 아니면 그저 산책을 하기에 아주 훌륭한 곳입니다.

facility 시설 **blossom** 꽃 피다 **give off** (냄새 등을) 내다 **scent** 향기 **go for a stroll** 산책하다, 어슬렁거리며 거닐다

나의 답변 🎙️

먼저 나의 답변을 실제로 말해보자. 그 후, AL 달성! 답변구조와 AL 달성! 모범답변을 참고하여 나의 답변을 보완하자.

① 좋아하는 공원 소개

② 좋아하는 공원의 특징

③ 좋아하는 공원에 대한 내 생각

01 공원에서 겪은 경험 기억에 남는 경험 말하기

🎧 설문 UNIT 08 Track 2

Q **Please tell me about something interesting or memorable that has happened at a park. When was it? What were you doing? Who were you with? Please describe why it was so memorable in detail.** 공원에서 생긴 흥미롭거나 기억에 남는 일에 대해 이야기해 주세요. 언제였나요? 당신은 무엇을 하고 있었나요? 누구와 함께 있었나요? 왜 그 일이 기억에 남는지 상세히 설명해 주세요.

🎤 나의 답변 먼저 나의 답변을 실제로 말해보자. 그 후, 등급 UP! 핵심표현과 AL 달성! 모범답변을 참고하여 나의 답변을 보완하자.

등급 UP! 핵심표현 ⚡

① 공원에서 겪은 경험 소개	· 시에서 놀라운 불꽃 축제를 열었다	→ the city had an amazing fireworks show
	· 공원을 통과해 지름길로 갔다	→ took a shortcut through the park
	· 완전 우연히 공원을 발견했다	→ happened upon the park totally by chance
② 공원에서 겪은 구체적인 경험	· 불꽃놀이 폭죽이 강 위에서 터졌다	→ The fireworks burst above the river
	· 다리가 얼음물로 흠뻑 젖었다	→ leg got drenched in icy water
	· 갑작스러운 소리를 들었다	→ heard a sudden noise
	· 누군가가 나를 따라오는 것 같았다	→ felt like someone was following me
③ 결과와 느낀 점	· 매우 즐거운 경험	→ a very pleasant experience
	· 반복하고 싶지 않은 경험	→ an experience I don't wish to repeat
	· 나를 매우 놀라게 했다	→ scared me to death
	· 그날을 생각하면 아직도 마음이 따뜻해진다	→ still warms my heart to think of that day

AL 달성! 모범답변 ✅

① 공원에서 겪은 경험 소개 **The most memorable experience I have ever had while at a park was** a fireworks show. Last summer, my friends and I went to a park by the river. While we were there, **the city had an amazing fireworks show**.

② 공원에서 겪은 구체적인 경험 **What made it so memorable was** the setting and atmosphere. **The fireworks burst above the river**, so we could see the reflection in the water. And in the background, we could see the beautiful city lights. The atmosphere was upbeat because there were so many people. The park was full of families, friends, and couples. What's more, the fireworks show was an international event. Participants included fireworks experts from China, Italy, and Canada. Because each participant had a very different fireworks display, there was a lot of variety. Therefore, every fireworks display was unique, and we were never bored.

③ 결과와 느낀 점 **Overall**, it was **a very pleasant experience**. I would like to see another fireworks show at the park in the future.

① 공원에서 겪은 경험 소개 제가 공원에서 겪은 가장 기억에 남는 경험은 불꽃 축제였습니다. 지난여름, 친구들과 저는 강가에 있는 공원으로 갔습니다. 저희가 그곳에 있는 동안, 시에서 놀라운 불꽃 축제를 열었습니다.

② 공원에서 겪은 구체적인 경험 그것을 매우 기억에 남게 만든 것은 세팅과 분위기였습니다. 불꽃놀이 폭죽이 강 위에서 터졌기 때문에 우리는 물에 반사된 모습을 볼 수 있었습니다. 그리고 뒷배경에서는 아름다운 도시의 불빛을 볼 수 있었습니다. 굉장히 많은 사람들이 있었기 때문에 분위기는 즐거웠습니다. 공원은 가족, 친구, 연인들로 가득했습니다. 게다가, 불꽃축제는 국제적인 행사였습니다. 참가자에는 중국, 이탈리아, 그리고 캐나다에서 온 불꽃놀이 전문가들이 포함되어 있었습니다. 각 참가자가 매우 다른 불꽃놀이 디스플레이를 가지고 있었기 때문에 다양한 것이 많았습니다. 그래서 모든 불꽃놀이 디스플레이가 독특했고, 저희는 전혀 지루하지 않았습니다.

③ 결과와 느낀 점 전반적으로 그것은 매우 즐거운 경험이었습니다. 저는 앞으로 공원에서 또 다른 불꽃 축제를 보고 싶습니다.

atmosphere 분위기, (지구의) 대기 **reflection** 반사된 모습 **upbeat** 즐거운

02 공원에서 하는 활동 경향 습관/경향에 대해 말하기

Q **What kind of activities do you usually do at the park? Do you take walks or exercise at the park? Do you prefer to go there with others, or do you prefer to go alone? Please describe a typical day at the park.** 당신은 공원에서 주로 어떤 활동을 하나요? 산책을 하나요, 아니면 운동을 하나요? 다른 사람들과 같이 가는 것과 혼자 가는 것 중 어떤 것을 선호하나요? 공원에서의 일반적인 하루를 설명해 주세요.

나의 답변 🎤 먼저 나의 답변을 실제로 말해보자. 그 후, 등급 UP! 핵심표현과 AL 달성! 모범답변을 참고하여 나의 답변을 보완하자.

등급 UP! 핵심표현 ⚡

① 공원에서 하는 활동 소개	· 꼭두새벽에 운동하는 것을 좋아한다	→ like to exercise at the crack of dawn
	· 긴장을 풀기 위해 오랜 산책을 한다	→ take a long walk to unwind
	· 인기 있는 만남의 장소	→ a popular meeting place
	· 매주 가족 운동을 위해 그곳을 간다	→ go there for a weekly family exercise
	· 자연을 만끽하려고 그곳에서 시간을 보낸다	→ spend time there to take in nature
② 공원에서 하는 활동의 구체적인 경향	· 운동기구에서 운동을 좀 한다	→ do some exercises on the workout machines
	· 나무 밑에 앉아서 책을 읽는다	→ park myself under a tree to read
	· 평소 하던 대로 산책로를 따라 걸었다	→ walk along the trail like I normally do
	· 반려견을 산책시킨다	→ take my dog for a walk
③ 공원에서 하는 활동에 대한 내 생각	· 공원에서 하는 운동을 좋아한다	→ love my workouts at the park
	· 산책 후에 기분이 상쾌해진다	→ feel refreshed after my walks
	· 나에게는 새로운 휴식을 얻는 장소	→ a place of relaxation for me
	· 마음이 치유되는 경험을 제공한다	→ provides a healing experience

AL 달성! 모범답변 ✏️

① 공원에서 하는 활동 소개 **There are quite a few great parks** in my city. An especially nice one is just five minutes from where I live, so I go there **at least three times a week**. I typically go alone, because I **like to exercise at the crack of dawn**. I wouldn't mind going with friends, but nobody wants a wake-up call at 5:30 in the morning!

② 공원에서 하는 구체적인 활동 **The main activity I do at the park is** running. **The park is great for that because** it has a dedicated running path, so I don't have to share the track with cyclists or pedestrians. **My typical routine consists of** running five or six kilometers, and if I happen to have enough energy, I'll **do some exercises on the workout machines** they have there. I don't run all the way back to my house, however. I prefer to walk home, just to cool down and stretch my legs.

③ 공원에서 하는 활동에 대한 내 생각 **I love my workouts at the park** because I always feel great afterwards. I'd much rather be out in nature than stuck inside a gym.

① 공원에서 하는 활동 소개 저의 도시에는 훌륭한 공원들이 꽤 있습니다. 특히 멋진 공원이 제가 사는 곳에서 딱 5분 거리에 있어서 저는 일주일에 최소 세 번은 그곳에 갑니다. 저는 보통 혼자 공원에 가는데, 왜냐하면 제가 꼭두새벽에 운동하는 것을 좋아하기 때문입니다. 친구들과 함께 가는 것도 싫지 않지만, 아무도 오전 5시 30분에 모닝콜을 받고 싶어 하지 않습니다!

② 공원에서 하는 구체적인 활동 제가 공원에서 하는 주요 활동은 달리기입니다. 그 공원은 달리기하기에 아주 좋은데, 왜냐하면 그곳엔 달리기 전용 길이 있어서 자전거를 타는 사람이나 걷는 사람과 길을 같이 쓰지 않아도 되기 때문입니다. 저의 일반적인 일과는 오륙 킬로미터 달리기를 포함하는데, 만약 제게 충분한 에너지가 있다면, 그곳에 있는 운동기구에서 운동을 좀 하기도 합니다. 그렇지만 저는 집까지 줄곧 달려서 돌아오진 않습니다. 저는 단지 열을 식히고 다리를 스트레칭 하기 위해 집까지 걸어가는 것을 더 좋아합니다.

③ 공원에서 하는 활동에 대한 내 생각 저는 공원에서 하는 운동을 좋아하는데, 끝나고 나면 항상 기분이 좋기 때문입니다. 저는 헬스장 안에 박혀 있는 것보다는 자연에 나와 있는 편이 훨씬 좋습니다.

wake-up call 모닝콜 **cyclist** 자전거를 타는 사람, 사이클리스트 **pedestrian** 걷는 사람, 보행자 **cool down** 열을 식히다

Q **Please tell me about the activities people do at a park you often visit. What sorts of things do children do? How are they similar to or different from what adults do? Give me as many details as possible.** 당신이 자주 방문하는 공원에서 사람들이 하는 활동에 대해 이야기해 주세요. 아이들은 어떤 일을 하나요? 그것은 어른들이 하는 일과 어떻게 같거나 다른가요? 되도록 상세히 설명해 주세요.

나의 답변 🎤 | 먼저 나의 답변을 실제로 말해보자. 그 후, 등급 UP! 핵심표현과 AL 달성! 모범답변을 참고하여 나의 답변을 보완하자.

등급 UP! 핵심표현 ⚡

① 비교 대상 소개	· 누구나 좋아할 만한 것이 있다	→ has something for everybody
	· 스트레스를 푸는 좋은 방법	→ a great way to blow off steam
	· 수반되는 신체적 활동의 양이 다르다	→ vary in the amount of physical activity involved
② 아이들이 하는 활동의 특징	· 술래잡기 같은 게임을 하기 좋아한다	→ love playing games like tag
	· 무리하지 말아야 한다	→ should take it easy
	· 해가 진 후에는 아이들이 거의 없다	→ there are hardly any children after dark
	· 뛰어다니거나 땅 파는 걸 좋아한다	→ like to run around or dig in the sand
③ 어른들이 하는 활동의 특징	· 서로 손잡고 공원을 가로질러 산책한다	→ walk hand-in-hand through the park
	· 나무 아래에서 쉰다	→ kick back under a tree
	· 싸 온 점심 도시락을 즐긴다	→ enjoy a packed lunch

AL 달성! 모범답변 🎯

① 비교 대상 소개 There's a nice park about **a 10-minute walk from my house.** It's medium-sized, and there are lots of things to do. There's a walking trail, and there are all kinds of areas to play sports. The park **has something for everybody!** Kids and adults both seem to love it.

② 아이들이 하는 활동의 특징 The young children who visit the park **love playing games like tag.** They are always shouting, laughing, and running around. There are fewer older kids who visit, and those who do typically play pickup games of basketball and soccer.

③ 어른들이 하는 활동의 특징 **Unlike the kids**, adults like me don't play so many sports at the park, but we definitely take walks there. I like to go walking there with my friends after dinner once the weather has cooled off. Occasionally you'll see some people on dates, too, **walking hand-in-hand through the park**. Picnics are also a common activity for adults having a day out at the park.

① 비교 대상 소개 저희 집에서 걸어서 10분 정도 거리에 좋은 공원이 하나 있습니다. 그 공원은 중간 크기이고, 그곳에서 할 수 있는 일이 많이 있습니다. 거기에는 산책로가 있고, 스포츠를 할 수 있는 온갖 종류의 공간이 있습니다. 그 공원은 누구나 좋아할 만한 것이 있습니다! 아이들과 어른들 둘 다 그곳을 좋아하는 것처럼 보입니다.

② 아이들이 하는 활동의 특징 공원을 방문하는 어린아이들은 술래잡기 같은 게임을 하기 좋아합니다. 그들은 언제나 소리를 지르고 웃으며 뛰어다닙니다. 더 적은 수의 더 나이가 많은 아이들도 방문하는데, 그런 아이들은 보통 즉석 농구 경기와 즉석 축구 경기를 합니다.

③ 어른들이 하는 활동의 특징 아이들과는 달리, 저 같은 어른들은 공원에서 운동을 많이 하지는 않지만, 확실히 그곳에서 산책은 합니다. 저는 날씨가 시원해지면 저녁 식사 후에 친구들과 거기로 산책하러 가는 것을 좋아합니다. 때때로 서로 손잡고 공원을 가로질러 산책하며 데이트를 하는 사람들 또한 볼 수 있습니다. 소풍 또한 공원으로 하루 외출한 어른들이 하는 흔한 활동입니다.

pickup games 즉석 경기　cool off 시원해지다, 식다　on dates 데이트를 하는

04 공원 관련 이슈 이슈 설명하고 나의 의견 말하기

🎧 설문 UNIT 08 Track 5

Q I'd like to know the main issue related to public parks today. What is the biggest problem that users of public parks face? What needs to be done to solve this problem? Tell me about it in detail. 요즘 공원에 관련된 주요 이슈에 대해서 알고 싶어요. 공원 이용자들이 직면하는 가장 큰 문제점은 무엇인가요? 이 문제를 해결하기 위해 무엇이 필요할까요? 그것에 대해 상세히 이야기해 주세요.

나의 답변 🎙 먼저 나의 답변을 실제로 말해보자. 그 후, 등급 UP! 핵심표현과 AL 달성! 모범답변을 참고하여 나의 답변을 보완하자.

등급 UP! 핵심표현 ⚡

① 이슈 소개	· 주요 문제점은 지나치게 붐비는 것이다	→ the main problem is overcrowding
	· 쓰레기 무단투기가 문제이다	→ littering is an issue
	· 정기적으로 관리되고 있지 않다	→ aren't maintained regularly
	· 호수 둘레에 안전 펜스가 없다	→ has no safety fence around the lake
② 다양한 영향	· 사람들과 부딪힌다	→ bump into people
	· 안전상 위험을 야기한다	→ present a safety hazard
	· 심각한 사고로 이어질 수 있다	→ may lead to a serious accident
③ 나의 의견	· 사람들이 다른 장소를 방문하게 만든다	→ get people to visit other places
	· 표지판과 경고문을 단다	→ put up notices and warnings
	· 공원을 깨끗이 하기 위해 각자 역할을 한다	→ do their part to keep parks clean
	· 더 많은 재정지원이 필요하다	→ needs more funding
	· 공공기물 파손에 대한 대가를 치른다	→ pay the price for vandalizing public property

AL 달성! 모범답변 ✍

① **이슈 소개** **The way I see it**, **the main problem is overcrowding**. Twenty years ago, the large park near my home was always virtually empty. Today, visiting the park is like visiting a crowded subway station.

② **다양한 영향** **Parks are one of the best places to** relax because they're close by, and they have a lot of greenery and wide-open spaces. The thing is, more and more people visit the park for relaxation nowadays. And because the parks are so crowded, it's hard to take a walk without **bumping into people** or having to jump out of the way of bicycles. In addition, the noise level has gone up. Parks are no longer a nice place to visit when you want peace and quiet.

③ **나의 의견** **To solve the problem**, more parks should be built, but this is possible only if there's enough land to build them on. Another strategy is to **get people to visit other places** such as beaches, zoos, and tourist spots. People can be lured to visit these places through appealing and well-timed advertisements.

① **이슈 소개** 제가 생각하기에는, 주요 문제점은 공원이 지나치게 붐비는 것입니다. 20년 전에는, 저희 집 근처에 있는 큰 공원이 항상 거의 비어있었습니다. 요즘은, 공원을 방문하는 것이 붐비는 지하철역을 방문하는 것과 비슷합니다.

② **다양한 영향** 공원은 가까이 있고, 푸른 나무와 탁 트인 공간이 많기 때문에 휴식을 취하기 최적의 장소 중 하나입니다. 문제는, 요즘 점점 더 많은 사람들이 휴식을 위해 공원을 방문한다는 것입니다. 그래서 공원이 너무 붐비기 때문에, 다른 사람들과 부딪치거나, 깜짝 놀라며 자전거에 길을 비켜줘야 하는 일 없이 산책하기가 어렵습니다. 게다가, 소음 수준도 심해졌습니다. 공원은 더 이상 당신이 평화와 고요를 원할 때 찾아가기에 좋은 곳이 아닙니다.

③ **나의 의견** 이 문제를 해결하기 위해 더 많은 공원이 지어져야 하지만, 이것은 공원을 지을 대지가 충분히 있을 때만 가능합니다. 또 다른 전략은 사람들이 해변이나 동물원, 또는 관광지 같은 다른 장소들을 방문하게 만드는 것입니다. 호소와 시기적절한 광고를 통해 사람들은 이런 장소들을 방문하도록 유인당할 수 있습니다.

---

virtually 거의 **greenery** 푸른 나무 **be lured** 유인당하다, 미끼에 걸려들다 **appeal** 호소하다 **well-timed** 시기적절한

*설문 주제 <공원 가기>에 대한 추가 답변 아이디어와 표현은 [주제별 답변 아이디어&표현 사전]의 p.18에서 학습할 수 있습니다.

해변·캠핑 가기

음성 바로 듣기

Background Survey에서 여가 활동으로 "해변 가기"나 "캠핑하기"를 선택할 것이라면, 이 UNIT을 통해 <해변·캠핑 가기> 빈출 문제 및 모범답변, 그리고 관련 표현을 학습하여 나만의 답변을 준비해 두자. UNIT 23 국내·해외여행과 함께 학습하면 효과적이다.

🔄 빈출 문제

해변에서 겪은 경험
기억에 남는 경험 말하기

Tell me about a memorable experience you have had at the beach. When was it? What happened? Who were you with? Explain what happened in detail to make it unforgettable.

당신이 해변에서 겪었던 특별한 경험에 대해 이야기해 주세요. 언제였나요? 무슨 일이 있었나요? 누구와 함께였나요? 어떤 일이 그 경험을 잊지 못하게 만들었는지 상세히 설명해 주세요.

좋아하는 해변
대상 설명하기(2) - 장소

You indicated in your background survey that you like going to beaches. Tell me about your favorite beach. Where is it, and what does it look like? Why do you like it there so much?

배경 설문에서, 당신은 해변에 가는 것을 좋아한다고 했습니다. 가장 좋아하는 해변에 대해 이야기해 주세요. 어디에 있고, 어떻게 생겼나요? 왜 그렇게 그곳을 좋아하나요?

캠핑을 가는 경향
습관/경향에 대해 말하기

In your background survey, you indicated that you like going camping. How often do you go camping, and what time of the year do you typically go? Who do you usually go with? What do you like to do on camping trips?

배경 설문에서, 당신은 캠핑 가는 것을 좋아한다고 했습니다. 얼마나 자주 캠핑을 가고, 보통 일 년 중 언제 캠핑을 가나요? 주로 누구와 함께 가나요? 캠핑을 가서 어떤 일을 하기 좋아하나요?

마지막으로 캠핑 간 경험
기억에 남는 경험 말하기

When was the last time you went camping? Where did you go? Who did you go with? Describe what you did on your camping trip in as much detail as you can.

당신이 마지막으로 캠핑을 갔던 것은 언제인가요? 어디로 갔나요? 누구와 함께 갔나요? 캠핑을 가서 무엇을 했는지 되도록 상세히 설명해 주세요.

캠핑에 가져가는 장비
대상 설명하기(3) - 사물

What sort of gear do you bring along when you go camping? Do you prefer to take large items like tables and chairs or just smaller things like sleeping bags? Please describe the items you bring in detail, and explain what you use them for.

당신은 캠핑을 갈 때 어떤 종류의 장비를 가져가나요? 테이블과 의자같이 큰 도구를 가져가는 것과 침낭같이 작은 도구만 가져가는 것 중 어느 쪽을 더 선호하나요? 가져가는 도구를 상세히 설명하고 그 도구들을 어디에 쓰는지 설명해 주세요.

자주 나오는!
3단 콤보

- 좋아하는 해변 – 해변에서 하는 활동 – 해변에서 겪은 경험
- 캠핑을 가는 경향 – 마지막으로 캠핑 간 경험 – 캠핑에 가져가는 장비

대표문제 | 해변에서 겪은 경험 — 기억에 남는 경험 말하기

Tell me about a memorable experience you have had at the beach. When was it? What happened? Who were you with? Explain what happened in detail to make it unforgettable.

당신이 해변에서 겪었던 특별한 경험에 대해 이야기해 주세요. 언제였나요? 무슨 일이 있었나요? 누구와 함께였나요? 어떤 일이 그 경험을 잊지 못하게 만들었는지 상세히 설명해 주세요.

답변구조에 따라 말할 내용을 살펴보고, 아래 모범답변을 참고하여 나의 답변을 말해보자.

AL 달성! 답변구조 ⚙️

① 해변에서 겪은 경험 소개	➡ 언제였는지, 누구와 함께 있었는지
② 해변에서 겪은 구체적인 경험	➡ 무슨 일이 있었는지, 그래서 어떻게 되었는지
③ 결과와 느낀 점	➡ 왜 기억에 남는지, 그래서 어떤 변화가 생겼는지

AL 달성! 모범답변 🎯

① **해변에서 겪은 경험 소개** **One example of an experience that sticks out is** the day my family and I were at the beach. I was in elementary school at the time.

② **해변에서 겪은 구체적인 경험** I learned how to swim at a young age, so my parents allowed me to go into the ocean. They told me to stay in the shallow water. They didn't seem worried because there were other people in the water. However, I didn't notice that I was drifting away from the shore. Then, out of nowhere, my foot cramped up. I couldn't swim properly because of the pain. What made it worse was that even though I was shouting for help, no one heard me. There were other people shouting and having fun. My head began to go under the water. Fortunately, my dad noticed and hauled me back to shore. I felt such great relief.

③ **결과와 느낀 점** **The incident was unforgettable because** I almost drowned. After that, my mom kept a close eye on me whenever I swam.

골라 쓰는 답변 아이디어

→ • 언제였는지
the day I went to the beach with friends 친구들과 해변에 갔던 날
an annual trip with my class 학교 수학여행

→ • 무슨 일이 있었는지
a sharp rock gave me a nasty cut 날카로운 돌에 심하게 베였다
I saw a school of fish 물고기 떼를 보았다

→ • 그래서 어떻게 되었는지
I managed to swim back to shallow water 다시 얕은 물가로 겨우 헤엄쳐 나왔다
I got some amazing underwater photos 놀라운 수중 사진을 몇 장 찍었다

→ • 왜 기억에 남는지
it was such a serious injury 매우 심각한 부상이었다
I'd never seen wildlife close up like that 야생 동물을 그처럼 가까이서 본 것은 처음이었다

① **해변에서 겪은 경험 소개** 두드러지는 경험 중 한 가지 예는 가족들과 제가 해변에 있었던 날입니다. 저는 그 당시 초등학교에 다니고 있었습니다. ② **해변에서 겪은 구체적인 경험** 저는 어린 나이에 수영하는 법을 배워서 저희 부모님께서는 제가 바다에 들어가는 것을 허락해 주셨습니다. 부모님께서는 저에게 얕은 물에 있으라고 말씀하셨습니다. 물속에 다른 사람들도 있었기에 부모님께서는 걱정하지 않으시는 것 같았습니다. 하지만 저는 제가 해안에서 떠내려가고 있다는 것을 눈치 채지 못했습니다. 그러다 갑자기 제 발에 쥐가 났습니다. 저는 통증 때문에 제대로 헤엄칠 수가 없었습니다. 상황을 더 악화시킨 것은, 제가 도움을 위해 소리쳤지만 아무도 저를 듣지 못했다는 것입니다. 거기에는 다른 사람들이 소리를 지르며 즐겁게 놀고 있었습니다. 제 머리가 물속으로 들어가기 시작했습니다. 다행히, 저희 아버지가 알아차리시고는 저를 다시 해안으로 끌고 가셨습니다. 저는 대단히 큰 안도감을 느꼈습니다. ③ **결과와 느낀 점** 이 사건은 제가 하마터면 물에 빠져 죽을 뻔했기 때문에 잊을 수가 없습니다. 그 후로 저희 어머니께서는 제가 수영할 때마다 잘 지켜보셨습니다.

shallow 얕은 **cramp up** 쥐가 나다 **haul** 끌고 가다 **drown** 물에 빠져 죽다 **keep a close eye** 잘 지켜보다

나의 답변 📊

먼저 나의 답변을 실제로 말해보자. 그 후, AL 달성! 답변구조와 AL 달성! 모범답변을 참고하여 나의 답변을 보완하자.

① 해변에서 겪은 경험 소개

② 해변에서 겪은 구체적인 경험

③ 결과와 느낀 점

01 좋아하는 해변 대상 설명하기(2) - 장소

🎧 설문 UNIT 09 Track 2

Q **You indicated in your background survey that you like going to beaches. Tell me about your favorite beach. Where is it, and what does it look like? Why do you like it there so much?** 배경 설문에서, 당신은 해변에 가는 것을 좋아한다고 했습니다. 가장 좋아하는 해변에 대해 이야기해 주세요. 어디에 있고, 어떻게 생겼나요? 왜 그렇게 그곳을 좋아하나요?

> 나의 답변 🎤 먼저 나의 답변을 실제로 말해보자. 그 후, 등급 UP! 핵심표현과 AL 달성! 모범답변을 참고하여 나의 답변을 보완하자.

등급 UP! 핵심표현 ⚡

① 좋아하는 해변 소개	· 멋진 자갈 해변을 찾을 수 있다	→ can find an amazing pebble beach
	· 외딴곳에서	→ in the middle of nowhere
	· 꽤 오래 여행해야 한다	→ have to do quite a bit of traveling
	· 한적한 만	→ a secluded cove
② 좋아하는 해변의 특징	· 거의 사람이 없는	→ pretty much deserted
	· 도심에서 걸어갈 수 있는 거리	→ walking distance from the city center
	· 해변에서 배달 음식을 주문할 수 있다	→ can order delivery food on the beach
	· 물이 에메랄드 초록빛이다	→ the water is emerald green
③ 좋아하는 해변에 대한 내 생각	· 머리를 맑게 할 수 있는 좋은 방법	→ a good way to clear my head
	· 덜 붐볐으면 좋겠다	→ wish it were less crowded
	· 그것에 대한 생각만으로도 마음이 편안해진다	→ feel relaxed just thinking about it
	· 다음 세대를 위해 깨끗이 보존해야 한다	→ should keep it clean for the future generations

AL 달성! 모범답변 ✐

① 좋아하는 해변 소개 Because I live in Seoul, I need to travel out of town to find a beach. Personally, I prefer to take the train to Incheon and then take a ferry to Deokjeok Island. It is located a little off the coast, and you **can find an amazing pebble beach** there.

② 좋아하는 해변의 특징 **What I like most about this beach is that** it is **pretty much deserted**, even during the summer. It's great that the island isn't packed with people like so many other beaches in Korea are. **On top on that**, guesthouses are cheap and easy to find. You can show up without a reservation and find a room to crash for the night without a problem.

③ 좋아하는 해변에 대한 내 생각 Since it's a relatively short trip, I try to go whenever I have a free weekend during the summer. Going to the beach is **a good way to clear my head** while soaking up some sun. **It's definitely my favorite place to** relax.

① 좋아하는 해변 소개 저는 서울에 살기 때문에 해변을 찾으려면 도시 밖으로 여행해야 합니다. 개인적으로 저는 기차를 타고 인천으로 간 후에 페리를 타고 덕적도로 가는 것을 좋아합니다. 덕적도는 해안과 약간 떨어져 있고, 그곳에서 당신은 멋진 자갈 해변을 찾을 수 있습니다.

② 좋아하는 해변의 특징 제가 이 해변에 대해 가장 좋아하는 것은 심지어 여름에도 거의 사람이 없다는 것입니다. 이 섬은 한국에 있는 다른 수많은 해변들처럼 사람들로 가득 차 있지 않아서 좋습니다. 무엇보다도, 게스트하우스가 저렴하고 찾기 쉽습니다. 당신은 예약하지 않고 나타나서 밤에 숙박할 방을 아무런 문제 없이 찾을 수 있습니다.

③ 좋아하는 해변에 대한 내 생각 비교적 단거리 여행이기 때문에 저는 여름 동안 한가한 주말이 있을 때마다 그곳에 가려고 합니다. 해변에 가는 것은 햇볕을 좀 흡수하면서 머리를 맑게 할 수 있는 좋은 방법입니다. 그곳은 확실히 제가 가장 좋아하는 휴식 장소입니다.

out of town 도시 밖으로 **pebble** 자갈 **deserted** 사람이 없는 **packed** 가득 찬, 만원의 **crash** 숙박하다, 자다

02 캠핑을 가는 경향 습관/경향에 대해 말하기

🎧 설문 UNIT 09 Track 3

Q **In your background survey, you indicated that you like going camping. How often do you go camping, and what time of the year do you typically go? Who do you usually go with? What do you like to do on camping trips?** 배경 설문에서, 당신은 캠핑 가는 것을 좋아한다고 했습니다. 얼마나 자주 캠핑을 가고, 보통 일 년 중 언제 캠핑을 가나요? 주로 누구와 함께 가나요? 캠핑을 가서 어떤 일을 하기 좋아하나요?

나의 답변 🎙 | 먼저 나의 답변을 실제로 말해보자. 그 후, 등급 UP! 핵심표현과 AL 달성! 모범답변을 참고하여 나의 답변을 보완하자.

등급 UP! **핵심표현** ⚡

① 캠핑을 가는 경향 소개	· 자연을 즐기기 때문에 캠핑가는 것을 좋아한다 · 나는 언제나 캠핑이 하고 싶다 · 산으로 캠핑을 간다	→ like to go camping because I enjoy nature → I'm always up for camping → go camping in the mountains
② 캠핑을 가는 구체적인 경향	· 가족이나 친구들과 함께 가는 것을 선호한다 · 내 친구들은 좋은 일행이다 · 나뭇잎에 단풍이 들 때 간다	→ prefer having family or friends with me → my friends are good company → go when the leaves are changing color
③ 캠핑 가기에 대한 내 생각	· 사람들과 더욱 친해질 수밖에 없다 · 스트레스를 해소하는 최고의 방법 · 다른 캠핑객들과 쉽게 죽이 맞는다 · 삶의 속도를 낮춰준다	→ can't help but get closer to the people → the best way to relieve stress → easy to hit it off with other campers → slows down the pace of life

AL 달성! **모범답변** 🎯

① 캠핑을 가는 경향 소개 I really **like to go camping because I enjoy nature**. I try to go **at least a couple of times a year**. I wish I could go more often, but it is hard to find the time.

② 캠핑을 가는 구체적인 경향 **I usually go camping during** the spring and fall. In winter, it gets too cold, and in summer, it's too muggy and uncomfortable. Plus, the mosquitoes are unbearable. I **prefer having family or friends with me** when I go camping. And it's so enjoyable to build a campfire and tell stories around it. Some of the stories we tell are amusing and some are scary, and we wind up having a lot of fun.

③ 캠핑 가기에 대한 내 생각 **I feel very happy when** I'm camping. I love being outdoors, and I have a lot in common with most people who feel the same way. Plus, you **can't help but get closer to the people** you go camping with.

① 캠핑을 가는 경향 소개 저는 자연을 즐기기 때문에 캠핑 가는 것을 정말 좋아합니다. 저는 적어도 1년에 두어 번은 캠핑을 가려고 합니다. 더 자주 갈 수 있길 바라지만, 시간을 내는 것이 어렵습니다.

② 캠핑을 가는 구체적인 경향 저는 보통 봄과 가을에 캠핑을 갑니다. 겨울에는 너무 추워지고, 여름에는 날씨가 너무 후덥지근하고 불편합니다. 게다가 모기들은 견딜 수가 없습니다. 저는 캠핑 갈 때 가족이나 친구들과 함께 가는 것을 선호합니다. 그리고 모닥불을 만들고 그 주위에서 이야기하는 것은 매우 즐겁습니다. 우리가 말하는 어떤 이야기들은 재미있고, 어떤 것들은 무서운데, 우리는 대단히 재미있는 시간을 보내며 마무리 짓습니다.

③ 캠핑 가기에 대한 내 생각 캠핑할 때 저는 정말 행복합니다. 저는 야외에 있는 것을 좋아해서 저와 똑같이 느끼는 사람들 대부분과 공통점이 많습니다. 게다가 캠핑을 함께 가는 사람들과 더욱 친해질 수밖에 없습니다.

find time 시간을 내다 **muggy** 날씨가 후덥지근하다 **unbearable** 참을 수 없는 **wind up** (모임을) 마무리 짓다

Q **When was the last time you went camping? Where did you go? Who did you go with? Describe what you did on your camping trip in as much detail as you can.** 당신이 마지막으로 캠핑을 갔던 것은 언제인가요? 어디로 갔나요? 누구와 함께 갔나요? 캠핑을 가서 무엇을 했는지 되도록 상세히 설명해 주세요.

나의 답변 🎤 | 먼저 나의 답변을 실제로 말해보자. 그 후, 등급 UP! 핵심표현과 AL 달성! 모범답변을 참고하여 나의 답변을 보완하자.

등급 UP! **핵심표현** ⚡

① 마지막으로 간 캠핑 경험 소개	· 이틀 정도 동안	→ for a couple of days
	· 악몽 같은 경험을 했다	→ had a nightmarish experience
	· 산속에서 캠핑을 했다	→ camped out in the mountains
② 마지막으로 간 캠핑의 구체적인 경험	· 야영지에 텐트를 쳤다	→ pitched our tents at the campsite
	· 텐트를 설치했다	→ set up our tents
	· 캠프용 버너로 요리했다	→ cooked with the camping stove
	· 생각보다 더 한적한	→ more secluded than I had imagined
③ 결과와 느낀 점	· 어느 밤도 푹 잘 수가 없었다	→ couldn't sleep through either night
	· 살충제 스프레이를 가져왔으면 했다	→ wish I had brought bug spray
	· 온몸에 벌레 물린 자국이 있었다	→ had bug bites all over my body
	· 놀라운 경험	→ an eye-opener

AL 달성! **모범답변** 🎯

① 마지막으로 간 캠핑 경험 소개 The last time I went camping was for a couple of days in March. There was a long weekend because of a national holiday.

② 마지막으로 간 캠핑의 구체적인 경험 Three of my friends and I went to a national park near Seoul. The first thing we did was pitch our tents at the campsite we had been assigned. We spent two nights there and did a couple of hikes in the nearby mountains. There are a lot of steep trails, so the hikes were grueling. Back at our campsite, we played lots of different games and cooked instant noodles on a camping stove we'd brought along. All in all, it was a nice little holiday, and it was rewarding to spend time in the great outdoors.

③ 결과와 느낀 점 I had a great time on the trip. The only problem was that I couldn't sleep through either night. I'm not used to the sounds of nature. Even though I was sure we were perfectly safe in the campground, every little unfamiliar noise woke me up.

① 마지막으로 간 캠핑 경험 소개 제가 마지막으로 갔던 캠핑은 3월에 이틀 정도 동안이었습니다. 국경일로 인해 긴 주말이 있었습니다.

② 마지막으로 간 캠핑의 구체적인 경험 저의 친구 세 명과 저는 서울 근처에 있는 국립공원에 갔습니다. 저희가 제일 먼저 한 일은 배정받은 야영지에 텐트를 치는 일이었습니다. 저희는 그곳에서 이틀 밤을 보냈고, 근처 산에서 하이킹을 두 번 정도 했습니다. 산에는 가파른 길이 많아서 하이킹은 우리를 기진맥진하게 했습니다. 야영지에 돌아와서는 저희는 여러 다양한 게임을 하고 저희가 가져온 캠프용 버너에 라면을 끓였습니다. 대체로 그것은 짧은 좋은 휴일이었고, 확 트인 야외에서 시간을 보내는 것은 보람 있었습니다.

③ 결과와 느낀 점 저는 여행에서 아주 좋은 시간을 보냈습니다. 유일한 문제점은 제가 어느 밤도 푹 잘 수 없었다는 것입니다. 저는 자연의 소리에 익숙하지 않습니다. 저는 저희가 야영지에서 완전히 안전하다는 것을 확신하고 있었음에도 불구하고, 익숙하지 않은 모든 조그만 소리가 절 잠에서 깨웠습니다.

national park 국립공원 steep 가파른 grueling 기진맥진하게 하는 rewarding 보람 있는

04 캠핑에 가져가는 장비 대상 설명하기(3) – 사물

Q **What sort of gear do you bring along when you go camping? Do you prefer to take large items like tables and chairs or just smaller things like sleeping bags? Please describe the items you bring in detail, and explain what you use them for.** 당신은 캠핑을 갈 때 어떤 종류의 장비를 가져가나요? 테이블과 의자같이 큰 도구를 가져가는 것과 침낭같이 작은 도구만 가져가는 것 중 어느 쪽을 더 선호하나요? 가져가는 도구를 상세히 설명하고 그 도구들을 어디에 쓰는지 설명해 주세요.

나의 답변 🎙 | 먼저 나의 답변을 실제로 말해보자. 그 후, 등급 UP! 핵심표현과 AL 달성! 모범답변을 참고하여 나의 답변을 보완하자.

등급 UP! 핵심표현 ⚡

① 캠핑에 가져가는 장비 소개	· 필수 불가결한 것들만 가져간다	→ just bring along the bare essentials
	· 접이식 의자 두어 개를 가져간다	→ take along a couple of foldable chairs
② 캠핑에 가져가는 장비의 특징	· 그것들을 배낭 맨 위에 멜 수 있다	→ can fasten them to the top of my backpack
	· 세 사람을 수월하게 수용할 수 있다	→ can fit three people comfortably
	· 비교할 수 없는 따뜻함을 제공한다	→ provides unparalleled warmth
	· 최고의 다목적 도구	→ the ultimate multipurpose tool
③ 캠핑에 가져가는 장비에 대한 내 생각	· 장비를 너무 많이 가져가지 않는 게 최고인	→ best not to take along too much gear
	· 가진 것을 최대한 이용해야 한다	→ should make the best of what we have
	· 유용하게 쓰인다	→ comes in handy

AL 달성! 모범답변 🎯

① 캠핑에 가져가는 장비 소개 When I go camping, I pack light. I just bring along the bare essentials so that I'm not burdened with a lot of unnecessary gear.

② 캠핑에 가져가는 장비의 특징 The most important items I bring are my sleeping bag and tent. Both are lightweight, and I can fasten them to the top of my backpack once they are rolled up. I also bring along a change of clothes, some extra socks, and a warm jacket. I hate trying to cook food over an open fire, so the one luxury I allow myself is a camping stove. It features two gas burners, so I can easily prepare meals.

③ 캠핑에 가져가는 장비에 대한 내 생각 I think it is best not to take along too much gear when you go camping. In fact, one thing I don't like about camping with my best friend is that he brings too much stuff. We have to make several trips from the car to the campsite to carry all his gear and then spend hours setting it up. I prefer to keep things simple.

① 캠핑에 가져가는 장비 소개 저는 캠핑을 갈 때 짐을 가볍게 쌉니다. 저는 많은 불필요한 장비들로 인해 무거운 짐을 지지 않도록 필수 불가결한 것들만 가져갑니다.

② 캠핑에 가져가는 장비의 특징 제가 가져가는 가장 중요한 물품은 침낭과 텐트입니다. 둘 다 가벼워서 그것들을 말면 제 배낭 맨 위에 멜 수 있습니다. 저는 또한 갈아입을 옷들과 약간의 여분 양말과 따뜻한 겉옷을 가져갑니다. 저는 야외에 피워 놓은 불에서 요리하는 것을 싫어해서 제가 스스로에게 허용하는 유일한 사치품은 캠핑용 버너입니다. 버너에는 두 개의 가스 화구가 있어서 쉽게 식사를 준비할 수 있습니다.

③ 캠핑에 가져가는 장비에 대한 내 생각 저는 캠핑을 갈 때 장비를 너무 많이 가져가지 않는 게 최고라고 생각합니다. 사실, 제가 저의 가장 친한 친구랑 캠핑을 갈 때 한가지 싫어하는 것이 있는데, 그는 너무 많은 것들을 가져옵니다. 저희는 그의 장비들을 나르러 차에서 야영장까지 여러 번 왔다 갔다 해야 하고, 그 후에는 그것을 설치하느라 몇 시간을 써야 합니다. 저는 물건들을 간단하게 가지고 있는 것을 선호합니다.

lightweight 가벼운 **change of clothes** 여벌의 옷 **campsite** 야영장 **set up** 설치하다, 세우다

*설문 주제 <해변·캠핑 가기>에 대한 추가 답변 아이디어와 표현은 [주제별 답변 아이디어&표현 사전]의 p.20에서 학습할 수 있습니다.

UNIT 10

스포츠 관람

음성 바로 듣기

Background Survey에서 여가 활동으로 "스포츠 관람"을 선택할 것이라면, 이 UNIT을 통해 <스포츠 관람> 빈출 문제 및 모범답변, 그리고 관련 표현을 학습하여 나만의 답변을 준비해 두자.

🔄 빈출 문제

좋아하는 팀과 선수
대상 설명하기(1) – 인물

In your background survey, you mentioned that you often watch sports. What kind of sports do you like to watch? Which team and which player are your favorites? Explain in detail why you like that team and player.

배경 설문에서, 당신은 종종 스포츠를 관람한다고 했습니다. 어떤 종류의 스포츠를 즐겨 보나요? 어떤 팀과 어떤 선수를 가장 좋아하나요? 그 팀과 선수를 왜 좋아하는지 상세히 설명해 주세요.

경기 관람 도중 겪은 경험
기억에 남는 경험 말하기

Please talk about the most memorable experience you have had while watching a sporting event. When and where did it happen? Who were you with at the time? Give me as many details as possible.

스포츠 경기를 관람하는 도중 당신이 겪었던 기억에 남는 경험에 대해 이야기해 주세요. 언제 그리고 어디서 그 일이 일어났나요? 그 당시 누구와 함께 있었나요? 되도록 상세히 설명해 주세요.

인기 있는 스포츠 관람 경향
습관/경향에 대해 말하기

Can you tell me about a sport that people in your country like? What kind of sport is it? When and where do people usually watch the sport? Do you prefer to watch it on TV or in person?

당신 나라에서 인기 있는 스포츠에 대해 이야기해 줄 수 있나요? 어떤 종류의 스포츠인가요? 사람들이 보통 언제 그리고 어디서 그 스포츠를 관람하나요? 당신은 그 스포츠를 TV로 보는 것과 직접 보는 것 중 어느 쪽을 더 선호하나요?

자주 나오는
3단 콤보

- 좋아하는 팀과 선수 – 스포츠 관람 장소 – 경기 관람 도중 겪은 경험
- 인기 있는 스포츠 관람 경향 – 스포츠 관람 전후에 하는 일 – 최근 관람한 스포츠 경기

대표문제	좋아하는 팀과 선수	대상 설명하기(1) - 인물	🎧 설문 UNIT 10 Track 1

In your background survey, you mentioned that you often watch sports. What kind of sports do you like to watch? Which team and which player are your favorites? Explain in detail why you like that team and player.

배경 설문에서, 당신은 종종 스포츠를 관람한다고 했습니다. 어떤 종류의 스포츠를 즐겨 보나요? 어떤 팀과 어떤 선수를 가장 좋아하나요? 그 팀과 선수를 왜 좋아하는지 상세히 설명해 주세요.

답변구조에 따라 말할 내용을 살펴보고, 아래 모범답변을 참고하여 나의 답변을 말해보자.

AL 달성! 답변구조 ⚙️

① 좋아하는 팀과 선수 소개	● 즐겨 보는 스포츠가 무엇인지, 좋아하는 팀과 선수의 이름
② 좋아하는 선수의 특징	● 좋아하는 선수가 어떻게 생겼는지, 좋아하는 선수의 기량
③ 좋아하는 선수에 대한 내 생각	● 그 선수를 보며 느끼는 점, 그 선수에게 바라는 점

AL 달성! 모범답변 🎯

① 좋아하는 팀과 선수 소개 I love watching many different sports. However, soccer is my favorite sport to watch. Have you ever seen Heung Min Son from the Tottenham Hotspur? **That's my favorite team**, and he's my favorite player.

② 좋아하는 선수의 특징 For the last few years, Son has been a star player of the Spurs football club. He has been with the team since 2015. **As far as his appearance is concerned**, he is lean and wiry. He is known for his speed and can score equally well with either his left or right foot. In fact, he even won the Golden Boot in 2022 for scoring the most goals in the Premier League. It was the first time it was ever won by an Asian player.

③ 좋아하는 선수에 대한 내 생각 His accomplishments show me that no dream is out of reach. He always works hard to improve. But my favorite thing about him is his smile. He is always smiling because he is playing a sport he loves, and that makes me happy, too.

골라 쓰는 답변 아이디어

→ • 즐겨 보는 스포츠가 무엇인지
figure skating 피겨 스케이팅
mixed martial arts 종합격투기

→ • 좋아하는 선수가 어떻게 생겼는지
short and not very muscular
키가 작고 그다지 근육질이지 않은
a physical powerhouse
신체적으로 아주 건장한 사람

→ • 좋아하는 선수의 기량
can't be stopped 막을 수 없다
is a natural at the sport
그 스포츠에 천부적인 재능을 가진 사람이다

→ • 그 선수를 보며 느끼는 점
that it's important to keep pushing yourself
스스로를 계속 채찍질 하는 것이 중요하다
what hard work can achieve
노력으로 무엇을 성취할 수 있는지

① 좋아하는 팀과 선수 소개 저는 다양한 스포츠를 즐겨 봅니다. 하지만 축구가 제가 가장 즐겨보는 스포츠입니다. 당신은 토트넘 홋스퍼의 손흥민을 본 적이 있으신가요? 제가 가장 좋아하는 팀이고, 그는 제가 가장 좋아하는 선수입니다. **② 좋아하는 선수의 특징** 지난 몇 년간, 손흥민 선수는 스퍼스 축구 클럽의 스타 선수였습니다. 그는 2015년부터 그 팀에 있었습니다. 그의 외모에 관해서는, 그는 군살이 없고 강인합니다. 그는 속도가 빠른 것으로 유명하고 그의 왼발이나 오른발로도 똑같이 잘 득점할 수 있습니다. 사실, 그는 프리미어 리그에서 가장 많은 골을 넣었기 때문에 2022년 골든 부트를 수상하기도 했습니다. 아시아 선수가 그것을 수상한 것은 이번이 처음이었습니다. **③ 좋아하는 선수에 대한 내 생각** 그가 이룬 업적들은 제게 이루지 못할 꿈은 없다는 것을 보여줍니다. 그는 항상 발전하기 위해 열심히 노력합니다. 하지만 제가 그에 대해 가장 좋아하는 것은 그의 미소입니다. 그는 자신이 좋아하는 운동을 하고 있기 때문에 항상 웃고 있고, 그것은 저도 행복하게 만듭니다.

lean 군살이 없는　**wiry** 강인한, 강단 있는　**equally** 똑같이

나의 답변 🎤　먼저 나의 답변을 실제로 말해보자. 그 후, AL 달성! 답변구조와 AL 달성! 모범답변을 참고하여 나의 답변을 보완하자.

① 좋아하는 팀과 선수 소개

② 좋아하는 선수의 특징

③ 좋아하는 선수에 대한 내 생각

01 경기 관람 도중 겪은 경험 기억에 남는 경험 말하기

🎧 설문 UNIT 10 Track 2

Q **Please talk about the most memorable experience you have had while watching a sporting event. When and where did it happen? Who were you with at the time? Give me as many details as possible.** 스포츠 경기를 관람하는 도중 당신이 겪었던 기억에 남는 경험에 대해 이야기해 주세요. 언제 그리고 어디서 그 일이 일어났나요? 그 당시 누구와 함께 있었나요? 되도록 상세히 설명해 주세요.

나의 답변 🎤 먼저 나의 답변을 실제로 말해보자. 그 후, 등급 UP! 핵심표현과 AL 달성! 모범답변을 참고하여 나의 답변을 보완하자.

등급 UP! 핵심표현 ⚡

① 경기 관람 도중 겪은 경험 소개	· 조별 리그전 · 정말 놀라운 장면을 보았다 · 내 눈을 믿을 수가 없었다	→the group stage match →saw something that blew my mind →could hardly believe my eyes
② 경기 관람 도중 겪은 구체적인 경험	· 관중은 열광했다 · 0대 0으로 동점이었다 · 그 선수가 골을 넣을 리 없었다 · 백만분의 일의 확률	→The crowd went wild →the score was tied at zero →there was no way the player would score →a one-in-a-million chance
③ 결과와 느낀 점	· 16강에 진출하다 · 우리 팀을 4강전으로 보내주었다 · 기적과 다름없음 · 다른 팀을 완전히 지배했다	→make it to the knockout round →propelled our team into the semifinals →nothing short of a miracle →completely dominated the other team

AL 달성! 모범답변 🎯

① 경기 관람 도중 겪은 경험 소개 **A sporting event that was memorable for me was** the 2022 World Cup. In particular, **the game that made the biggest impression on me was the group stage match** between Korea and Portugal.

② 경기 관람 도중 겪은 구체적인 경험 **The event took place in** Qatar. I watched it live on TV with several friends. The game was the last one South Korea played in the group stage. **What made the game so exciting was** that Korea had to win to advance to the next round. If Korea lost the game, it would be eliminated from the tournament. It was a close game throughout, but Korea scored a second goal in the last minute. **The crowd went wild**.

③ 결과와 느낀 점 **In the end**, the final score was 2-1. **As a result**, the Korean team was able to **make it to the knockout round** for the first time in 20 years. It was a great victory for the team and for the country. I had never been so excited in my life.

① 경기 관람 도중 겪은 경험 소개 저에게 기억에 남는 스포츠 경기는 2022 월드컵이었습니다. 특히, 저에게 가장 깊은 인상을 남겼던 경기는 대한민국과 포르투갈 간의 조별 리그전이었습니다.

② 경기 관람 도중 겪은 구체적인 경험 경기는 카타르에서 열렸습니다. 저는 경기를 몇몇 친구들과 TV 생중계로 봤습니다. 이 경기는 한국이 조별리그에서 치른 마지막 경기였습니다. 경기를 그토록 흥미롭게 만든 것은 한국이 다음 라운드에 진출하기 위해서는 이겨야 했기 때문입니다. 한국이 만약 경기에서 진다면, 토너먼트에서 탈락할 것입니다. 내내 아슬아슬한 경기였지만, 한국은 마지막 순간에 두 번째 골을 넣었습니다. 관중은 열광했습니다.

③ 결과와 느낀 점 결국, 최종 점수는 2대 1이었습니다. 그 결과, 대한민국 팀은 20년 만에 처음으로 16강에 진출할 수 있었습니다. 그것은 팀과 국가를 위한 위대한 승리였습니다. 저는 제 인생에서 그렇게 흥분한 적이 한 번도 없었습니다.

event 경기, 사건 **eliminate** 탈락시키다 **close** 아슬아슬한, 가까운 **last minute** 마지막 순간

02 인기 있는 스포츠 관람 경향 습관/경향에 대해 말하기

Q **Can you tell me about a sport that people in your country like? What kind of sport is it? When and where do people usually watch the sport? Do you prefer to watch it on TV or in person?** 당신 나라에서 인기 있는 스포츠에 대해 이야기해 줄 수 있나요? 어떤 종류의 스포츠인가요? 사람들이 보통 언제 그리고 어디서 그 스포츠를 관람하나요? 당신은 그 스포츠를 TV로 보는 것과 직접 보는 것 중 어느 쪽을 더 선호하나요?

나의 답변 먼저 나의 답변을 실제로 말해보자. 그 후, 등급 UP! 핵심표현과 AL 달성! 모범답변을 참고하여 나의 답변을 보완하자.

등급 UP! 핵심표현 ⚡

① 인기 있는 스포츠 소개	· 대중적으로 많은 인기를 끄는 것 · 사람들은 축구에 열광한다 · 배구 관람에 빠져있다	→ real crowd-pleasers → people go crazy about soccer → hooked on watching volleyball
② 인기 있는 스포츠 관람의 구체적인 경향	· 자신의 고향팀을 응원한다 · 저녁 식사를 하며 경기를 본다 · 군중을 밀치며 지나가야 한다 · 관중들이 일제히 환호한다	→ root for the teams from their hometowns → watch the game over dinner → have to push my way through the crowd → spectators cheered as one
③ 인기 있는 스포츠 관람에 대한 내 생각	· 친구들과 가족과 함께 즐길 수 있다 · 경기 보러 가는 기회를 놓치지 않는다 · 야구 관람은 질리지 않는다 · 공동의 경험에 참여하는 것을 좋아한다	→ can enjoy with my friends and family → jump at the chance to attend a match → can't get enough of watching baseball → like being part of the shared experience

AL 달성! 모범답변 🎯

① 인기 있는 스포츠 소개 People in Korea are into lots of different sports. In particular, soccer and baseball are **real crowd-pleasers** here. **Today, I'd like to focus on** baseball.

② 인기 있는 스포츠 관람의 구체적인 경향 There's a professional league in Korea, and the level of play is quite high. The games run from April through October, and **it goes without saying that** most people **root for the teams from their hometowns**. Lots of people go to see live games, and during baseball season it's pretty typical to see baseball stadiums packed with groups of friends rooting for their team. This makes for a very exciting atmosphere. Also, whenever there's a big ballgame on TV, you'll see groups of people at bars watching the game together and having a great time.

③ 인기 있는 스포츠 관람에 대한 내 생각 **For me**, seeing a game in person is the best way to do it as it's much more exciting than watching on TV. **I love it because** it's a fun activity that I **can enjoy with my friends and family**.

① 인기 있는 스포츠 소개 한국 사람들은 다양한 스포츠를 좋아합니다. 여기서는 특히 축구와 야구가 대중적으로 많은 인기를 끌고 있습니다. 오늘 저는 야구에 초점을 맞추려고 합니다.

② 인기 있는 스포츠 관람의 구체적인 경향 한국에는 프로 리그가 있고, 경기 수준이 상당히 높습니다. 경기는 4월부터 10월까지 내내 열리는데, 말할 것도 없이 대부분의 사람들이 자신의 고향 팀을 응원합니다. 많은 사람들이 경기를 직접 보러 가는데, 야구 시즌에는 자신들의 팀을 응원하는 친구들의 무리로 경기장이 가득 찬 것을 꽤 흔히 볼 수 있습니다. 이것은 매우 흥미로운 분위기를 만들어 냅니다. 또한, TV에 큰 야구 경기가 있을 때마다 당신은 술집에서 함께 경기를 보며 즐거운 시간을 보내는 사람들 무리를 볼 수 있을 것입니다.

③ 인기 있는 스포츠 관람에 대한 내 생각 저에게는, 경기를 직접 관람하는 것이 경기를 관람하는 최선의 방법인데, 이는 TV로 보는 것보다 훨씬 더 흥미진진하기 때문입니다. 저는 이것이 저의 친구들과 가족과 함께 즐길 수 있는 재미있는 활동이기 때문에 매우 좋아합니다.

focus on 초점을 맞추다 **it goes without saying** ~은 말할 것도 없다 **packed with** ~으로 가득 찬

*설문 주제 <스포츠 관람>에 대한 추가 답변 아이디어와 표현은 [주제별 답변 아이디어&표현 사전]의 p.22에서 학습할 수 있습니다.

쇼핑하기

음성 바로 듣기

Background Survey에서 여가 활동으로 "쇼핑하기"를 선택할 것이라면, 이 UNIT을 통해 <쇼핑하기> 빈출 문제 및 모범답변, 그리고 관련 표현을 학습하여 나만의 답변을 준비해 두자.

🔄 빈출 문제

쇼핑 도중 겪은 경험
기억에 남는 경험 말하기

Tell me about the most memorable shopping experience you have ever had while shopping. Where were you, and when did it happen? What exactly happened? Why was it so memorable to you? Describe the experience in detail.

당신이 쇼핑을 하던 도중 겪었던 가장 기억에 남는 경험에 대해 이야기해 주세요. 당신은 어디에 있었고, 그 일은 언제 일어났나요? 정확히 무슨 일이 있었나요? 그것이 왜 기억에 남나요? 그 경험을 상세히 설명해 주세요.

나의 쇼핑 습관
습관/경향에 대해 말하기

Please tell me about your shopping habits. Where do you usually go shopping? Why do you go there? How often do you go, and with whom? What do you usually buy? Provide me with as many details as possible.

당신의 쇼핑 습관에 대해 이야기해 주세요. 주로 어디로 쇼핑을 가나요? 왜 그곳을 가나요? 얼마나 자주, 그리고 누구와 함께 가나요? 당신은 보통 무엇을 사나요? 되도록 상세히 설명해 주세요.

쇼핑하다 겪은 문제
문제 해결 경험 말하기

Have you ever experienced a problem while shopping? How did you handle the problem? Explain what happened in detail.

당신은 쇼핑 도중 어떤 문제를 겪은 적이 있나요? 어떻게 그 문제를 해결했나요? 무슨 일이 있었는지 상세히 설명해 주세요.

자주 나오는!
3단 콤보

• 나의 쇼핑 습관 – 쇼핑 도중 겪은 경험 – 쇼핑하다 겪은 문제

Tell me about the most memorable shopping experience you have ever had while shopping. Where were you, and when did it happen? What exactly happened? Why was it so memorable to you? Describe the experience in detail.

당신이 쇼핑을 하던 도중 겪었던 가장 기억에 남는 경험에 대해 이야기해 주세요. 당신은 어디에 있었고, 그 일은 언제 일어났나요? 정확히 무슨 일이 있었나요? 그것이 왜 기억에 남나요? 그 경험을 상세히 설명해 주세요.

답변구조에 따라 말할 내용을 살펴보고, 아래 모범답변을 참고하여 나의 답변을 말해보자.

AL 달성! 답변구조 ⚙

① 쇼핑 도중 겪은 경험 소개	● 언제, 어디서 일어났는지, 무엇을 사러 갔는지
② 쇼핑 도중 겪은 구체적인 경험	● 무슨 일이 있었는지
③ 결과와 느낀 점	● 왜 기억에 남는지, 어떤 기분이 들었는지

AL 달성! 모범답변 🎯

① 쇼핑 도중 겪은 경험 소개 My most memorable shopping experience was last summer. Both of my parents happen to have their birthdays in July, so I headed to the mall to buy them a gift.

② 쇼핑 도중 겪은 구체적인 경험 I wanted to get them something special, so I decided to surprise them with a digital camera. I looked at several models and finally picked one out. When I went to the cash register to pay for it, the cashier gave me a scratch card as part of a special promotion. When I scratched the card, I found out I had won a 50 percent discount on my purchase. As a result, I was able to save $100. I was surprised and delighted.

③ 결과와 느낀 점 This was very memorable because I didn't have a lot of money at the time. I was spending all my savings to buy my parents the gift. So I felt grateful that I was able to save so much money. **That's why this shopping experience was** special to me.

골라 쓰는 답변 아이디어

→ • 언제 일어났는지
when I got my first paycheck
첫 월급을 받았을 때
at the end-of-season clearance sale 시즌오프 재고 정리 세일 때

→ • 무슨 일이 있었는지
There was a flash sale.
반짝 세일 중이었다.
I haggled over prices.
난 가격을 흥정했다.

→ • 왜 기억에 남는지
bought it at a bargain price
그것을 헐값에 샀다
had to pay for the item I ruined
내가 망가뜨린 물건을 물어내야 했다

→ • 어떤 기분이 들었는지
was pleased with my purchases
내가 구매한 것들에 만족했다
felt embarrassed by what had taken place
일어난 일 때문에 창피했다

① 쇼핑 도중 겪은 경험 소개 저에게 가장 기억에 남는 쇼핑 경험은 작년 여름에 있었습니다. 저희 부모님 두 분은 우연히 모두 7월에 생신이어서 저는 부모님께 드릴 선물을 사러 쇼핑몰로 향했습니다. ② 쇼핑 도중 겪은 구체적인 경험 저는 부모님께 특별한 선물을 드리고 싶었고, 그래서 디지털카메라를 사서 놀라게 해 드리기로 결정했습니다. 저는 몇몇 모델들을 보았고 마침내 하나를 골랐습니다. 제가 돈을 내러 계산대에 갔을 때, 점원은 저에게 특별 판촉 행사의 일부로 즉석 복권 한 장을 주었습니다. 그 복권을 긁어보았을 때, 제가 구입품의 50퍼센트 할인권에 당첨되었음을 알게 됐습니다. 그 결과 저는 100달러를 절약할 수 있었습니다. 저는 놀랐고 기뻤습니다. ③ 결과와 느낀 점 그 당시 저는 돈이 많이 없었기에 이 일이 매우 기억에 남았습니다. 저는 부모님께 그 선물을 사 드리기 위해 제가 저축한 돈을 모두 쓰고 있었습니다. 그래서 저는 많은 돈을 절약할 수 있었던 것에 감사했습니다. 그것이 이 쇼핑 경험이 저에게 특별했던 이유입니다.

pick out 고르다 scratch card (동전 등으로 표면을 긁게 되어 있는) 즉석 복권 discount 할인 savings 저축한 돈

나의 답변 먼저 나의 답변을 실제로 말해보자. 그 후, AL 달성! 답변구조와 AL 달성! 모범답변을 참고하여 나의 답변을 보완하자.
① 쇼핑 도중 겪은 경험 소개
② 쇼핑 도중 겪은 구체적인 경험
③ 결과와 느낀 점

01 나의 쇼핑 습관 습관/경향에 대해 말하기

🎧 설문 UNIT 11 Track 2

Q **Please tell me about your shopping habits. Where do you usually go shopping? Why do you go there? How often do you go, and with whom? What do you usually buy? Provide me with as many details as possible.** 당신의 쇼핑 습관에 대해 이야기해 주세요. 주로 어디로 쇼핑을 가나요? 왜 그곳을 가나요? 얼마나 자주, 그리고 누구와 함께 가나요? 당신은 보통 무엇을 사나요? 되도록 상세히 설명해 주세요.

나의 답변 🎙 먼저 나의 답변을 실제로 말해보자. 그 후, 등급 UP! 핵심표현과 AL 달성! 모범답변을 참고하여 나의 답변을 보완하자.

등급 UP! 핵심표현 ⚡

① 쇼핑 습관 소개	· 걱정거리를 잊어버리다 · 쇼핑으로 기분 전환하는 것을 즐긴다 · 세일 품목을 찾아서 쇼핑몰에 간다	→ take my mind off things → enjoy a bit of retail therapy → hit the mall to hunt for bargains
② 쇼핑을 할 때의 구체적인 습관	· 하루 전체가 눈 깜짝할 사이에 지나간다 · 가게에서 신제품들을 둘러본다 · 급여를 받을 때마다 쇼핑 간다	→ the whole day flies by → browse the latest gadgets at the store → go shopping whenever I get paid
③ 쇼핑 습관에 대한 내 생각	· 훨씬 더 느긋해진다 · 쇼핑을 좀 줄여야 한다 · 기진맥진할 수 있다 · 내 문제로부터 기분 전환	→ feel much more relaxed → should cut back on shopping a little → can be exhausting → a welcome distraction from my problems

AL 달성! 모범답변 ✏

① 쇼핑 습관 소개 Shopping **is one of my favorite things to do**, so I **go out shopping regularly as a way to** take my mind off things.

② 쇼핑을 할 때의 구체적인 습관 I usually go to the mall because I like having dozens of stores all in one place. That way, I can visit a few shops and compare the items they have before deciding whether to buy or not. I occasionally go by myself, but it's much more fun to go with my friends. They give me their honest opinions about what I should get. When I go to the mall with my friends, **the whole day flies by. I do this at least** twice a month. I usually purchase items such as clothes, accessories, or books.

③ 쇼핑 습관에 대한 내 생각 These shopping sprees are really fun, and I look forward to them. **I love them because** after a successful shopping trip, I **feel much more relaxed** and better able to handle the stress in my life.

① 쇼핑 습관 소개 쇼핑은 제가 가장 좋아하는 일 중 하나이고 따라서 저는 걱정거리를 잊어버리기 위한 한 방법으로 정기적으로 쇼핑을 갑니다.

② 쇼핑을 할 때의 구체적인 습관 저는 수십 개의 상점이 한 장소에 모두 있는 것을 좋아하기 때문에 보통 쇼핑몰로 갑니다. 그렇게 하면 저는 살지 말지 결정하기 전에 가게 몇 군데에 들러서 파는 물건들을 비교해볼 수 있습니다. 저는 가끔 혼자 쇼핑을 가지만 제 친구들과 함께 가는 것이 훨씬 더 재미있습니다. 그들은 제가 어떤 것을 사야 할지에 대해 솔직한 의견을 줍니다. 제가 친구들과 쇼핑몰에 갈 때는 하루 전체가 눈 깜짝할 사이에 지나갑니다. 저는 최소한 한 달에 두 번 정도 이렇게 합니다. 저는 주로 옷, 액세서리 아니면 책 같은 물건들을 삽니다.

③ 쇼핑 습관에 대한 내 생각 이렇게 한바탕 쇼핑을 하는 것은 정말 재미있으며 저는 이것을 기다립니다. 저는 성공적으로 쇼핑을 다녀오면 훨씬 더 느긋해지고 제 삶의 스트레스를 더 잘 다스릴 수 있다고 느껴져서 이를 좋아합니다.

dozens of 수십 개의 **shopping spree** 한바탕 쇼핑을 함, 흥청망청 쇼핑을 해댐 **handle the stress** 스트레스를 다스리다

Q **Have you ever experienced a problem while shopping? How did you handle the problem? Explain what happened in detail.** 당신은 쇼핑 도중 어떤 문제를 겪은 적이 있나요? 어떻게 그 문제를 해결했나요? 무슨 일이 있었는지 상세히 설명해 주세요.

나의 답변 🎙 │ 먼저 나의 답변을 실제로 말해보자. 그 후, 등급 UP! 핵심표현과 AL 달성! 모범답변을 참고하여 나의 답변을 보완하자.

등급 UP! 핵심표현 ⚡

① 쇼핑 도중 겪은 문제점과 원인	· 집에 가져온 다음 작동하지 않았다 · 도난 방지 태그를 제거하는 것을 잊었다 · 내가 인터넷에서 본 사진과 다르다 · 유통기한이 지났다	→ didn't work after I got it home → forgot to remove the antitheft tag → not the same as in the picture I saw online → past the sell-by date
② 해결 방법	· 신용카드 명세서를 가져왔다 · 남자에게 물건의 영수증을 보여줬다 · 환불받으려고 가게에 반품했다 · 고객센터에 전화했다	→ brought in my credit card statement → showed the man the receipt for the item → returned the item to the store for a refund → called the customer service center
③ 결과와 배운 점	· 그 자리에서 바로 시계를 교환해 주었다 · 이제 제품의 인터넷 리뷰를 확인한다 · 가격을 깎아주는 데 동의했다 · 구매하기 전에 항상 입어본다	→ exchanged the watch on the spot → check online reviews of products now → agreed to mark down the price → always try an item on before buying it

AL 달성! 모범답변 🎯

① 쇼핑 도중 겪은 문제점과 원인 **I once had a problem when** trying to return an item I had purchased. I had bought an expensive watch from the department store near my house. Unfortunately, the watch **didn't work after I got it home**.

② 해결 방법 When I tried to return it the following weekend, the sales clerk said I needed the original receipt. **The problem was that** I had lost it, and he couldn't exchange the watch without proof of purchase. **To solve the problem**, I asked the store's manager if I could **bring in my credit card statement**, which showed the purchase. Luckily he agreed, and I brought the statement to the store later that day.

③ 결과와 배운 점 The manager **exchanged the watch on the spot**, and the new one worked great. I was pleased that I was ultimately able to return the defective watch. **From this incident, I learned that** you should always check your purchase before leaving the store and hold on to your receipt just in case!

① 쇼핑 도중 겪은 문제점과 원인 저는 이전에 제가 산 물건을 반품하려고 했을 때 문제를 겪은 적이 있습니다. 저는 집 근처에 있는 백화점에서 비싼 시계를 하나 샀습니다. 불행하게도, 그 시계를 집에 가져온 다음 시계가 작동하지 않았습니다.

② 해결 방법 그다음 주말에 제가 그것을 반품하려고 했을 때, 판매 점원은 영수증 원본이 있어야 한다고 말했습니다. 문제는 제가 영수증을 잃어버렸다는 것이었고, 판매 점원은 구매했다는 증거 없이는 시계를 교환해 줄 수 없었습니다. 이 문제를 해결하기 위해서 저는 상점 매니저에게 구매내역을 보여주는 신용카드 명세서를 가져와도 되는지 물어보았습니다. 다행히 그는 동의했고, 저는 그날 늦게 명세서를 상점에 가지고 갔습니다.

③ 결과와 배운 점 매니저는 그 자리에서 바로 시계를 교환해 주었고, 새 시계는 아주 잘 작동했습니다. 저는 결함이 있던 시계를 결국 반품할 수 있어서 기뻤습니다. 이번 일로 저는 상점을 나가기 전에 항상 구매한 물건을 확인하고, 만약을 대비해 영수증을 보관해야 한다는 것을 배웠습니다!

---

return 반품하다　**on the spot** 그 자리에서 바로　**ultimately** 결국　**defective** 결함이 있는　**hold on to** ~을 보관하다　**just in case** 만약을 대비해

*설문 주제 <쇼핑하기>에 대한 추가 답변 아이디어와 표현은 [주제별 답변 아이디어&표현 사전]의 p.24에서 학습할 수 있습니다.

UNIT 12

TV · 리얼리티 쇼 시청하기

음성 바로 듣기

Background Survey에서 여가 활동으로 "TV 시청하기"나 "리얼리티 쇼 시청하기"를 선택할 것이라면, 이 UNIT을 통해 <TV · 리얼리티 쇼 시청하기> 빈출 문제 및 모범답변, 그리고 관련 표현을 학습하여 나만의 답변을 준비해 두자. UNIT 07 영화 관람과 함께 학습하면 효과적이다.

🔄 빈출 문제

좋아하는 TV 프로그램
대상 설명하기(3) – 사물

I would like to know about the TV programs you watch. What kinds of programs do you enjoy the most? What are they about? Why do you like watching them? Tell me about them in as much detail as possible.

당신이 보는 TV 프로그램에 대해 알고 싶어요. 당신은 어떤 종류의 프로그램을 가장 좋아하나요? 그것은 무엇에 대한 프로그램인가요? 왜 그 프로그램을 보는 것을 좋아하나요? 그 프로그램에 대해 되도록 상세히 이야기해 주세요.

가장 기억에 남는 TV 프로그램
대상 설명하기(3) – 사물

What is the most memorable TV program you have ever watched? What was it about? Tell me about the program and explain what made it so special.

당신이 시청했던 TV 프로그램 중 가장 기억에 남는 것은 무엇인가요? 그것은 무엇에 대한 것이었나요? 그 프로그램에 대해 이야기해 주시고, 무엇이 그 프로그램을 특별하게 만들었는지 설명해 주세요.

TV 프로그램 취향의 변화
시작한 계기와 변화 말하기

What was the first TV program you liked to watch? What kind of programs do you watch now? How has your interest in TV programs changed over the years? Why has it changed?

당신이 즐겨 보았던 최초의 TV 프로그램은 무엇이었나요? 요즘에는 어떤 종류의 프로그램을 보나요? 지난 수년간 TV 프로그램에 대한 당신의 취향은 어떻게 변했나요? 왜 취향이 변했나요?

좋아하는 리얼리티 쇼의 촬영 장소
대상 설명하기(2) – 장소

Reality shows are usually filmed in unique locations. Where does your favorite reality show take place? What does this place look like? Provide as many details as possible.

리얼리티 쇼들은 보통 특별한 장소에서 촬영됩니다. 당신이 가장 좋아하는 리얼리티 쇼는 어디에서 일어나나요? 이 장소는 어떻게 생겼나요? 되도록 상세히 설명해 주세요.

나의 리얼리티 쇼 시청 경향
습관/경향에 대해 말하기

In your background survey, you indicated that you enjoy watching reality shows. When do you watch them? Who do you usually watch with? Why do you like to watch them?

배경 설문에서, 당신은 리얼리티 쇼를 보는 것을 즐긴다고 했습니다. 언제 그것들을 보나요? 보통 누구와 함께 보나요? 왜 그것들을 보는 것을 좋아하나요?

자주 나오는 3단 콤보
- 좋아하는 TV 프로그램 – 가장 기억에 남는 TV 프로그램 – TV 프로그램 취향의 변화
- 좋아하는 리얼리티 쇼 – 좋아하는 리얼리티 쇼의 촬영 장소 – 나의 리얼리티 쇼 시청 경향

I would like to know about the TV programs you watch. What kinds of programs do you enjoy the most? What are they about? Why do you like watching them? Tell me about them in as much detail as possible.

당신이 보는 TV 프로그램에 대해 알고 싶어요. 당신은 어떤 종류의 프로그램을 가장 좋아하나요? 그것은 무엇에 대한 프로그램인가요? 왜 그 프로그램을 보는 것을 좋아하나요? 그 프로그램에 대해 되도록 상세히 이야기해 주세요.

답변구조에 따라 말할 내용을 살펴보고, 아래 모범답변을 참고하여 나의 답변을 말해보자.

AL 달성! 답변구조 ⚙

① 좋아하는 TV 프로그램 소개	● 어떤 TV 프로그램을 좋아하는지
② 좋아하는 TV 프로그램의 특징	● 왜 좋아하는지, 주요 소재는 무엇인지
③ 좋아하는 TV 프로그램에 대한 내 생각	● TV 프로그램의 장단점은 무엇인지

AL 달성! 모범답변 ✐

① **좋아하는 TV 프로그램 소개** When it comes to TV programs, my favorite types of shows are crime dramas. I could probably stay up all night watching episodes of CSI. I'm hooked on the show, and I'm glad there have been so many spin-off series.

② **좋아하는 TV 프로그램의 특징** The thing about crime dramas that I find appealing is that they tell an interesting story and have a lot of depth. They are the opposite of comedy shows, which don't make you think. Crime dramas focus on the psychology of criminals and police, and what motivates them. It's also fascinating to see the brilliant techniques the investigators use to solve crimes. They have to be creative and perceptive in order to get the job done.

③ **좋아하는 TV 프로그램에 대한 내 생각** Although crime dramas are thought-provoking, **they are not always** realistic. I read an article in which a crime detective said it often takes months or years to solve a case, and some cases are never solved. If these shows were more realistic, however, they would be less exciting.

골라 쓰는 답변 아이디어

● 어떤 TV 프로그램을 좋아하는지
talk shows 토크쇼
reality shows 리얼리티 쇼

● 왜 좋아하는지
that they're light and fun
가볍고 재미있어서
their gritty realism
그 적나라한 사실성

● 주요 소재는 무엇인지
interesting celebrity interviews
흥미로운 연예인 인터뷰
pitting contestants against each other 참가자들을 서로 경쟁하게 만드는 것

● TV 프로그램의 장단점은 무엇인지
amusing 재미있는
a little juvenile 약간 유치한
totally absorbing 매우 흡입력 있는
witty and clever 재치 있고 영리한

① **좋아하는 TV 프로그램 소개** TV 프로그램에 있어서 제가 가장 좋아하는 종류의 쇼는 범죄수사극입니다. 저는 아마 CSI를 보면서 밤을 샐 수도 있을 것 같습니다. 저는 그 쇼에 푹 빠졌으며, 번외편 시리즈가 굉장히 많아서 기쁩니다. ② **좋아하는 TV 프로그램의 특징** 제가 범죄수사극에 대해 매력을 느끼는 부분은 흥미진진한 스토리를 말해주면서도 상당히 깊이가 있다는 점입니다. 이런 장르는 생각을 하게 만들지 않는 코미디 프로그램과는 정반대입니다. 범죄수사극은 범죄자와 경찰의 심리, 그리고 무엇이 그들에게 동기를 부여하는지에 대해 초점을 맞춥니다. 또한, 수사관이 범죄를 해결하기 위해 사용하는 기막힌 기술을 보는 것도 매우 흥미롭습니다. 이들은 사건을 해결하기 위해 창의적이어야 하고 통찰력이 있어야 합니다. ③ **좋아하는 TV 프로그램에 대한 내 생각** 범죄수사극은 시사하는 바가 크기는 하지만, 항상 현실적인 것은 아닙니다. 어떤 기사에서 형사가 말한 내용을 읽어봤는데, 사건 하나를 해결하기 위해서 종종 수개월 또는 수년이 걸리며, 어떤 사건은 절대 해결되지 않는다고 합니다. 하지만 만일 이들 프로그램이 더욱 사실적이었다면 덜 흥미로웠을 것입니다.

spin-off 번외편 **fascinating** 매우 흥미로운 **investigator** 수사관 **perceptive** 통찰력 있는 **thought-provoking** 시사하는 바가 큰

나의 답변 🎙 먼저 나의 답변을 실제로 말해보자. 그 후, AL 달성! 답변구조와 AL 달성! 모범답변을 참고하여 나의 답변을 보완하자.

① 좋아하는 TV 프로그램 소개

② 좋아하는 TV 프로그램의 특징

③ 좋아하는 TV 프로그램에 대한 내 생각

설문 주제 공략

UNIT 12 TV · 리얼리티 쇼 시청하기 10일 만에 끝내는 해커스 OPIc (Advanced 공략)

01 가장 기억에 남는 TV 프로그램 대상 설명하기(3) – 사물

🎧 설문 UNIT 12 Track 2

Q **What is the most memorable TV program you have ever watched? What was it about? Tell me about the program, and explain what made it so special.** 당신이 시청했던 TV 프로그램 중 가장 기억에 남는 것은 무엇인가요? 그것은 무엇에 대한 것이었나요? 그 프로그램에 대해 이야기해 주시고, 무엇이 그 프로그램을 특별하게 만들었는지 설명해 주세요.

나의 답변 🎤 먼저 나의 답변을 실제로 말해보자. 그 후, 등급 UP! 핵심표현과 AL 달성! 모범답변을 참고하여 나의 답변을 보완하자.

등급 UP! 핵심표현 ⚡

① TV 프로그램 소개	· 대단한 성공을 거둔 한국 드라마였다 · 가장 인기 있는 오디션 프로그램이다 · 인기 있는 시사 보도 프로그램이다	→ was a wildly successful Korean drama series → is the most popular talent show → is a popular televised news program
② TV 프로그램의 특징	· 서바이벌 게임에 관한 것이었다 · 거액의 제작비가 든 TV 프로그램이었다 · 내가 가장 좋아하는 배우가 등장한다 · 생방송 스튜디오 청중 앞에서 녹화되었다	→ was about a survival game → was a big-budget TV show → features my favorite actor → was recorded in front of a live studio audience
③ TV 프로그램에 대한 내 생각	· 사회의 상태를 되돌아보게 만든다 · 행동에 나서도록 만든다 · 처음부터 프로그램을 좋아했다	→ made me reflect on the state of society → pushes you to take action → was in love with the series from the start

AL 달성! 모범답변 🎯

① TV 프로그램 소개 **The most memorable television program I have ever watched was** an original series on Netflix. It was called *Squid Game*, and it **was a wildly successful Korean drama series.**

② TV 프로그램의 특징 The drama **was about a survival game. To go into detail**, 456 people who needed money badly were asked to participate in a survival game. They would play children's games, and the winner would get millions of dollars. But the people who lost the game would also lose their lives. The sets were colorful and childlike, like a fun fantasy. But the reality of the game was actually brutal and ruthless.

③ TV 프로그램에 대한 내 생각 The program had a big impact on me. **It was the sort of program that** made me reflect on the state of society. The series was entertaining to watch, but it also made me wonder about capitalism and class struggles. **Thanks to the series, I am now aware of** social problems affecting society. Since watching the series, I've had a lot of interesting discussions with my friends about those issues.

① TV 프로그램 소개 제가 지금까지 시청했던 TV 프로그램 중 가장 기억에 남는 것은 넷플릭스 오리지널 시리즈였습니다. 제목은 오징어 게임이었고, 대단한 성공을 거둔 한국 드라마였습니다.

② TV 프로그램의 특징 드라마는 서바이벌 게임에 관한 것이었습니다. 보다 자세히 설명하자면, 456명의 돈이 절실히 필요한 사람들은 서바이벌 게임에 참여하도록 요청받았습니다. 그들은 어린이 게임을 하고, 우승자는 수백만 달러를 받게 될 것입니다. 하지만 게임에서 진 사람들은 목숨을 잃을 것입니다. 세트장은 재미있는 판타지처럼 화려하고 어린이다웠습니다. 하지만 그 게임의 현실은 사실 잔인하고 무자비했습니다.

③ TV 프로그램에 대한 내 생각 그 프로그램은 제게 큰 영향을 미쳤습니다. 이것은 제가 사회의 상태를 되돌아보게 만드는 그런 종류의 프로그램이었습니다. 시리즈는 보는 것도 재미있었지만, 자본주의와 계급 투쟁에 대해서도 궁금하게 만들었습니다. 이 시리즈 덕분에, 저는 이제 사회에 영향을 미치는 사회적 문제들을 알게 되었습니다. 그 시리즈를 본 이후로, 저는 그 문제들에 대해 친구들과 흥미로운 토론을 많이 했습니다.

badly 절실히 **brutal** 잔인한 **ruthless** 무자비한 **capitalism** 자본주의 **be aware of** ~을 알다

02 TV 프로그램 취향의 변화 시작한 계기와 변화 말하기

Q **What was the first TV program you liked to watch? What kind of programs do you watch now? How has your interest in TV programs changed over the years? Why has it changed?** 당신이 즐겨 보았던 최초의 TV 프로그램은 무엇이었나요? 요즘에는 어떤 종류의 프로그램을 보나요? 지난 수년간 TV 프로그램에 대한 당신의 취향은 어떻게 변했나요? 왜 취향이 변했나요?

나의 답변 🎤 먼저 나의 답변을 실제로 말해보자. 그 후, 등급 UP! 핵심표현과 AL 달성! 모범답변을 참고하여 나의 답변을 보완하자.

등급 UP! 핵심표현 ⚡

① 좋아했던 첫 번째 프로그램	· 한 프로그램에 집착했었다 · 디즈니 만화를 질리지도 않고 좋아했다 · 코미디 쇼에 푹 빠져있었다	→ was obsessed over one show → couldn't get enough Disney cartoons → was totally into comedy shows
② TV 프로그램 취향의 변화 과정	· 음악 프로그램과 코미디 프로그램에 빠져 있는 · 만화영화가 더 이상 내 취향이 아니다 · 공상과학 영화가 끌리지 않다	→ absorbed in music and comedy shows → animated movies are not my thing anymore → sci-fi movies lost their appeal for me
③ 현재 내가 즐겨보는 TV 프로그램	· 상당한 분량의 세계 뉴스와 지역 뉴스를 본다 · 균형 잡힌 시각을 갖게 도와준다 · 시청자들을 계속 긴장하게 만든다	→ watch my fair share of world and local news → help me put things in perspective → keep the viewers on their toes

AL 달성! 모범답변 ✏️

① 좋아했던 첫 번째 프로그램 When I was little, I spent many afternoons in front of the television. There were a lot of eye-catching shows that targeted children my age, but I **was obsessed over one show** in particular. **It was** *Teletubbies*, **my all-time favorite show**. I would watch rerun after rerun because I liked the show so much.

② TV 프로그램 취향의 변화 과정 **As I got older, I started to** get bored with *Teletubbies*. **I no longer** cared what my favorite characters were up to. **Instead, I grew interested in** Korean pop culture. **By the time I was** in the fourth grade, I became completely **absorbed in music and comedy shows**, so I watched tons of those.

③ 현재 내가 즐겨보는 TV 프로그램 **These days, I am enjoying** a nice mix of entertainment and news programs. I'll still catch some comedy programs, but I also **watch my fair share of world and local news**.

① 좋아했던 첫 번째 프로그램 제가 어렸을 때, 저는 수많은 오후를 TV 앞에서 보냈습니다. 제 나이대의 어린이들을 겨냥한 눈길을 끄는 프로그램들이 많이 있었지만, 저는 특히 한 프로그램에 집착했었습니다. 그것은 제가 늘 가장 좋아했던 텔레토비였습니다. 저는 그 프로그램을 너무나 좋아한 나머지 재방송을 몇 번이고 다시 보곤 했습니다.

② TV 프로그램 취향의 변화 과정 제가 나이가 들면서 저는 텔레토비가 지루해지기 시작했습니다. 저는 제가 좋아하던 캐릭터들이 무엇을 하려고 하는지에 대해 더 이상 관심이 가지 않게 되었습니다. 그 대신 저는 한국 대중가요 문화에 흥미를 느끼게 되었습니다. 제가 초등학교 4학년이 되었을 때쯤에 저는 음악 프로그램과 코미디 프로그램에 완전히 빠져들었으며, 이런 것들을 많이 봤습니다.

③ 현재 내가 즐겨보는 TV 프로그램 요즘에는 저는 오락 프로그램과 뉴스 프로그램을 적절히 섞어 보는 것을 즐기고 있습니다. 저는 아직도 코미디 프로그램을 조금 보는 하지만 또한 상당한 분량의 세계 뉴스와 지역 뉴스도 봅니다.

eye-catching 눈길을 끄는   rerun 재방송   be up to ~을 하려고 하다   absorbed in ~에 빠져있는   tons of 많은

Q **Reality shows are usually filmed in unique locations. Where does your favorite reality show take place? What does this place look like? Provide as many details as possible.**

리얼리티 쇼들은 보통 특별한 장소에서 촬영됩니다. 당신이 가장 좋아하는 리얼리티 쇼는 어디에서 일어나나요? 이 장소는 어떻게 생겼나요? 되도록 상세히 설명해 주세요.

나의 답변 🎤 먼저 나의 답변을 실제로 말해보자. 그 후, 등급 UP! 핵심표현과 AL 달성! 모범답변을 참고하여 나의 답변을 보완하자.

등급 UP! **핵심표현** ⚡

① 좋아하는 리얼리티 쇼 촬영 장소 소개	· 이국적인 환경에서 촬영된다 · 대부분의 방송분이 식당에서 일어난다 · 매주 한국의 다른 도시를 방문한다	→ is filmed in an exotic environment → most of the episodes take place at a restaurant → visits a different city in Korea every week
② 좋아하는 리얼리티 쇼 촬영 장소의 특징	· 그곳의 아주 깨끗한 해변들 · 그곳의 멀고 외딴 위치가 매력적이다 · 야생동물의 수에 깊은 인상을 받았다	→ its pristine beaches → its remote and isolated location is appealing → was impressed by the amount of wildlife
③ 좋아하는 리얼리티 쇼 촬영 장소에 대한 내 생각	· 리얼리티 쇼를 촬영하기에 이상적인 장소 · 내가 언젠가 방문하길 꿈꾸는 나라이다 · 이와 같은 환경은 절대 견딜 수 없다 · 그런 장소에서 결코 시간을 보내고 싶지 않다	→ an ideal place to film a reality show → is a country that I dream of visiting one day → could never endure an environment like this → never want to spend time in such a location

AL 달성! **모범답변** ✍

① **좋아하는 리얼리티 쇼 촬영 장소 소개** My favorite reality show is always **filmed in an exotic environment**. The cast goes to many different locations, but **the place they visit most often is** the island of Borneo.

② **좋아하는 리얼리티 쇼 촬영 장소의 특징** **What makes Borneo so attractive is** its pristine beaches, which stretch as far as the eye can see. This is where most of the show's action takes place. The contestants on the show spend a lot of time in the water, which is crystal clear and home to thousands of colorful fish. Past the beaches is dense jungle, where the contestants often encounter wildlife, including snakes, monkeys, and parrots. The jungle is mysterious and atmospheric, especially during the night.

③ **좋아하는 리얼리티 쇼 촬영 장소에 대한 내 생각** **From my point of view**, Borneo is **an ideal place to film a reality show** because it is far removed from our everyday life. After spending all day at a busy office, people like to lose themselves in Borneo's breathtaking charms.

① 좋아하는 리얼리티 쇼 촬영 장소 소개 제가 가장 좋아하는 리얼리티 쇼는 항상 이국적인 환경에서 촬영됩니다. 출연자들은 많은 다양한 장소에 가지만, 그들이 가장 자주 방문하는 곳은 보르네오섬입니다.

② 좋아하는 리얼리티 쇼 촬영 장소의 특징 보르네오섬을 그렇게 매력적으로 만드는 것은 그곳의 아주 깨끗한 해변들로, 그것은 끝없이 펼쳐져 있습니다. 이곳이 그 쇼에서 대부분의 활동이 일어나는 곳입니다. 쇼의 참가자들은 물속에서 많은 시간을 보내는데, 그 물은 수정같이 맑고 수천 마리의 형형색색의 물고기들의 서식지입니다. 해변을 지나면 울창한 밀림이 있고, 그곳에서 참가자들은 종종 뱀, 원숭이, 앵무새를 포함한 야생동물과 마주칩니다. 밀림은 특히 야간에 신비롭고 분위기가 있습니다.

③ 좋아하는 리얼리티 쇼 촬영 장소에 대한 내 생각 제 관점에서 볼 때, 보르네오는 우리의 일상생활로부터 동떨어져 있기 때문에 리얼리티 쇼를 촬영하기에 이상적인 장소입니다. 바쁜 사무실에서 하루를 다 보낸 후, 사람들은 보르네오의 숨이 멎는듯한 매력에 몰두하는 것을 좋아합니다.

pristine 아주 깨끗한　**dense** 울창한　**encounter** 마주치다　**atmospheric** 분위기가 있는　**lose oneself in** ~에 몰두하다, 넋을 잃다
breathtaking 숨이 멎는듯한　**charm** 매력

나의 리얼리티 쇼 시청 경향 습관/경향에 대해 말하기 🎧 설문 UNIT 12 Track 5

Q **In your background survey, you indicated that you enjoy watching reality shows. When do you watch them? Who do you usually watch with? Why do you like to watch them?**

배경 설문에서, 당신은 리얼리티 쇼를 보는 것을 즐긴다고 했습니다. 언제 그것들을 보나요? 보통 누구와 함께 보나요? 왜 그것들을 보는 것을 좋아하나요?

나의 답변 🎤 먼저 나의 답변을 실제로 말해보자. 그 후, 등급 UP! 핵심표현과 AL 달성! 모범답변을 참고하여 나의 답변을 보완하자.

등급 UP! **핵심표현** ⚡

① 나의 리얼리티 쇼 시청 경향 소개	• 가장 좋아하는 리얼리티 쇼 중 하나를 정주행하다	→binge-watching one of my favorite reality shows
	• 일주일 동안 매일 밤 다른 쇼를 본다	→watch a different show every night of the week
	• 직장에서 집에 돌아오자마자 TV를 켠다	→turn on the TV as soon as I get home from work
② 나의 리얼리티 쇼 시청의 구체적인 경향	• 스토리에 완전히 몰두한다	→get so absorbed in the story
	• 보통 숙제를 끝낸 후 본다	→usually watch after finishing my homework
	• 우리 가족 전체가 즐기는 쇼만 본다	→only watch shows my whole family enjoys
③ 나의 리얼리티 쇼 시청 경향에 대한 내 생각	• 여가 시간을 보내는 즐거운 방법	→an enjoyable way to spend my free time
	• 아마도 시간 낭비	→probably a waste of my time
	• 아마 시청하는 것을 줄여야 할 것 같다	→should probably cut back on my viewing

---

AL 달성! **모범답변** ✏️

① **나의 리얼리티 쇼 시청 경향 소개** No matter what is going on in my busy life, **not a week goes by that I don't spend** a few hours sitting on my couch completely **binge-watching one of my favorite reality shows**.

② **나의 리얼리티 쇼 시청의 구체적인 경향** **Generally**, I like to watch reality shows in the evening, because they help me unwind after a busy day at work. After just a few minutes of watching a show, I **get so absorbed in the story** that I completely forget about my own problems. Sometimes I watch the shows alone, but I am usually joined by my sister, Jeong-Eun. **Our typical routine involves** making a big bowl of popcorn and tuning into three or four shows in a row.

③ **나의 리얼리티 쇼 시청 경향에 대한 내 생각** **I've always found** watching reality shows **an enjoyable way to spend my free time**. My friends sometimes laugh at me for watching so much television, but I am certain that my feelings will never change.

① **나의 리얼리티 쇼 시청 경향 소개** 제 바쁜 삶에서 무슨 일이 일어나고 있는지 간에, 제가 소파에 앉아서 가장 좋아하는 리얼리티 쇼 중 하나를 정주행하며 몇 시간을 보내지 않는 주는 없습니다.

② **나의 리얼리티 쇼 시청의 구체적인 경향** 일반적으로, 저는 저녁에 리얼리티 쇼를 보는 것을 좋아하는데, 그것들이 제가 직장에서의 바쁜 하루 후에 긴장을 푸는 것을 도와주기 때문입니다. 쇼를 시청한 지 단 몇 분 후에 저는 스토리에 완전히 몰두해서 제 자신의 문제들을 완전히 잊어버리게 됩니다. 가끔 저는 혼자 쇼를 보지만, 보통 제 여동생 정은이와 함께 합니다. 저희의 평소 일상은 큰 팝콘 한 그릇을 만들어 연이어 서너 개의 쇼를 시청하는 것을 포함합니다.

③ **나의 리얼리티 쇼 시청 경향에 대한 내 생각** 저는 리얼리티 쇼를 보는 것이 제 여가 시간을 보내는 즐거운 방법이라고 항상 생각했습니다. 제 친구들은 너무 많은 텔레비전을 보는 것에 대해 가끔 저를 놀리지만, 저는 제 생각이 절대 바뀌지 않을 것이라고 확신합니다.

---

binge-watching (TV 프로그램 등을) 정주행하다 unwind 긴장을 풀다 get absorbed in ~에 몰두하다 in a row 연이어

*설문 주제 <TV · 리얼리티 쇼 시청하기>에 대한 추가 답변 아이디어와 표현은 [주제별 답변 아이디어&표현 사전]의 p.26에서 학습할 수 있습니다.

UNIT 13

카페/커피전문점에 가기

음성 바로 듣기

Background Survey에서 여가 활동으로 "카페/커피전문점에 가기"를 선택할 것이라면, 이 UNIT을 통해 <카페/커피전문점에 가기> 빈출 문제 및 모범답변, 그리고 관련 표현을 학습하여 나만의 답변을 준비해 두자.

 빈출 문제

카페를 가는 경향 습관/경향에 대해 말하기	In your background survey, you indicated that you like going out for coffee. When do you usually go to coffee shops? What do you typically order, and what do you do while you are there? 배경 설문에서, 당신은 커피 마시러 가기를 좋아한다고 했습니다. 당신은 주로 언제 커피전문점에 가나요? 무엇을 주로 주문하고, 거기 있는 동안 무엇을 하나요?
좋아하는 카페 대상 설명하기(2) – 장소	Tell me about your favorite coffee shop. Where is it located? What does it look like? Describe it in as much detail as possible. 당신이 가장 좋아하는 커피전문점에 대해 이야기해 주세요. 어디에 위치해 있나요? 어떻게 생겼나요? 그것에 대해 되도록 상세히 설명해 주세요.
카페에서 겪은 경험 기억에 남는 경험 말하기	Tell me about a memorable experience you have had at a coffee shop. When and where was it? Who were you with? What happened? Talk about the experience in detail, and explain why it was so memorable. 커피전문점에서 겪었던 가장 기억에 남는 경험에 대해 이야기해 주세요. 언제 그리고 어디였나요? 당신은 누구와 함께 있었나요? 무슨 일이 있었나요? 그 경험에 대해 상세히 이야기해 보고, 왜 기억에 남는지 설명해 주세요.

자주 나오는! 3단 콤보
- 좋아하는 카페 – 카페를 가는 경향 – 카페에서 겪은 경험
- 좋아하는 카페 – 카페에 처음 갔던 경험 – 카페에서 주로 하는 일

대표문제 | 카페를 가는 경향 | 습관/경향에 대해 말하기

🎧 설문 UNIT 13 Track 1

In your background survey, you indicated that you like going out for coffee. When do you usually go to coffee shops? What do you typically order, and what do you do while you are there?

배경 설문에서, 당신은 커피 마시러 가기를 좋아한다고 했습니다. 당신은 주로 언제 커피전문점에 가나요? 무엇을 주로 주문하고, 거기 있는 동안 무엇을 하나요?

답변구조에 따라 말할 내용을 살펴보고, 아래 모범답변을 참고하여 나의 답변을 말해보자.

AL 달성! 답변구조 🔧

① 카페를 가는 경향 소개	● 얼마나 자주 가는지
② 카페를 가는 구체적인 경향	● 주로 무엇을 주문하는지, 그곳에서 어떤 일을 하는지
③ 카페 가기에 대한 내 생각	● 왜 카페 가기를 좋아하는지

AL 달성! 모범답변 ✏️

① 카페를 가는 경향 소개 One of my favorite things to do is grab a coffee at a café, and I do so at least twice a week.

② 카페를 가는 구체적인 경향 I usually visit coffee shops after work to unwind and have some quiet time to read. **My typical routine involves** ordering a cappuccino with lots of cinnamon. On a hot day, though, **I sometimes** go for a large iced Americano. Some of the coffee shops I visit have a great selection of cookies and cakes, but I try to avoid ordering those because I really need to watch my weight. I often bring magazines or newspapers to cafés and read them while savoring my drink.

③ 카페 가기에 대한 내 생각 Having this time to myself is really important. Since my job is so stressful, I need ways to de-stress. Sitting in a coffee shop puts me in a good mood and helps me forget about my problems. Doing this allows me to rest and recharge.

골라 쓰는 답변 아이디어

→ • 얼마나 자주 가는지
  every morning like clockwork
  규칙적으로 매일 아침
  a few times a month 한 달에 몇 번

→ • 주로 무엇을 주문하는지
  mocha with whipped cream
  휘핑크림을 올린 모카커피
  basic brewed coffee 기본적인 원두커피

→ • 그곳에서 어떤 일을 하는지
  chat with my best friend
  가장 친한 친구와 수다를 떤다
  browse through blogs and
  websites 블로그와 웹사이트들을 훑어본다

→ • 왜 카페 가기를 좋아하는지
  is a good way to start my day
  하루를 시작하기 좋은 방법이다
  gives me a chance to get out of
  the house 집 밖으로 나올 수 있는 기회를 준다

① 카페를 가는 경향 소개 제가 가장 좋아하는 일 중 하나는 카페에서 커피를 마시는 일이고, 저는 일주일에 적어도 두 번은 그렇게 합니다. **② 카페를 가는 구체적인 경향** 저는 보통 퇴근 후에 느긋이 쉬면서 독서를 할 조용한 시간을 가지려고 커피전문점을 갑니다. 제가 보통 가서 하는 일은 시나몬이 많이 들어간 카푸치노를 주문하는 것을 포함합니다. 하지만 더운 날에는 라지 아이스 아메리카노를 가끔 주문합니다. 제가 자주 가는 몇몇 커피전문점에는 매우 다양한 쿠키와 케이크가 있지만 저는 정말 체중을 조절해야 해서 될 수 있으면 주문하지 않으려고 합니다. 저는 종종 카페에 잡지나 신문을 가져가서 음료를 음미하면서 읽습니다. **③ 카페 가기에 대한 내 생각** 이렇게 저만의 시간을 갖는 것은 매우 중요합니다. 제 일은 굉장히 스트레스가 많기 때문에, 스트레스를 해소할 방법이 필요합니다. 커피전문점에 앉아 있는 것은 저를 기분 좋게 하고, 제 문제들을 잊도록 도와줍니다. 이렇게 하는 것은 제가 휴식을 취하고 재충전하도록 해줍니다.

unwind 느긋이 쉬다, 긴장을 풀다 **go for** 주문하다, 택하다 **savor** 음미하다 **de-stress** 스트레스를 해소하다

나의 답변 ✏️

먼저 나의 답변을 실제로 말해보자. 그 후, AL 달성! 답변구조와 AL 달성! 모범답변을 참고하여 나의 답변을 보완하자.

① 카페를 가는 경향 소개

② 카페를 가는 구체적인 경향

③ 카페 가기에 대한 내 생각

01 좋아하는 카페 대상 설명하기(2) – 장소

🎧 설문 UNIT 13 Track 2

Q **Tell me about your favorite coffee shop. Where is it located? What does it look like? Describe it in as much detail as possible.** 당신이 가장 좋아하는 커피전문점에 대해 이야기해 주세요. 어디에 위치해 있나요? 어떻게 생겼나요? 그것에 대해 되도록 상세히 설명해 주세요.

나의 답변 🎙 먼저 나의 답변을 실제로 말해보자. 그 후, 등급 UP! 핵심표현과 AL 달성! 모범답변을 참고하여 나의 답변을 보완하자.

등급 UP! 핵심표현 ⚡

① 좋아하는 카페 소개	· 내가 사는 아파트에서 아주 가까운 · 회사 가는 길에 있는 · 프랜차이즈 커피전문점	→ only a stone's throw from my apartment → on my way to work → a chain coffeehouse
② 좋아하는 카페의 특징	· 딱 5개의 테이블을 수용할 수 있는 크기의 · 다양한 베이커리류를 판매한다 · 매우 아늑한 분위기를 가지고 있다	→ just large enough to hold five tables → offers a full range of baked goods → has a very cozy ambience
③ 좋아하는 카페에 대한 내 생각	· 이곳의 모든 것이 내 취향에 맞는다 · 단골손님들에게 할인을 제공해야 한다 · 편하게 있기 좋은 곳	→ find everything here to my liking → should offer discounts to regular customers → a great place to take it easy

AL 달성! 모범답변 🎯

① 좋아하는 카페 소개 I've been going to my favorite café almost every day for a few years now. It's called Full House Coffee Shop, and it is **only a stone's throw from my apartment.**

② 좋아하는 카페의 특징 It's a tiny coffee shop **just large enough to hold five tables. What makes that place so attractive is that** it has excellent Dutch coffee, and it's never too busy or crowded. The main reason I go to any coffee shop is to spend time in a calm and relaxing atmosphere, so it is the perfect place for me. Also, the place has plush cushions so it's really comfortable to lounge around in. I should also mention the owner. He's so friendly and welcoming. He never complains, even if I sit there for hours sipping on a single drink, and he's always ready to accommodate any special requests from his customers.

③ 좋아하는 카페에 대한 내 생각 In general, I **find everything here to my liking. The only thing this place is lacking is** Wi-Fi. Since I love to look things up on the Internet, free Wi-Fi would make things perfect for me.

① 좋아하는 카페 소개 저는 지금까지 몇 년 동안 제가 가장 좋아하는 카페를 거의 매일 다니고 있습니다. 그곳은 풀 하우스 커피전문점이라는 곳이고 제가 사는 아파트에서 아주 가깝습니다.

② 좋아하는 카페의 특징 그곳은 딱 5개의 테이블을 수용할 수 있는 크기의 작은 커피전문점입니다. 이 커피전문점을 매우 매력적으로 만드는 것은 그곳에 환상적인 더치 커피가 있고, 절대 지나치게 바쁘거나 붐비지 않는다는 것입니다. 어떤 커피전문점이든 제가 커피전문점을 가는 주된 이유는 차분하고 편안한 분위기에서 시간을 보내기 위해서인데, 그런 이유로 이곳은 저에게 완벽한 곳입니다. 또한, 그곳에는 매우 아늑한 쿠션이 있어서 빈둥거리기에 아주 편안합니다. 그곳의 주인에 대해서도 말해야겠습니다. 그는 매우 친절하고 손님을 따뜻이 맞아줍니다. 그는 제가 음료 한 잔을 홀짝거리면서 몇 시간 동안 앉아있어도 절대 불평하는 일이 없고 고객들의 어떤 특별한 요청도 수용할 준비가 항상 되어 있습니다.

③ 좋아하는 카페에 대한 내 생각 대체로 저는 이곳의 모든 것이 제 취향에 맞습니다. 이곳에 부족한 단 한 가지는 무선인터넷입니다. 제가 인터넷으로 이것저것 찾아보기를 좋아하므로, 무료 무선인터넷은 제게 금상첨화일 것입니다.

plush 안락한 lounge around 빈둥거리다 welcoming 따뜻이 맞이하는 sip 홀짝거리다 liking 취향, 기호

Q **Tell me about a memorable experience you have had at a coffee shop. When and where was it? Who were you with? What happened? Talk about the experience in detail, and explain why it was so memorable.** 커피전문점에서 겪었던 가장 기억에 남는 경험에 대해 이야기해 주세요. 언제 그리고 어디였나요? 당신은 누구와 함께 있었나요? 무슨 일이 있었나요? 그 경험에 대해 상세히 이야기해 보고, 왜 기억에 남는지 설명해 주세요.

나의 답변 🎤 먼저 나의 답변을 실제로 말해보자. 그 후, 등급 UP! 핵심표현과 AL 달성! 모범답변을 참고하여 나의 답변을 보완하자.

등급 UP! **핵심표현** ⚡

① 카페에서 겪은 경험 소개	· 얼마 전에 있었던 우연한 만남	→ a chance meeting I had not too long ago
	· 실수로 내게 뜨거운 커피를 쏟았다	→ accidently spilled hot coffee on me
	· 내 주문을 헷갈렸다	→ mixed up my order
	· 무료 음료 쿠폰에 당첨되었다	→ won a free drink coupon
② 카페에서 겪은 구체적인 경험	· 그 여자가 낯이 익다는 걸 알아차렸다	→ noticed that the woman looked familiar
	· 무엇을 주문할지 천천히 결정했다	→ took my time deciding what to order
	· 줄을 서서 내 차례를 참을성 있게 기다렸다	→ patiently waited my turn in line
	· 팔에 가벼운 화상을 입었다	→ got a minor burn on my arm
③ 결과와 느낀 점	· 오래된 친구와 서로 못다 한 이야기를 하게 해 주었다	→ allowed me to catch up with an old friend
	· 정말 나의 하루를 즐겁게 해줬다	→ really made my day
	· 내가 주문한 것을 다시 만들어 줬다	→ remade my order

AL 달성! **모범답변** ✏️

① **카페에서 겪은 경험 소개** The most memorable experience I've had while I was at a coffee shop was a chance meeting I had not too long ago. I was out of town on a business trip. I had a long break between meetings, so I decided to go to the nearest coffee shop.

② **카페에서 겪은 구체적인 경험** The place was crowded, and I had to wait in line to order. Then I noticed that the woman standing in front of me looked familiar. After a minute, I realized it was my high school friend, Yuri. I tapped her on the shoulder, and when she turned around, she recognized me right away! We hadn't seen each other since graduation, so we sat down together and caught up.

③ **결과와 느낀 점** Yuri and I talked for hours that day, and we've spoken on the phone many times since then. This incident was unforgettable because it allowed me to catch up with an old friend. I'm so grateful I decided to grab a coffee between meetings that day!

① 카페에서 겪은 경험 소개 커피전문점에서 겪었던 일 중 가장 기억에 남는 경험은 얼마 전에 있었던 우연한 만남이었습니다. 저는 출장으로 타지에 있었습니다. 회의 사이에 쉬는 시간이 길어서 저는 가장 가까운 커피전문점에 가기로 결정했습니다.

② 카페에서 겪은 구체적인 경험 그곳은 사람들로 붐벼서 주문하려면 줄을 서서 기다려야 했습니다. 그때 저는 제 앞에 서 있는 여자가 낯이 익다는 것을 알아차렸습니다. 잠시 후, 저는 그녀가 제 고등학교 친구인 유리라는 것을 깨달았습니다. 저는 그녀의 어깨를 톡톡 두드렸고 그녀가 돌아봤을 때, 그녀는 저를 바로 알아봤습니다 저희는 졸업 후에 서로를 보지 못했기 때문에 함께 앉아 그간의 안부를 물었습니다.

③ 결과와 느낀 점 유리와 저는 그날 몇 시간 동안 얘기를 나눴고, 그때 이후로 통화도 많이 했습니다. 이 일이 오래된 친구와 서로 못다 한 이야기를 하게 해주었기 때문에 저는 이 일을 잊을 수가 없습니다. 그날 회의 사이에 제가 커피를 마시기로 결정했던 것이 참 다행입니다!

chance 우연한 **break** 쉬는 시간, 깨다 **tap** 톡톡 두드리다 **recognize** 알아보다 **catch up** (밀린 것을) 따라잡다, 최신 뉴스를 알리다

*설문 주제 <카페 / 커피전문점에 가기>에 대한 추가 답변 아이디어와 표현은 [주제별 답변 아이디어&표현 사전]의 p.28에서 학습할 수 있습니다.

UNIT 14

SNS에 글 올리기

음성 바로 듣기

Background Survey에서 여가 활동으로 "SNS에 글 올리기"를 선택할 것이라면, 이 UNIT을 통해 <SNS에 글 올리기> 빈출 문제 및 모범답변, 그리고 관련 표현을 학습하여 나만의 답변을 준비해 두자. 돌발 주제 UNIT 03 인터넷 서핑과 함께 학습하면 효과적이다.

빈출 문제

좋아하는 SNS 대상 설명하기(3) – 사물	Tell me about your favorite social network. What is it? What kind of features does it have? For what purpose do you use it? 당신이 가장 좋아하는 SNS에 대해 이야기해 주세요. 그것이 무엇인가요? 어떠한 특징이 있나요? 어떤 목적을 위해 그것을 이용하나요?
나의 SNS 활동 경향 습관/경향에 대해 말하기	What do you usually do when you're logged onto a social network? When do you usually use it? How often do you use it? Explain in as much detail as possible. 당신은 SNS에 접속해서 주로 무엇을 하나요? 주로 언제 SNS를 이용하나요? 얼마나 자주 이용하나요? 되도록 상세히 설명해 주세요.
최근 읽은 포스팅 대상 설명하기(3) – 사물	Tell me about an interesting posting you have read recently. What was it about? Who wrote the posting? Describe it in as much detail as possible. 당신이 최근 읽었던 흥미로운 인터넷 포스팅에 대해 이야기해 주세요. 무엇에 관한 내용이었나요? 그 포스팅은 누가 썼나요? 그것에 대해 되도록 상세히 설명해 주세요.

자주 나오는 3단 콤보 • 좋아하는 SNS – 나의 SNS 활동 경향 – SNS 관련 기억에 남는 경험

좋아하는 SNS 대상 설명하기(3) - 사물 🎧 설문 UNIT 14 Track 1

Tell me about your favorite social network. What is it? What kind of features does it have? For what purpose do you use it?

당신이 가장 좋아하는 SNS에 대해 이야기해 주세요. 그것이 무엇인가요? 어떠한 특징이 있나요? 어떤 목적을 위해 그것을 이용하나요?

답변구조에 따라 말할 내용을 살펴보고, 아래 모범답변을 참고하여 나의 답변을 말해보자.

AL 달성! 답변구조 ⚙️

① 좋아하는 SNS 소개	● 좋아하는 SNS가 무엇인지, 무엇을 하는 SNS인지
② 좋아하는 SNS의 특징	● 어떤 매력이 있는지, 어떤 특별한 기능이 있는지
③ 좋아하는 SNS에 대한 내 생각	● 얼마나 좋아하는지, 얼마나 자주 사용하게 되었는지

AL 달성! 모범답변 🎯

① 좋아하는 SNS 소개 There is one social network that I constantly use, and that's Instagram. It's an online space where anyone can share pictures and videos. **It is a great way to** keep up with influencers and products that you're interested in.

② 좋아하는 SNS의 특징 **The thing about Instagram that attracts me is that** it makes it easy to stay up-to-date on new trends. Whenever I open the app, I can view my feed, which is a continuously updated stream of recent posts. At a glance, I can see new fashion styles or popular cafes. Instagram also uses hashtags, which lets me easily follow the topics that interest me.

③ 좋아하는 SNS에 대한 내 생각 **To tell you the truth**, Instagram has become an indispensable part of my life. Without it, I would probably not know about a lot of what is popular or current. As a result, checking my Instagram feed has become part of my daily routine.

골라 쓰는 답변 아이디어

→ • 좋아하는 SNS가 무엇인지
YouTube 유튜브
TikTok 틱톡
Facebook 페이스북
Twitter 트위터
KakaoStory 카카오스토리

→ • 어떤 매력이 있는지
make new connections
새로운 관계를 만든다
learn all kinds of interesting things
온갖 흥미로운 것들을 배운다
post pictures and videos
사진과 비디오를 올린다
express how you're feeling at the moment 그때 기분을 표현한다

→ • 어떤 특별한 기능이 있는지
a handy chat tool 편리한 채팅 도구
a photo tagging function
포토 태깅 기능
picture editing tools 사진 편집 도구

→ • 얼마나 좋아하는지
it's taking over my life
내 삶을 장악하고 있다
it's hard to tear myself away
from it 그것으로부터 손을 떼기가 힘들다

① **좋아하는 SNS 소개** 제가 꾸준히 이용하는 SNS가 하나 있는데, 그것은 인스타그램입니다. 인스타그램은 누구나 사진과 동영상을 공유할 수 있는 온라인상의 공간입니다. 이것은 당신이 관심 있는 인플루언서들과 제품들을 따라잡을 수 있는 좋은 방법입니다. ② **좋아하는 SNS의 특징** 인스타그램에 대해 제가 매력적으로 느끼는 것은 인스타그램이 새로운 트렌드에 대한 최신 소식을 얻기 쉽게 해준다는 것입니다. 제가 앱을 열 때마다 제 피드를 볼 수 있는데, 피드는 최근 포스팅의 흐름으로 끊임없이 업데이트됩니다. 저는 한눈에 새로운 패션 스타일이나 인기 있는 카페를 볼 수 있습니다. 인스타그램은 또한 해시태그를 사용하는데, 해시태그는 제가 관심 있는 주제를 쉽게 따를 수 있게 해줍니다. ③ **좋아하는 SNS에 대한 내 생각** 사실대로 말씀드리면, 인스타그램은 제 삶에 없어서는 안 될 부분이 되었습니다. 아마 인스타그램 없이는 제가 아마도 무엇이 인기가 있거나 최신인지에 대해 많은 것을 알지 못할 것입니다. 결과적으로 인스타그램 피드를 확인하는 것은 저의 일과 중 일부가 되어 버렸습니다.

keep up with 따라잡다 **up-to-date** 최신의 **indispensable** 없어서는 안 될

나의 답변 📊 먼저 나의 답변을 실제로 말해보자. 그 후, AL 달성! 답변구조와 AL 달성! 모범답변을 참고하여 나의 답변을 보완하자.

① 좋아하는 SNS 소개

② 좋아하는 SNS의 특징

③ 좋아하는 SNS에 대한 내 생각

01 나의 SNS 활동 경향 습관/경향에 대해 말하기

🎧 설문 UNIT 14 Track 2

Q **What do you usually do when you're logged onto a social network? When do you usually use it? How often do you use it? Explain in as much detail as possible.** 당신은 SNS 에 접속해서 주로 무엇을 하나요? 주로 언제 SNS를 이용하나요? 얼마나 자주 이용하나요? 되도록 상세히 설명해 주세요.

나의 답변 🎙️ 먼저 나의 답변을 실제로 말해보자. 그 후, 등급 UP! 핵심표현과 AL 달성! 모범답변을 참고하여 나의 답변을 보완하자.

등급 UP! 핵심표현 ⚡

① 나의 SNS 활동 소개	· 소셜미디어에 시간을 많이 낭비하는 경향이 있다 → tend to waste a lot of time on social media · 한 주에 5번 트위터 계정에 로그인한다 → log into my Twitter account five times a week · 인스타그램에 중독된 → addicted to Instagram
② 나의 SNS 활동의 구체적인 경향	· 이동 중에 소셜미디어 사이트를 확인한다 → check social media sites on the go · 내 이전 포스팅에 대한 댓글을 읽는다 → read replies to my earlier posts · 종종 내 블로그에 셀카를 올린다 → often upload selfies to my blog
③ 나의 SNS 활동에 대한 내 생각	· 광범위한 사람들과 소통한다 → interact with a wide range of people · 그것 없이는 못 살 것 같다 → can't live without it · 끊임없는 상태 업데이트에 짜증 난다 → constant status updates annoy me · 옛 친구들과 다시 연락되게 해준다 → allows me to get in touch with old friends

AL 달성! 모범답변 🎯

① 나의 SNS 활동 소개 **I tend to waste a lot of time on social media.** I am always logged into my social media accounts, and I check them constantly throughout the day.

② 나의 SNS 활동의 구체적인 경향 **The first thing I do when I wake up is** to check my accounts. I like to see the latest updates and posts from people I follow. I'll often write a few replies as well. In addition, I update my own social media accounts and reply to anyone who has left a comment for me. I most often **check social media sites on the go**, especially on my way to and from work. My commute takes me almost 50 minutes, so looking through social media is a great time killer.

③ 나의 SNS 활동에 대한 내 생각 **Overall, I really enjoy using social media because** it is a great way to **interact with a wide range of people. There is one thing I don't like about it, though**, and it's the constant advertisements. I find them intrusive and really annoying.

① 나의 SNS 활동 소개 저는 소셜미디어 에 시간을 많이 낭비하는 경향이 있습니다. 저는 항상 제 소셜미디어 계정들에 로그인 되어 있고, 하루 종일 끊임없이 확인합니다.

② 나의 SNS 활동의 구체적인 경향 제 가 일어나서 제일 먼저 하는 일은 제 계정들 을 확인하는 것입니다. 저는 제가 팔로우하 는 사람들의 최신 업데이트들과 포스팅들을 보는 것을 좋아합니다. 저는 종종 답장도 몇 개 작성하기도 합니다. 또한, 저는 제 소셜미 디어 계정을 업데이트하고 저에게 댓글을 남 긴 사람에게 답장을 남깁니다. 저는 특히 출 퇴근길 이동 중에 소셜미디어 사이트를 확인 하는 경우가 가장 많습니다. 통근하는 데 거 의 50분이 걸려서, 소셜미디어를 보는 것은 좋은 심심풀이가 됩니다.

③ 나의 SNS 활동에 대한 내 생각 소셜 미디어는 광범위한 사람들과 소통할 수 있 는 아주 좋은 방법이기 때문에 전반적으로 저는 소셜미디어 이용을 매우 즐깁니다. 대 신, 제가 이것에 대해 마음에 들지 않는 점이 한 가지 있는데, 바로 광고입니다. 저는 그것 이 거슬리고 정말 짜증 납니다.

killer 심심풀이가 되는 것 advertisement 광고 intrusive 거슬리는

02 최근 읽은 포스팅 대상 설명하기(3) – 사물

Q **Tell me about an interesting posting you have read recently. What was it about? Who wrote the posting? Describe it in as much detail as possible.** 당신이 최근 읽었던 흥미로운 인터넷 포스팅에 대해 이야기해 주세요. 무엇에 관한 내용이었나요? 그 포스팅은 누가 썼나요? 그것에 대해 되도록 상세히 설명해 주세요.

나의 답변 🎤 먼저 나의 답변을 실제로 말해보자. 그 후, 등급 UP! 핵심표현과 AL 달성! 모범답변을 참고하여 나의 답변을 보완하자.

등급 UP! 핵심표현 ⚡

① 최근 읽은 포스팅 소개	· 그녀가 최근 올린 한 무더기의 사진들 · 따라 하기 쉬운 레시피를 많이 올린다 · 풍부한 정보 · 가장 자주 방문하는 게시판	→ The latest batch of photos she uploaded → posts many recipes that are easy to follow → a wealth of information → the forum that I visit the most often
② 최근 읽은 포스팅의 특징	· 강아지의 가장 예쁜 면을 드러내 준다 · 조회수가 수백 건이었다 · 댓글을 읽는 것이 더 재미있었다	→ bring out the pup's best features → got hundreds of page views → reading the comments was even more fun
③ 최근 읽은 포스팅에 대한 내 생각	· 블로그 포스팅이 유익하다고 느꼈다 · 그의 포스팅은 나를 하루 종일 기분 좋게 해 준다 · 친구들의 최신 소식을 알 수 있게 해준다 · 포스팅이 즉시 입소문이 났다	→ found her blog post informative → his posts brighten my day → keep me in the loop about my friends → the post went immediately viral

AL 달성! 모범답변 ✍️

① 최근 읽은 포스팅 소개 A recent post that sticks out in my mind is one my friend Sang Ah made. She recently adopted a small puppy, and she's been posting cute photos of her pet ever since then. **The latest batch of photos she uploaded** was the most adorable of them all.

② 최근 읽은 포스팅의 특징 **The post begins with** a few brief words about how she and her puppy, Cammy, have been doing lately. Then there are pictures of the dog in various poses. Sang Ah is a talented photographer, and the pictures really **bring out the pup's best features**. Also, there are comments alongside the pictures explaining puppy behaviors and giving useful tips about how to take care of dogs.

③ 최근 읽은 포스팅에 대한 내 생각 **I found her blog post informative** as well as delightful. I shared the link to the post with friends who also had dogs. Later I heard that they liked her post so much that they bookmarked Sang Ah's blog, and some of them even set the pictures as wallpaper on their smartphones.

① 최근 읽은 포스팅 소개 최근 포스팅 중제 기억에 남는 것은 제 친구인 상아가 쓴 것입니다. 그녀는 최근 작은 강아지를 한 마리 입양했으며, 그 후로 계속 그녀의 반려동물의 귀여운 사진들을 올렸습니다. 그녀가 최근 올린 한 무더기의 사진들은 그중 가장 사랑스러웠습니다.

② 최근 읽은 포스팅의 특징 그 포스팅은 그녀와 그녀의 강아지인 Cammy가 최근 어떻게 지내왔는지에 대한 몇 마디 설명으로 시작합니다. 그런 다음 다양한 포즈를 취하고 있는 강아지 사진이 있습니다. 상아는 재능 있는 사진가이며, 사진들은 강아지의 가장 예쁜 면을 잘 드러내 줍니다. 또한, 사진 옆에는 글들이 있는데, 여기서는 강아지들이 하는 행동에 대한 설명과 함께 개를 어떻게 돌봐야 할지에 대한 유용한 팁을 제공합니다.

③ 최근 읽은 포스팅에 대한 내 생각 저는 그녀의 블로그 포스팅이 유쾌할 뿐만 아니라 유익하기도 하다고 생각했습니다. 저는 그 포스팅의 링크를 개를 키우는 다른 친구들과 공유했습니다. 나중에 저는 그들이 그 포스팅을 너무도 좋아한 나머지 상아의 블로그를 즐겨찾기 해 두었으며, 심지어 그 중 몇몇은 사진을 자기 스마트폰의 바탕화면으로 설정해 두었다고 들었습니다.

batch 한 무더기, 한 묶음 **adorable** 사랑스러운 **pup** 강아지 **informative** 유익한 **bookmark** 즐겨찾기를 하다

*설문 주제 <SNS에 글 올리기>에 대한 추가 답변 아이디어와 표현은 [주제별 답변 아이디어&표현 사전]의 p.30에서 학습할 수 있습니다.

UNIT 15 음악 감상하기

Background Survey에서 취미나 관심사로 "음악 감상하기"를 선택할 것이라면, 이 UNIT을 통해 <음악 감상하기> 빈출 문제 및 모범답변, 그리고 관련 표현을 학습하여 나만의 답변을 준비해 두자.

🔄 빈출 문제

좋아하는 가수 대상 설명하기(1) – 인물	Tell me about your favorite musician or singer. What kind of songs does he or she sing? Why do you like him or her? Describe him or her in as much detail as possible. 당신이 가장 좋아하는 음악가나 가수에 대해서 이야기해 주세요. 그 가수가 어떤 종류의 노래를 부르나요? 당신은 그 가수를 왜 좋아하나요? 그 가수에 대해 되도록 상세히 설명해 주세요.
나의 음악 감상 활동 경향 습관/경향에 대해 말하기	In your background survey, you indicated that you enjoy listening to music. What kind of music do you like? Why do you like it? When and where do you usually listen to music? How do you listen to music? 배경 설문에서, 당신은 음악 감상하기를 좋아한다고 했습니다. 어떤 종류의 음악을 좋아하나요? 왜 그 음악을 좋아하나요? 언제 그리고 어디서 주로 음악을 감상하나요? 어떤 방법으로 음악을 감상하나요?
음악 감상 도중 겪은 경험 기억에 남는 경험 말하기	Tell me about the most memorable experience you have had while listening to music. When was it? Where did it happen? What made the experience so memorable? Please describe it in as much detail as possible. 음악 감상 도중 겪었던 기억에 남는 경험에 대해 이야기해 주세요. 언제였나요? 어디서 그 일이 일어났나요? 왜 그 일이 기억에 남나요? 그것에 대해 되도록 상세히 설명해 주세요.
두 가지 음악 장르 비교 두 가지 대상 비교하기	I would like you to choose two genres of music you like and compare them. What are the differences between them? How do you feel when you listen to each type of music? Provide as many details as possible. 당신이 좋아하는 음악 장르를 두 가지 골라서 그 둘을 비교해 보세요. 그들 간에 차이점은 무엇인가요? 각 종류의 음악을 들을 때 당신은 어떤 기분이 드나요? 되도록 상세히 설명해 주세요.
음악 감상 기기 대상 설명하기(3) – 사물	What kind of devices do people like to listen to music on? Can you tell me about the popular ones? Why do people like them? Please explain about the devices in as much detail as possible. 사람들은 어떤 종류의 기기로 음악을 듣기 좋아하나요? 인기 있는 기기들에 대해 이야기해 줄 수 있나요? 사람들이 그것들을 왜 좋아하나요? 기기들에 대해서 되도록 상세히 설명해 주세요.

자주 나오는! 3단 콤보
- 좋아하는 가수 – 나의 음악 감상 활동 경향 – 음악 감상 취향의 변화
- 좋아하는 가수 – 음악 감상 기기 – 음악 감상 도중 겪은 경험

Tell me about your favorite musician or singer. What kind of songs does he or she sing? Why do you like him or her? Describe him or her in as much detail as possible.

당신이 가장 좋아하는 음악가나 가수에 대해서 이야기해 주세요. 그 가수가 어떤 종류의 노래를 부르나요? 당신은 그 가수를 왜 좋아하나요? 그 가수에 대해 되도록 상세히 설명해 주세요.

답변구조에 따라 말할 내용을 살펴보고, 아래 모범답변을 참고하여 나의 답변을 말해보자.

AL 달성! 답변구조

① 좋아하는 가수 소개 ● 좋아하는 가수가 누구인지, 가수 자랑하기
② 좋아하는 가수의 특징 ● 좋아하는 가수의 음악적 특징, 가수의 외모상의 특징
③ 좋아하는 가수에 대한 내 생각 ● 왜 그 가수를 좋아하는지

AL 달성! 모범답변

① 좋아하는 가수 소개 **The person I'd like to talk about is** Adele. I think she's one of the greatest singers of all time. I'm not alone in this opinion either. She's among the best-selling female artists worldwide.

② 좋아하는 가수의 특징 **As for her music**, she usually sings soulful, jazzy songs. She has a deep, rich voice that is instantly recognizable, and her **singing is truly special**. She said she was inspired by many great singers, including Whitney Houston and Amy Winehouse. **Regarding her appearance**, Adele has a signature look. She has a retro fashion style, with big eyelashes, vintage dresses, and a beehive hairdo. She always looks fashionable and glamorous to me.

③ 좋아하는 가수에 대한 내 생각 **What I like most about her is that** her songs are very personal. She writes a lot about her own experiences with love and heartbreak, so there is a lot of emotion in her songs. It's easy to understand why she became so famous.

골라 쓰는 답변 아이디어

→ • 가수 자랑하기
she has a huge following
그녀에게 두터운 팬층이 있다
no one else even comes close to him
아무도 그에 범접할 수 없다

→ • 좋아하는 가수의 음악적 특징
hits high notes easily
높은 음을 잘 낸다
has the voice of an angel
천상의 목소리를 가졌다
sings in a rhythmic way
리드미컬하게 노래한다

→ • 가수의 외모상의 특징
is tall and very thin
키가 크고 무척 말랐다
is short and stocky 작고 땅딸막하다
has long hair and a gorgeous
figure 긴 머리와 멋진 몸매를 가졌다

→ • 왜 그 가수를 좋아하는지
his lyrics speak to me
그의 노래 가사들이 와닿는다
she's got a wide vocal range
그녀는 광범위한 음역대를 가졌다

① 좋아하는 가수 소개 제가 얘기하고 싶은 사람은 Adele입니다. 저는 그녀가 역대 가장 훌륭한 가수 중 한 명이라고 생각합니다. 이런 의견을 가진 사람이 저 혼자만인 것도 아닙니다. 그녀는 세계적으로 가장 많은 음반이 판매된 여성 아티스트 중 한 명입니다. ② 좋아하는 가수의 특징 그녀의 음악에 관해서는, 그녀는 주로 감정이 풍부한 재즈식의 노래를 부릅니다. Adele의 깊고 풍부한 목소리는 그녀를 즉각 알아볼 수 있게 하고, 그녀의 노래는 정말 특별합니다. 그녀는 Whitney Houston과 Amy Winehouse를 포함한 많은 훌륭한 가수들로부터 영감을 받았다고 말했습니다. 그녀의 외모와 관련해서는, Adele은 특유의 스타일을 가지고 있습니다. 그녀는 커다란 속눈썹과 빈티지한 드레스, 벌집 머리를 한 복고 패션 스타일을 가지고 있습니다. 그녀는 제 눈에 항상 세련되고 매력적으로 보입니다. ③ 좋아하는 가수에 대한 내 생각 제가 그녀에 대해 가장 좋아하는 점은 그녀의 노래가 매우 개인적이라는 것입니다. 그녀는 자신의 사랑과 슬픔과의 경험에 대해 많이 써서, 그녀의 노래에는 많은 감정이 담겨있습니다. 그녀가 왜 그렇게 유명해졌는지 쉽게 이해가 갑니다.

of all time 역대 recognizable 알아볼 수 있는 personal 개인적인 heartbreak 슬픔

나의 답변 먼저 나의 답변을 실제로 말해보자. 그 후, AL 달성! 답변구조와 AL 달성! 모범답변을 참고하여 나의 답변을 보완하자.
① 좋아하는 가수 소개
② 좋아하는 가수의 특징
③ 좋아하는 가수에 대한 내 생각

01 나의 음악 감상 활동 경향 습관/경향에 대해 말하기

🎧 설문 UNIT 15 Track 2

Q **In your background survey, you indicated that you enjoy listening to music. What kind of music do you like? Why do you like it? When and where do you usually listen to music? How do you listen to music?** 배경 설문에서, 당신은 음악 감상하기를 좋아한다고 했습니다. 어떤 종류의 음악을 좋아하나요? 왜 그 음악을 좋아하나요? 언제 그리고 어디서 주로 음악을 감상하나요? 어떤 방법으로 음악을 감상하나요?

나의 답변 🎤 | 먼저 나의 답변을 실제로 말해보자. 그 후, 등급 UP! 핵심표현과 AL 달성! 모범답변을 참고하여 나의 답변을 보완하자.

등급 UP! 핵심표현 ⚡

① 나의 음악 감상 활동 소개	· 나의 열정이다 · 영화음악을 듣는 것을 좋아한다 · 음악은 대부분 유튜브에서 듣는다	→ it's my passion → love to listen to film scores → get most of my music from YouTube
② 나의 음악 감상 활동의 구체적인 경향	· 온라인 서비스에 가입해 있다 · 좋아하는 방송국을 청취한다 · 차트의 최신곡들을 듣는다 · 차에서 음악 볼륨을 높이길 좋아한다 · 좋아하는 노래를 반복 재생 모드에 놓는다	→ have a subscription to an online service → tune into my favorite station → listen to the latest on the charts → like to crank the music up in the car → put my favorite song on repeat
③ 나의 음악 감상 활동에 대한 내 생각	· 평생 동안 팬이 될 것이다 · 날 춤추고 싶게 만든다 · 신경을 가라앉히는 데 도움이 된다	→ will be a fan for as long as I live → makes me want to put on my dancing shoes → helps me calm my nerves

AL 달성! 모범답변 🎯

① 나의 음악 감상 활동 소개 Music has always been a big part of my life. You could probably say that **it's my passion**. **Not a day goes by that I don't** listen to some sort of music.

② 나의 음악 감상 활동의 구체적인 경향 I like nearly every style of music, but K-pop is my favorite. I could listen to songs by girl groups over and over again. **The thing about this style of music that attracts me is** the beautiful vocals and upbeat melodies. I **have a subscription to an online service**, so I mostly use my smartphone to listen to music. I must have hundreds of songs on this device. Whenever I get on the bus or subway, I pop in my earphones and play some tunes.

③ 나의 음악 감상 활동에 대한 내 생각 Even though I enjoy listening to other musical styles, I always come back to K-pop. I think I **will be a fan of this type of music for as long as I live**.

① 나의 음악 감상 활동 소개 음악은 항상 제 삶의 중대한 부분을 차지했습니다. 그것은 저의 열정이라고도 말할 수 있을 것 같습니다. 제가 어떤 종류의 음악이라도 듣지 않는 날은 단 하루도 없습니다.

② 나의 음악 감상 활동의 구체적인 경향 저는 거의 모든 스타일의 음악을 좋아하지만, 한국 가요를 가장 좋아합니다. 저는 걸그룹들의 음악을 몇 번이고 다시 들을 수 있습니다. 이런 스타일의 음악에서 제가 매력적으로 느끼는 것은 아름다운 목소리와 신나는 멜로디입니다. 저는 온라인 서비스에 가입되어 있어서, 대부분 스마트폰을 사용해서 음악을 듣습니다. 저는 이 기기에 수백 곡의 노래를 가지고 있을 것입니다. 버스나 지하철을 탈 때마다 저는 이어폰을 귀에 꼽고 음악들을 재생합니다.

③ 나의 음악 감상 활동에 대한 내 생각 저는 다른 음악 스타일을 듣는 것도 즐기지만, 항상 한국 가요로 다시 돌아옵니다. 저는 평생 동안 이런 종류의 음악에 팬이 될 것 같습니다.

nearly 거의 **over and over again** 몇 번이고 다시 **upbeat** 신나는, 명랑한 **tunes** 노래, 곡

02 음악 감상 도중 겪은 경험 기억에 남는 경험 말하기

Q **Tell me about the most memorable experience you have had while listening to music. When was it? Where did it happen? What made the experience so memorable? Please describe it in as much detail as possible.** 음악 감상 도중 겪었던 기억에 남는 경험에 대해 이야기해 주세요. 언제였나요? 어디서 그 일이 일어났나요? 왜 그 일이 기억에 남나요? 그것에 대해 되도록 상세히 설명해 주세요.

나의 답변 🎤 먼저 나의 답변을 실제로 말해보자. 그 후, 등급 UP! 핵심표현과 AL 달성! 모범답변을 참고하여 나의 답변을 보완하자.

등급 UP! 핵심표현 ⚡

① 음악 감상 도중 겪은 경험 소개	· 조깅을 하면서 음악 스트리밍 서비스를 듣고 있었다	→ was listening to a music streaming service while jogging
	· 콘서트 관람 중이었다	→ was attending a concert
	· 지하철역을 지나쳤다	→ missed my subway station
② 음악 감상 도중 겪은 구체적인 경험	· 앞에 있던 차를 향해 거의 곧장 돌진했다	→ almost ran straight in front of a car
	· 완전히 음악에 몰두한	→ completely absorbed in music
	· 전화 울리는 소리를 듣지 못했다	→ couldn't hear the phone ringing
	· 우연히도 내가 가장 좋아하는 노래였다	→ happened to be my favorite song
③ 결과와 느낀 점	· 밖에서 달릴 때마다 볼륨을 낮춘다	→ keep the volume down whenever I'm out running
	· 내가 결코 잊지 못할 순간	→ a moment in time that I would never forget
	· 인생에 단 한 번뿐인 기억	→ a once-in-a-lifetime memory

AL 달성! 모범답변 ✏️

① 음악 감상 도중 겪은 경험 소개 I really love music. **One experience that sticks out for me is** a time when I **was listening to a music streaming service while jogging.**

② 음악 감상 도중 겪은 구체적인 경험 I was running along my normal route with the volume turned up loud, listening to some very upbeat music to get myself pumped up. Unfortunately, I got so into it that I wasn't paying as much attention as I should have. I was about to cross a road near my house when I looked up and noticed that I'd **almost run straight in front of a car**. The driver was honking furiously, but I hadn't heard a thing. **What made it even worse was that** I stumbled and sprained my ankle when I stopped so suddenly.

③ 결과와 느낀 점 **As a result**, I had to spend the next few days hobbling about and putting ice packs on my foot. It took a whole month before I could start jogging again. **Ever since my accident, I've made sure to** keep the volume down whenever I'm out running.

① 음악 감상 도중 겪은 경험 소개 저는 음악을 정말 좋아합니다. 저에게 기억에 남는 한 경험은 제가 조깅을 하면서 음악 스트리밍 서비스를 듣고 있었을 때입니다.

② 음악 감상 도중 겪은 구체적인 경험 저는 볼륨을 크게 높인 채 평소 다니던 길을 따라 달리고 있었고, 저 자신을 북돋기 위해 매우 신나는 음악을 조금 듣고 있었습니다. 불행히도, 저는 음악에 빠진 나머지 주의를 충분히 기울이지 못했습니다. 저는 집 근처에 있는 도로를 건너려던 참이었고, 제가 시선을 들어보니 제가 앞에 있던 차를 향해 거의 곧장 돌진하고 있는 것을 알아차렸습니다. 운전자는 맹렬히 경적을 울리고 있었지만 저는 하나도 듣지 못했습니다. 설상가상으로 너무 갑자기 멈추려고 했을 때 발을 헛디뎌 발목을 접지르고 말았습니다.

③ 결과와 느낀 점 결국 저는 그다음 며칠 동안 다리를 절뚝거리고 발에 얼음찜질을 해야 했습니다. 제가 조깅을 다시 시작할 수 있게 되기까지 꼬박 한 달이 걸렸습니다. 그 사고 이후로 저는 밖에서 달릴 때마다 반드시 볼륨을 낮추고 있습니다.

get oneself pumped up 자신을 북돋다   **honk** (경적을) 울리다   **stumble** 발을 헛디디다   **sprain** 접지르다   **hobble about** 절뚝거리다

Q **I would like you to choose two genres of music you like and compare them. What are the differences between them? How do you feel when you listen to each type of music? Provide as many details as possible.** 당신이 좋아하는 음악 장르를 두 가지 골라서 그 둘을 비교해 보세요. 그들 간에 차이점은 무엇인가요? 각 종류의 음악을 들을 때 당신은 어떤 기분이 드나요? 되도록 상세히 설명해 주세요.

나의 답변 먼저 나의 답변을 실제로 말해보자. 그 후, 등급 UP! 핵심표현과 AL 달성! 모범답변을 참고하여 나의 답변을 보완하자.

등급 UP! 핵심표현

① 비교 대상 소개	· 두 장르 모두의 열혈 팬 · 오랫동안 두 음악 장르 모두 들었다 · 클래식 음악에 맛을 들였음	→ a big fan of both types of music → have listened to both types of music for ages → have acquired a taste for classical music
② 첫 번째 음악 장르의 특징	· 주로 사랑에 빠지는 것에 대한 · 정말 행복감을 주는 · 이런 류의 음악은 도무지 질리지 않는다	→ usually about falling in love → really uplifting → can't get enough of these types of songs
③ 두 번째 음악 장르의 특징	· 노래라기보다는 주문 같이 들린다 · 구세대의 인기를 끌지 못해왔다 · 가사가 가끔 이해하기 힘들다	→ sound more like a chant rather than singing → hasn't caught on with the older generation → the lyrics are sometimes hard to follow

AL 달성! 모범답변

① 비교 대상 소개 **The two music genres I want to compare are** hip-hop and R&B. Although I'm **a big fan of both types of music**, there are significant differences between them.

② 첫 번째 음악 장르의 특징 **Let's start with R&B.** I believe that this genre became popular around the middle of the 20th century. It is characterized by mellow melodies and soaring vocals. Everyone who's a popular R&B singer has a pretty amazing voice. The songs are **usually about falling in love** or breaking up, so they make me think about my own relationships a lot.

③ 두 번째 음악 장르의 특징 **On the other hand**, hip-hop came about in the late 70s or early 80s and has much more energy. There's usually a strong underlying beat. It always makes me want to get up and dance. Hip-hop also differs from R&B in the way that it is sung. The lyrics are rapped, which makes it **sound more like a chant rather than singing**. **It's cool because** rappers use their voice as a sort of musical instrument.

① 비교 대상 소개 제가 비교하고 싶은 두 가지 음악 장르는 힙합과 R&B입니다. 저는 두 장르 모두의 열혈 팬이지만, 둘 사이에는 현저한 차이가 있습니다.

② 첫 번째 음악 장르의 특징 R&B에 대해 먼저 이야기해 보겠습니다. 제가 알기로 이 장르는 20세기 중반쯤부터 인기를 얻었습니다. R&B는 부드러운 멜로디와 높게 올라가는 보컬이 특징입니다. 유명한 R&B 가수라면 누구나 꽤 놀라운 목소리를 갖고 있습니다. 노래들은 주로 사랑에 빠지거나 이별하는 것에 대한 내용이어서, 저로 하여금 저 자신의 연애에 대해 많이 생각하게 만듭니다.

③ 두 번째 음악 장르의 특징 반면에 힙합은 70년대 후반 혹은 80년대 초반에 생겨났고 훨씬 에너지가 있습니다. 힙합 음악에는 보통 밑에 강한 비트가 깔려 있습니다. 그것은 언제나 저를 일어나서 춤추고 싶게 만듭니다. 또한, 힙합은 불리는 방식에서도 R&B와 다릅니다. 가사가 랩이어서 노래라기보다는 주문처럼 들립니다. 힙합은 래퍼들이 자신들의 목소리를 일종의 악기처럼 사용하기 때문에 멋집니다.

mellow 부드러운, 그윽한　break up 이별하다　relationship 연애, 관계　underlying 밑에 있는

04 음악 감상 기기 대상 설명하기(3) – 사물

🎧 설문 UNIT 15 Track 5

Q **What kind of devices do people like to listen to music on? Can you tell me about the popular ones? Why do people like them? Please explain about the devices in as much detail as possible.** 사람들은 어떤 종류의 기기로 음악을 듣기 좋아하나요? 인기 있는 기기들에 대해 이야기해 줄 수 있나요? 사람들이 그것들을 왜 좋아하나요? 기기들에 대해서 되도록 상세히 설명해 주세요.

나의 답변 🎤 먼저 나의 답변을 실제로 말해보자. 그 후, 등급 UP! 핵심표현과 AL 달성! 모범답변을 참고하여 나의 답변을 보완하자.

등급 UP! **핵심표현** ⚡

① 음악 감상 기기 소개	· 대부분의 사람들이 스마트폰을 선호한다	→ most people favor smartphones
	· 그것들은 스마트폰과 비교가 안 된다	→ they can't compare to smartphones
	· 부가 기능들로 꽉 차 있다	→ are packed with extra features
② 음악 감상 기기의 특징	· 음악을 다운로드하거나 스트리밍할 수 있다	→ it's possible to download songs or stream music
	· 소리가 매우 선명하다	→ has crystal clear sound
	· 노래를 수천 곡 담을 수 있다	→ can hold thousands of songs
	· 여러 파일 형식들을 지원한다	→ supports a number of file formats
③ 음악 감상 기기에 대한 내 생각	· 음악을 몇 시간이고 계속 듣는다	→ listen to music for hours on end
	· 음악 산업에 혁명을 가져올 것이다	→ will revolutionize the music industry
	· 빠르게 구식이 되고 있다	→ is fast becoming obsolete

AL 달성! **모범답변** 🎯

① 음악 감상 기기 소개 **When it comes to music-listening devices, most people favor smartphones**. Although people still listen to music on their computers at home or on the radio in the car, smartphones can't be beat.

② 음악 감상 기기의 특징 **The thing about smartphones that people like is** the convenience. Most people carry their smartphones with them everywhere, so these devices are always available to listen to music on. In addition, they can access the Internet, so **it's possible to download songs or stream music** on them. As an added bonus, there are a wide variety of music apps that people can use. You can watch music videos, listen to compilations of songs that have been uploaded by other users, and so on.

③ 음악 감상 기기에 대한 내 생각 Like most people, I use my smartphone to listen to tunes. **One thing I don't like about my smartphone though is** the battery life. I use my smartphone for a lot of things other than listening to music, so the battery can run out quickly. I wish I could **listen to music for hours on end**, but I usually need to recharge my phone a couple times.

① 음악 감상 기기 소개 음악 감상 기기에 있어서는, 대부분의 사람들이 스마트폰을 선호합니다. 비록 사람들이 여전히 집에서 컴퓨터로 음악을 듣거나 차 안에서 라디오로 음악을 듣지만, 스마트폰보다 더 나은 것은 없습니다.

② 음악 감상 기기의 특징 스마트폰에 대해 사람들이 좋아하는 점은 편리함입니다. 대부분의 사람들이 어디든지 자신의 스마트폰을 가지고 다니기 때문에 음악을 듣는데 이 기기들을 언제든지 이용할 수 있습니다. 게다가, 스마트폰은 인터넷에 연결할 수 있어서, 거기에 음악을 다운로드하거나 스트리밍할 수 있습니다. 추가적인 보너스로, 사람들이 사용할 수 있는 다양한 종류의 음악 앱이 있습니다. 뮤직비디오를 보거나 다른 사용자가 업로드한 노래 모음을 듣는 등의 작업을 할 수 있습니다.

③ 음악 감상 기기에 대한 내 생각 대다수의 사람들처럼 저도 스마트폰으로 노래를 듣습니다. 하지만 제 스마트폰에 대해 마음에 안 드는 한 가지는 배터리 수명입니다. 저는 음악을 듣는 것 외에도 스마트폰을 많이 사용해서, 배터리가 빨리 닳을 수도 있습니다. 음악을 몇 시간이고 계속 들을 수 있으면 좋겠지만, 보통 제 스마트폰을 몇 번 충전해야 합니다.

convenience 편리함, 편의 **adjust** 조정하다 **tunes** 노래, 곡

*설문 주제 <음악 감상하기>에 대한 추가 답변 아이디어와 표현은 [**주제별 답변 아이디어&표현 사전**]의 p.32에서 학습할 수 있습니다.

UNIT 16 · 악기 연주하기

Background Survey에서 취미나 관심사로 "악기 연주하기"를 선택할 것이라면, 이 UNIT을 통해 <악기 연주하기> 빈출 문제 및 모범답변, 그리고 관련 표현을 학습하여 나만의 답변을 준비해 두자.

음성 바로 듣기

🔄 빈출 문제

나의 악기 연주 경향
습관/경향에 대해 말하기

In your background survey, you indicated that you like to play a musical instrument. What kind of instrument do you play? Why do you play the instrument? When and where do you usually play it?

배경 설문에서, 당신은 악기 연주를 좋아한다고 했습니다. 당신은 어떤 종류의 악기를 연주하나요? 왜 그 악기를 연주하나요? 그것을 언제 그리고 어디서 주로 연주하나요?

악기를 연주하게 된 계기와 변화
시작한 계기와 변화 말하기

What made you become interested in playing a musical instrument? When did you first start learning to play it? How did you improve? How well do you play the instrument now?

무엇이 당신으로 하여금 악기 연주에 관심을 갖게 만들었나요? 악기 연주를 언제 처음 배우기 시작했나요? 악기 연주 실력이 어떻게 향상되었나요? 지금은 악기를 얼마나 잘 연주하나요?

사람들 앞에서 연주한 경험
기억에 남는 경험 말하기

Please tell me about an experience you have had playing a musical instrument in front of others. When was it? Were they family, friends, or strangers? Was it part of a competition? How did it feel to perform in front of others?

다른 사람들 앞에서 악기를 연주해 본 경험에 대해 이야기해 주세요. 그것이 언제였나요? 관객이 가족, 친구, 아니면 모르는 사람들이었나요? 그것이 대회의 일부였나요? 다른 사람들 앞에서 연주할 때 어떤 기분이 들었나요?

좋아하는 음악가
대상 설명하기(1) - 인물

Tell me about your favorite musician. What kind of music does he or she play? Why do you like that music?

가장 좋아하는 음악가에 대해 이야기해 주세요. 그 음악가는 어떤 종류의 음악을 연주하나요? 당신은 왜 그 음악을 좋아하나요?

악기 연주 방법
규칙/방법 설명하기

In your background survey, you indicated that you can play a musical instrument. Which one do you play? Please explain to me how to play the musical instrument in detail.

배경 설문에서, 당신은 악기를 연주할 수 있다고 했습니다. 어떤 악기를 연주하나요? 악기 연주 방법을 상세히 설명해 주세요.

> **자주 나오는 3단 콤보**
> • 내가 연주하는 악기 – 나의 악기 연주 경향 – 사람들 앞에서 연주한 경험
> • 좋아하는 음악가 – 악기를 연주하게 된 계기와 변화 – 사람들 앞에서 연주한 경험

나의 악기 연주 경향 습관/경향에 대해 말하기 🎧 설문 UNIT 16 Track 1

In your background survey, you indicated that you like to play a musical instrument. What kind of instrument do you play? Why do you play the instrument? When and where do you usually play it?

배경 설문에서, 당신은 악기 연주를 좋아한다고 했습니다. 당신은 어떤 종류의 악기를 연주하나요? 왜 그 악기를 연주하나요? 그것을 언제 그리고 어디서 주로 연주하나요?

답변구조에 따라 말할 내용을 살펴보고, 아래 모범답변을 참고하여 나의 답변을 말해보자.

AL 달성! 답변구조 ⚙️

① 나의 악기 연주 경향 소개	● 어떤 악기를 연주하는지, 주로 언제 연주하는지
② 나의 악기 연주의 구체적인 경향	● 악기 연주를 어디서 하는지, 얼마나 자주 연주하는지
③ 나의 악기 연주 경향에 대한 내 생각	● 왜 악기 연주를 좋아하는지

AL 달성! 모범답변 ✏️

① **나의 악기 연주 경향 소개** My instrument of choice is the piano. **I usually play the piano** in the evenings when I'm trying to relax after work.

② **나의 악기 연주의 구체적인 경향** I own my own piano, so I practice in my living room. I need the peace and quiet of my own home in order to concentrate. **My typical routine involves** playing a few scales to warm up. Then I tackle a piece of music. In a regular session, I'll usually play some classical music as well as something more current, like jazz. **I do this because** I want to be a well-rounded piano player. Unfortunately, I don't have much time to devote to the piano since I'm very busy these days. Two or three practice sessions per week is all I can manage.

③ **나의 악기 연주 경향에 대한 내 생각** Playing the piano has a very calming effect on me. When I begin to play, my worries melt away. **That is why I usually** look forward to practicing.

골라 쓰는 답변 아이디어

→ ● 어떤 악기를 연주하는지
I'm a talented guitarist.
나는 재능있는 기타리스트이다.
The ukulele is my go-to instrument. 우쿨렐레가 내가 찾는 악기이다.

→ ● 주로 언제 연주하는지
on weekend mornings 주말 아침에
whenever I can grab a spare moment 남는 시간이 있을 때마다

→ ● 악기 연주를 어디서 하는지
my band's practice space 밴드 연습실
the university's music room 대학 음악실

→ ● 왜 악기 연주를 좋아하는지
I feel a rush of excitement 흥분이 몰려오는 것을 느낀다
gives me sense of achievement 성취감을 준다

① **나의 악기 연주 경향 소개** 제가 선택한 악기는 피아노입니다. 저는 주로 퇴근 후 휴식을 취하려는 저녁때 피아노를 칩니다. ② **나의 악기 연주의 구체적인 경향** 저는 제 피아노를 가지고 있기 때문에 저희 집 거실에서 연습합니다. 제가 집중하려면 저희 집이 평온해야 합니다. 저의 보통의 과정은 몸을 풀기 위해 음계를 조금 치는 것을 포함합니다. 그리고는 한 곡을 붙잡아 연주합니다. 평상시의 연습 시간에는 주로 클래식을 조금 연주하고 재즈 같은 좀 더 현대적인 음악 또한 연주합니다. 제가 이렇게 하는 것은 균형 잡힌 연주자가 되고 싶기 때문입니다. 안타깝게도, 저는 요즘 매우 바쁘기 때문에 피아노에 쏟을 시간이 많이 없습니다. 일주일에 두세 번의 연습 시간이 제가 해낼 수 있는 전부입니다. ③ **나의 악기 연주 경향에 대한 내 생각** 피아노를 연주하는 것은 저에게 정말 진정효과가 있습니다. 연주를 시작하면 모든 걱정들이 녹아 사라집니다. 이것이 제가 보통 연습을 기다리는 이유입니다.

scale 음계 **warm up** 몸을 풀다 **well-rounded** 균형 잡힌 **devote** 쏟다 **calming effect** 진정효과 **melt away** 녹아 사라지다

나의 답변 📝 먼저 나의 답변을 실제로 말해보자. 그 후, AL 달성! 답변구조와 AL 달성! 모범답변을 참고하여 나의 답변을 보완하자.

① **나의 악기 연주 경향 소개**

② **나의 악기 연주의 구체적인 경향**

③ **나의 악기 연주 경향에 대한 내 생각**

01 악기를 연주하게 된 계기와 변화 시작한 계기와 변화 말하기

🎧 설문 UNIT 16 Track 2

Q **What made you become interested in playing a musical instrument? When did you first start learning to play it? How did you improve? How well do you play the instrument now?** 무엇이 당신으로 하여금 악기 연주에 관심을 갖게 만들었나요? 악기 연주를 언제 처음 배우기 시작했나요? 악기 연주 실력이 어떻게 향상되었나요? 지금은 악기를 얼마나 잘 연주하나요?

나의 답변 🎤 먼저 나의 답변을 실제로 말해보자. 그 후, 등급 UP! 핵심표현과 AL 달성! 모범답변을 참고하여 나의 답변을 보완하자.

등급 UP! 핵심표현 ⚡

① 악기 연주를 시작한 계기	· 또 다른 악기를 시도해 보라고 권했다	→ recommended that I try my hand at another instrument
	· 음악 시간에 연주해 볼 기회가 있었다	→ got a chance to play one in a music class
	· 새로운 취미를 갖고 싶었다	→ wanted to pick up a new hobby
② 연주 실력의 변화 과정	· 주로 끽끽거리는 소리를 냈다	→ mostly produced screeching noises
	· 약간씩 음이 안 맞는	→ slightly out of tune
	· 유튜브를 보며 스스로 배웠다	→ taught myself by watching YouTube
③ 현재 연주 실력	· 내게 성취감도 주었다	→ has also given me a sense of achievement
	· 음감이 있어서 연주를 매우 잘한다	→ have an ear for music, so I play very well
	· 초보자치고 나쁘지 않은	→ not bad for a beginner
	· 실력이 좀 녹슬었다	→ am a bit rusty

AL 달성! 모범답변 🎯

① **악기 연주를 시작한 계기** I **first began** playing the violin when I was 11 years old. **It all started when** my piano teacher **recommended that I try my hand at another instrument**. **What got me interested in playing the violin was** its sophisticated sound. It eventually grew into a lifelong hobby.

② **연주 실력의 변화 과정** When I first started playing, it was difficult because I couldn't use the bow properly. I **mostly produced screeching noises**, so it wasn't fun for me. **As time passed, I began to** practice intensively. With hard work and dedication, I got better and better. Soon I became good enough to play a few songs, and then I really began to enjoy myself.

③ **현재 연주 실력** I've now played for more than 10 years, and I have gotten good enough to form an ensemble with other musicians. We even performed some pieces at a gathering for our friends. Not only is playing the violin enjoyable, it **has also given me a sense of achievement**.

① **악기 연주를 시작한 계기** 저는 바이올린을 11살 때 처음 연주하기 시작했습니다. 이것은 모두 저의 피아노 선생님께서 저에게 또 다른 악기를 시도해 보라고 권하셨을 때 시작되었습니다. 제가 바이올린 연주에 관심을 갖게 한 것은 바이올린의 세련된 소리였습니다. 바이올린 연주는 결국 제 평생의 취미로 자라났습니다.

② **연주 실력의 변화 과정** 제가 연주를 처음 시작했을 때는 활을 제대로 쓰지 못해서 어려웠습니다. 저는 주로 끽끽거리는 소리를 냈기 때문에 연주가 저에게는 재미있지 않았습니다. 시간이 지나면서 저는 집중적으로 연습하기 시작했습니다. 각고의 노력과 헌신으로, 저는 점점 더 나아졌습니다. 저는 곧 몇몇 곡을 연주할 수 있을 정도로 좋아졌고, 그 후에는 정말 즐기기 시작했습니다.

③ **현재 연주 실력** 이제 바이올린을 연주해 온 지 10년이 넘었고, 다른 음악가들과 합주단을 형성할 수 있을 정도로 실력이 좋아졌습니다. 우리는 친구들을 위한 모임에서 몇 곡을 함께 연주하기까지 했습니다. 바이올린을 연주하는 것은 재미있을 뿐 아니라 제게 성취감도 주었습니다.

sophisticated 세련된 lifelong 평생의 intensively 집중적으로 ensemble 합주단, 앙상블 gathering 모임

02 사람들 앞에서 연주한 경험 기억에 남는 경험 말하기

Q **Please tell me about an experience you have had playing a musical instrument in front of others. When was it? Were they family, friends, or strangers? Was it part of a competition? How did it feel to perform in front of others?** 다른 사람들 앞에서 악기를 연주해 본 경험에 대해 이야기해 주세요. 그것이 언제였나요? 관객이 가족, 친구, 아니면 모르는 사람들이었나요? 그것이 대회의 일부였나요? 다른 사람들 앞에서 연주할 때 어떤 기분이 들었나요?

나의 답변 🎤 | 먼저 나의 답변을 실제로 말해보자. 그 후, 등급 UP! 핵심표현과 AL 달성! 모범답변을 참고하여 나의 답변을 보완하자.

등급 UP! **핵심표현** ⚡

① 사람들 앞에서 연주한 경험 소개	· 나의 2학년 장기 자랑 · 콘테스트에서 이기려고 작정했다	→ my second-grade talent show → had our hearts set on winning the contest
② 사람들 앞에서 연주한 구체적인 경험	· 나는 안절부절못했다 · 무대에 오르기 위해 용기를 내야 했다 · 기립박수를 받았다 · 박자를 맞출 수 없었다 · 음정이 어떻게 진행되는지 잊어버렸다	→ gave me butterflies in my stomach → had to work up the nerve to go onstage → received a standing ovation → couldn't keep the beat → forgot how the tune went
③ 결과와 느낀 점	· 해냈다는 것에 스스로가 자랑스러웠다 · 하늘 위를 나는 것 같았다 · 더 잘할 수 있었을 것 같다고 느꼈다 · 드디어 공연이 끝나서 안심되었다	→ felt proud of myself for pulling it off → felt like I was walking on air → felt like I could have done better → relieved to finally be done with the performance

AL 달성! **모범답변** ✒️

① 사람들 앞에서 연주한 경험 소개 **One experience I will never forget is my second-grade talent show**. It was the first time I performed in front of others. My class was learning to play the recorder, and our teacher had us prepare a number of songs. We practiced all semester.

② 사람들 앞에서 연주한 구체적인 경험 **The thing that sticks out most is that** our parents were invited to watch us perform and cheer us on. Our class was competing against all the other classes in our grade, and we really wanted to win. I had a bit of stage fright, so the idea of performing in public **gave me butterflies in my stomach**. In the end, though, we did quite well. Everyone applauded, and we won second place in the talent show.

③ 결과와 느낀 점 **The experience was unforgettable because I felt really proud of myself for pulling it off.** I had practiced extremely hard until I knew every piece through and through. **From this incident, I learned that** when you do your best to prepare for something, there's no reason to be nervous.

① 사람들 앞에서 연주한 경험 소개 제가 절대 잊지 못할 경험 하나는 저의 2학년 장기 자랑입니다. 다른 사람들 앞에서 연주한 건 그때가 처음이었습니다. 저희 반은 리코더를 배우고 있었는데, 저희 선생님께서는 저희에게 많은 곡을 준비시키셨습니다. 저희는 한 학기 내내 연습했습니다.

② 사람들 앞에서 연주한 구체적인 경험 가장 두드러지는 점은 부모님들이 저희가 공연하는 것을 보고 응원도 하러 초대받으셨다는 것입니다. 저희 반은 저희 학년의 다른 모든 반들과 경쟁하고 있었고, 저희는 정말 이기고 싶었습니다. 저는 약간 무대공포증이 있어서 대중 앞에서 공연한다는 생각에 안절부절못했습니다. 그럼에도 불구하고 결국 저희는 꽤 잘했습니다. 모든 사람들이 박수를 쳤고 저희는 장기 자랑에서 2위를 했습니다.

③ 결과와 느낀 점 저는 그 일을 해냈다는 것에 스스로가 정말 자랑스러워서 그 경험을 잊을 수가 없습니다. 저는 모든 곡을 속속들이 알 때까지 정말로 열심히 연습했습니다. 이 일로 인해 저는 최선을 다해 무언가를 준비한다면 긴장할 필요가 전혀 없다는 것을 배웠습니다.

cheer someone on ~를 응원하다   stage fright 무대공포증   applaud 박수치다   through and through 속속들이

Q **Tell me about your favorite musician. What kind of music does he or she play? Why do you like that music?** 가장 좋아하는 음악가에 대해 이야기해 주세요. 그 음악가는 어떤 종류의 음악을 연주하나요? 당신은 왜 그 음악을 좋아하나요?

나의 답변 🎤 먼저 나의 답변을 실제로 말해보자. 그 후, 등급 UP! 핵심표현과 AL 달성! 모범답변을 참고하여 나의 답변을 보완하자.

등급 UP! 핵심표현 ⚡

① 좋아하는 음악가 소개	· 피아노를 어느 누구보다 잘 친다	→ plays the piano like no one else
	· 대단한 피아니스트	→ an incredible pianist
	· 그녀의 음악은 질리지 않는다	→ can't get enough of her music
	· 신동	→ a child prodigy
② 좋아하는 음악가의 특징	· 그의 곡들은 듣기 좋다	→ his pieces are easy on the ears
	· 그렇게 대중성이 있는 음악가는 거의 없다	→ few musicians have such mass appeal
	· 정말 복잡한 노래들을 연주한다	→ plays really complex songs
	· 연주 스타일과 소리가 특이하다	→ has a unique style and sound
③ 좋아하는 음악가에 대한 내 생각	· 진정 효과가 있다	→ have a calming effect on me
	· 보통 굉장히 독창적이고 신선한	→ usually highly original and refreshing
	· 절대 인기가 떨어지지 않는다	→ never go out of fashion

AL 달성! 모범답변 🎯

① 좋아하는 음악가 소개 The person I'd like to talk about is Yiruma. He is my favorite musician by far. He **plays the piano like no one else**. I've been a fan of his music for over a decade now.

② 좋아하는 음악가의 특징 Yiruma began learning the piano when he was just five years old, and he developed his talent at prestigious music schools in the UK. He released his first album in 2001, and it was a big hit. **As for his musical style**, it is contemporary classic, and **his pieces are easy on the ear**. One of his most famous songs, "River Flows in You," has been used in movies and commercials. It has been performed by many other musicians around the world. It is one of my favorite songs by him.

③ 좋아하는 음악가에 대한 내 생각 What I like most about Yiruma is that his compositions **have a calming effect on me**. He plays classical music in a modern way so that it doesn't sound old or stuffy. I let my mind wander and relax as I listen to his soothing music.

① 좋아하는 음악가 소개 제가 말씀드리고 싶은 사람은 Yiruma입니다. 그는 지금까지 제가 가장 좋아하는 음악가입니다. 그는 피아노를 어느 누구보다 잘 칩니다. 그의 음악의 팬이 된 지 이제 10년이 넘었습니다.

② 좋아하는 음악가의 특징 Yiruma는 겨우 5살 때 피아노를 배우기 시작했고, 영국의 명문 음악 학교들에서 그의 재능을 키웠습니다. 그는 2001년에 첫 앨범을 냈고, 그것은 큰 히트를 쳤습니다. 그의 음악 스타일에 관해 말하자면, 현대 클래식이고, 그의 곡들은 듣기 좋습니다. 그의 가장 유명한 곡 중 하나인 "River Flows in You"는 영화와 광고에 사용되어 왔습니다. 그것은 전 세계의 많은 다른 음악가들에 의해 연주되었습니다. 그의 곡들 중 제가 가장 좋아하는 곡 중 하나입니다.

③ 좋아하는 음악가에 대한 내 생각 제가 Yiruma에 대해 가장 좋아하는 점은 그의 작곡이 저에게 진정 효과가 있다는 것입니다. 그는 클래식 음악이 시대에 뒤떨어지거나 답답하게 들리지 않도록 현대적인 방식으로 연주합니다. 저는 마음을 달래주는 그의 음악을 들으면서 생각에 잠기고 마음을 편히 합니다.

composition 작곡, 작품 stuffy 답답한 soothing 마음을 달래 주는

04 악기 연주 방법 규칙/방법 설명하기

Q **In your background survey, you indicated that you can play a musical instrument. Which one do you play? Please explain to me how to play the musical instrument in detail.** 배경 설문에서, 당신은 악기를 연주할 수 있다고 했습니다. 어떤 악기를 연주하나요? 악기 연주 방법을 상세히 설명해 주세요.

> **나의 답변** 🎤 먼저 나의 답변을 실제로 말해보자. 그 후, 등급 UP! 핵심표현과 AL 달성! 모범답변을 참고하여 나의 답변을 보완하자.

등급 UP! **핵심표현** ⚡

① 연주하는 악기 소개	· 피아노를 치는데, 그것을 상당히 좋아한다	→ play the piano, and I'm quite fond of it
	· 바이올린에 재능이 있다	→ has a talent for the violin
	· 첼로를 5년 동안 연주했다	→ have played the cello for five years
② 악기 연주 방법	· 등을 곧게 펴고 있어야 한다	→ need to keep your back straight
	· 입을 대는 부분을 통해 분다	→ blow through the mouthpiece
	· 구멍 위에 손가락들을 댄다	→ place your fingers over the holes
	· 키를 누르고 있다	→ hold down the keys
	· 드럼채로 친다	→ hit it with drumsticks
	· 줄을 따라 활을 켠다	→ run a bow along the strings
	· 맨손으로 두드린다	→ hit it with your bare hand

AL 달성! **모범답변** ✏️

① 연주하는 악기 소개 I **play the piano, and I'm quite fond of it.** I've been playing ever since I started taking lessons as a young child. Now, after many years of dedicated practice, I think I've become a pretty skilled pianist. That's what all of my friends tell me, anyway.

② 악기 연주 방법 Playing the piano **is quite a bit harder than it looks**. **For example**, posture is critical, so you **need to keep your back straight**. You look directly ahead to read the sheet music, and you hold both hands in front of you to strike the keys. The right hand usually keeps the melody going on the higher notes, and the left hand typically provides accompaniment on the lower notes. **It's really important to** play the right keys at the right time. Meanwhile, your feet rest on the pedals. These are used when you want to extend a note or make the music softer.

① 연주하는 악기 소개 저는 피아노를 치는데, 그것을 상당히 좋아합니다. 저는 어린 아이였을 때 처음 피아노 수업을 받기 시작한 이후로 줄곧 피아노를 연주해 오고 있습니다. 수년간 헌신적으로 연습하고 난 후, 지금은 제가 꽤 노련한 연주가가 되었다고 생각합니다. 어쨌든, 적어도 제 친구들은 모두 저에게 그렇게 말합니다.

② 악기 연주 방법 피아노를 연주하는 것은 보기보다 상당히 좀 어렵습니다. 예를 들자면, 자세가 중요하기 때문에 등을 곧게 펴고 있어야 합니다. 악보를 보기 위해 똑바로 앞을 바라보고, 건반을 치기 위해 양손은 자기 앞에 놓습니다. 오른손은 보통 높은 음에서 멜로디를 계속 치고, 왼손은 주로 더 낮은 음에서 반주를 합니다. 정확한 타이밍에 정확한 건반을 치는 것이 매우 중요합니다. 그러는 동안 발은 페달에 놓습니다. 페달은 음을 늘리고 싶거나 부드럽게 하고 싶을 때 사용됩니다.

dedicated 헌신적인 **skilled** 노련한 **posture** 자세 **sheet music** 악보 **key** 건반 **note** 음 **accompaniment** 반주 **rest** 놓이다, 쉬다

---

*설문 주제 <악기 연주하기>에 대한 추가 답변 아이디어와 표현은 [주제별 답변 아이디어&표현 사전]의 p.34에서 학습할 수 있습니다.

UNIT 17

요리하기

음성 바로 듣기

Background Survey에서 취미나 관심사로 "요리하기"를 선택할 것이라면, 이 UNIT을 통해 <요리하기> 빈출 문제 및 모범답변, 그리고 관련 표현을 학습하여 나만의 답변을 준비해 두자.

🔄 빈출 문제

좋아하는 음식의 요리 과정
시간 순서대로 설명하기

In your background survey, you indicated that you like to cook. What's your favorite food to cook? How do you prepare it? Do you have a special recipe? Please describe the cooking process from beginning to end.

배경 설문에서, 당신은 요리하기를 좋아한다고 했습니다. 당신이 요리하기 가장 좋아하는 음식은 무엇인가요? 그것을 어떻게 만드나요? 당신은 특별한 레시피를 갖고 있나요? 요리 과정을 처음부터 끝까지 설명해 주세요.

요리 도중 겪은 경험
기억에 남는 경험 말하기

Tell me about an interesting or memorable experience that you have had while cooking. What did you cook? What made the experience so memorable? Please describe it in detail.

요리를 하는 도중 겪었던 기억에 남는 경험에 대해 이야기해 주세요. 당신이 무엇을 요리했나요? 무엇이 그 경험을 기억에 남게 만들었나요? 그것에 대해 상세히 설명해 주세요.

요리하다 겪은 문제
문제 해결 경험 말하기

Have you experienced any difficulties or problems while cooking? What happened? How did you solve the problem? Give me as many details as possible.

요리를 하다가 어떤 어려움이나 문제를 겪은 적이 있나요? 무슨 일이 있었나요? 그 문제를 어떻게 해결했나요? 되도록 상세히 설명해 주세요.

우리나라와 다른 나라의 요리 비교
두 가지 대상 비교하기

Can you compare the food in your country with the food in another country? How are they different? Is it the cooking method or the ingredients that mainly differ?

당신 나라의 음식을 다른 나라의 음식과 비교할 수 있나요? 그들이 어떻게 다른가요? 주로 다른 점이 요리 방법인가요, 아니면 요리 재료인가요?

요리에 흥미를 갖게 된 계기
시작한 계기와 변화 말하기

How did you become interested in cooking? When was it? How did you learn to cook? Did someone teach you?

당신은 어떻게 요리에 관심을 갖게 되었나요? 그것이 언제였나요? 요리하는 법을 어떻게 배웠나요? 누군가가 당신을 가르쳐줬나요?

자주 나오는 3단 콤보
- 좋아하는 음식의 요리 과정 – 요리 도중 겪은 경험 – 요리하다 겪은 문제
- 요리 도중 겪은 경험 – 요리하다 겪은 문제 – 요리에 흥미를 갖게 된 계기

In your background survey, you indicated that you like to cook. What's your favorite food to cook? How do you prepare it? Do you have a special recipe? Please describe the cooking process from beginning to end.

배경 설문에서, 당신은 요리하기를 좋아한다고 했습니다. 당신이 요리하기 가장 좋아하는 음식은 무엇인가요? 그것을 어떻게 만드나요? 당신은 특별한 레시피를 갖고 있나요? 요리 과정을 처음부터 끝까지 설명해 주세요.

답변구조에 따라 말할 내용을 살펴보고, 아래 모범답변을 참고하여 나의 답변을 말해보자.

AL 달성! 답변구조 ⚙️

① 좋아하는 요리 소개	● 만들기 좋아하는 음식이 무엇인지
② 요리 과정을 시간 순서대로 설명	● 재료 준비하기, 조리하기, 차려내기
③ 요리하기에 대한 내 생각	● 직접 만든 요리를 먹으면 어떤지

AL 달성! 모범답변 ✒️

① **좋아하는 요리 소개** On most weekends, I make French toast. **This is my favorite dish to prepare.** While it's true that the recipe is fairly simple, preparing it well is harder than you'd think.

② **요리 과정을 시간 순서대로 설명** In order to make French toast, **the first thing you must do is** get the right bread. A French baguette works best. You should cut it into thick slices. **Then** get some eggs and beat them with a little milk or water until they are smooth. Dip the bread slices into this mixture and fry them in a pan over medium heat. This is the tricky part. You want the bread to get crispy on the outside, but remain soft in the middle. Once the bread is toasted, place it on a plate. **Finally,** serve it with powdered sugar and maple syrup.

③ **요리하기에 대한 내 생각** It took me a long time to learn the proper technique for making this dish, but **it was worth the effort.** Sitting down to French toast that I have prepared myself is incredibly satisfying.

골라 쓰는 답변 아이디어

▸ **재료 준비하기**
mince 다지다   dice 깍둑썰기를 하다
season 양념하다   peel 껍질을 벗기다

▸ **조리하기**
steam 찌다   blanch 데치다
simmer 계속 끓이다   drain 물을 빼내다
add a pinch of salt
소금을 한 꼬집 더한다

▸ **차려내기**
garnish the dish with ~
~으로 고명을 얹는다
slice into equal-sized pieces
같은 크기의 조각으로 자른다
sprinkle sugar on it
그 위에 설탕을 뿌린다

▸ **직접 만든 요리를 먹으면 어떤지**
gives me a sense of accomplishment
내게 성취감을 준다
reinforces my love of cooking
요리에 대한 내 애정을 강화한다

① **좋아하는 요리 소개** 거의 주말마다 저는 프렌치토스트를 만듭니다. 이것은 제가 만들기 가장 좋아하는 요리입니다. 레시피가 꽤 간단한 것은 사실이지만, 잘 만드는 것은 생각하는 것보다 어렵습니다. ② **요리 과정을 시간 순서대로 설명** 프렌치토스트를 만들기 위해서 제일 먼저 해야 하는 일은 적당한 빵을 구하는 것입니다. 프렌치 바게트가 가장 좋습니다. 당신은 그것을 두꺼운 슬라이스로 잘라야 합니다. 그다음엔 달걀을 좀 가져와 소량의 우유나 물과 함께 부드러워질 때까지 세게 휘저어 줍니다. 빵 슬라이스를 이 혼합물에 담갔다가 팬에서 중불로 굽습니다. 이것이 까다로운 부분입니다. 당신은 빵이 바깥쪽은 바삭바삭하지만 중간에는 부드럽게 남아있기를 원합니다. 빵이 구워졌으면, 접시에 놓습니다. 마지막으로 슈가 파우더와 메이플 시럽과 함께 차려냅니다. ③ **요리하기에 대한 내 생각** 이 요리를 만드는 데 필요한 테크닉을 제대로 배우는 데는 한참 걸렸지만, 그런 노력을 할 만한 가치가 있었습니다. 제가 스스로 만든 프렌치토스트를 자리를 잡고 먹는 것은 대단히 만족스럽습니다.

fairly 꽤, 상당히   **beat** (달걀 등을) 세게 휘젓다   **dip** 담그다   **fry** (기름에) 굽다, 튀기다   **tricky** 까다로운   **crispy** 바삭바삭한

🎙️ **나의 답변** 먼저 나의 답변을 실제로 말해보자. 그 후, AL 달성! 답변구조와 AL 달성! 모범답변을 참고하여 나의 답변을 보완하자.

① 좋아하는 요리 소개

② 요리 과정을 시간 순서대로 설명

③ 요리하기에 대한 내 생각

01 **요리 도중 겪은 경험** 기억에 남는 경험 말하기 · 🎧 설문 UNIT 17 Track 2

Q **Tell me about an interesting or memorable experience that you have had while cooking. What did you cook? What made the experience so memorable? Please describe it in detail.** 요리를 하는 도중 겪었던 기억에 남는 경험에 대해 이야기해 주세요. 당신이 무엇을 요리했나요? 무엇이 그 경험을 기억에 남게 만들었나요? 그것에 대해 상세히 설명해 주세요.

> 나의 답변 🎤 먼저 나의 답변을 실제로 말해보자. 그 후, 등급 UP! 핵심표현과 AL 달성! 모범답변을 참고하여 나의 답변을 보완하자.

> 등급 UP! **핵심표현** ⚡

① 요리 도중 겪은 경험 소개	· 부모님께 저녁을 대접한다고 제안했다	→ offered to host my parents for the evening
	· 그들을 실망하게 하고 싶지 않았다	→ didn't want to let them down
	· 인터넷에서 본 요리법을 따라 하고 싶었다	→ wanted to replicate the recipe I saw online
	· 맛있는 식사를 만들기 시작했다	→ set out to create a delicious meal
② 요리 도중 겪은 구체적인 경험	· 처음부터 시작하여 전체 식사를 요리한다	→ cook the entire meal from scratch
	· 국의 맛을 봤다	→ tasted the stew
	· 양념이 잘 배도록 확실히 한다	→ ensure it was well-seasoned
③ 결과와 느낀 점	· 모든 음식이 아주 잘 되었다	→ All of the food turned out very well
	· 그들의 취향이었다	→ be to their liking
	· 약간 짠 편인	→ a bit on the salty side
	· 스스로에게 감동한	→ impressed with myself

> AL 달성! **모범답변** ✏️

① 요리 도중 겪은 경험 소개 **The most memorable experience I have ever had while cooking was** preparing my mother's birthday dinner last year. I **offered to host my parents and siblings for the evening**, so I was responsible for making the meal.

② 요리 도중 겪은 구체적인 경험 I had never cooked for my family before, so I really wanted to make the dinner unforgettable. I spent all morning planning a menu, searching for recipes, and shopping for ingredients. Then it took almost four hours for me to **cook the entire meal from scratch**. Plus, I had to bake two cakes, because I made a mistake while preparing the first one. It was a lot of hard work.

③ 결과와 느낀 점 **In the end**, however, I did a good job. **All of the food turned out very well**, and everyone seemed to enjoy it. My parents were especially impressed with the appetizers that I made. Although I still have a lot to learn about cooking, that experience was a great introduction.

① 요리 도중 겪은 경험 소개 제가 요리를 하던 중 겪었던 가장 기억에 남는 경험은 작년에 어머니 생신 저녁을 차렸던 일입니다. 저는 부모님과 형제들에게 저녁을 대접한다고 제안했기 때문에 음식을 만들 책임이 있었습니다.

② 요리 도중 겪은 구체적인 경험 저는 가족을 위해 요리해 본 적이 없었기 때문에, 정말 그 저녁 식사를 잊을 수 없도록 만들고 싶었습니다. 저는 메뉴를 계획하고, 조리법을 찾고, 재료를 사러 가는 데 아침을 다 보냈습니다. 그 후에 처음부터 시작하여 전체 식사를 요리하는 데 거의 4시간이 걸렸습니다. 게다가 저는 케이크를 두 개나 구워야 했는데, 처음 것을 만들던 중에 실수를 했기 때문입니다. 그것은 너무 힘든 작업이었습니다.

③ 결과와 느낀 점 하지만 결국 전 성공했습니다. 모든 음식이 아주 잘 되었고, 모두가 음식을 맛있게 먹는 것 같았습니다. 저희 부모님께서는 특히 제가 만든 전채요리에 감명을 받으셨습니다. 비록 저는 요리에 대해 배워야 할 것이 아직 많이 있지만, 그 경험은 훌륭한 시작이었습니다.

---

memorable 기억에 남는 **sibling** 형제자매 **ingredient** 재료

요리하다 겪은 문제 문제 해결 경험 말하기

Q **Have you experienced any difficulties or problems while cooking? What happened? How did you solve the problem? Give me as many details as possible.** 요리를 하다가 어떤 어려움이나 문제를 겪은 적이 있나요? 무슨 일이 있었나요? 그 문제를 어떻게 해결했나요? 되도록 상세히 설명해 주세요.

나의 답변 🎤
> 먼저 나의 답변을 실제로 말해보자. 그 후, 등급 UP! 핵심표현과 AL 달성! 모범답변을 참고하여 나의 답변을 보완하자.

등급 UP! 핵심표현 ⚡

① 요리하다 겪은 문제점과 원인	· 기름이 사방에 튀기 시작했다	→ the oil started splashing everywhere
	· 거의 화상을 입을 뻔 했다	→ nearly burned myself
	· 실수로 소금을 너무 많이 넣었다	→ accidentally dumped in too much salt
	· 분량을 잘못 계산했다	→ miscalculated the portions
② 해결 방법	· 기름이 식을 때까지 기다렸다	→ waited till the oil cooled off
	· 고추장을 첨가해서 요리를 구했다	→ saved the dish by adding red pepper paste
	· 요리를 버리고 피자를 시켰다	→ threw away the dish and ordered pizza
③ 결과와 배운 점	· 새로운 요리를 하기 전 도움을 청해야 한다	→ should ask for help before making a new dish
	· 쉽지 않은 일	→ no easy feat
	· 그렇게 이국적인 요리 준비는 어렵다	→ difficult to prepare such an exotic dish

AL 달성! 모범답변 ✏️

① 요리하다 겪은 문제점과 원인 A big problem I had with cooking occurred when I first moved out on my own. I had no experience in the kitchen because my mom had been the one to cook all my meals. So even simple things were a big challenge for me at the beginning. The problem began when I wanted to make fried tofu. I overheated the oil, and it started splashing everywhere.

② 해결 방법 I immediately shielded my face with my hand and turned the stove off. Luckily, I was able to avoid getting burned. However, I had no choice but to wait till the oil cooled off and the spattering stopped. It was a really frightening experience. I could have been seriously injured or accidentally started a fire.

③ 결과와 배운 점 From this incident, I learned that I should ask for help before making a new dish. I learned the hard way that the kitchen can be a dangerous place if you don't know what you're doing.

① 요리하다 겪은 문제점과 원인 제가 요리를 하면서 겪었던 큰 문제는 제가 처음 독립을 했을 때 생겼습니다. 제 모든 식사를 준비해 준 사람은 저희 엄마였기에 저는 주방 일에 경험이 전혀 없었습니다. 그래서 간단한 것들조차 처음에는 저에게 큰 도전이었습니다. 그 문제는 제가 튀긴 두부를 만들려고 했을 때 시작되었습니다. 제가 기름을 과열시켜서 기름이 사방에 튀기 시작했습니다.

② 해결 방법 저는 곧바로 손으로 얼굴을 가리고 가스레인지를 껐습니다. 다행히 화상을 입는 것은 피할 수 있었습니다. 하지만 저는 기름이 식어서 튀는 것이 멈출 때까지 기다리는 수밖에 없었습니다. 그것은 정말 무서운 경험이었습니다. 제가 심하게 다치거나, 잘못하여 불을 낼 수도 있었습니다.

③ 결과와 배운 점 이 사건으로부터 저는 새로운 요리를 만들기 전에 도움을 요청해야 한다는 것을 배웠습니다. 자신이 하는 일을 잘 모른다면 주방은 위험한 곳이 될 수도 있다는 것을 어렵게 깨달았습니다.

overheat 과열시키다 shield 가리다, 보호하다 get burned 화상을 입다 spatter 튀다, 튀기다

03 우리나라와 다른 나라의 요리 비교 두 가지 대상 비교하기

Q **Can you compare the food in your country with the food in another country? How are they different? Is it the cooking method or the ingredients that mainly differ?** 당신 나라의 음식을 다른 나라의 음식과 비교할 수 있나요? 그들이 어떻게 다른가요? 주로 다른 점이 요리 방법인가요, 아니면 요리 재료인가요?

나의 답변 🎤 먼저 나의 답변을 실제로 말해보자. 그 후, 등급 UP! 핵심표현과 AL 달성! 모범답변을 참고하여 나의 답변을 보완하자.

등급 UP! 핵심표현 ⚡

① 비교 대상 소개	· 한국 요리는 이탈리아 요리와 다르다	→ Korean cuisine differs from Italian cuisine
	· 음식에 대해 다른 철학을 갖고 있다	→ have different philosophies toward food
	· 그 둘은 판이하게 다르다	→ the two couldn't be more different
② 우리나라 요리의 특징	· 주식은 쌀이다	→ the staple food is rice
	· 다른 많은 반찬들과 함께 밥을 먹는다	→ eat rice with many side dishes
	· 별미로 여겨지는	→ considered a delicacy
	· 맛을 알아야 즐길 수 있는 것	→ an acquired taste
	· 굉장히 맛있는 후식	→ a dessert to die for
③ 다른 나라 요리의 특징	· 독특한 맛은 허브에서 나온다	→ The distinctive flavor comes from herbs
	· 입맛이 느끼한	→ has a greasy taste
	· 풍부한 풍미를 갖추고 있다	→ packs a ton of flavor
	· 소스로 유명한	→ known for their sauces

AL 달성! 모범답변 🎯

① 비교 대상 소개 Since I really like Italian food, **I'd like to compare it to** Korean food. **Korean cuisine differs from Italian cuisine** in several ways. The ingredients and methods used to prepare each nation's dishes are quite distinct from each other.

② 우리나라 요리의 특징 Let's start with Korean food. In traditional Korean cooking, **the staple food is rice**. Soup is another important element. Meals are typically built around these two foods, although a variety of side dishes are also eaten. Some Korean foods are quite spicy, such as our best-known dish, kimchi. Steaming, pickling, and pan-frying are common techniques used to prepare Korean dishes.

③ 다른 나라 요리의 특징 Italian food, on the other hand, uses different ingredients and preparation methods. **A key difference between** the two countries' foods is that Italian meals usually feature pasta or bread rather than rice. **The distinctive flavor of Italian food comes from herbs**, milk, tomatoes, cheese, and olives. Also, many Italian dishes are baked in an oven.

dish 요리 element 요소 pickle 소금물에 절이다

① 비교 대상 소개 저는 이탈리아 음식을 정말 좋아하기 때문에 그것을 한국 음식과 비교해 보고 싶습니다. 한국 요리는 이탈리아 요리와 여러 면에서 다릅니다. 각국의 음식을 만드는 데 사용되는 재료와 요리법이 서로 꽤 다릅니다.

② 우리나라 요리의 특징 먼저 한국 음식으로 시작해 보겠습니다. 전통적인 한국 요리에서 주식은 쌀입니다. 국도 또 하나의 주요한 요소입니다. 식사가 일반적으로 이 두 가지 음식을 중심으로 차려지기는 하지만 다양한 반찬도 함께 먹습니다. 몇몇 한국음식은 가장 잘 알려진 음식인 김치처럼 상당히 맵습니다. 찌기, 소금물에 절이기, 그리고 프라이팬에 볶기가 한국 음식을 만드는 데 보통 쓰이는 기술입니다.

③ 다른 나라 요리의 특징 한편, 이탈리아 음식은 다른 재료와 조리법을 씁니다. 두 나라 음식의 주된 차이점은 이탈리아 요리는 쌀보다는 파스타나 빵을 주로 사용한다는 것입니다. 이탈리아 요리의 독특한 맛은 허브, 우유, 토마토, 치즈 그리고 올리브에서 나옵니다. 또한, 많은 이탈리아 요리들은 오븐에서 구워집니다.

04 요리에 흥미를 갖게 된 계기 시작한 계기와 변화 말하기

Q **How did you become interested in cooking? When was it? How did you learn to cook? Did someone teach you?** 당신은 어떻게 요리에 흥미를 갖게 되었나요? 그것이 언제였나요? 요리하는 법을 어떻게 배웠나요? 누군가가 당신을 가르쳐줬나요?

나의 답변 먼저 나의 답변을 실제로 말해보자. 그 후, 등급 UP! 핵심표현과 AL 달성! 모범답변을 참고하여 나의 답변을 보완하자.

등급 UP! 핵심표현

① 요리에 흥미를 갖기 시작한 계기	· 어머니처럼 요리를 잘하고 싶었다	→ wanted to cook as well as my mother did
	· 독학한 요리사	→ a self-taught cook
	· 집에서 요리를 재현해 보려고 노력했다	→ tried to reproduce the dish at home
② 요리 실력의 변화 과정	· 어깨너머로 배워야 했다	→ had to learn over her shoulder
	· 많은 요령과 비법들을 배웠다	→ learned many tips and tricks
	· 처음 만든 몇몇 음식은 완전 실패였다	→ my first few dishes were complete disasters
	· 여전히 더 발전해야 한다	→ still needs to improve
③ 현재 요리 실력	· 많은 레시피를 숙달했다	→ have mastered many recipes
	· 대부분 종류의 요리를 꽤 잘한다	→ quite good at most types of cooking
	· 집에서 만든 요리를 자랑스럽게 대접한다	→ proudly serve homemade dishes
	· 친구들 사이에서는 가장 뛰어난 요리사	→ best cook among all my friends

AL 달성! 모범답변

① 요리에 흥미를 갖기 시작한 계기 **I first started cooking when** I was 10 years old. What got me interested in cooking was my mother's special recipes. I often watched her prepare food, and I **wanted to cook as well as she did.**

② 요리 실력의 변화 과정 In the beginning, I would follow her to the kitchen whenever she cooked. Eventually, I offered to help. Of course, she would not let me handle any knives or use the stove. But I was allowed to stir things, measure ingredients, and do other simple tasks. She didn't tell me anything specific about her recipes, so I **had to learn over her shoulder.** As I watched her, I got better and better. After a few years, I could reproduce some of her classic dishes.

③ 현재 요리 실력 Since then, I **have mastered many recipes** through trial and error. I cook a lot in my spare time. What started as a hobby has turned into a lifelong passion of mine.

① 요리에 흥미를 갖기 시작한 계기 저는 10살 때 처음 요리를 시작했습니다. 제가 요리에 관심을 갖게 된 것은 저희 어머니의 특별한 레시피들 때문이었습니다. 저는 어머니가 요리하는 것을 자주 지켜보았고, 어머니처럼 요리를 잘하고 싶었습니다.

② 요리 실력의 변화 과정 처음에는 어머니께서 요리하실 때마다 주방으로 따라갔습니다. 그러다 마침내, 어머니께 도와드리겠다고 했습니다. 물론 어머니께서는 제가 칼을 다루거나 가스레인지를 사용하게 허락하지 않으셨습니다. 하지만 저는 무엇을 젓거나, 재료를 계량하거나, 아니면 다른 단순한 작업을 하도록 허락받았습니다. 어머니는 특별한 레시피에 대해 아무것도 구체적으로 알려주시지 않았기 때문에 저는 어깨너머로 배워야 했습니다. 어머니를 지켜보면서 제 실력은 점점 더 좋아졌습니다. 몇 년 후에는 어머니의 대표적인 몇몇 요리를 재현할 수 있게 되었습니다.

③ 현재 요리 실력 그때 이후로 저는 시행착오를 통해서 많은 레시피를 숙달했습니다. 저는 남는 시간에 요리를 많이 합니다. 취미로 시작했던 것이 제 평생의 열정이 되었습니다.

handle 다루다 stir 젓다 measure 계량하다 trial and error 시행착오 spare 남는 turn into ~이 되다

*설문 주제 <요리하기>에 대한 추가 답변 아이디어와 표현은 [주제별 답변 아이디어&표현 사전]의 p.36에서 학습할 수 있습니다.

UNIT 18 독서

음성 바로 듣기

Background Survey에서 취미나 관심사로 "독서"를 선택할 것이라면, 이 UNIT을 통해 <독서> 빈출 문제 및 모범답변, 그리고 관련 표현을 학습하여 나만의 답변을 준비해 두자.

🔄 빈출 문제

독서를 하는 경향 습관/경향에 대해 말하기	In your background survey, you indicated that you enjoy reading books. How often do you read books? Where do you usually read? What kind of books do you like to read and why? Provide as many details as possible. 배경 설문에서, 당신은 독서를 즐긴다고 했습니다. 얼마나 자주 독서를 하나요? 주로 어디에서 읽나요? 어떤 종류의 책을 읽기 좋아하며, 그 이유는 무엇인가요? 되도록 상세히 설명해 주세요.
기억에 남는 책 대상 설명하기(3) – 사물	Please tell me about the most memorable book that you have read. What genre is it? What is the book about? Who is the author of the book? Why is it so unforgettable? 당신이 읽은 가장 기억에 남는 책에 대해 말해 주세요. 무슨 장르인가요? 무엇에 대한 책인가요? 책의 작가가 누구인가요? 그것이 왜 그렇게 기억에 남나요?
독서에 흥미를 갖게 된 계기와 변화 시작한 계기와 변화 말하기	What made you interested in reading? When did you first start reading books? Did anyone influence this decision? How has reading affected your life? 무엇 때문에 독서에 관심을 갖게 되었나요? 당신은 언제부터 책을 읽기 시작했나요? 그 결정에 누군가 영향을 미쳤나요? 독서가 당신의 삶에 어떤 영향을 끼쳤나요?

자주 나오는 **3단 콤보**
- 독서를 하는 경향 – 기억에 남는 책 – 독서에 흥미를 갖게 된 계기와 변화

In your background survey, you indicated that you enjoy reading books. How often do you read books? Where do you usually read? What kind of books do you like to read and why? Provide as many details as possible.

배경 설문에서, 당신은 독서를 즐긴다고 했습니다. 얼마나 자주 독서를 하나요? 주로 어디에서 읽나요? 어떤 종류의 책을 읽기 좋아하며, 그 이유는 무엇인가요? 되도록 상세히 설명해 주세요.

답변구조에 따라 말할 내용을 살펴보고, 아래 모범답변을 참고하여 나의 답변을 말해보자.

AL 달성! 답변구조 ⚙️

① 독서를 하는 경향 소개	● 얼마나 자주, 주로 어디에서 읽는지
② 독서를 하는 구체적인 경향	● 어떤 종류의 책을 읽기 좋아하는지, 그 종류의 책을 왜 좋아하는지
③ 독서를 하는 경향에 대한 내 생각	● 독서에 대해 어떻게 생각하는지

AL 달성! 모범답변 ✍️

① **독서를 하는 경향 소개** Undoubtedly, reading **is one of my favorite things to do**. Without fail, I read about one book each week. I do most of this reading while relaxing on a comfy couch at my local public library.

② **독서를 하는 구체적인 경향** I read anything I can get my hands on, but I mostly stick to science fiction novels because I'm interested in cutting-edge ideas. My library has a huge collection of books in this genre, so there is always something new waiting for me. Not only are they really enjoyable, but science fiction stories help me unwind after a busy day at work. Instead of worrying about upcoming assignments and difficult clients, I can lose myself in imaginative plots.

③ **독서를 하는 경향에 대한 내 생각** Some people might think that reading is a boring pastime, but **I personally think that** it is the perfect way to spend my free time.

골라 쓰는 답변 아이디어

→ 얼마나 자주, 주로 어디에서 읽는지
　read as often as time permits
　시간이 허용하는 한 자주 읽는다
　on the bus, while commuting
　버스에서 통근/통학하는 동안

→ 어떤 종류의 책을 읽기 좋아하는지
　generally prefer nonfiction
　일반적으로 논픽션을 선호한다
　am a big fan of mystery stories
　미스터리 이야기의 엄청난 팬이다

→ 그 종류의 책을 왜 좋아하는지
　teach me about the world around me 주변의 세상에 대해 내게 가르쳐준다
　forget about my daily routine
　나의 일상생활을 잊게 해준다

→ 독서에 대해 어떻게 생각하는지
　it is the best part of my day
　나의 하루 중 최고의 순간이다
　there is something for everyone
　모두에게 이득이 된다

① **독서를 하는 경향 소개** 의심의 여지 없이, 독서는 제가 가장 하기 좋아하는 것 중 하나입니다. 반드시, 저는 매주 대략 한 권의 책을 읽습니다. 저는 이 독서의 대부분을 제 지역 공공 도서관의 편안한 소파에서 휴식을 취하면서 합니다. ② **독서를 하는 구체적인 경향** 저는 손에 잡히는 대로 무엇이든 보통은 공상 과학 소설을 고수하는데, 제가 최첨단 아이디어에 관심이 있기 때문입니다. 저희 도서관은 이 장르의 책들의 엄청난 컬렉션을 보유하고 있어서, 항상 저를 기다리는 새로운 무엇인가가 있습니다. 공상 과학 이야기들은 정말 재미있을 뿐만 아니라, 직장에서의 바쁜 하루 후에 제가 긴장을 푸는 것을 도와줍니다. 곧 있을 업무나 까다로운 고객에 대해 걱정하는 대신, 저는 상상 속의 줄거리 속에 몰두할 수 있습니다. ③ **독서를 하는 경향에 대한 내 생각** 몇몇 사람들은 독서가 지루한 취미라고 생각할 수도 있지만, 저는 개인적으로 제 여가 시간을 보내는 완벽한 방법이라고 생각합니다.

undoubtedly 의심의 여지 없이　without fail 반드시, 틀림없이　comfy 편안한　stick to ~을 고수하다　cutting-edge 최첨단의
unwind 긴장을 풀다　lose myself in ~에 몰두하다　imaginative 상상 속의　plot 줄거리

나의 답변 🎙️ | 먼저 나의 답변을 실제로 말해보자. 그 후, AL 달성! 답변구조와 AL 달성! 모범답변을 참고하여 나의 답변을 보완하자.
① 독서를 하는 경향 소개
② 독서를 하는 구체적인 경향
③ 독서를 하는 경향에 대한 내 생각

01 기억에 남는 책 대상 설명하기(3) - 사물

🎧 설문 UNIT 18 Track 2

Q **Please tell me about the most memorable book that you have read. What genre is it? What is the book about? Who is the author of the book? Why is it so unforgettable?** 당신이 읽은 가장 기억에 남는 책에 대해 말해 주세요. 무슨 장르인가요? 무엇에 대한 책인가요? 책의 작가가 누구인가요? 그것이 왜 그렇게 기억에 남나요?

나의 답변 🎙️ | 먼저 나의 답변을 실제로 말해보자. 그 후, 등급 UP! 핵심표현과 AL 달성! 모범답변을 참고하여 나의 답변을 보완하자.

등급 UP! 핵심표현 ⚡

① 기억에 남는 책 소개	· 미국 작가가 쓴 회고록 · 지금까지 중 가장 오싹한 스릴러 · 계속 추측하게 만드는 미스터리물	→ a memoir by an American author → the most bone-chilling thriller yet → a mystery that keeps you guessing
② 기억에 남는 책의 특징	· 도덕에서부터 마음의 문제에까지 · 이야기의 스케일에 매혹되었다 · 주인공에게 매우 공감할 수 있었다 · 예상치 못한 반전 · 나에게 아버지를 기억나게 했다 · 복선을 정교하게 사용한다	→ from morality to matters of the heart → mesmerized by the scope of the story → could really relate to the main character → unexpected plot twist → reminded me of my father → expertly uses foreshadowing
③ 기억에 남는 책에 대한 내 생각	· 나를 압도했다 · 정말 나를 감동시켰다	→ knocked me off my feet → really blew me away

AL 달성! 모범답변 ⏱️

① 기억에 남는 책 소개 **The most memorable book I've ever read is** *Tuesdays with Morrie*. It is **a memoir by Mitch Albom, an American author** who has penned many popular books.

② 기억에 남는 책의 특징 **The book is based on** a series of meetings the author had with his college professor when they reconnected several years after he had graduated. By this time, Morrie Schwartz, Mitch Albom's professor, was stricken with Lou Gehrig's disease, and death was imminent. The pupil made a plan to take a drive every Tuesday to see his professor and talk with him. The conversations cover all sorts of topics, **from morality to death to matters of the heart.**

③ 기억에 남는 책에 대한 내 생각 The conversations are nothing short of inspirational. It was one of the first English books I had read, and it **knocked me off my feet. More than any other book, this one** has changed my life. I loaned it to many of my friends and gave numerous copies as gifts.

① 기억에 남는 책 소개 제가 읽었던 책 중 가장 기억에 남는 책은 *모리와 함께한 화요일*입니다. 이것은 많은 유명한 책들을 저술한 Mitch Albom이라는 미국 작가가 쓴 회고록입니다.

② 기억에 남는 책의 특징 이 책은 작가가 졸업하고 몇 년 후 자신의 대학교수님과 다시 만났을 때 가진 일련의 만남들을 토대로 하고 있습니다. 그 당시 Mitch Albom의 교수인 Morrie Schwartz는 루게릭병에 시달리고 있었고, 죽음이 임박해 있었습니다. 이 제자는 매주 화요일마다 운전해서 교수님을 만나고 그분과 이야기를 하는 계획을 세웠습니다. 대화는 도덕에서부터 죽음, 마음의 문제까지 모든 종류의 주제를 다룹니다.

③ 기억에 남는 책에 대한 내 생각 대화는 매우 영감을 주는 것이었습니다. 그 책은 제가 처음 읽었던 영어책 중 하나였으며 저를 압도했습니다. 다른 어떤 책들보다 이 책은 제 인생을 바꾸었습니다. 저는 많은 친구들에게 이 책을 빌려주었고, 여러 권을 선물로 주었습니다.

memoir 회고록 **pen** 저술하다 **stricken with** ~에 시달리는 **imminent** 임박한 **pupil** 제자 **morality** 도덕 **nothing short of** 매우 **inspirational** 영감을 주는 **loan** 빌려주다

Q **What made you interested in reading? When did you first start reading books? Did anyone influence this decision? How has reading affected your life?** 무엇 때문에 독서에 관심을 갖게 되었나요? 당신은 언제부터 책을 읽기 시작했나요? 그 결정에 누군가 영향을 미쳤나요? 독서가 당신의 삶에 어떤 영향을 끼쳤나요?

나의 답변 ✎　┌─ 먼저 나의 답변을 실제로 말해보자. 그 후, 등급 UP! 핵심표현과 AL 달성! 모범답변을 참고하여 나의 답변을 보완하자.

등급UP! 핵심표현 ⚡

① 독서를 시작한 계기	· 선물로 도서관 카드를 만들어 주었다 · 독후감을 써야 했다 · 여름방학 숙제로 책을 읽었다	→ got me a library card as a gift → had to write a book report → read a book for the summer assignment
② 변화 과정	· 만화책만 대여했다 · 책을 절대 처음부터 끝까지 읽지 않았다 · 페이지를 넘기며 대충 훑어보았다	→ just checked out comic books → never read the book from cover to cover → skimmed through the pages
③ 현재 상황	· 아직도 가끔 재미있는 소설을 즐긴다 · 일상생활로부터의 훌륭한 탈출구 · 몇몇 작가의 열렬한 팬이 되었다	→ still enjoy a good story every now and then → a great escape for me from my daily life → became a diehard fan of several authors

---

AL 달성! 모범답변 ✐

① **독서를 시작한 계기** **My love of reading** goes back to my ninth birthday. That day, my mother brought me to the public library and **got me a library card as a gift**. Being a kid, I was upset with the seemingly boring present, but actually, it was the greatest birthday gift I ever received.

② **변화 과정** **In the beginning, I'd just check out comic books** or sports magazines. **But after** I spent more time exploring the shelves, **I became interested in** novels. Several months later, I began to read books with quite complex storylines. **Eventually, I began to** take out non-fiction books for school projects or simply to learn about certain subjects.

③ **현재 상황** **Since then, my love for reading has stuck with me.** As an adult, I read more practical texts, and this helps me to get a leg up on my coworkers because I can stay current on research related to my profession. But I **still enjoy a good story every now and then** before bed.

① **독서를 시작한 계기** 독서에 대한 제 사랑은 제 아홉 번째 생일까지 거슬러 올라갑니다. 그날, 어머니께서는 저를 공공 도서관에 데려가셔서 선물로 도서관 카드를 만들어 주셨습니다. 어린아이로서, 저는 겉보기에 재미없는 선물에 대해 화가 났지만, 사실 그것은 제가 받아본 최고의 생일 선물이었습니다.

② **변화 과정** 처음에 저는 만화책이나 스포츠 잡지만 대여하곤 했습니다. 하지만 책장을 살펴보는 데 더 많은 시간을 보낸 후, 전 소설에 관심을 갖게 되었습니다. 몇 달 후 저는 꽤 복잡한 줄거리의 책을 읽기 시작했습니다. 마침내 저는 학교 과제를 위해서나 아니면 그냥 특정 주제에 대해 알기 위해 논픽션 책을 빌리기 시작했습니다.

③ **현재 상황** 그때 이후로, 독서에 대한 제 애정은 계속 남아있습니다. 성인이 되고 저는 더욱 실용적인 글을 읽는데, 이는 저의 직업과 관련된 연구의 최신 동향을 파악할 수 있기 때문에 동료들보다 더 유리한 위치에 있을 수 있도록 도와줍니다. 하지만 저는 아직도 가끔 자기 전에 재미있는 소설을 즐깁니다.

seemingly 겉보기에는　**storyline** 줄거리　**get a leg up on** ~보다 더 유리한 위치에 있다

---

*설문 주제 <독서>에 대한 추가 답변 아이디어와 표현은 [주제별 답변 아이디어&표현 사전]의 p.38에서 학습할 수 있습니다.

농구·야구·축구

음성 바로 듣기

Background Survey에서 운동으로 "농구", "야구", "축구"를 선택할 것이라면, 빈출 문제 중심으로 대비하면 효과적이다. 이 UNIT을 통해 <농구·야구·축구> 빈출 문제 및 모범답변, 그리고 관련 표현을 학습하여 나만의 답변을 준비해 두자.

빈출 문제

나의 농구 습관
습관/경향에 대해 말하기

In your background survey, you mentioned that you like to play basketball. When and where do you play basketball? With whom do you play? What do you do to prepare before playing? Give me as many details as possible.

배경 설문에서, 당신은 농구하기를 좋아한다고 했습니다. 당신은 언제 어디에서 농구를 하나요? 누구와 함께 하나요? 농구를 하기 전 준비하기 위해 무엇을 하나요? 되도록 상세히 설명해 주세요.

기억에 남는 농구 경험
기억에 남는 경험 말하기

Tell me about one of the most memorable basketball games you have ever played. When was it? Why was the game so memorable? Did something interesting or unexpected happen? Describe it in as much detail as you can.

당신이 했던 가장 기억에 남는 농구 경기 중 하나에 대해 이야기해 주세요. 언제였나요? 그 경기가 왜 그렇게 기억에 남았나요? 흥미롭거나 예상치 못한 상황이 발생했나요? 그것에 대해 되도록 상세히 설명해 주세요.

축구를 하는 장소
대상 설명하기(2) – 장소

You indicated that you like to play soccer. Where do you play soccer? Is it an actual soccer field or just an open space? Please describe the location in as much detail as possible.

당신은 축구하는 것을 좋아한다고 했습니다. 어디에서 축구를 하나요? 그곳은 실제 축구 경기장인가요, 아니면 그냥 공터인가요? 그 장소에 대해 되도록 상세히 설명해 주세요.

야구를 시작하게 된 계기
시작한 계기와 변화 말하기

In your background survey, you indicated that you like to play baseball. When did you first start playing baseball? How did you become interested in it? Who taught you how to play?

배경 설문에서, 당신은 야구하기를 좋아한다고 했습니다. 언제 처음 야구를 하기 시작했나요? 어떻게 흥미를 갖게 되었나요? 당신에게 야구를 어떻게 하는지 가르쳐 준 사람은 누구인가요?

야구 경기 규칙
규칙/방법 설명하기

Can you explain how to play baseball? What are the rules of the game? How many people play on each team? What kind of equipment is needed to play?

야구를 어떻게 하는지 설명할 수 있나요? 경기의 규칙은 무엇인가요? 각 팀에 몇 명의 사람들이 경기하나요? 경기를 하기 위해 어떤 종류의 장비가 필요하나요?

자주 나오는! 3단 콤보
- 야구 경기 규칙 – 야구를 시작하게 된 계기 – 가장 좋아하는 야구선수
- 농구를 하는 장소 – 기억에 남는 농구 경험 – 나의 농구 습관

In your background survey, you mentioned that you like to play basketball. When and where do you play basketball? With whom do you play? What do you do to prepare before playing? Give me as many details as possible.

배경 설문에서, 당신은 농구하기를 좋아한다고 했습니다. 당신은 언제 어디에서 농구를 하나요? 누구와 함께 하나요? 농구를 하기 전 준비하기 위해 무엇을 하나요? 그것에 대해 상세히 이야기해 주세요.

답변구조에 따라 말할 내용을 살펴보고, 아래 모범답변을 참고하여 나의 답변을 말해보자.

AL 달성! 답변구조 ⚙️

① 나의 농구 습관 소개	● 농구를 주로 누구와 하는지
② 나의 구체적인 농구 습관	● 농구를 어디에서 하는지, 어떤 준비를 하는지
③ 나의 농구 습관에 대한 내 생각	● 농구를 좋아하는 이유

AL 달성! 모범답변 ✏️

① 나의 농구 습관 소개 **In my free time, I often** play basketball with a group of five friends. We like to find pickup games with other teams.

② 나의 구체적인 농구 습관 There's a basketball court in a park near my house where lots of people play. Basketball is a pretty popular pastime among people my age, and my friends and I hang out there **at least twice a week**. We don't always win, but we definitely have fun. Basketball can be a very strenuous sport, so it's important to warm up for a few minutes before stepping onto the court. I stretch and do lunges and sometimes run around the court a few times to get my heart rate up. If I have extra time before the game starts, I practice dribbling and other ball handling skills.

③ 나의 농구 습관에 대한 내 생각 **I always enjoy playing basketball because** it's a challenging game. For me, a team sport like basketball is more fun than individual sports like swimming and cycling, and **it's also a great way to** spend quality time with friends.

골라 쓰는 답변 아이디어

▸ **농구를 주로 누구와 하는지**
some people from work 직장 동료들
a few others who live in my dormitory 같은 기숙사에 사는 몇몇 다른 사람들

▸ **농구를 어디에서 하는지**
at the local high school 동네 고등학교에서
just around the corner from my apartment 우리 아파트 아주 가까이에서

▸ **어떤 준비를 하는지**
take some practice shots 연습 골을 넣는다
rotate my wrists and ankles 손목과 발목을 돌린다

▸ **농구를 좋아하는 이유**
helps keep me in top shape 최상의 컨디션을 유지하게 도와준다
is the sport I play best 내가 제일 잘하는 운동이다

① **나의 농구 습관 소개** 여가시간에 저는 종종 5명의 친구들과 함께 농구를 합니다. 저희는 다른 팀들과 하는 즉석 경기를 찾아 하기 좋아합니다. ② **나의 구체적인 농구 습관** 저희 집 근처 공원에 많은 사람들이 운동하는 농구 코트가 있습니다. 농구는 제 또래의 사람들 사이에서 상당히 인기 있는 취미이고, 제 친구들과 저는 일주일에 최소한 두 번은 그곳에서 시간을 보냅니다. 저희가 항상 이기지는 않지만 그래도 정말 재미있게 놉니다. 농구는 매우 격렬한 운동일 수 있기 때문에 코트로 나가기 전에 몇 분간 준비 운동을 하는 것이 중요합니다. 저는 스트레칭과 런지를 하고 가끔은 심박수를 높이기 위해 코트 주위를 몇 바퀴 뜁니다. 만약 경기가 시작하기 전 별도로 시간이 있다면, 저는 드리블이나 다른 볼 핸들링 기술도 연습합니다. ③ **나의 농구 습관에 대한 내 생각** 저는 농구가 도전적인 경기라서 항상 농구하는 것을 즐깁니다. 저에게, 농구 같은 팀 스포츠는 수영이나 사이클 같은 개인 운동보다 더 재미있고, 또한 친구들과 소중한 시간을 보내는 좋은 방법이기도 합니다.

pickup game 즉석 경기　**pastime** 취미　**strenuous** 격렬한, 몹시 힘든　**warm up** 준비 운동을 하다　**challenging** 도전적인

나의 답변 🎙️ | 먼저 나의 답변을 실제로 말해보자. 그 후, AL 달성! 답변구조와 AL 달성! 모범답변을 참고하여 나의 답변을 보완하자.

① **나의 농구 습관 소개**

② **나의 구체적인 농구 습관**

③ **나의 농구 습관에 대한 내 생각**

설문 주제 공략

UNIT 19 농구·야구·축구　10일 만에 끝내는 해커스 OPIc (Advanced 공략)

01 기억에 남는 농구 경험 기억에 남는 경험 말하기

🎧 설문 UNIT 19 Track 2

Q **Tell me about one of the most memorable basketball games you have ever played. When was it? Why was the game so memorable? Did something interesting or unexpected happen? Describe it in as much detail as you can.** 당신이 했던 가장 기억에 남는 농구 경기 중 하나에 대해 이야기해 주세요. 언제였나요? 그 경기가 왜 그렇게 기억에 남았나요? 흥미롭거나 예상치 못한 상황이 발생했나요? 그것에 대해 되도록 상세히 설명해 주세요.

나의 답변 🎙 먼저 나의 답변을 실제로 말해보자. 그 후, 등급 UP! 핵심표현과 AL 달성! 모범답변을 참고하여 나의 답변을 보완하자.

등급 UP! 핵심표현 ⚡

① 기억에 남는 농구 경험 소개	· 2년 전에 참가했던 경기 · 결승전까지 올라갔다 · 학교 농구 토너먼트 중이었다	→ a game I played two years ago → made it into the playoffs → was during a school basketball tournament
② 기억에 남는 농구의 구체적인 경험	· 슛을 하는 것 외에는 다른 방법이 없었다 · 경기를 역전했다 · 우리 팀을 위해 3점을 넣었다 · 게임 종료를 알리는 벨이 울리기 직전에 · 자유투를 성공시켰다	→ had no choice but to shoot → turned the game around → scored three goals for my team → right before the buzzer went off → scored the free throw
③ 결과와 느낀 점	· 뜻밖의 행운 · 세상을 얻은 기분이었다 · 창피한 패배	→ a stroke of luck → felt on top of the world → an embarrassing defeat

AL 달성! 모범답변 ✏

① 기억에 남는 농구 경험 소개 **One example of a basketball game that sticks out for me is** a game I played two years ago. I had joined a basketball league, but I wasn't very good at the sport. So I usually sat on the bench, filling in for other players occasionally.

② 기억에 남는 농구의 구체적인 경험 **Let me tell you a little bit about what happened in that game.** One of our players sprained his ankle, so I had to play in his place. With 10 seconds left, the game was tied. My team had the ball, and I was trying my best to stay out of the way. Right then, my teammate suddenly passed the ball to me. I froze up, but I **had no choice but to shoot.** And when I did, it went in and we won the game!

③ 결과와 느낀 점 I must admit it was **a stroke of luck** that I made that shot. All the same, it was my best game ever.

① 기억에 남는 농구 경험 소개 제 기억에 두드러지는 농구 경기의 한 예는 제가 2년 전에 참가했던 경기입니다. 저는 농구 동호회에 가입했지만, 농구를 그다지 잘하진 못했습니다. 그래서 전 가끔 다른 선수를 대신하면서 보통 벤치에 앉아 있었습니다.

② 기억에 남는 농구의 구체적인 경험 그 게임에서 어떤 일이 일어났는지 조금 말씀드리겠습니다. 저희 선수 중 한 명이 발목을 삐어서 제가 그의 위치에서 경기를 해야 했습니다. 10초가 남은 상황에서, 경기는 동점이 되었습니다. 저희 팀이 공을 가지고 있었고, 저는 방해가 안 되도록 비키기 위해 최선을 다하고 있었습니다. 바로 그때, 팀 동료가 갑자기 저에게 공을 패스했습니다. 저는 몸이 굳었지만, 슛을 하는 것 외에는 다른 방법이 없었습니다. 그리고 제가 슛을 했을 때, 공이 들어갔고 저희가 경기에서 이겼습니다!

③ 결과와 느낀 점 제가 그 슛을 넣은 것은 뜻밖의 행운이었다고 인정할 수밖에 없습니다. 그럼에도 불구하고, 그것은 저의 역대 최고의 게임이었습니다.

fill in ~를 대신하다 sprain 삐다 tie 동점이 되다, 묶다 out of the way 방해가 안 되도록 비키어 freeze up (몸이) 굳다 all the same 그럼에도 불구하고

Q **You indicated that you like to play soccer. Where do you play soccer? Is it an actual soccer field or just an open space? Please describe the location in as much detail as possible.** 당신은 축구하는 것을 좋아한다고 했습니다. 어디에서 축구를 하나요? 그곳은 실제 축구 경기장인가요, 아니면 그냥 공터인가요? 그 장소에 대해 되도록 상세히 설명해 주세요.

나의 답변 🎤 먼저 나의 답변을 실제로 말해보자. 그 후, 등급 UP! 핵심표현과 AL 달성! 모범답변을 참고하여 나의 답변을 보완하자.

등급 UP! 핵심표현 ⚡

① 축구를 하는 장소 소개	· 내가 사는 거리 바로 근처에	→ right down the street from where I live
	· 우리 캠퍼스 안에 경기장이 있다	→ there are fields on my campus
	· 학교에서 볼 수 있는 흙바닥에서	→ on a dirt field like you can find at a school
② 축구를 하는 장소의 특징	· 축구를 하기에 충분히 큰	→ plenty big enough for playing soccer
	· 실제 축구장의 절반 크기인	→ half the size of an actual soccer pitch
	· 잘 관리되었고, 경기하기 수월한	→ well maintained and easy to play on
	· 대중에게 무료로 개방된	→ open to the public free of charge
	· 교통이 편리한	→ convenient for transportation
③ 축구를 하는 장소에 대한 내 생각	· 같이 경기할 다른 사람들을 찾는 것이 아주 쉽다	→ it's really easy to find people to play with
	· 그렇게 좋은 경기장이 가까이 있어 다행인	→ lucky to have such a nice field nearby
	· 선수들에게 위험할 수 있다	→ can be dangerous for players

AL 달성! 모범답변 ✏️

① 축구를 하는 장소 소개 **There's a nice park I go to often** in my neighborhood. It's actually **right down the street from where I live**. It has a lot of grass and a few trees, and there are playing fields for all kinds of different sports. **That's my favorite place to** play soccer.

② 축구를 하는 장소의 특징 The park doesn't have a regulation-size soccer pitch, but there is a patch of grass that's maybe 30 meters long and about the same width. It's **plenty big enough for playing soccer**. Most of the people who play soccer there are students or other young adults. We put shoes or T-shirts on the ground a couple meters apart to mark the goals, and we set up traffic cones to mark the corners of the pitch.

③ 축구를 하는 장소에 대한 내 생각 Despite the small size of our field, **it's a great place to** play. It's got real grass, which is much better than the artificial turf used in indoor fields. And since it's in a popular park, **it's really easy to find people to play with**.

① 축구를 하는 장소 소개 저희 동네에는 제가 종종 가는 멋진 공원이 있습니다. 그곳은 사실 제가 사는 거리 바로 근처에 있습니다. 공원에는 잔디가 많고, 나무가 조금 있고, 온갖 다양한 스포츠를 할 수 있는 운동장들이 있습니다. 그곳이 제가 축구하기 가장 좋아하는 장소입니다.

② 축구를 하는 장소의 특징 공원에는 규정된 크기의 축구장이 있는 것은 아니지만 약 30미터 정도의 길이와 대략 같은 길이의 너비로 된 잔디밭이 있습니다. 그곳은 축구를 하기에 충분히 큽니다. 그곳에서 축구를 하는 대부분의 사람들은 학생들이거나 다른 젊은 성인들입니다. 저희는 골문을 표시하기 위해서 신발이나 티셔츠를 바닥에 2미터 정도 떨어트려 놓고, 경기장의 코너를 표시하기 위해 트래픽콘을 세웁니다.

③ 축구를 하는 장소에 대한 내 생각 경기장의 작은 크기에도 불구하고 그곳은 경기하기에 훌륭한 장소입니다. 천연 잔디로 되어 있고, 이것은 실내 경기장에서 쓰이는 인조 잔디보다 훨씬 더 좋습니다. 그리고 유명한 공원 안에 있기 때문에, 같이 경기할 다른 사람들을 찾는 것이 아주 쉽습니다.

---

regulation-size 규정된 크기의 **pitch** 경기장 **a patch of grass** 잔디밭 **width** 너비 **turf** 잔디

Q **In your background survey, you indicated that you like to play baseball. When did you first start playing baseball? How did you become interested in it? Who taught you how to play?** 배경 설문에서, 당신은 야구하기를 좋아한다고 했습니다. 언제 처음 야구를 하기 시작했나요? 어떻게 흥미를 갖게 되었나요? 당신에게 야구를 어떻게 하는지 가르쳐 준 사람은 누구인가요?

> 나의 답변 🎙 먼저 나의 답변을 실제로 말해보자. 그 후, 등급 UP! 핵심표현과 AL 달성! 모범답변을 참고하여 나의 답변을 보완하자.

등급 UP! 핵심표현 ⚡

① 야구를 시작한 계기	· 내가 야구를 해보도록 동기를 부여해 줬다	→ motivated me to try playing baseball
	· 야구를 시도해 보기로 생각했다	→ figured I'd give baseball a shot
	· 큰 형이 했기 때문에 하기 시작했다	→ started playing because my big brother did
	· 어렸을 때 나보고 하라고 충고했다	→ urged me to play when I was a young boy
② 변화 과정	· 기초부터 시작했다	→ started off with the basics
	· 곧 열렬한 야구 선수가 되었다	→ became an avid baseball player in no time
	· 내 삶의 중심이 되었다	→ became the center of my universe
	· 학교 야구단에도 가입했다	→ even joined a school baseball team
③ 현재 상황	· 이후로 쭉 열혈 팬이었다	→ I've been a big fan ever since
	· 야구가 없는 인생은 상상조차 못 한다	→ can't even imagine a life without baseball
	· 가끔씩 야구를 한다	→ play every now and again

AL 달성! 모범답변 ✍

① 야구를 시작한 계기 **I first started playing baseball when** I was in middle school. The school started a team during my first year there, and the PE teacher told students they would get extra credit for trying out. So that's the thing that **motivated me to try playing baseball**.

② 변화 과정 **From the very beginning**, the PE teacher thought I had a lot of potential as a baseball player on account of my speed. He was the coach of the team, and he taught me everything I needed to know about baseball. A few of my good friends at school also made the team, which made playing even more enjoyable. I **started off with the basics**, like catching and throwing the ball, and after just a few weeks I could also hit the ball quite well. After my first year playing baseball, it became my life.

③ 현재 상황 **Now** I play baseball almost every weekend, and **I've been a big fan ever since** I learned how to play the game.

① 야구를 시작한 계기 저는 중학생이었을 때 처음 야구를 하기 시작했습니다. 학교는 제가 그곳에서의 첫해에 팀을 시작하고 있었고, 체육 선생님은 학생들에게 팀에 지원한 것에 대해 추가 점수를 받을 거라고 말씀하셨습니다. 그래서 그것이 제가 야구를 해보도록 동기를 부여해 준 것이었습니다.

② 변화 과정 맨 처음부터 체육 선생님은 저의 스피드 때문에 제가 야구선수로서 많은 잠재력이 있다고 생각하셨습니다. 그분은 팀의 코치셨고, 야구에 대해 제가 알아야 하는 모든 것을 가르쳐 주셨습니다. 저와 친한 학교 친구 몇 명도 팀에 들었고, 그것은 운동을 한층 더 즐겁게 만들었습니다. 저는 공 잡기와 던지기 같은 기초부터 시작했고, 간신히 몇 주 후에 공도 꽤 잘 칠 수 있게 되었습니다. 야구를 하며 첫해를 보낸 후, 야구는 제 삶이 되었습니다.

③ 현재 상황 현재 저는 거의 매주 주말마다 야구를 하고 있고, 야구하는 법을 배운 이후로 쭉 야구의 열혈 팬이었습니다.

PE(Physical Education) 체육　potential 잠재력　on account of ~ 때문에　make the team 팀에 들다

Q Can you explain how to play baseball? What are the rules of the game? How many people play on each team? What kind of equipment is needed to play? 야구를 어떻게 하는지 설명할 수 있나요? 경기의 규칙은 무엇인가요? 각 팀에 몇 명의 사람들이 경기하나요? 경기를 하기 위해 어떤 종류의 장비가 필요하나요?

나의 답변 🎙 먼저 나의 답변을 실제로 말해보자. 그 후, 등급 UP! 핵심표현과 AL 달성! 모범답변을 참고하여 나의 답변을 보완하자.

등급 UP! 핵심표현 ⚡

① 야구 경기 소개	· 전 세계적으로 경기 되는 인기 있는 게임	→ a popular game played worldwide
	· 각 팀에 9명의 선수들로 경기된다	→ is played with nine people on each team
	· 당신을 위해 쉬운 말로 설명해 주겠다	→ would like to put it in simple terms for you
② 야구 규칙/방법	· 가장 득점이 많은 팀	→ The team with the most runs
	· 직구를 던진다	→ pitch a straight ball
	· 공을 잡아낸다	→ make a catch
	· 승리할 것이다	→ will top the leaderboard
	· 번갈아 가며 공격과 수비를 한다	→ take turns playing offense and defense
	· 배트로 치고 1루로 나간다	→ bats and proceeds to first base

AL 달성! 모범답변 ✍

① 야구 경기 소개 Baseball is **a popular game played worldwide. In order to play baseball, you need** a proper field, a baseball bat, a ball, baseball mitts, and nine players for each team.

② 야구 규칙/방법 **Baseball is played on** a large field called a "diamond" because the four bases are arranged in a diamond shape. **The basic rules to keep in mind** for baseball are as follows. The pitcher throws the ball toward the batter, and the batter tries to hit it. If he's able to hit the ball, the fielders try and catch it. If a fielder catches the ball in the air or touches the base with the ball before the runner reaches it, the runner is "out" and a new batter comes up. After three outs, the offense becomes the defense, and vice versa. After each team gets three outs, the inning ends. A team gets a "run" if a player can touch all four bases on the field. **The team with the most runs** after nine innings wins.

① 야구 경기 소개 야구는 전 세계적으로 경기 되는 인기 있는 게임입니다. 야구를 하기 위해서는 적절한 경기장, 야구 방망이, 야구공, 야구 글러브, 그리고 각 팀에 9명의 선수가 필요합니다.

② 야구 규칙/방법 야구는 4개의 베이스가 다이아몬드 모양으로 배열되어 있어 "다이아몬드"라고 불리는 큰 경기장에서 진행됩니다. 야구에 대해 유념해야 할 기본적인 규칙들은 다음과 같습니다. 투수는 타자를 향해 공을 던지고, 타자는 그것을 치려고 노력합니다. 그가 만약 공을 칠 수 있다면, 야수는 그것을 잡으려고 합니다. 야수가 공중에서 공을 잡거나 주자가 도착하기 전에 공으로 베이스를 터치하면 주자는 "아웃"이 되고 새로운 타자가 등장합니다. 세 번의 아웃 후에, 공격진은 수비진으로 바뀌고, 그 반대로도 마찬가지입니다. 각 팀이 세 번 아웃된 후에는 그 회가 끝납니다. 만약 한 선수가 경기장에 있는 4개의 모든 베이스를 터치할 수 있다면 팀은 "득점"을 얻습니다. 9회 후에 가장 득점이 많은 팀이 이깁니다.

keep in mind 유념하다, 명심하다 pitcher 투수 batter 타자 fielder 야수 in the air 공중에서 runner 주자 offense 공격진
defense 수비진 vice versa 반대로도 마찬가지이다 inning (야구에서 9회 중 한) 회

---

*설문 주제 <농구·야구·축구>에 대한 추가 답변 아이디어와 표현은 [주제별 답변 아이디어&표현 사전]의 p.40에서 학습할 수 있습니다.

UNIT 20

요가·헬스

음성 바로 듣기

Background Survey에서 운동으로 "요가"나 "헬스"를 선택할 것이라면, 빈출 문제 중심으로 대비하면 효과적이다. 이 UNIT을 통해 <요가·헬스> 빈출 문제 및 모범답변, 그리고 관련 표현을 학습하여 나만의 답변을 준비해 두자.

🔄 빈출 문제

요가를 시작하게 된 계기 시작한 계기와 변화 말하기	When did you start practicing yoga? What made you become interested in it? How did you feel when you first did yoga? Tell me about it in as much detail as possible. 언제 요가를 하기 시작했나요? 당신이 요가에 흥미를 갖게 한 것이 무엇인가요? 처음 요가를 했을 때 느낌이 어땠나요? 그것에 대해 되도록 상세히 이야기해 주세요.
요가를 하다 겪은 경험 기억에 남는 경험 말하기	Have you ever had an interesting or special experience while doing yoga? When was it? What happened? Talk about it in detail, and explain why it was so special. 요가를 하면서 흥미롭거나 특별한 경험을 겪은 적이 있나요? 그때가 언제였나요? 어떤 일이 일어났나요? 그것에 대해 상세히 이야기해 주고 왜 그 경험이 특별했는지 설명해 주세요.
다니는 헬스장 대상 설명하기(2) – 장소	You indicated in the survey that you go to a fitness club. Tell me about the fitness club you go to. Where is it located? What does it look like? Describe it in as much detail as possible. 당신은 설문에서 헬스장에 다닌다고 했습니다. 당신이 다니는 헬스장에 대해 이야기해 주세요. 어디에 위치해 있나요? 그곳은 어떻게 생겼나요? 그것에 대해 되도록 상세히 설명해 주세요.

자주 나오는!
3단 콤보

• 요가를 시작하게 된 계기 – 요가를 할 때 입는 옷 – 요가를 하다 겪은 경험
• 다니는 헬스장 – 헬스를 시작하게 된 계기 – 헬스를 하다 겪은 경험

대표문제 　요가를 시작하게 된 계기 　시작한 계기와 변화 말하기

실문 UNIT 20 Track 1

When did you start practicing yoga? What made you become interested in it? How did you feel when you first did yoga? Tell me about it in as much detail as possible.

언제 요가를 하기 시작했나요? 당신이 요가에 흥미를 갖게 한 것이 무엇인가요? 처음 요가를 했을 때 느낌이 어땠나요? 그것에 대해 되도록 상세히 이야기해 주세요.

답변구조에 따라 말할 내용을 살펴보고, 아래 모범답변을 참고하여 나의 답변을 말해보자.

AL 달성! 답변구조 ⚙️

① 요가를 시작한 계기	● 왜 요가를 시작하려고 했는지
② 요가 실력의 변화 과정	● 처음에는 어땠는지, 실력이 어떻게 변화했는지
③ 현재 요가 실력	● 지금은 요가를 얼마나 잘하는지

AL 달성! 모범답변 🎯

① **요가를 시작한 계기** I first started yoga because I was out of shape around two years ago. I wanted a way to stay fit without running or going to a gym, so I surfed the Internet for some information about ways to get in shape.

② **요가 실력의 변화 과정** Lots of people on social networks suggested yoga as a great option. I downloaded some introductory videos, bought a yoga mat, and tried to follow along at home. To be honest, it was really hard to learn. **At the beginning**, I wasn't very flexible, so lots of the poses were beyond my ability. **After a few weeks**, though, my body got stronger and I could stretch more easily.

③ **현재 요가 실력** Once I got started, I was able to develop a pretty consistent routine that involved doing yoga three days a week. It's gotten me in great shape. I'm not at the advanced level yet, but I'd definitely call myself an intermediate level student.

골라 쓰는 답변 아이디어

→ ● 왜 요가를 시작하려고 했는지
I had some friends who swore by it
효능을 보장한 친구들이 있었다
it was trendy with celebrities
연예인들 사이에서 유행했다

→ ● 처음에는 어땠는지
took to it immediately
그것에 금방 마음을 붙였다
was embarrassed to do it in front of others 다른 사람 앞에서 하려니 창피했다

→ ● 실력이 어떻게 변화했는지
it got easier when I joined a class
수업을 들으니 쉬워졌다
things finally clicked
드디어 제대로 되기 시작했다

→ ● 지금은 요가를 얼마나 잘하는지
think I'm getting there
목표를 달성해 가는 중이라고 생각한다
feel much stronger now than when I started
시작했을 때보다 훨씬 더 강해졌다고 느낀다

① **요가를 시작한 계기** 제가 요가를 처음 시작했던 것은 대략 2년 전에 몸매가 엉망이었기 때문이었습니다. 저는 뛰거나 체육관에 갈 필요 없이 몸매를 유지하는 방법을 원했기 때문에 몸매를 만드는 방법에 대한 정보를 얻으려고 인터넷을 검색했습니다. ② **요가 실력의 변화 과정** SNS상의 많은 사람들이 요가를 좋은 선택으로 추천했습니다. 저는 몇몇 입문 비디오들을 내려받고, 요가 매트를 사고, 집에서 따라서 하려고 노력했습니다. 솔직히 말해, 배우는데 정말 힘들었습니다. 처음에는 제가 그다지 유연하지 않아서 많은 자세들이 저에게는 역부족이었습니다. 하지만 몇 주 후에는 몸이 더 강해졌고, 더 쉽게 스트레칭 할 수 있었습니다. ③ **현재 요가 실력** 일단 제가 시작한 후로, 저는 일주일에 3일 요가를 하는 꽤 일관된 습관을 발전시킬 수 있었습니다. 그것은 저를 매우 좋은 몸매로 만들어 주었습니다. 저는 아직 상급 수준은 아니지만, 저는 확실히 저 자신을 중급 수준의 학생이라고 부를 수 있습니다.

out of shape 몸매가 엉망인　stay fit 몸매를 유지하다　introductory 입문의　follow along 따라 하다　pose 자세　consistent 일관된

나의 답변 🎤 먼저 나의 답변을 실제로 말해보자. 그 후, AL 달성! 답변구조와 AL 달성! 모범답변을 참고하여 나의 답변을 보완하자.

① 요가를 시작한 계기

② 요가 실력의 변화 과정

③ 현재 요가 실력

01 요가를 하다 겪은 경험 기억에 남는 경험 말하기

🎧 설문 UNIT 20 Track 2

Q **Have you ever had an interesting or special experience while doing yoga? When was it? What happened? Talk about it in detail, and explain why it was so special.** 요가를 하면서 흥미롭거나 특별한 경험을 겪은 적이 있나요? 그때가 언제였나요? 어떤 일이 일어났나요? 그것에 대해 상세히 이야기해 주시고 왜 그 경험이 특별했는지 설명해 주세요.

나의 답변 🎤 | 먼저 나의 답변을 실제로 말해보자. 그 후, 등급 UP! 핵심표현과 AL 달성! 모범답변을 참고하여 나의 답변을 보완하자.

등급 UP! 핵심표현 ⚡

① 요가를 하다 겪은 경험 소개	· 마지못해 동의하고 그녀를 따라갔다	→gave in and went along with her
	· 헬스장에서 무료 수업이 제공되고 있었다	→a free class was being offered at my gym
② 요가를 하다 겪은 구체적인 경험	· 열사병으로 기절할 것 같았다	→would pass out from heat exhaustion
	· 몸을 구부리다가 요가 바지가 찢어졌다	→tore my yoga pants while trying to bend
	· 내가 그것을 제대로 하고 있는지 모르는	→not sure if I was doing it right
	· 까다로운 자세 중 하나를 성공했다	→pulled off one of the tricky poses
③ 결과와 느낀 점	· 선희가 날 함께 데려가 준 것이 고맙다	→appreciate Seon Hee taking me along
	· 피곤할 수 있지만, 혹독해서는 안 된다	→can be tiring, but it shouldn't be brutal
	· 너무 창피해서 어떻게 해야 할지 몰랐다	→so embarrassed, didn't know what to do

AL 달성! 모범답변 🎯

① 요가를 하다 겪은 경험 소개 **A type of yoga that made a big impression on me was** Bikram Yoga. Have you ever heard of it? It's also known as hot yoga. I go to a yoga studio with my good friend Seon Hee, and we saw a flyer for a Bikram Yoga class a few months ago. I wasn't too keen on the idea, but she really wanted to give it a shot, so I **gave in and went along with her**.

② 요가를 하다 겪은 구체적인 경험 **To give you an idea what happened**, instead of the studio being at normal room temperature, it was heated to 40 degrees. Furthermore, sessions lasted 90 minutes, whereas typical yoga sessions are only half that long. **It was one of the most intense experiences of my life.** After 10 minutes, I was dripping with sweat. I thought I **would pass out from heat exhaustion**, but I stayed conscious somehow.

③ 결과와 느낀 점 I have to say, **it was a unique experience to** go to a Bikram Yoga class. I **appreciate Seon Hee taking me along**. She still goes occasionally, but I haven't been back since.

① 요가를 하다 겪은 경험 소개 저에게 큰 인상을 남긴 요가의 종류는 비크람 요가였습니다. 그것을 들어본 적이 있으신가요? 이것은 핫 요가라고도 알려져 있습니다. 저는 제 친한 친구인 선희와 함께 요가 스튜디오에 다니는데, 저희는 몇 달 전에 비크람 요가 수업의 광고지를 보았습니다. 저는 그것에 별로 관심이 많지는 않았지만, 그녀가 정말 그것을 시도해보고 싶어 했기에, 저는 마지못해 동의하고 그녀를 따라갔습니다.

② 요가를 하다 겪은 구체적인 경험 무슨 일이 있었는지 알려드리자면, 스튜디오가 정상적인 실내 온도 대신에, 40도까지 뜨겁게 데워져 있었습니다. 게다가, 수업은 90분 동안 진행됐던 반면, 보통 요가 수업은 그 시간의 반 정도밖에 되지 않습니다. 그것은 제 인생에서 가장 강렬한 경험 중 하나였습니다. 10분 후, 저는 완전히 땀에 흠뻑 젖어 있었습니다. 저는 제가 열사병으로 기절할 것 같다고 생각했지만, 아무튼 의식을 잃지는 않았습니다.

③ 결과와 느낀 점 저는 비크람 요가 수업에 간 것이 특별한 경험이었다고 말해야 할 것 같습니다. 저는 선희가 저를 함께 데려가 준 것을 고맙게 생각합니다. 그녀는 여전히 가끔 가지만, 저는 그때 이후로 다시 간 적은 없습니다.

flyer 광고지 keen on ~에 관심이 많은, ~을 아주 좋아하는 give ~ a shot ~을 시도해 보다 be dripping with sweat 땀에 흠뻑 젖다

Q **You indicated in the survey that you go to a fitness club. Tell me about the fitness club you go to. Where is it located? What does it look like? Describe it in as much detail as possible.** 당신은 설문에서 헬스장에 다닌다고 했습니다. 당신이 다니는 헬스장에 대해 이야기해 주세요. 어디에 위치해 있나요? 그곳은 어떻게 생겼나요? 그것에 대해 되도록 상세히 설명해 주세요.

나의 답변 🎙 먼저 나의 답변을 실제로 말해보자. 그 후, 등급 UP! 핵심표현과 AL 달성! 모범답변을 참고하여 나의 답변을 보완하자.

등급 UP! 핵심표현 ⚡

① 다니는 헬스장 소개	· 헬스장 가는 길에 공원을 통과해 걸어간다	→ walk through the park on my way to the club
	· 우리 집 옆에 편리한 위치에 있는	→ conveniently located next to my house
	· 사무실 건물의 1층에 있는	→ on the street level of an office building
② 다니는 헬스장의 특징	· 약간 작고 우중충한	→ a bit small and dingy
	· 최신 기구를 보유하다	→ has cutting-edge equipment
	· 회원들이 사용할 운동복을 제공한다	→ provide workout clothes for members to use
	· 단체 운동 수업을 제공한다	→ offer group exercise classes
	· 개인 사물함과 샤워 시설이 있다	→ has individual lockers and shower facilities
③ 다니는 헬스장에 대한 내 생각	· 기구를 몇 개 더 보유하는 게 좋을 것이다	→ could stand to have a few more machines
	· 시설을 개선해야 한다	→ needs to upgrade its facilities
	· 정말 친절하고 자세하게 설명해 준다	→ really kind and give detailed instructions

---

AL 달성! 모범답변 ⏱

① 다니는 헬스장 소개 The fitness club I visit most often **is located in the center of town** beside the park. It's a great location, considering I get to **walk through the park on my way to the club**.

② 다니는 헬스장의 특징 To be honest, there's nothing appealing about the place when you first enter. It's **a bit small and dingy**, but all the equipment you need is there. When you walk in, there's a row of treadmills and exercise bikes on the right-hand side. **Across from this equipment is** a row of weightlifting machines and free weights for doing bench presses and squats. Along the back wall there are racks with dumbbells on them. All of the walls have mirrors on them, and there are a few TVs set up around the room.

③ 다니는 헬스장에 대한 내 생각 **In my opinion**, the club **could stand to have a few more machines** because it can get pretty crowded, especially in the evening after work.

① 다니는 헬스장 소개 제가 가장 자주 가는 헬스장은 시내 중심가의 공원 옆에 위치해 있습니다. 제가 헬스장 가는 길에 공원을 통과해서 걸어간다는 점을 생각할 때 이곳은 훌륭한 위치입니다.

② 다니는 헬스장의 특징 솔직히 말해서, 처음 들어가면 그곳은 매력적인 것이 없습니다. 그곳은 약간 작고 우중충하긴 하지만 당신이 필요한 기구는 다 있습니다. 안으로 들어가면 오른쪽에 러닝머신과 실내 운동용 자전거들이 일렬로 있습니다. 그 기구들의 맞은편에는 역기 운동 기계, 그리고 벤치 프레스와 스쿼트를 할 수 있는 프리웨이트가 일렬로 있습니다. 뒷벽을 따라서 덤벨이 올려져 있는 선반도 있습니다. 모든 벽에 거울이 붙어 있고, 실내에 몇 개의 TV가 설치되어 있습니다.

③ 다니는 헬스장에 대한 내 생각 헬스장이 특히 퇴근 이후 저녁때 상당히 붐비기도 하기 때문에 제 생각에는 기구를 몇 개 더 보유하는 게 좋을 것 같습니다.

---

dingy 우중충한 **treadmill** 러닝머신 **right-hand side** 오른쪽 **weightlifting machines** 역기 운동 기계 **rack** 선반

---

*설문 주제 <요가·헬스>에 대한 추가 답변 아이디어와 표현은 [주제별 답변 아이디어&표현 사전]의 p.42에서 학습할 수 있습니다.

UNIT 21

수영

Background Survey에서 운동으로 "수영"을 선택할 것이라면, 빈출 문제 중심으로 대비하면 효과적이다. 이 UNIT을 통해 <수영> 빈출 문제 및 모범답변, 그리고 관련 표현을 학습하여 나만의 답변을 준비해 두자.

🔄 빈출 문제

수영을 배우게 된 계기와 변화 시작한 계기와 변화 말하기	When did you first learn to swim? How did you become interested in swimming? Who taught you how to swim? How has your ability improved since you first started swimming? 언제 처음 수영을 배웠나요? 어떻게 수영에 관심을 갖게 되었나요? 당신에게 수영하는 법을 가르쳐 준 사람은 누구인가요? 수영을 처음 시작했을 때 이후로 당신의 실력이 어떻게 향상되었나요?
수영 가기 전후에 한 일 시간 순서대로 설명하기	Can you tell me about the last time you went swimming? What did you do before you went swimming? What did you do afterward? Tell me about all the things you did on that particular day. 마지막으로 수영하러 갔을 때에 대해 이야기해 줄 수 있나요? 수영을 하러 가기 전에 무엇을 했나요? 그 후에는 무엇을 했나요? 그날에 당신이 한 모든 일에 대해 이야기해 주세요.
나의 수영 습관 습관/경향에 대해 말하기	In your background survey, you indicated that you enjoy swimming. Tell me about your swimming routine. How often do you go swimming? When and where do you go? With whom do you go? 배경 설문에서, 당신은 수영하기를 좋아한다고 했습니다. 당신의 수영 습관에 대해 이야기해 주세요. 얼마나 자주 수영을 하러 가나요? 언제 어디로 가나요? 누구와 함께 가나요?

자주 나오는! 3단 콤보
- 나의 수영 습관 – 수영을 배우게 된 계기와 변화 – 수영을 하다 겪은 경험
- 나의 수영 습관 – 가장 자신 있는 수영 영법 – 수영을 배우게 된 계기와 변화

When did you first learn to swim? How did you become interested in swimming? Who taught you how to swim? How has your ability improved since you first started swimming?

언제 처음 수영을 배웠나요? 어떻게 수영에 관심을 갖게 되었나요? 당신에게 수영하는 법을 가르쳐 준 사람은 누구인가요? 수영을 처음 시작했을 때 이후로 당신의 실력이 어떻게 향상되었나요?

답변구조에 따라 말할 내용을 살펴보고, 아래 모범답변을 참고하여 나의 답변을 말해보자.

AL 달성! 답변구조 ⚙️

① 수영을 배우기 시작한 계기	● 언제 처음 배웠는지, 배우게 된 계기가 무엇이었는지
② 수영 실력의 변화 과정	● 처음엔 어땠는지, 누가 가르쳐줬는지
③ 현재 수영 실력	● 지금은 수영을 얼마나 잘하는지

AL 달성! 모범답변 🎯

① 수영을 배우기 시작한 계기 **I first learned to** swim when I was in elementary school. I was 11 years old and in grade 5. My mom wanted me to learn how to swim, so she enrolled me in a swimming course.

② 수영 실력의 변화 과정 **At the beginning, I felt** that I could never learn how to swim. **As time passed**, however, I realized it was a skill that anyone can learn. **I only started becoming interested in it after** mastering the skill of floating. **I got hooked by the time** I knew how to do the different strokes. A swimming instructor taught me how to swim. I was a little afraid of him at the start, but he was really patient with his students. After completing the course, I began swimming regularly at the local gym. Since then, my ability has definitely improved.

③ 현재 수영 실력 I wouldn't call myself an expert swimmer, but **I can say that** I'm pretty good. In fact, swimming holds no challenge for me anymore.

골라 쓰는 답변 아이디어

→ ● 언제 처음 배웠는지
almost as soon as I could walk
걸을 수 있게 되자마자 거의 바로
just this year 올해 막

→ ● 배우게 된 계기가 무엇이었는지
All my friends were into swimming
내 친구들 모두가 수영을 좋아했다
I wanted to be ready for an emergency
만일의 비상사태에 대비하고 싶었다

→ ● 누가 가르쳐줬는지
My father taught me at a nearby pool. 아버지가 근처 수영장에서 가르쳐주었다.
I picked up the basics by watching others. 다른 사람들을 보며 기본을 익혔다.

→ ● 지금은 수영을 얼마나 잘하는지
I'm proud of the progress I've made 내가 이뤄낸 진전이 자랑스럽다
my technique could use some improvement
내 테크닉은 더 나아질 여지가 있다

① 수영을 배우기 시작한 계기 제가 처음으로 수영을 배운 것은 초등학교에 다닐 때였습니다. 저는 11살이었고, 5학년이었습니다. 저희 어머니께서 제가 수영을 배우기를 원하셔서, 저를 수영 강좌에 등록해 주셨습니다. ② 수영 실력의 변화 과정 처음에 저는 제가 절대 수영을 배울 수 없을 것처럼 느껴졌습니다. 하지만 시간이 지나면서 수영이 누구나 배울 수 있는 기술이라는 것을 깨달았습니다. 저는 물에서 뜨는 법을 완전히 익히고 나서야 수영에 겨우 흥미를 가지게 되었습니다. 다른 영법들을 할 줄 알게 되었을 때쯤에는 수영에 푹 빠졌습니다. 수영강사가 저에게 수영하는 법을 가르쳐 주었습니다. 처음에는 그가 조금 무서웠지만, 그는 정말 인내심을 가지고 학생들을 대했습니다. 강좌를 다 마치고 난 후에, 저는 동네 체육관에서 수영을 규칙적으로 하기 시작했습니다. 그때 이후로 확실히 제 실력은 발전했습니다. ③ 현재 수영 실력 저는 스스로를 수영의 달인이라고 부르지는 못하겠지만, 그래도 꽤 잘한다고는 말할 수 있습니다. 사실 수영은 더 이상 제게 아무런 문제가 되지 않습니다.

enroll 등록하다 **master** 완전히 익히다 **float** (물에) 뜨다 **get hooked** 푹 빠지다 **stroke** 영법

나의 답변 🎤 먼저 나의 답변을 실제로 말해보자. 그 후, AL 달성! 답변구조와 AL 달성! 모범답변을 참고하여 나의 답변을 보완하자.
① 수영을 배우기 시작한 계기
② 수영 실력의 변화 과정
③ 현재 수영 실력

01 수영 가기 전후에 한 일 시간 순서대로 설명하기

🎧 설문 UNIT 21 Track 2

Q **Can you tell me about the last time you went swimming? What did you do before you went swimming? What did you do afterward? Tell me about all the things you did on that particular day.** 마지막으로 수영하러 갔을 때에 대해 이야기해 줄 수 있나요? 수영을 하러 가기 전에 무엇을 했나요? 그 후에는 무엇을 했나요? 그날에 당신이 한 모든 일에 대해 이야기해 주세요.

🎙 나의 답변 | 먼저 나의 답변을 실제로 말해보자. 그 후, 등급 UP! 핵심표현과 AL 달성! 모범답변을 참고하여 나의 답변을 보완하자.

등급UP! 핵심표현 ⚡

① 수영 활동 소개	· 사실상 매 주말마다 수영장에 간다	→ go to the pool practically every weekend
	· 지난달 이후로 수영을 가지 않았다	→ haven't gone swimming since last month
② 시간 순서대로 설명	· 다 끝난 후에, 카페로 갔다	→ After I was done, I headed off to a café
	· 해변 의자에 몸을 뻗고 누웠다	→ stretched out on my beach chair
	· 물에 뛰어들기 전 준비운동을 했다	→ did warm-ups before hopping into the water
	· 온몸에 선크림을 발랐다	→ put sunscreen all over my body
	· 햇빛에 몸을 말렸다	→ dried off under the sun
	· 배가 꼬르륵거리기 시작했다	→ my stomach started to growl
	· 죄책감 없이 마음껏 먹었다	→ ate my fill without feeling guilty
③ 수영에 대한 내 생각	· 남은 하루에 필요한 힘을 나에게 준다	→ gives me the energy I need for the rest of the day
	· 정말 즐거웠고 빨리 다시 가고 싶다	→ had a blast and hope to go again very soon

AL 달성! 모범답변 ✍

① 수영 활동 소개 I **go to the pool practically every weekend**, so Sunday **was the last time** I went swimming.

② 시간 순서대로 설명 **Before** going for a swim, I made sure to pack all my swimming gear in my backpack. **Then**, after arriving at the gym where the pool is, **the first thing I did** was take a quick shower before changing into my swimsuit. **Next**, I slipped on my swim cap and goggles, and headed to the pool. I swam for about 45 minutes. I think I managed to do 20 laps before I decided to pack it in. **Then**, I went back to the locker room to shower again. I made sure to shampoo my hair well because the chlorine in pool water can be damaging. **After I was done**, **I headed off to a café** in the neighborhood to meet up with some friends.

③ 수영에 대한 내 생각 **I think my last swimming experience was** pretty much the same as any I've had in the past. Swimming is always fun and **gives me the energy I need for the rest of the day.**

① 수영 활동 소개 저는 사실상 매 주말마다 수영장에 가기 때문에 제가 마지막으로 수영을 간 것은 지난 일요일이었습니다.

② 시간 순서대로 설명 수영하러 가기 전에, 저는 모든 수영용품을 배낭에 확실히 챙겼습니다. 그리고는, 수영장이 있는 체육관에 도착한 후에, 제가 가장 먼저 했던 것은 수영복으로 갈아입기 전 간단히 샤워를 하는 것이었습니다. 그다음 수영모와 수경을 빨리 착용하고 수영장으로 향했습니다. 저는 약 45분 동안 수영을 했습니다. 그만두어야겠다고 마음먹기 전까지 20바퀴는 돌 수 있었던 것 같습니다. 그러고 나서, 탈의실로 돌아가 다시 샤워를 했습니다. 수영장 물에 있는 염소가 머리카락을 손상시킬 수 있기 때문에 머리를 샴푸로 깨끗이 감도록 했습니다. 다 끝난 후에, 저는 친구들을 만나려고 동네에 있는 카페로 갔습니다.

③ 수영에 대한 내 생각 저는 제가 마지막으로 수영을 간 경험이 과거에 있었던 다른 경험들과 거의 비슷했다고 생각합니다. 수영은 항상 재미있고, 남은 하루에 필요한 힘을 저에게 줍니다.

slip on 빨리 착용하다 **lap** 한 바퀴 **pack it in** (일을) 그만두다 **locker room** 탈의실 **shampoo** 샴푸로 감다 **chlorine** 염소

02 나의 수영 습관 습관/경향에 대해 말하기

🎧 설문 UNIT 21 Track 3

Q **In your background survey, you indicated that you enjoy swimming. Tell me about your swimming routine. How often do you go swimming? When and where do you go? With whom do you go?** 배경 설문에서, 당신은 수영하기를 좋아한다고 했습니다. 당신의 수영 습관에 대해 이야기해 주세요. 얼마나 자주 수영을 하러 가나요? 언제 어디로 가나요? 누구와 함께 가나요?

> 나의 답변 🎙 먼저 나의 답변을 실제로 말해보자. 그 후, 등급 UP! 핵심표현과 AL 달성! 모범답변을 참고하여 나의 답변을 보완하자.

등급 UP! 핵심표현 ⚡

① 나의 수영 습관 소개	· 적어도 한두 시간 수영을 한다	→ spend at least an hour or two swimming
	· 너무 지치지 않았다면 매일 수영하러 간다	→ go swimming daily if I'm not too bushed
	· 운동하고 싶어서 혼자 가는 것을 선호한다	→ prefer to go solo because I want to exercise
② 나의 구체적인 수영 습관	· 보통 자유형으로 5바퀴 돈다	→ usually do five laps using the freestyle stroke
	· 수영하기 전에 5분 동안 스트레칭한다	→ stretch for five minutes before swimming
	· 내가 가장 자신 없는 영법을 연습한다	→ work on my weakest strokes
	· 발전하도록 자신을 한계까지 몰아간다	→ push myself to my limits so I can improve
③ 나의 수영 습관에 대한 내 생각	· 모든 사람이 다 배워야 할 기술	→ a skill that every single person should learn
	· 내가 머리를 식힐 수 있게 도와준다	→ helps me chill out
	· 긴 하루 끝에 가장 필요한 것	→ just the ticket after a long day
	· 잠시 현실에서 벗어날 수 있게 해준다	→ lets me escape for a while

AL 달성! 모범답변 ✒

① 나의 수영 습관 소개 Not a week goes by that I don't **spend at least an hour or two swimming**. I guess it's because I enjoy swimming so much.

② 나의 구체적인 수영 습관 **I usually** swim on weekends, but if there's a weekday holiday, then I go to the neighborhood gym and swim. **My typical routine involves** swimming two hours on Saturday or Sunday afternoons. Most of the time, the pool is quite crowded with swimmers of all ages. It's unusual to find the swimming area empty. Even so, I am able to swim laps. I **usually do five laps using the freestyle stroke** and then ten laps of the breaststroke. This gives me a good workout.

③ 나의 수영 습관에 대한 내 생각 **I think swimming is** not only enjoyable, but it's also a very useful skill. I'm really glad my mom told me I should learn to swim when I was young. **I personally think that** this is a skill that every single person should learn.

① 나의 수영 습관 소개 제가 적어도 한두 시간 수영을 하지 않고 넘어가는 주는 없습니다. 이것은 제가 수영을 매우 즐기기 때문인 것 같습니다.

② 나의 구체적인 수영 습관 저는 보통 주말에 수영을 하지만, 만약 주중에 휴일이 있다면 동네 체육관으로 가서 수영을 합니다. 저의 전형적인 일과는 토요일이나 일요일 오후에 두 시간 동안 수영하는 것을 포함합니다. 대부분의 경우 수영장은 모든 연령대의 수영하는 사람들로 꽤 붐빕니다. 수영장이 비어있는 것을 보기는 흔치 않습니다. 그렇다 하더라도, 저는 수영장을 돌 수 있습니다. 저는 보통 자유형으로 5바퀴 돌고, 그 후에 평형으로 10바퀴를 돕니다. 이것은 저에게 좋은 운동이 됩니다.

③ 나의 수영 습관에 대한 내 생각 저는 수영이 즐거울 뿐만 아니라 굉장히 유용한 기술이라고 생각합니다. 저희 엄마가 제가 어릴 때 수영을 배워야 한다고 말씀해 주신 것이 정말 다행입니다. 저는 개인적으로 이것은 모든 사람이 다 배워야 할 기술이라고 생각합니다.

crowded with ~으로 붐비다 **of all ages** 모든 연령대의 **breaststroke** 평형

*설문 주제 <수영>에 대한 추가 답변 아이디어와 표현은 [주제별 답변 아이디어&표현 사전]의 p.44에서 학습할 수 있습니다.

UNIT 22 자전거

Background Survey에서 운동으로 "자전거"를 선택할 것이라면, 빈출 문제 중심으로 대비하면 효과적이다. 이 UNIT을 통해 <자전거> 빈출 문제 및 모범답변, 그리고 관련 표현을 학습하여 나만의 답변을 준비해 두자.

🔄 빈출 문제

자전거를 타다 겪은 경험
기억에 남는 경험 말하기

Tell me about a memorable experience you have had while riding a bicycle. Where and when was it? Who were you with? Did something interesting or unexpected happen? What happened? Describe the experience in as much detail as you can.

자전거를 타던 중 겪었던 기억에 남는 경험에 대해 이야기해 주세요. 언제 어디에서였나요? 누구와 함께 있었나요? 흥미롭거나 예상치 못했던 일이 일어났나요? 어떤 일이 일어났나요? 그 경험에 대해 되도록 상세히 설명해 주세요.

자전거를 타는 경향
습관/경향에 대해 말하기

When do you usually ride your bicycle? Where do you go for a ride? How often do you ride it and with whom? How do you feel when you ride your bike?

당신은 언제 주로 자전거를 타나요? 자전거를 타러 어디로 가나요? 얼마나 자주 타고, 누구와 함께 타나요? 자전거를 탈 때 어떤 기분이 드나요?

자전거를 타게 된 계기와 변화
시작한 계기와 변화 말하기

When did you start riding bicycles? Why did you start, and who taught you? Was it difficult to learn? Are you good at it now? How have you improved your riding skill?

당신은 언제 자전거를 타기 시작했나요? 왜 시작했고, 당신을 가르쳐준 사람은 누구인가요? 배우기 어려웠나요? 지금은 잘 타나요? 어떻게 자전거 타는 실력을 키웠나요?

자주 나오는 3단 콤보
- 나의 자전거 – 자전거를 타게 된 계기와 변화 – 나의 자전거 타는 습관
- 나의 자전거 – 나의 자전거 타는 습관 – 자전거를 타다 겪은 경험

대표문제 **자전거를 타다 겪은 경험** 기억에 남는 경험 말하기

Tell me about a memorable experience you have had while riding a bicycle. Where and when was it? Who were you with? Did something interesting or unexpected happen? What happened? Describe the experience in as much detail as you can.

자전거를 타던 중 겪었던 기억에 남는 경험에 대해 이야기해 주세요. 언제 어디에서였나요? 누구와 함께 있었나요? 흥미롭거나 예상치 못했던 일이 일어났나요? 어떤 일이 일어났나요? 그 경험에 대해 되도록 상세히 설명해 주세요.

답변구조에 따라 말할 내용을 살펴보고, 아래 모범답변을 참고하여 나의 답변을 말해보자.

AL 달성! 답변구조 ⚙️

① 자전거를 타다 겪은 경험 소개	● 언제, 어디에서 일어났는지
② 자전거를 타다 겪은 구체적인 경험	● 왜 그런 일이 생겼는지, 무슨 일이 있었는지, 하마터면 어쩔 뻔했는지
③ 결과와 느낀 점	● 경험으로 인해 변한 점

AL 달성! 모범답변 ✏️

① 자전거를 타다 겪은 경험 소개 **The most memorable experience I have ever had while** riding a bicycle **happened** a few years **ago** on a path in a downtown park.

② 자전거를 타다 겪은 구체적인 경험 I got distracted because I was enjoying the weather and the exercise, and I didn't notice a broken bottle up ahead on the path. Because I wasn't paying attention, I rode right over the glass and punctured my bike's front tire. **What made it even worse was that** I was almost injured. When the air went out of the tire, I lost control of the bike and fell down. There was another cyclist close behind me, and he had to brake quickly to avoid running me over. If that cyclist hadn't stopped in time, I could have been seriously hurt.

③ 결과와 느낀 점 **Looking back on the incident now, I believe** the accident made me a more careful rider. Now I always check the street in front of me for dangerous objects.

골라 쓰는 답변 아이디어

→ • 왜 그런 일이 생겼는지
my phone rang suddenly
갑자기 핸드폰이 울렸다
I had my headphones on
헤드폰을 끼고 있었다

→ • 무슨 일이 있었는지
I couldn't stop in time
제때 멈추지 못했다
I slammed on the brakes
급브레이크를 밟았다
the bike chain got stuck
자전거 체인이 걸렸다

→ • 하마터면 어쩔 뻔했는지
wrecked my bike 자전거를 망가뜨릴 뻔
been killed 죽을 뻔

→ • 경험으로 인해 변한 점
caused me to be more aware of other cyclists
다른 자전거 타는 사람들을 더 조심하도록 만들었다
improved my reflexes
내 반사신경을 향상시켰다

① 자전거를 타다 겪은 경험 소개 제가 자전거를 타다가 겪은 가장 기억에 남는 경험은 몇 해 전에 시내 공원에 있는 길에서 일어났습니다. ② 자전거를 타다 겪은 구체적인 경험 저는 날씨와 운동을 즐기느라 주의가 산만해졌고 길 앞에 놓인 깨진 유리병을 알아채지 못했습니다. 제가 주의를 기울이고 있지 않았기 때문에, 저는 유리병 바로 위로 자전거를 몰았고 자전거 앞 타이어에 펑크를 냈습니다. 상황을 더 악화시킨 것은 제가 다칠 뻔했다는 것입니다. 타이어에서 공기가 빠져나오자, 저는 자전거를 제어하지 못하고 넘어졌습니다. 제 뒤 가까이에 자전거를 타는 사람이 한 명 더 있었는데, 그는 저를 치지 않기 위해 재빨리 브레이크를 걸어야 했습니다. 만약 그 사람이 제때 멈추지 않았다면, 제가 심각하게 다쳤을 수도 있습니다. ③ 결과와 느낀 점 지금 그 사건을 돌아보니, 저는 그 사고가 저를 더 조심스러운 라이더로 만들었다고 생각합니다. 이제 저는 위험한 물건이 있는지 제 앞의 길을 항상 확인합니다.

distracted 주의가 산만해진   up ahead 앞에, 그 앞쪽에   puncture 펑크를 내다   fall down 넘어지다   run over (차 등이) ~을 치다

나의 답변 먼저 나의 답변을 실제로 말해보자. 그 후, AL 달성! 답변구조와 AL 달성! 모범답변을 참고하여 나의 답변을 보완하자.
① 자전거를 타다 겪은 경험 소개
② 자전거를 타다 겪은 구체적인 경험
③ 결과와 느낀 점

01 자전거를 타는 경향 습관/경향에 대해 말하기

설문 UNIT 22 Track 2

Q **When do you usually ride your bicycle? Where do you go for a ride? How often do you ride it and with whom? How do you feel when you ride your bike?** 당신은 언제 주로 자전거를 타나요? 자전거를 타러 어디로 가나요? 얼마나 자주 타고, 누구와 함께 타나요? 자전거를 탈 때 어떤 기분이 드나요?

나의 답변 | 먼저 나의 답변을 실제로 말해보자. 그 후, 등급 UP! 핵심표현과 AL 달성! 모범답변을 참고하여 나의 답변을 보완하자.

등급 UP! 핵심표현

① 내가 자전거를 타는 경향 소개	· 한강을 따라 난 자전거 도로를 이용한다	→ take the bike path along the Han River
	· 주말에 자전거를 탈 기회가 있다	→ get a chance to ride on the weekends
	· 단거리를 이동해야 할 때마다	→ whenever I need to travel a short distance
② 내가 자전거를 타는 구체적인 경향	· 자전거 타는 데 친구를 데리고 간다	→ bring a friend along for the ride
	· 자전거를 타러 혼자 간다	→ go solo on a bike ride
	· 대부분 여유로운 속도로 자전거를 탄다	→ mostly bike at a leisurely pace
	· 핸들에서 절대 손을 놓지 않는다	→ never take my hands off the handlebar
	· 타면서 음악을 듣는다	→ listen to music while riding
	· 아주 빠른 속도로 자전거를 탄다	→ ride my bike at breakneck speed
③ 자전거를 타는 경향에 대한 내 생각	· 번거로운 일 없이도 운동을 많이 하게 된다	→ get a good workout without any hassle
	· 자전거를 탈 때 편하고 행복한	→ I'm in my element when I'm riding a bike
	· 울적할 때 기운이 나게 해준다	→ cheers me up when I'm feeling down

AL 달성! 모범답변

① 내가 자전거를 타는 경향 소개 **I use my bike to** get around whenever the weather is nice. I usually **take the bike path along the Han River** that runs through the middle of Seoul. **It usually takes** no more than 30 minutes to reach my usual destinations using this path.

② 내가 자전거를 타는 구체적인 경향 **It's pretty typical for me to bring a friend along for the ride** a couple of times a week. When I do, I bike more slowly than I do when I'm alone. That way, the person I'm with can keep up and we can talk a bit.

③ 자전거를 타는 경향에 대한 내 생각 **I personally think that** using a bike as a form of transportation is a lot more fun than driving a car or taking the subway. I don't have to sit in traffic or navigate through crowds of people, and I **get a good workout without any hassle. I always look forward to** these rides.

① 내가 자전거를 타는 경향 소개 저는 날씨가 좋을 때마다 이동 시 자전거를 이용합니다. 저는 주로 서울 중간을 가로질러 흐르는 한강을 따라 난 자전거 도로를 이용합니다. 이 길로 가면 제가 보통 가는 곳에 도착하는 데 30분도 걸리지 않습니다.

② 내가 자전거를 타는 구체적인 경향 자전거 타는 데 일주일에 두어 번 친구를 데리고 가는 것은 저에겐 꽤 일상적입니다. 그렇게 할 때 저는 제가 혼자 탈 때보다 더 천천히 자전거를 탑니다. 그렇게 하면 저와 함께 간 사람이 따라올 수 있고, 같이 이야기도 좀 할 수 있습니다.

③ 자전거를 타는 경향에 대한 내 생각 저는 개인적으로 자전거를 교통수단으로 이용하는 것이 차를 운전하거나 지하철을 타는 것보다 훨씬 더 재미있다고 생각합니다. 교통정체 속에 앉아있거나 사람들 무리를 헤치며 지나갈 필요가 없고, 번거로운 일 없이도 운동을 많이 하게 됩니다. 저는 항상 이렇게 자전거 타는 것을 기다립니다.

get around 이동하다 **traffic** 교통 정체 **navigate** 헤쳐가다, 길을 찾다 **hassle** 번거로운 일

02 자전거를 타게 된 계기와 변화 시작한 계기와 변화 말하기

Q When did you start riding bicycles? Why did you start, and who taught you? Was it difficult to learn? Are you good at it now? How have you improved your riding skill? 당신은 언제 자전거를 타기 시작했나요? 왜 시작했고, 당신을 가르쳐준 사람은 누구인가요? 배우기 어려웠나요? 지금은 잘 타나요? 어떻게 자전거 타는 실력을 키웠나요?

나의 답변 ┃ 먼저 나의 답변을 실제로 말해보자. 그 후, 등급 UP! 핵심표현과 AL 달성! 모범답변을 참고하여 나의 답변을 보완하자.

등급 UP! 핵심표현 ⚡

① 자전거를 타기 시작한 계기	· 여섯 살이 되었다	→ I turned six
	· 엄마가 내게 보조 바퀴가 달린 자전거를 줬다	→ My mom got me a bike with training wheels
	· 캠퍼스 자전거 동아리에 가입했다	→ joined a campus bike club
	· 자전거로 등교하기 시작했다	→ started cycling to school
② 자전거 실력의 변화 과정	· 균형을 잡기 어려워서, 많이 넘어졌다	→ hard to keep my balance, so I fell over a lot
	· 자전거를 모는 데 어려움을 겪었다	→ had trouble steering the bicycle
	· 자전거 뒤를 꽉 잡아줘야 했다	→ held on to the back of the bike
	· 일주일 뒤에 혼자 탈 수 있게 된	→ able to ride by myself after a week
③ 현재 자전거 실력	· 난 확실히 터득했다	→ I've definitely learned the ropes
	· 더 이상 절대 넘어지지 않는다	→ never fall down anymore
	· 피곤해지지 않고 하루 종일 탈 수 있다	→ can ride all day long without getting tired

AL 달성! 모범답변 ✏️

① 자전거를 타기 시작한 계기 **I first learned to ride a bicycle when I turned six.** My parents had given me one for my birthday. **I was over the moon to** have my own. I had always been green with envy whenever my older brother would ride his shiny bike all around the neighborhood.

② 자전거 실력의 변화 과정 My dad taught me how to ride the bike at a park near my house. **The first few times** I attempted to do it, he had to hold me up and help me out. It was **hard to keep my balance, so I fell over a lot.** However, he continued to encourage me, so I kept on trying. **From that day on**, I made sure to practice every day. **Eventually**, I was so good that I was even able to keep up with my brother.

③ 현재 자전거 실력 **Since then**, **I've definitely learned the ropes. Now, I can** even bike on challenging mountain trails with confidence.

① 자전거를 타기 시작한 계기 저는 여섯 살이 되었을 때 처음으로 자전거 타는 것을 배웠습니다. 부모님께서 제 생일 선물로 자전거를 주셨습니다. 저는 저만의 자전거가 생겨서 매우 행복했습니다. 제 형이 반짝이는 자전거를 타고 온 동네를 돌 때면 저는 항상 몹시 샘이 났습니다.

② 자전거 실력의 변화 과정 저희 아버지는 집 근처 공원에서 저에게 자전거 타는 법을 가르쳐주셨습니다. 제가 자전거 타기를 시도했을 때 처음 몇 번은 아버지께서 제가 넘어지지 않도록 떠받치고 도와주셔야 했습니다. 균형을 잡기 어려워서, 저는 많이 넘어졌습니다. 하지만 아버지께서 저를 계속 격려해 주셔서, 저는 계속 노력했습니다. 그날 이후부터 저는 반드시 매일 연습하려고 했습니다. 마침내 저는 형을 따라갈 수도 있을 정도로 매우 잘 타게 되었습니다.

③ 현재 자전거 실력 그 이후로 저는 확실히 터득했습니다. 이제 저는 어려운 등산로에서도 자전거를 자신 있게 탈 수 있습니다.

over the moon 매우 행복한 green with envy 몹시 샘이 나는 hold someone up 넘어지지 않도록 ~를 떠받치다

*설문 주제 <자전거>에 대한 추가 답변 아이디어와 표현은 [주제별 답변 아이디어&표현 사전]의 p.46에서 학습할 수 있습니다.

UNIT 23 국내 · 해외여행

음성 바로 듣기

Background Survey에서 휴가나 출장으로 "국내 여행", "해외여행"을 선택할 것이라면, 빈출 문제 중심으로 대비하면 효과적이다. 이 UNIT을 통해 <국내 · 해외여행>의 빈출 문제 및 모범답변, 그리고 관련 표현을 학습하여 나만의 답변을 준비해 두자.

빈출 문제

여행하다 겪은 경험
기억에 남는 경험 말하기

What is the most memorable experience you have had while traveling? When and where did you go? What happened? Why was it memorable? Describe the experience in detail.

여행을 하며 겪은 가장 기억에 남는 경험은 무엇인가요? 언제 어디로 여행을 갔나요? 무슨 일이 일어났나요? 왜 그 경험이 기억에 남았나요? 그 경험을 상세히 설명해 주세요.

좋아하는 여행지
대상 설명하기(2) – 장소

In your background survey, you indicated that you enjoy domestic travel. Where do you like to visit? Which do you prefer, mountains or beaches? Describe the place you like to visit and why you like to go there.

배경 설문에서, 당신은 국내 여행을 즐긴다고 했습니다. 어디를 방문하길 좋아하나요? 산과 해변 중 어느 곳을 더 선호하나요? 당신이 가기 좋아하는 장소와 그곳을 가기 좋아하는 이유를 설명해 주세요.

여행 전 준비하는 활동 경향
습관/경향에 대해 말하기

People must prepare before they travel. What do you do to prepare for travel? Do you research in advance or make reservations? What special things do you do? Please describe your preparations in detail.

사람들은 여행하기 전에 준비를 해야 합니다. 당신은 여행 준비를 위해 무엇을 하나요? 미리 조사를 하거나 예약을 하나요? 어떤 특별한 것을 하나요? 당신이 하는 준비를 상세히 설명해 주세요.

자주 나오는!
3단 콤보

• 여행 전 준비하는 활동 경향 – 좋아하는 여행지 – 여행하다 겪은 경험
• 여행 전 준비하는 활동 경향 – 처음 여행을 가본 경험 – 여행하다 겪은 경험

What is the most memorable experience you have had while traveling? When and where did you go? What happened? Why was it memorable? Describe the experience in detail.

여행을 하며 겪은 가장 기억에 남는 경험은 무엇인가요? 언제 어디로 여행을 갔나요? 무슨 일이 일어났나요? 왜 그 경험이 기억에 남았나요? 그 경험을 상세히 설명해 주세요.

답변구조에 따라 말할 내용을 살펴보고, 아래 모범답변을 참고하여 나의 답변을 말해보자.

AL 달성! 답변구조 ⚙️

① 여행하다 겪은 경험 소개	● 어떤 일이 있었는지
② 여행하다 겪은 구체적인 경험	● 무엇을 했는지, 그래서 어떻게 되었는지
③ 결과와 느낀 점	● 기분이 어땠는지

AL 달성! 모범답변 ✏️

① **여행하다 겪은 경험 소개** **The most memorable experience I've had while traveling was** meeting another Korean person by chance in Mexico just over two years ago. We were both staying in the same hotel near the beach, and we met in the hotel restaurant on the first night of my vacation. We've been good friends ever since.

② **여행하다 겪은 구체적인 경험** **To give you a more detailed account**, I had just checked into my hotel and had gone to the restaurant for a quick snack when I noticed a Korean woman sitting at a table alone. She seemed friendly and smiled at me. So, I asked if I could sit at her table and she agreed. As we talked, we found out we're both from Seoul and were both in Mexico for a vacation. We got along so well that we decided to hit the beach together the next day.

③ **결과와 느낀 점** It was a very pleasant surprise to develop such a meaningful friendship while on vacation. We are still good friends and keep in touch.

골라 쓰는 답변 아이디어

→ • 어떤 일이 있었는지
misplacing my wallet with all of my money
내 돈 전부가 들어있던 지갑을 잘못 둔 것
eating at a world-famous restaurant
세계적으로 유명한 식당에서 식사한 것

→ • 무엇을 했는지
searched everywhere for it
그것을 찾아 모든 곳을 뒤졌다
savored each bite of its signature dish
가장 유명한 요리를 한 입씩 음미했다

→ • 그래서 어떻게 되었는지
A kind stranger turned it in.
친절한 낯선 이가 돌려주었다.
It was a meal to die for.
식사가 굉장히 맛있었다.

→ • 기분이 어땠는지
I was in a total panic.
나는 완전히 당황했다.
I can't wait to go back there.
그곳에 다시 가는 것이 무척 기다려진다.

① **여행하다 겪은 경험 소개** 제가 여행을 하다가 겪은 가장 기억에 남는 경험은 약 2년여 전 멕시코에서 우연히 다른 한국 사람을 만난 일입니다. 저희 둘은 해변 근처에 있는 같은 호텔에 묵고 있었고, 제 휴가 첫날밤에 호텔 레스토랑에서 만났습니다. 그 이후로 저희는 계속 좋은 친구로 지내오고 있습니다. ② **여행하다 겪은 구체적인 경험** 더 자세히 설명해 드리자면, 제가 호텔에 막 체크인하고 간단한 간식을 먹으러 레스토랑에 갔을 때, 한 한국 여자가 테이블에 혼자 앉아 있는 것을 보았습니다. 그녀는 친절해 보였고, 저를 향해 미소 지었습니다. 그래서, 저는 그녀에게 테이블에 함께 앉아도 되겠느냐고 물었고, 그녀는 동의했습니다. 저희는 대화하면서 둘 다 서울에서 왔고 휴가를 보내러 멕시코에 왔다는 것을 알게 되었습니다. 저희는 마음이 너무 잘 맞아서 그다음 날 함께 해변에 가기로 결정했습니다. ③ **결과와 느낀 점** 휴가 동안 그렇게 의미 있는 우정을 키웠다는 것은 정말 뜻밖의 기쁨이었습니다. 저희는 여전히 좋은 친구이고, 연락하고 지내고 있습니다.

by chance 우연히 **hit** 가다, 도착하다 **meaningful** 의미 있는 **keep in touch** 연락하고 지내다

나의 답변 먼저 나의 답변을 실제로 말해보자. 그 후, AL 달성! 답변구조와 AL 달성! 모범답변을 참고하여 나의 답변을 보완하자.

① **여행하다 겪은 경험 소개**

② **여행하다 겪은 구체적인 경험**

③ **결과와 느낀 점**

빈출 문제 공략

01 좋아하는 여행지 대상 설명하기(2) – 장소

🎧 설문 UNIT 23 Track 2

Q **In your background survey, you indicated that you enjoy domestic travel. Where do you like to visit? Which do you prefer, mountains or beaches? Describe the place you like to visit and why you like to go there.** 배경 설문에서, 당신은 국내 여행을 즐긴다고 했습니다. 어디를 방문하길 좋아하나요? 산과 해변 중 어느 곳을 더 선호하나요? 당신이 가기 좋아하는 장소와 그곳을 가기 좋아하는 이유를 설명해 주세요.

> 나의 답변 🎤 먼저 나의 답변을 실제로 말해보자. 그 후, 등급 UP! 핵심표현과 AL 달성! 모범답변을 참고하여 나의 답변을 보완하자.

등급 UP! 핵심표현 ⚡

① 좋아하는 여행지 소개	· 한반도 남쪽에 위치하는 · 자연을 좋아하는 사람들의 메카 · 나에게 오랜 감명을 주었다	→ located south of the Korean Peninsula → a mecca for people who like nature → made a lasting impression on me
② 좋아하는 여행지의 특징	· 해수욕장들로 둘러싸여 있다 · 해수욕장에는 지루할 순간이 전혀 없다 · 이곳의 아름다움은 말로 표현할 수 없다 · 지역 특산물로 만든 음식들 · 사진 찍기에 아름다운 장소가 많은	→ is surrounded by public beaches → there's never a dull moment at the beach → its beauty is beyond words → dishes made with regional products → full of photogenic places
③ 좋아하는 여행지에 대한 내 생각	· 이 둘을 모두 즐기기에 완벽한 장소 · 가능할 때마다 그 섬에 간다 · 관광객을 두 팔 벌려 환영한다	→ the perfect place for enjoying both → make my way to the island whenever I can → welcome tourists with open arms

AL 달성! 모범답변 🎯

① 좋아하는 여행지 소개 **If I had to choose a spot to travel** to domestically, **I'd choose** Jejudo, which is an island **located south of the Korean Peninsula.**

② 좋아하는 여행지의 특징 **Going there** in the summer **is really nice because** the island **is surrounded by public beaches** that are peaceful and not really crowded. If you get bored with the beach, you can go for a walk along the Olle Trails or hike around Hallasan, Jejudo's large volcanic mountain. To me, it is Hallasan that makes this place so attractive.

③ 좋아하는 여행지에 대한 내 생각 I'm a beach person, but I also love climbing mountains. Jejudo is **the perfect place for enjoying both. I like the fact that** on Jejudo you can easily find stretches of beach where it is possible to relax without getting disturbed by the crowds. **Even better still is that** the view from the top of Hallasan is absolutely breathtaking. Because of everything it offers, I make sure to visit Jejudo whenever I can.

① 좋아하는 여행지 소개 제가 국내에서 여행할 장소를 선택해야 한다면 저는 한반도 남쪽에 위치한 섬인 제주도를 선택할 것입니다.

② 좋아하는 여행지의 특징 제주도는 평화롭고 그다지 붐비지 않는 해수욕장들로 둘러싸여 있기 때문에 여름에 그곳에 가는 것은 정말 좋습니다. 만약 해수욕장이 지겨워진다면, 올레길을 따라 산책하거나, 제주도의 큰 화산인 한라산 주위를 오를 수도 있습니다. 저에게는 제주도를 정말로 매력적으로 만드는 점이 바로 한라산입니다.

③ 좋아하는 여행지에 대한 내 생각 저는 해변을 좋아하는 사람이지만, 산을 오르는 것 역시 매우 좋아합니다. 제주도는 이 둘을 모두 즐기기에 완벽한 장소입니다. 제주도에서는 사람들에게 방해받지 않고 휴식을 취할 수 있는 길게 뻗은 해변 지역을 쉽게 찾을 수 있다는 사실이 좋습니다. 그럼에도 더 좋은 것은 한라산의 정상에서 바라보는 경치가 정말 숨이 멎을 정도로 아름답다는 것입니다. 섬이 가지고 있는 모든 것 때문에, 저는 가능할 때마다 제주도를 꼭 방문하고자 합니다.

the Korean Peninsula 한반도 volcanic mountains 화산 stretch 길게 뻗은 지역, 잡아 늘이다 breathtaking 숨이 멎을 정도로 아름다운

02 여행 전 준비하는 활동 경향 습관/경향에 대해 말하기

🎧 설문 UNIT 23 Track 3

Q **People must prepare before they travel. What do you do to prepare for travel? Do you research in advance or make reservations? What special things do you do? Please describe your preparations in detail.** 사람들은 여행하기 전에 준비를 해야 합니다. 당신은 여행 준비를 위해 무엇을 하나요? 미리 조사를 하거나 예약을 하나요? 어떤 특별한 것을 하나요? 당신이 하는 준비를 상세히 설명해 주세요.

나의 답변 🎤 | 먼저 나의 답변을 실제로 말해보자. 그 후, 등급 UP! 핵심표현과 AL 달성! 모범답변을 참고하여 나의 답변을 보완하자.

등급 UP! 핵심표현 ⚡

① 여행 준비 활동 소개	· 내가 가장 선호하는 방법은 여행 블로그를 읽는 것이다	→ My preferred way is to read travel blogs
	· 돈을 절약하고자 여행 특가상품을 찾는다	→ look out for travel deals to save money
	· 내 여행 친구와 계획을 논의한다	→ discuss plans with my travel companion
② 여행 준비 활동의 구체적인 경향	· 블로거가 말한 모든 것을 읽는다	→ read everything that the blogger has to say
	· 첫 단계는 체크리스트를 만드는 것이다	→ the first step is to put together a checklist
	· 현지어로 몇 마디 말을 배운다	→ learn a few words in the local language
	· 만약을 대비해 비상 약품 통을 챙긴다	→ pack a first-aid kit just in case
	· 이국적인 곳으로 가면 예방주사를 맞는다	→ get immunizations if I'm going somewhere exotic
③ 여행 준비 활동에 대한 내 생각	· 휴가를 최대로 활용할 수 있게 도와준다	→ help people make the most of their vacations
	· 시간과 노력을 많이 절약시켜 준다	→ saves a lot of time and effort
	· 문제를 피하는 좋은 방법	→ a good way to stay out of trouble

AL 달성! 모범답변 🎯

① 여행 준비 활동 소개 **One of the things I like to do to prepare for a trip is** learn about the place I plan on visiting. **My preferred way to gather information is to read travel blogs.**

② 여행 준비 활동의 구체적인 경향 A travel blog provides a firsthand account of someone's experience during a trip. When I find a good one, **I typically** read everything that the blogger has to say about my destination. These blogs will usually include suggestions for getting around and communicating with the local people. It's also pretty normal for them to provide recommendations regarding local hotels and restaurants. Reading these suggestions beforehand takes a lot of the guesswork out of travel.

③ 여행 준비 활동에 대한 내 생각 **I think that** travel blogs are wonderful because they **help people make the most of their vacations. On the other hand,** not all bloggers share the same opinions. I guess the only way to really know if you're going to like something on your trip is to try it for yourself.

① 여행 준비 활동 소개 여행 준비를 위해 제가 하기 좋아하는 일 중 하나는 방문하려고 계획한 곳에 관해 파악하는 것입니다. 정보를 모으기 위해 제가 가장 선호하는 방법은 여행 블로그를 읽는 것입니다.

② 여행 준비 활동의 구체적인 경향 여행 블로그는 누군가가 여행을 하면서 직접 체험해서 얻은 경험담을 제공해 줍니다. 좋은 블로그를 발견하면, 저는 보통 그 블로거가 제 목적지에 대해 무슨 말을 했는지 모두 읽습니다. 이러한 블로그들은 주로 돌아다니는 것과 그 지역 사람들과 의사소통하는 것에 대한 제안들을 담고 있습니다. 또한 이러한 블로그들이 지역 호텔이나 음식점에 관해 추천을 해주는 것도 상당히 일반적인 일입니다. 이런 제안들을 미리 읽어두면 여행 중 어림짐작으로 하는 많은 일들을 덜어 줍니다.

③ 여행 준비 활동에 대한 내 생각 저는 사람들이 휴가를 최대로 활용할 수 있도록 도와주기 때문에 여행 블로그가 아주 훌륭하다고 생각합니다. 반면에 모든 블로거들이 다 같은 생각을 공유하는 것은 아닙니다. 당신이 여행에서 무엇을 좋아하게 될지에 대해 진짜로 아는 유일한 방법은 직접 시도해 보는 것이라고 생각합니다.

firsthand 직접 체험해서 얻은, 직접   **beforehand** 미리   **guesswork** 어림짐작으로 하는 일, 추측   **for oneself** 직접, 스스로

*설문 주제 <국내·해외여행>에 대한 추가 답변 아이디어와 표현은 [주제별 답변 아이디어&표현 사전]의 p.48에서 학습할 수 있습니다.

UNIT 24 국내 · 해외 출장

음성 바로 듣기

Background Survey에서 휴가나 출장으로 "국내 출장", "해외 출장"을 선택할 것이라면, 빈출 문제 중심으로 대비하면 효과적이다. 이 UNIT을 통해 <국내 · 해외 출장>의 빈출 문제 및 모범답변, 그리고 관련 표현을 학습하여 나만의 답변을 준비해 두자.

🔄 빈출 문제

기억에 남는 출장 경험 기억에 남는 경험 말하기	Tell me about one of your most memorable business trips. When was it and where did you go? What happened? What made it so memorable? Did anything interesting or unexpected happen? Talk about it in as much detail as possible. 가장 기억에 남는 출장 중 하나에 대해 이야기해 주세요. 언제 어디로 갔나요? 무슨 일이 일어났나요? 무엇이 그 일을 기억에 남게 만들었나요? 흥미롭거나 예상치 못했던 일이 일어났나요? 그것에 대해 되도록 상세히 이야기해 주세요.
출장 갔다 겪은 문제 문제 해결 경험 말하기	You may have faced a problem while on a business trip. What kind of situation was it? What happened? How did you handle the problem? Did you get any help from other people? 당신은 출장 도중에 문제에 직면한 적이 있을 것입니다. 어떤 종류의 상황이었나요? 무슨 일이 일어났나요? 어떻게 그 문제를 해결했나요? 다른 사람들로부터 도움을 받았나요?
출장 가서 하는 활동 경향 습관/경향에 대해 말하기	What is your basic routine like when on a business trip? What do you usually do first? Do you usually check into a hotel, or do you have meetings right away? What do you do if you have any free time? Do you just stay at the hotel, or do you go sightseeing? 출장 갈 때 당신의 기본 일과는 무엇인가요? 처음에 주로 무엇을 하나요? 주로 호텔에 체크인하나요, 아니면 바로 회의를 하나요? 만약 자유 시간이 있다면 무엇을 하나요? 그냥 호텔에 머무르나요, 아니면 관광을 하나요?

자주 나오는!
3단 콤보
- 출장 가서 하는 활동 경향 – 기억에 남는 출장 경험 – 출장 갔다 겪은 문제
- 출장에 가져가는 물건들 – 최근에 간 출장 경험 – 출장 갔다 겪은 문제

Tell me about one of your most memorable business trips. When was it and where did you go? What happened? What made it so memorable? Did anything interesting or unexpected happen? Talk about it in as much detail as possible.

가장 기억에 남는 출장 중 하나에 대해 이야기해 주세요. 언제 어디로 갔나요? 무슨 일이 일어났나요? 무엇이 그 일을 기억에 남게 만들었나요? 흥미롭거나 예상치 못했던 일이 일어났나요? 그것에 대해 되도록 상세히 이야기해 주세요.

답변구조에 따라 말할 내용을 살펴보고, 아래 모범답변을 참고하여 나의 답변을 말해보자.

AL 달성! 답변구조 ⚙️

① 출장 경험 소개	→ 왜 출장을 갔는지, 어떤 일이 있었는지
② 출장의 구체적인 경험	→ 그래서 어떻게 되었는지
③ 결과와 느낀 점	→ 출장이 성공적이었는지

AL 달성! 모범답변 ✏️

① **출장 경험 소개** I've been on quite a few business trips, but one of them really stands out. It was a trip that I took to Beijing to meet with an important client. There was a long flight delay caused by bad weather, and I very nearly missed the meeting.

② **출장의 구체적인 경험** To get into details, it was raining heavily that day. I boarded the plane at Incheon Airport, and we taxied to the runway. However, just before takeoff, the pilot announced that the flight would be delayed until the rain let up. We sat on the runway for what felt like an eternity. Finally, about two hours later, the flight was cleared for takeoff and we were on our way. When I arrived in Beijing, I realized I didn't have time to go to the hotel, so I went straight to the meeting place.

③ **결과와 느낀 점** In the end, I arrived at the meeting about half an hour after the appointed time. Fortunately, the client was very understanding about the situation. The meeting was a success, and I felt incredibly relieved.

골라 쓰는 답변 아이디어

→ 왜 출장을 갔는지
close a business deal 계약을 체결한다
tour a new branch office that had opened up 오픈한 지점 사무실을 둘러본다

→ 어떤 일이 있었는지
bad traffic on the way to the airport 공항으로 가는 길에 교통체증
confusion with my taxi driver 택시 기사와의 혼란

→ 그래서 어떻게 되었는지
I missed my flight. 비행기를 놓쳤다.
I ended up in the wrong town. 결국 엉뚱한 동네에 가게 되었다.

→ 출장이 성공적이었는지
Rescheduling it turned out to be no problem. 일정을 변경해도 괜찮은 것으로 드러났다.
It was a huge disaster. 대재앙이었다.

① **출장 경험 소개** 저는 출장을 꽤 다녀와 봤는데, 그중 한 번이 정말 두드러집니다. 그것은 제가 중요한 고객과 만나기 위해 베이징으로 갔던 출장이었습니다. 날씨가 좋지 않아 비행기가 오랫동안 지연되었는데, 하마터면 회의를 거의 놓칠 뻔했습니다. ② **출장의 구체적인 경험** 더 자세히 설명해 드리자면, 그날은 비가 심하게 내리고 있었습니다. 저는 인천공항에서 비행기에 탑승했고, 저희는 활주로로 천천히 달렸습니다. 그러나 이륙 직전에 조종사가 비가 그칠 때까지 이륙이 연기될 것이라는 안내방송을 했습니다. 저희는 영원처럼 길게 느껴지는 시간 동안 활주로 위에 있어야 했습니다. 드디어 약 2시간 후, 비행기는 이륙 허가를 받았고 저희는 갈 길을 갈 수 있었습니다. 제가 베이징에 도착했을 때, 저는 호텔에 갈 시간이 없다는 것을 깨닫고는 곧장 회의 장소로 향했습니다. ③ **결과와 느낀 점** 결국 저는 회의에 약속된 시간보다 30분 정도 늦게 도착했습니다. 다행히도, 고객은 제 상황을 잘 이해해 주었습니다. 미팅은 성공이었고, 저는 엄청나게 안도했습니다.

board 탑승하다   taxi (이륙 직전에) 비행기가 천천히 달리다   runway 활주로   takeoff 이륙   let up 그치다, 약해지다
clear (출발·도착 등을) 허가하다

나의 답변 🎤 먼저 나의 답변을 실제로 말해보자. 그 후, AL 달성! 답변구조와 AL 달성! 모범답변을 참고하여 나의 답변을 보완하자.

① 출장 경험 소개

② 출장의 구체적인 경험

③ 결과와 느낀 점

01 출장 갔다 겪은 문제 문제 해결 경험 말하기

🎧 설문 UNIT 24 Track 2

Q **You may have faced a problem while on a business trip. What kind of situation was it? What happened? How did you handle the problem? Did you get any help from other people?** 당신은 출장 도중에 문제에 직면한 적이 있을 것입니다. 어떤 종류의 상황이었나요? 무슨 일이 일어났나요? 어떻게 그 문제를 해결했나요? 다른 사람들로부터 도움을 받았나요?

나의 답변 🎤 | 먼저 나의 답변을 실제로 말해보자. 그 후, 등급 UP! 핵심표현과 AL 달성! 모범답변을 참고하여 나의 답변을 보완하자.

등급 UP! 핵심표현 ⚡

① 출장 갔다 겪은 문제점과 원인	· 비행기를 타는 날 아침에 늦잠을 잤다	→ overslept the morning of my flight
	· 악천후로 인해 항공편이 취소됐다	→ flight was canceled due to inclement weather
	· 지하철에서 소매치기당했다	→ got pickpocketed on the metro
	· 공항에서 여권을 잃어버렸다	→ lost my passport at the airport
② 해결 방법	· 사무실에 있는 동료에게 전화했다	→ called my colleague at the office
	· 어쨌든 발표를 시작했다	→ began the presentation anyway
	· 대사관에 연락해서 도움을 청했다	→ contacted the embassy for help
	· 다음 비행기를 예약했다	→ booked the next flight out
③ 결과와 배운 점	· 어디론가 가기 전에 항상 모든 것을 다시 확인한다	→ always double-check everything before going somewhere
	· 비행 전날 밤에 가방을 싼다	→ pack my bags the night before a flight
	· 여행을 떠나기 전 충분히 자려고 한다	→ get enough sleep before I leave on a trip
	· 걸리는 시간을 넉넉하게 잡으려고 한다	→ try to give myself plenty of time to get there

AL 달성! 모범답변 ✐

① 출장 갔다 겪은 문제점과 원인 Last year, I went to Tokyo on business. **The problem occurred because** I **overslept the morning of my flight**, so I was in a big rush when I was getting ready to leave. My tablet had all my presentation information on it, but I accidentally left it behind.

② 해결 방법 **I didn't notice the problem until** I went to open my bag after landing and saw that the tablet wasn't there. I didn't have the files backed up on the cloud either, so I **called my colleague at the office**. I asked her to log into my computer and check if the files were there. Luckily, they were. She sent them to my email, and I was able to download everything I needed just in time.

③ 결과와 배운 점 Everything worked out in the end. **But that incident taught me to** always double-check everything I need before going somewhere.

① 출장 갔다 겪은 문제점과 원인 지난 해, 저는 업무 때문에 도쿄에 갔습니다. 문제는 제가 비행기를 타는 날 아침에 늦잠을 자서, 나갈 준비를 할 때 너무 서두르는 바람에 생긴 일입니다. 제 태블릿에 발표 정보가 모두 담겨 있었는데, 실수로 그것을 놓고 왔습니다.

② 해결 방법 저는 착륙 후에 제 가방을 열어보러 가서 태블릿이 그곳에 없다는 것을 보기 전까지는 문제를 알아차리지 못했습니다. 저는 클라우드에도 파일을 백업하지 않아서, 사무실에 있는 동료에게 전화했습니다. 저는 그녀에게 제 컴퓨터에 로그인해서 파일들이 있는지 확인해 달라고 부탁했습니다. 다행스럽게도, 파일들이 있었습니다. 그녀가 제 이메일로 그것들을 보냈고, 저는 제가 필요한 모든 것들을 제시간에 다운로드할 수 있었습니다.

③ 결과와 배운 점 결국 모든 것이 잘 풀렸습니다. 하지만 그 사건은 제게 어디론가 가기 전에 항상 필요한 모든 것을 다시 확인해야 한다는 것을 가르쳐 주었습니다.

on business 업무로 be in a rush 서두르다 landing 착륙 work out (일이) 잘 풀리다

Q **What is your basic routine like when on a business trip? What do you usually do first? Do you usually check into a hotel, or do you have meetings right away? What do you do if you have any free time? Do you just stay at the hotel or do you go sightseeing?** 출장 갈 때 당신의 기본 일과는 무엇인가요? 처음에 주로 무엇을 하나요? 주로 호텔에 체크인하나요, 아니면 바로 회의를 하나요? 만약 자유 시간이 있다면 무엇을 하나요? 그냥 호텔에 머무르나요, 아니면 관광을 하나요?

나의 답변 🎤 | 먼저 나의 답변을 실제로 말해보자. 그 후, 등급 UP! 핵심표현과 AL 달성! 모범답변을 참고하여 나의 답변을 보완하자.

등급 UP! **핵심표현** ⚡

① 출장 가서 하는 활동 소개	· 휴식을 취하고 관광한다	→ relax and go sightseeing
	· 보통 하루 종일 회의로 바쁜	→ usually tied up in meetings all day
	· 매 순간을 의미 있게 보내려 노력한다	→ try to make every minute count
② 출장 가서 하는 활동의 구체적인 경향	· 현지 음식을 맛본다	→ try the local cuisine
	· 일하지 않을 때 호텔에서 편히 쉰다	→ take it easy at the hotel when I'm not working
	· 중복이 있나 여행 일정표를 재확인한다	→ double-check my itinerary for any conflicts
	· 도착하자마자 호텔에 체크인한다	→ check in to the hotel as soon as I arrive
	· 내가 쓴 모든 비용을 주의 깊게 기록한다	→ keep track of all of my expenses carefully
③ 출장 가서 하는 활동에 대한 내 생각	· 상당히 즐거운 경험이 되는 경향이 있다	→ tend to be pretty enjoyable experiences
	· 가족들과 연락하기 어렵게 만든다	→ makes it hard to keep in touch with my family
	· 시간 관리를 현명하게 해야 한다	→ have to manage your time wisely

AL 달성! **모범답변** ✍

① 출장 가서 하는 활동 소개 **I go on business trips at least** three or four **times a year**. For most of the time I'm away, I keep quite busy. To make up for it, my company always schedules an extra day or two for me to **relax and go sightseeing**. It's very considerate of them.

② 출장 가서 하는 활동의 구체적인 경향 **On a regular business trip**, I go straight to my hotel, take a shower, and get changed. Unless I get in late at night, there's usually a client meeting scheduled for the day I arrive. I'll typically have meetings Monday through Friday and fly out on Sunday afternoon or evening. So, on the weekend, I always go shopping for special gifts to give to family and friends. **I also enjoy** trying the local cuisine and seeing famous sights **before I return home**.

③ 출장 가서 하는 활동에 대한 내 생각 I've been to so many places on business trips. I work pretty hard when I travel, but all in all, these trips **tend to be pretty enjoyable experiences**.

① 출장 가서 하는 활동 소개 저는 일 년에 적어도 서너 번 출장을 갑니다. 제가 출장가 있는 대부분의 시간에 저는 꽤 바쁘게 지냅니다. 그 대신에, 제 회사는 항상 추가로 하루나 이틀의 일정을 잡아놓아 제가 휴식을 취하고 관광할 수 있도록 합니다. 그들은 매우 배려심이 있습니다.

② 출장 가서 하는 활동의 구체적인 경향 일반적인 출장의 경우, 저는 호텔로 바로 가서 샤워를 하고 옷을 갈아입습니다. 밤늦게 도착하지 않는 한, 주로 제가 도착하는 날에 고객 미팅이 잡혀있습니다. 저는 보통 월요일에서 금요일까지 미팅이 있으며 일요일 오후나 저녁에 비행기로 출발합니다. 그래서 주말에 저는 항상 가족과 친구들에게 줄 특별한 선물을 위해 쇼핑을 합니다. 저는 또한 집으로 돌아가기 전 현지 음식을 맛보는 것과 유명한 장소를 구경하는 것을 즐깁니다.

③ 출장 가서 하는 활동에 대한 내 생각 저는 출장으로 정말 많은 곳을 가보았습니다. 저는 출장을 갈 때 매우 열심히 일하지만, 대체로, 이런 출장들은 상당히 즐거운 경험이 되는 경향이 있습니다.

make up for 대신에 sightseeing 관광 considerate 배려심 있는 get in 도착하다 fly out 비행기로 출발하다 all in all 대체로

*설문 주제 <국내·해외 출장>에 대한 추가 답변 아이디어와 표현은 [주제별 답변 아이디어&표현 사전]의 p.50에서 학습할 수 있습니다.

UNIT 25 집에서 보내는 휴가

Background Survey에서 휴가나 출장으로 "집에서 보내는 휴가"를 선택할 것이라면, 빈출 문제 중심으로 대비하면 효과적이다. 이 UNIT을 통해 <집에서 보내는 휴가>의 빈출 문제 및 모범답변, 그리고 관련 표현을 학습하여 나만의 답변을 준비해 두자.

빈출 문제

집에서 휴가를 보내는 경향 습관/경향에 대해 말하기	In your background survey, you indicated that you prefer to stay at home during vacations. How do you spend your vacations at home? What do you usually do? Give me as many details as possible. 배경 설문에서, 당신은 집에서 휴가를 보내는 것을 선호한다고 했습니다. 집에서 어떻게 휴가를 보내나요? 보통 무엇을 하나요? 되도록 상세히 설명해 주세요.
집에서 보낸 기억에 남는 휴가 기억에 남는 경험 말하기	I would like to know about the most memorable vacation you have spent at home. When was it? What did you do and who were you with? Why was it so memorable? 당신이 집에서 보냈던 가장 기억에 남는 휴가에 대해 알고 싶어요. 그것은 언제였나요? 당신은 무엇을 했고, 누구와 함께였나요? 그것이 왜 그렇게 기억에 남았나요?
휴가 관련 이슈 이슈 설명하고 나의 의견 말하기	Why do you think people need vacations? What purposes do you think vacations have for different people? How do people approach their vacations differently? 당신은 사람들이 왜 휴가가 필요하다고 생각하나요? 서로 다른 사람들에게 휴가가 어떤 목적을 갖는다고 생각하나요? 사람들이 휴가를 어떻게 다르게 생각하나요?

자주 나오는! 3단 콤보 • 집에서 휴가를 보내는 경향 – 집에서 보낸 기억에 남는 휴가 – 가장 최근에 집에서 보냈던 휴가

집에서 휴가를 보내는 경향 습관/경향에 대해 말하기 　　設問 UNIT 25 Track 1

In your background survey, you indicated that you prefer to stay at home during vacations. How do you spend your vacations at home? What do you usually do? Give me as many details as possible.

배경 설문에서, 당신은 집에서 휴가를 보내는 것을 선호한다고 했습니다. 집에서 어떻게 휴가를 보내나요? 보통 무엇을 하나요? 되도록 상세히 설명해 주세요.

답변구조에 따라 말할 내용을 살펴보고, 아래 모범답변을 참고하여 나의 답변을 말해보자.

AL 달성! 답변구조 ⚙️

① 집에서 보내는 휴가 소개	● 휴가의 전반적인 경향
② 집에서 보내는 휴가의 구체적인 경향	● 휴가 전 나의 상태, 집에서 어떤 일을 하는지
③ 집에서 보내는 휴가에 대한 내 생각	● 집에서 보내는 휴가가 왜 좋은지

AL 달성! 모범답변 🖊️

① **집에서 보내는 휴가 소개** For vacation, a lot of my friends like to visit family members in other cities or even travel abroad. However, **I'm perfectly happy to spend my vacation** lying around at home.

② **집에서 보내는 휴가의 구체적인 경향** **I'm normally** extremely busy, and by the time my vacation starts, I'm usually exhausted. So when I stay at home for vacation, I don't do anything too active. Instead, I watch movies or dig into the pile of books I put off reading. **On top of that**, I invite some friends over for lunch or dinner and spend quality time with them. I don't worry about my responsibilities or household chores during this time. I'm really just focused on taking it easy.

③ **집에서 보내는 휴가에 대한 내 생각** A vacation at home is a perfect way for me to get rid of my stress. And after a week of resting up at home, I feel recharged and ready to get back into the swing of things.

골라 쓰는 답변 아이디어

→ **휴가의 전반적인 경향**
surfing the Internet
인터넷 서핑을 하며
hanging out in the house
집에서 빈둥빈둥 놀며

→ **휴가 전 나의 상태**
half dead 반쯤 죽어있는
worn out 몹시 지쳐있는

→ **집에서 어떤 일을 하는지**
get through the e-mails that have piled up 쌓여있던 이메일들을 훑어본다
catch up on sleep 못 잤던 잠을 잔다
chill out with my dog
개와 느긋하게 쉰다

→ **집에서 보내는 휴가가 왜 좋은지**
spend some time alone
혼자만의 시간을 보낸다
reconnect with my friends
친구들과 다시 가까워진다

① **집에서 보내는 휴가 소개** 많은 제 친구들은 휴가 동안 다른 도시에 사는 가족을 방문하거나 심지어 해외여행을 하는 것을 좋아합니다. 하지만 저는 제 휴가를 집에서 빈둥거리며 보내는 것에 더할 나위 없이 만족합니다. ② **집에서 보내는 휴가의 구체적인 경향** 저는 보통 몹시 바빠서 휴가가 시작될 때쯤이면, 대게 지쳐 있습니다. 그래서 집에서 휴가를 보낼 때, 저는 너무 활동적인 것들은 무엇이든 하지 않습니다. 대신에, 저는 영화를 보거나 읽기를 미뤄뒀던 책더미에 파고들곤 합니다. 게다가, 저는 몇몇 친구들을 점심이나 저녁 식사에 초대해서 그들과 함께 좋은 시간을 보냅니다. 저는 이 시간 동안은 맡은 일이나 집안일에 대한 걱정을 멀리 합니다. 저는 정말 마음을 편히 갖는 것에만 집중합니다. ③ **집에서 보내는 휴가에 대한 내 생각** 집에서 보내는 휴가는 저에게 있어 스트레스를 해소하는 완벽한 방법입니다. 집에서 일주일 푹 쉬고 난 후, 저는 재충전되고 일상으로 다시 돌아갈 준비가 됨을 느낍니다.

lie around 빈둥거리다, 되는대로 놓여 있다　**dig into** 파고들다　**put off** 미루다　**rest up** 푹 쉬다　**recharge** 재충전하다
get back into the swing of things 일상으로 다시 돌아가다

나의 답변 📌 먼저 나의 답변을 실제로 말해보자. 그 후, AL 달성! 답변구조와 AL 달성! 모범답변을 참고하여 나의 답변을 보완하자.
　　　① 집에서 보내는 휴가 소개
　　　② 집에서 보내는 휴가의 구체적인 경향
　　　③ 집에서 보내는 휴가에 대한 내 생각

01 집에서 보낸 기억에 남는 휴가 기억에 남는 경험 말하기

🎧 설문 UNIT 25 Track 2

Q **I would like to know about the most memorable vacation you have spent at home. When was it? What did you do and who were you with? Why was it so memorable?** 당신이 집에서 보냈던 가장 기억에 남는 휴가에 대해 알고 싶어요. 그것은 언제였나요? 당신은 무엇을 했고, 누구와 함께였나요? 그것이 왜 그렇게 기억에 남았나요?

나의 답변 🎤 | 먼저 나의 답변을 실제로 말해보자. 그 후, 등급 UP! 핵심표현과 AL 달성! 모범답변을 참고하여 나의 답변을 보완하자.

등급 UP! 핵심표현 ⚡

① 집에서 보낸 기억에 남는 휴가 경험 소개	· 거의 날마다 같이 보냈다 · 휴가 내내 게으름을 피우며 보냈다 · 생각나는 것은 뭐든지 했다	→ spent nearly every day together → spent my entire vacation loafing around → did whatever came to mind
② 집에서 보낸 기억에 남는 휴가의 구체적인 경험	· 몇 시간 동안 계속 이야기했다 · 소설을 처음부터 끝까지 읽었다 · 아파트를 구석구석 청소했다 · 가장 좋아하는 TV쇼를 따라잡았다 · 취미생활을 마음껏 했다	→ talked for hours on end → read a novel cover to cover → cleaned my apartment from top to bottom → caught up on my favorite TV shows → indulged in my hobbies
③ 결과와 느낀 점	· 유대감을 형성할 기회가 있어서 기쁘다 · 대체로, 나는 그것을 정말 즐겼다 · 주로 그의 노력 덕분에 기억에 남는	→ I'm glad we had the opportunity to bond → on the whole, I really enjoyed it → memorable in large part due to his efforts

AL 달성! 모범답변 🎯

① 집에서 보낸 기억에 남는 휴가 경험 소개 **My most memorable stay-at-home vacation was** last winter. My younger brother had just gotten back from doing his military service, so we **spent nearly every day together**.

② 집에서 보낸 기억에 남는 휴가의 구체적인 경험 We did all kinds of stuff. We relaxed at home, went on walks at a nearby park, and helped our father at his store. We also **talked for hours on end**. **The vacation was unforgettable because** it was the first time that the two of us had spent a lot of quality time together as adults. Both of us had pretty much kept to ourselves during past breaks, and we had never really connected on a deep level before.

③ 결과와 느낀 점 Ever since spending all that time together, we've been inseparable. We remain close to this day, and my brother is now one of the few people I can tell anything to. **I'm so glad we had the opportunity to bond** with each other.

① 집에서 보낸 기억에 남는 휴가 경험 소개 제가 집에서 보낸 가장 기억에 남는 휴가는 지난 겨울이었습니다. 저의 남동생은 군 복무를 하고 막 돌아왔기에, 저희는 거의 날마다 같이 보냈습니다.

② 집에서 보낸 기억에 남는 휴가의 구체적인 경험 저희는 온갖 일들을 했습니다. 저희는 집에서 휴식을 취했고, 근처에 있는 공원에 산책을 갔으며, 아버지의 가게에서 아버지를 도왔습니다. 저희는 또한 몇 시간 동안 계속 이야기했습니다. 그 휴가는 저희 둘이 어른으로서는 처음으로 오붓한 시간을 함께 많이 보냈던 것이기 때문에 잊을 수 없습니다. 저희 둘 다 이전 휴가 동안에는 거의 서로와 어울리지 않았고, 전에는 그다지 깊은 수준까지는 친하지 않았습니다.

③ 결과와 느낀 점 같이 그 모든 시간을 보낸 이후로, 저희는 뗄 수 없는 사이가 되었습니다. 저희는 지금까지도 계속 친하게 지내고 있고, 제 남동생은 이제 제가 어떤 것이라도 말할 수 있는 소수의 사람 중 하나입니다. 저는 저희가 서로 유대감을 형성할 수 있는 기회가 있어서 매우 기쁩니다.

do one's military service 군 복무를 하다 **keep to oneself** 남과 어울리지 않는다 **inseparable** 뗄 수 없는, 분리할 수 없는

02 휴가 관련 이슈 이슈 설명하고 나의 의견 말하기

Q **Why do you think people need vacations? What purposes do you think vacations have for different people? How do people approach their vacations differently?** 당신은 사람들이 왜 휴가가 필요하다고 생각하나요? 서로 다른 사람들에게 휴가가 어떤 목적을 갖는다고 생각하나요? 사람들이 휴가를 어떻게 다르게 생각하나요?

> **나의 답변** 먼저 나의 답변을 실제로 말해보자. 그 후, 등급 UP! 핵심표현과 AL 달성! 모범답변을 참고하여 나의 답변을 보완하자.

등급 UP! 핵심표현 ⚡

① 휴가 관련 이슈 소개	· 휴가는 휴식을 취하는 완벽한 방법이다	→ vacations are a perfect way to relax
	· 숨 돌릴 시간이 거의 없다	→ hardly have time to breathe
	· 휴식을 취하기 위해 휴가가 필요하다	→ need vacations to recharge a break
	· 힘든 일상에서 벗어나는 좋은 방법	→ a good way to escape the daily grind
② 휴가의 다양한 목적	· 그저 긴장을 풀고 휴식하는 것을 좋아한다	→ simply like to kick back and relax
	· 집에 있는 것이 가장 편안하다	→ feel most comfortable at home
	· 휴가를 사용하여 시야를 넓힌다	→ use vacations to broaden their horizons
	· 집에서는 세상을 볼 수 없다	→ can't see the world from your house
③ 나의 의견	· 유익한 시간을 보장한다	→ ensures it's time well spent
	· 당신이 좋아하는 것을 하는 한	→ as long as you do what you like
	· 각자의 취향은 다른 것이다	→ to each his own

AL 달성! 모범답변 ✏️

① 휴가 관련 이슈 소개 Work is stressful. Many people work at least 45 hours a week and don't have time to relax as a part of their daily routines. Week-long **vacations are a perfect way to relax** your body and mind. **Furthermore**, long periods of rest help us to be more productive later on.

② 휴가의 다양한 목적 People have different ideas of vacations. **There are some people out there who** just have to spend every second of their vacation doing things they usually don't have time for. My friend always insists on keeping himself busy learning new hobbies or going somewhere because he wants to feel he has accomplished something. **On the other hand**, some people **simply like to kick back and relax**. **As for me**, I usually rest at home so I can get back to work feeling totally rejuvenated.

③ 나의 의견 **In my view, the important thing about spending a vacation is** doing what you want to do. That **ensures it's time well spent**.

① 휴가 관련 이슈 소개 업무는 스트레스를 줍니다. 많은 사람들이 주당 최소 45시간을 일하고 일상의 한 부분으로서 휴식을 취하는 시간은 갖지 못합니다. 일주일간의 휴가는 당신의 몸과 마음을 쉬게 할 수 있는 완벽한 방법입니다. 게다가, 장기간의 휴식은 우리들이 나중에 더욱 생산적으로 되게 도와줍니다.

② 휴가의 다양한 목적 사람들은 휴가에 대해 다른 생각들을 가지고 있습니다. 휴가의 매 순간을 자신들이 평소에 시간이 없어 하지 못했던 일들을 하며 보내야만 직성이 풀리는 사람들도 있습니다. 제 친구는 자신이 무언가 성취했다고 느끼고 싶어 하기 때문에, 새로운 취미를 배우거나 어딘가로 가는 것으로 휴가를 바쁘게 보내야 한다고 항상 주장합니다. 한편, 어떤 사람들은 그저 긴장을 풀고 휴식하는 것을 좋아합니다. 저의 경우에는 직장에 복귀할 때 완전히 활기를 되찾을 수 있도록 보통 집에서 휴식을 취합니다.

③ 나의 의견 제 생각에는 휴가를 보내는 데 중요한 것은 자신이 하고 싶은 것을 하는 것입니다. 그것은 유익한 시간을 보장합니다.

daily routine 일상 **accomplish** 성취하다 **get back to** ~로 복귀하다 **rejuvenated** 활기를 되찾은

*설문 주제 <집에서 보내는 휴가>에 대한 추가 답변 아이디어와 표현은 [주제별 답변 아이디어&표현 사전]의 p.52에서 학습할 수 있습니다.

Hackers.co.kr

무료 토익·토스·오픽·취업 자료 제공

돌발 주제 공략

'돌발 주제 공략'에서는 Background Survey의 선택 항목에는 없지만 자주 출제되는 주제들을 다룹니다. IH/AL을 목표로 하여 Self Assessment에서 높은 단계의 난이도를 선택한다면 돌발 주제가 시험에 나올 확률이 높으므로 반드시 준비해 두어야 합니다.

집안일 거들기

음성 바로 듣기

<집안일 거들기>는 Background Survey에는 없지만 돌발 주제로 자주 등장하므로 미리 준비해 두어야 당황하지 않고 답변할 수 있다. 이 UNIT을 통해 <집안일 거들기> 빈출 문제 및 모범답변, 그리고 관련 표현을 학습하여 나만의 답변을 준비해 두자.

빈출 문제

집안일을 하는 경향
습관/경향에 대해 말하기

How are the responsibilities divided among family members in your household? What tasks do you usually do? Which ones do the others do? Is this system fair, or do you think it should be changed?

당신 집에서 집안일은 가족 간에 어떻게 나누어져 있나요? 당신은 주로 어떤 집안일을 하나요? 다른 가족들은 어떤 집안일을 하나요? 이 방식이 공정한가요, 아니면 달라져야 한다고 생각하나요?

집안일을 하지 못해 겪은 문제
문제 해결 경험 말하기

Did you ever get in trouble for not fulfilling your household responsibilities as a child? When did it happen? What were you supposed to do? Please tell me about what happened and how you handled it in as much detail as possible.

당신은 어렸을 때 맡은 집안일을 하지 않아서 곤경에 처했던 적이 있나요? 언제였나요? 원래 무엇을 했어야 했나요? 어떤 일이 있었고, 당신이 그 일을 어떻게 해결했는지 되도록 상세히 이야기해 주세요.

집안일 도중 겪은 경험
기억에 남는 경험 말하기

Please talk about something interesting or special that has happened while doing housework. When did it happen? What sort of housework were you doing? Give me as many details as possible.

당신이 집안일을 하는 도중 겪은 흥미롭거나 특별한 경험에 대해 이야기해 주세요. 언제 그 일이 일어났나요? 어떤 종류의 집안일을 하고 있었나요? 되도록 상세히 설명해 주세요.

자주 나오는 3단 콤보

• 집안일을 하는 경향 – 어렸을 때 맡았던 집안일 – 집안일을 하지 못해 겪은 문제
• 집안일을 하는 경향 – 집안일 도중 겪은 경험 – 과거와 현재 맡은 집안일 비교

대표문제 | 집안일을 하는 경향 습관/경향에 대해 말하기

How are the responsibilities divided among family members in your household? What tasks do you usually do? Which ones do the others do? Is this system fair, or do you think it should be changed?

당신 집에서 집안일은 가족 간에 어떻게 나누어져 있나요? 당신은 주로 어떤 집안일을 하나요? 다른 가족들은 어떤 집안일을 하나요? 이 방식이 공정한가요, 아니면 달라져야 한다고 생각하나요?

답변구조에 따라 말할 내용을 살펴보고, 아래 모범답변을 참고하여 나의 답변을 말해보자.

AL 달성! 답변구조 ⚙

① 나와 가족이 맡은 집안일 소개	● 가족 구성원 소개, 집안일을 주로 누가 하는지
② 나와 가족이 맡은 집안일의 구체적인 경향	● 내가 하는 집안일, 다른 가족들이 하는 집안일
③ 나와 가족이 맡은 집안일에 대한 내 생각	● 공정한지 아니면 달라져야 하는지

AL 달성! 모범답변 🎯

① 나와 가족이 맡은 집안일 소개 I come from a family of four that includes my father, mother, older brother, and me. Both my parents work, so my brother and I do most of the everyday chores.

② 나와 가족이 맡은 집안일의 구체적인 경향 At home, my duties include keeping the living room clean and doing the laundry. I also take out the garbage and do the recycling. My brother is in charge of vacuuming, doing the dishes, and watering the plants on the veranda. We try to help our parents as much as possible because they still do the grocery shopping and cook dinner for us after work.

③ 나와 가족이 맡은 집안일에 대한 내 생각 In my opinion, it's a pretty fair system. **It works well because** every member of the family contributes. And because each person is pitching in around the house, everyone appreciates each other much more.

골라 쓰는 답변 아이디어

→ 집안일을 주로 누가 하는지
we all do what we can
우리는 할 수 있는 것을 모두 한다
my father does the heavy lifting
아버지가 힘든 일을 하신다
everyone does their equal share
모두가 그들의 동등한 몫을 한다

→ 내가 하는 집안일
setting the table 밥상 차리기
picking up after myself
내가 어지른 것 치우기

→ 다른 가족들이 하는 집안일
does all the family's ironing
식구들의 다림질을 다 맡아서 한다
cleans out the refrigerator
냉장고를 청소한다

→ 공정한지 아니면 달라져야 하는지
I wish my sister would step up and do more
여동생이 나서서 더 많이 일하면 좋겠다
my mother asks too much of me
어머니가 나에게 너무 많은 것을 요구하신다

① **나와 가족이 맡은 집안일 소개** 저는 아버지, 어머니, 오빠, 그리고 저를 포함한 4인 가족 출신입니다. 부모님 모두 일을 하시기 때문에, 오빠와 제가 대부분의 일상적인 집안일을 합니다. ② **나와 가족이 맡은 집안일의 구체적인 경향** 집에서, 저의 의무는 거실을 깨끗이 하고 빨래하는 것을 포함합니다. 또한 저는 쓰레기를 내다 놓고 주로 재활용도 합니다. 오빠는 청소기를 돌리고, 설거지를 하고, 베란다의 식물에 물을 주는 일을 맡고 있습니다. 부모님께서 퇴근 후에도 여전히 장도 보시고 저녁을 해주시기 때문에 저희는 가능한 한 부모님을 많이 도와드리려고 노력합니다. ③ **나와 가족이 맡은 집안일에 대한 내 생각** 제 생각에, 이것은 꽤 공정한 방식입니다. 모든 가족구성원들이 기여하기 때문에 이 시스템은 잘 돌아갑니다. 그리고 각자가 집안일에 동참하고 있기 때문에 모두가 서로를 더욱더 감사히 여깁니다.

duty 의무 **contribute** 기여하다 **pitch in** 동참하다, 협력하다

나의 답변 🎤 먼저 나의 답변을 실제로 말해보자. 그 후, AL 달성! 답변구조와 AL 달성! 모범답변을 참고하여 나의 답변을 보완하자.

① 나와 가족이 맡은 집안일 소개

② 나와 가족이 맡은 집안일의 구체적인 경향

③ 나와 가족이 맡은 집안일에 대한 내 생각

01 집안일을 하지 못해 겪은 문제 문제 해결 경험 말하기

🎧 돌발 UNIT 01 Track 2

Q **Did you ever get in trouble for not fulfilling your household responsibilities as a child? When did it happen? What were you supposed to do? Please tell me about what happened and how you handled it in as much detail as possible.** 당신은 어렸을 때 맡은 집안일을 하지 못해서 곤경에 처했던 적이 있나요? 언제였나요? 원래 무엇을 했어야 했나요? 어떤 일이 있었고, 당신이 그 일을 어떻게 해결했는지 되도록 상세히 이야기해 주세요.

🎙 나의 답변 | 먼저 나의 답변을 실제로 말해보자. 그 후, 등급 UP! 핵심표현과 AL 달성! 모범답변을 참고하여 나의 답변을 보완하자.

등급 UP! 핵심표현 ⚡

① 집안일을 하지 못해 겪은 문제점과 원인	· 일주일 내내 물 주는 것을 잊어버렸다	→ forgot to water them for an entire week
	· 집안일을 급히 처리하는 경향이 있다	→ tend to rush through my chores
	· 어렸을 때 집중력이 부족했다	→ had a very short attention span as a child
② 해결 방법	· 식물들을 창턱에 올려놓았다	→ put the plants on my windowsill
	· 시간에 맞추어 끝내기 위해 서둘렀다	→ hustled to get it done on time
	· 바닥을 바로 청소하기 시작했다	→ started cleaning the floor right away
③ 결과와 배운 점	· 집안일을 절대 잊지 않도록 다짐했다	→ made sure never to forget my chores
	· 남동생을 절대 혼자 두지 않겠다고 맹세했다	→ vowed never to leave my brother alone
	· 간신히 제시간에 집안일을 끝냈다	→ finished my chores just in time

AL 달성! 모범답변 🎯

① 집안일을 하지 못해 겪은 문제점과 원인 **When I was a kid, my responsibilities would** sometimes completely slip my mind. For example, my mom put me in charge of watering the plants. Once, I **forgot to water them for an entire week**, and some of the leaves started to turn yellow and wilt!

② 해결 방법 I didn't want to get in trouble. **To deal with the problem**, I took the plants into my bedroom. I **put them on my windowsill** so they could get sunlight, and I took care to water them regularly. I hid them between the curtains and my window so my mom wouldn't get wind of the problem.

③ 결과와 배운 점 After a couple of days, the leaves started to turn back to normal. **Eventually**, the plants looked healthy again, and I put them back with the others. As luck would have it, my mom didn't notice the plants had been missing all week. **After that experience**, I **made sure never to forget my chores** again.

① 집안일을 하지 못해 겪은 문제점과 원인 제가 아이였을 때, 저는 가끔 제가 맡은 일을 완전히 잊어버렸습니다. 예를 들자면, 엄마는 저에게 식물에 물을 주는 일을 맡기셨습니다. 한번은 일주일 내내 물 주는 것을 잊어버려서 몇몇 잎들이 노랗게 변하고 시들기 시작했습니다!

② 해결 방법 저는 곤란한 상황에 빠지고 싶지 않았습니다. 이 문제를 해결하기 위해 저는 식물들을 제 침실로 가져갔습니다. 저는 식물들을 창턱에 올려놓아 햇볕을 쬐게 하고 정기적으로 물을 주며 관리했습니다. 저는 엄마가 이 문제를 눈치채지 못하도록 커튼과 창문 사이로 그것들을 숨겨 놓았습니다.

③ 결과와 배운 점 며칠 후, 잎들이 정상으로 돌아오기 시작했습니다. 마침내 식물들이 다시 건강해 보였고, 저는 그것들을 다시 다른 식물들과 함께 두었습니다. 운 좋게도, 엄마는 식물들이 일주일 내내 없어졌다는 것을 알아차리지 못하셨습니다. 그 경험 이후, 저는 다시는 집안일을 절대 잊지 않도록 다짐했습니다.

slip one's mind 잊어버리다 **wilt** 시들다 **get wind of** ~을 눈치채다 **as luck would have it** 운 좋게도

02 집안일 도중 겪은 경험 기억에 남는 경험 말하기

🎧 돌발 UNIT 01 Track 3

Q **Please talk about something interesting or special that has happened while doing housework. When did it happen? What sort of housework were you doing? Give me as many details as possible.** 당신이 집안일을 하는 도중 겪은 흥미롭거나 특별한 경험에 대해 이야기해 주세요. 언제 그 일이 일어났나요? 어떤 종류의 집안일을 하고 있었나요? 되도록 상세히 설명해 주세요.

나의 답변 📢 먼저 나의 답변을 실제로 말해보자. 그 후, 등급 UP! 핵심표현과 AL 달성! 모범답변을 참고하여 나의 답변을 보완하자.

등급 UP! 핵심표현 ⚡

① 집안일 도중 겪은 경험 소개	· 우연히 꽤 많은 돈을 발견했다	→ stumbled upon quite a bit of money
	· 내 옛날 사진을 몇 장 발견했다	→ came upon some old photographs of mine
② 집안일 도중 겪은 구체적인 경험	· 거실을 정돈하고 있었다	→ was straightening up my living room
	· 바닥을 잘 문질러 닦았다	→ gave the floor a good scrub
	· 진공청소기가 갑자기 멈췄다	→ the vacuum cleaner gave out all of a sudden
	· 걸레로 문질렀다	→ rubbed it with a dust cloth
③ 결과와 느낀 점	· 그것을 찾은 뜻밖의 기쁨	→ a very pleasant surprise to find it
	· 내 예상보다 더 빨리 끝난	→ over earlier than I'd expected
	· 많은 좋은 추억을 소환했다	→ brought back a lot of good memories

AL 달성! 모범답변 ✏️

① 집안일 도중 겪은 경험 소개 **The most memorable experience I have ever had while doing housework happened** last month. Just when I least expected it, I **stumbled upon quite a bit of money** under a sofa cushion.

② 집안일 도중 겪은 구체적인 경험 **To give you a more detailed account**, I **was straightening up my living room**. I hadn't cleaned thoroughly for a while, so I moved the couch to vacuum underneath it and took the cushions off to vacuum there, too. When I lifted one of the cushions, **I was amazed to** find a wad of cash I had lost a few weeks before. I had never thought to look under the couch cushions.

③ 결과와 느낀 점 I had already forgotten about losing the money, so it was **a very pleasant surprise to find it**. In celebration, I treated myself to a nice dinner. Although I'm glad I found it, **the incident made me realize that** I should be more careful with my valuables.

① 집안일 도중 겪은 경험 소개 집안일을 하다가 겪은 일 중에 가장 기억에 남는 경험은 지난달에 일어났습니다. 제가 가장 예상하지 못했을 때, 저는 우연히 소파 쿠션 밑에서 꽤 많은 돈을 발견했습니다.

② 집안일 도중 겪은 구체적인 경험 더 자세하게 설명을 해드리자면, 저는 거실을 정돈하고 있었습니다. 한동안 꼼꼼하게 청소하지 않아서 진공청소기로 소파 밑을 청소하기 위해 소파를 옮겼고, 쿠션 밑도 청소하려고 쿠션을 들어냈습니다. 제가 쿠션 중 하나를 들어 올렸을 때, 저는 몇 주 전에 잃어버렸던 돈뭉치를 발견하고 놀랐습니다. 소파 쿠션 밑은 찾아볼 생각도 못 했습니다.

③ 결과와 느낀 점 저는 돈을 잃어버린 것을 이미 잊고 있었기 때문에 그것을 찾은 것은 뜻밖의 기쁨이었습니다. 축하하는 의미로, 저는 스스로에게 훌륭한 저녁을 대접했습니다. 그것을 찾았다는 것은 기쁘지만, 이 일로 인해 저는 귀중품을 더 주의해서 다루어야 함을 깨달았습니다.

stumble upon ~을 우연히 발견하다 straighten up ~을 정돈하다 thoroughly 꼼꼼하게 vacuum 진공청소기로 청소하다 wad 뭉치
treat 대접하다, 다루다 valuables 귀중품

*돌발 주제 <집안일 거들기>에 대한 추가 답변 아이디어와 표현은 [주제별 답변 아이디어&표현 사전]의 p.54에서 학습할 수 있습니다.

UNIT 02

외식 · 음식

<외식 · 음식>은 Background Survey에는 없지만 돌발 주제로 자주 등장하므로 미리 준비해 두어야 당황하지 않고 답변할 수 있다. 이 UNIT을 통해 <외식 · 음식> 빈출 문제 및 모범답변, 그리고 관련 표현을 학습하여 나만의 답변을 준비해 두자.

🔄 빈출 문제

자주 가는 식당 대상 설명하기(2) – 장소	I would like to know about a restaurant you often visit. What kind of dishes does it serve? What do you like about the restaurant? What does it look like? 당신이 자주 방문하는 식당에 대해서 알고 싶어요. 그곳은 어떤 종류의 음식을 파나요? 당신이 그 식당에 대해 좋아하는 점은 무엇인가요? 그곳은 어떻게 생겼나요?
식당에서 겪은 경험 기억에 남는 경험 말하기	Have you ever had a special experience at a restaurant? Who were you with? What happened? Tell me about the experience in detail, and explain what made it memorable. 당신은 식당에서 특별한 경험을 한 적이 있나요? 누구와 함께 있었나요? 무슨 일이 있었나요? 그 경험에 대해 상세히 말해 보고, 무엇이 그 경험을 기억에 남게 만들었는지 이야기해 주세요.
유명한 한국 요리 대상 설명하기(3) – 사물	Tell me about the most famous dish of your country. What are the main ingredients in it? Do you know how to make it? What is special about the dish? 당신 나라에서 가장 유명한 요리에 대해 이야기해 주세요. 거기에 들어가는 주재료는 무엇인가요? 어떻게 만드는지 아나요? 그 요리의 특별한 점은 무엇인가요?

> **자주 나오는!**
> **3단 콤보**
>
> • 자주 가는 식당 – 유명한 한국 요리 – 식당에서 겪은 경험

I would like to know about a restaurant you often visit. What kind of dishes does it serve? What do you like about the restaurant? What does it look like?

당신이 자주 방문하는 식당에 대해서 알고 싶어요. 그곳은 어떤 종류의 음식을 파나요? 당신이 그 식당에 대해 좋아하는 점은 무엇인가요? 그곳은 어떻게 생겼나요?

답변구조에 따라 말할 내용을 살펴보고, 아래 모범답변을 참고하여 나의 답변을 말해보자.

AL 달성! 답변구조 ⚙️

① 자주 가는 식당 소개	→● 어떤 식당을 자주 가는지, 자주 가는 식당의 이름과 위치
② 자주 가는 식당의 특징	→● 식당의 분위기, 어떤 음식을 파는지, 음식의 맛과 가격은 어떤지
③ 자주 가는 식당에 대한 내 생각	→● 식당에 대한 나와 주위 사람들의 평가

AL 달성! 모범답변 ✍️

① **자주 가는 식당 소개** **My favorite restaurant is** an Indian place called Namaste. It's a restaurant I often go to because I love Indian cuisine. These days, it's no problem finding good Indian restaurants in Seoul, and **this one is located** near Itaewon.

② **자주 가는 식당의 특징** The restaurant itself is pretty small, with only nine or ten tables. **The space has a** cozy **atmosphere**, but **what makes this place so attractive is** the food. **I often go there** on weekends **to enjoy** their fantastic Indian buffet. The buffet has a huge variety of food, and all of it tastes amazing. The smell alone gets your mouth watering. Eating at the buffet is a relatively cheap way to taste many delicious Indian dishes, such as curry, naan, and tandoori chicken.

③ **자주 가는 식당에 대한 내 생각** Since discovering Namaste, I've taken several of my friends to try the buffet. They've all given the restaurant a thumbs up, and we've been frequent diners ever since. It's definitely our favorite place to eat these days.

골라 쓰는 답변 아이디어

→ 어떤 식당을 자주 가는지
a traditional Korean restaurant 전통 한국 식당
a fast-food hamburger joint 패스트푸드 햄버거 가게
an Italian place 이탈리아 음식점

→ 식당의 분위기
upscale 고급스러운
romantic 로맨틱한
intimate 친밀한

→ 어떤 음식을 파는지
typical Korean food 일반적인 한국 음식
authentic Chinese dishes 정통 중국 음식
American-style brunch 미국식 브런치

→ 식당에 대한 평가
I'd eat there every day if I could. 할 수만 있다면, 난 그곳에서 매일 먹겠다.
It's not the best, but OK for the price. 최고는 아니지만 가격 대비 괜찮다.

① **자주 가는 식당 소개** 제가 가장 좋아하는 레스토랑은 Namaste라는 인도 레스토랑입니다. 그곳은 제가 인도 요리를 좋아하기 때문에 자주 가는 식당입니다. 요즘에는 서울에서 아무런 문제 없이 좋은 인도 레스토랑을 찾을 수 있고, 이 식당은 이태원 근처에 위치해 있습니다. ② **자주 가는 식당의 특징** 레스토랑 자체는 9~10개 정도의 테이블밖에 없을 정도로 상당히 작습니다. 이 장소는 아늑한 분위기를 가지고 있기도 하지만, 이곳의 가장 매력적인 점은 음식입니다. 저는 주말에 환상적인 인도 뷔페를 먹기 위해서 종종 그곳에 갑니다. 뷔페에는 엄청나게 다양한 종류의 음식이 있으며, 모두 다 맛있습니다. 냄새만으로도 입에 침이 고이게 됩니다. 뷔페에서 식사하는 것은 카레, 난, 그리고 탄두리 치킨 같은 여러 맛있는 인도 음식들을 먹을 수 있는 비교적 저렴한 방법입니다. ③ **자주 가는 식당에 대한 내 생각** Namaste를 발견한 이후로, 전제 친구들을 몇 명 데리고 뷔페에 가 보았습니다. 그들 모두 그 레스토랑을 인정했고, 그 후로 저희는 단골손님이 되었습니다. 그곳은 분명 저희가 요즘 가장 좋아하는 식당입니다.

get one's mouth watering 입에 침이 고이게 하다 **curry** 카레 **thumbs up** 인정, 격려 **frequent** 단골의 **diner** 손님, 식사하는 사람

나의 답변 🎙️ | 먼저 나의 답변을 실제로 말해보자. 그 후, AL 달성! 답변구조와 AL 달성! 모범답변을 참고하여 나의 답변을 보완하자.

① **자주 가는 식당 소개**

② **자주 가는 식당의 특징**

③ **자주 가는 식당에 대한 내 생각**

01 식당에서 겪은 경험 기억에 남는 경험 말하기

🎧 돌발 UNIT 02 Track 2

Q **Have you ever had a special experience at a restaurant? Who were you with? What happened? Tell me about the experience in detail, and explain what made it memorable.**

당신은 식당에서 특별한 경험을 한 적이 있나요? 누구와 함께 있었나요? 무슨 일이 있었나요? 그 경험에 대해 상세히 말해 보고, 무엇이 그 경험을 기억에 남게 만들었는지 이야기해 주세요.

나의 답변 🎤 | 먼저 나의 답변을 실제로 말해보자. 그 후, 등급 UP! 핵심표현과 AL 달성! 모범답변을 참고하여 나의 답변을 보완하자.

등급 UP! 핵심표현 ⚡

① 식당에서 겪은 경험 소개	· 나를 위해 깜짝 생일 파티를 열었다	→ threw a surprise birthday party for me
	· 가족과 레스토랑을 방문했다	→ paid a visit to a restaurant with my family
	· 친구의 소개로 그 식당에 갔다	→ went there on the recommendation of a friend
	· 대학 친구가 동네에 놀러 왔다	→ a friend from college was visiting town
② 식당에서 겪은 구체적인 경험	· 안에 있던 친구들이 모두 "놀랐지!"라고 소리쳤다	→ all my friends inside yelled "Surprise!"
	· 새우에 알레르기 반응을 보였다	→ had an allergic reaction to the shrimp
	· 디저트가 정말 최고였다	→ the desserts were to die for
③ 결과와 느낀 점	· 완전히 모르고 있다 느닷없이 겪었다	→ was caught completely unawares
	· 나를 정말 행복하게 만들었다	→ made me feel on top of the world
	· 거액의 돈을 쓰게 되었다	→ ended up spending a fortune

AL 달성! 모범답변 🎯

① 식당에서 겪은 경험 소개 **The most special experience I have ever had at a restaurant came about** on my birthday last year. On that day, a bunch of my friends **threw a surprise birthday party for me** at a local Italian restaurant.

② 식당에서 겪은 구체적인 경험 **To give you a more detailed account**, I had made plans to have dinner with my best friend on my birthday. She insisted on eating at one Italian restaurant in particular, but I didn't have a clue as to why. After we arrived, the staff took us to a private dining room in the back. When they opened the door to the room, **all my friends inside yelled "Surprise!"** and sang "Happy Birthday." We then had a wonderful dinner as a group with great conversation and delicious food.

③ 결과와 느낀 점 **The incident was unforgettable because** I was **caught completely unawares**. I had never had a surprise birthday party before, and **it made me feel** really special.

① 식당에서 겪은 경험 소개 제가 식당에서 겪은 가장 기억에 남는 경험은 작년 제 생일에 일어났습니다. 그날, 저의 여러 친구들이 동네의 한 이탈리안 레스토랑에서 저를 위해 깜짝 생일 파티를 열어주었습니다.

② 식당에서 겪은 구체적인 경험 더 자세히 설명해 드리자면, 저는 생일날 가장 친한 친구와 저녁을 먹기로 약속했습니다. 그녀는 특정한 이탈리안 레스토랑에서 먹기를 고집했는데 저는 그 이유에 대해 전혀 몰랐습니다. 저희가 도착한 후에 점원은 저희를 뒤편에 있는 개별 방으로 데려갔습니다. 그들이 방문을 열었을 때, 안에 있던 제 친구들이 모두 "놀랐지!"라고 소리쳤고, "생일 축하합니다"를 불렀습니다. 그 후 저희는 다 함께 훌륭한 대화와 맛있는 음식으로 멋진 저녁 식사를 했습니다.

③ 결과와 느낀 점 이 일은 잊을 수가 없는데, 그건 제가 완전히 모르고 있다 느닷없이 겪었기 때문입니다. 저는 그전에는 깜짝 생일 파티를 해본 적이 없었는데, 그 생일 파티는 제가 정말 특별하다는 기분이 들게 했습니다.

come about 일어나다, 발생하다 account 설명 insist on ~을 고집하다 not have a clue 전혀 모르다 as to ~에 대해

02 유명한 한국 요리 대상 설명하기(3) - 사물

Q **Tell me about the most famous dish of your country. What are the main ingredients in it? Do you know how to make it? What is special about the dish?** 당신 나라에서 가장 유명한 요리에 대해 이야기해 주세요. 거기에 들어가는 주재료는 무엇인가요? 어떻게 만드는지 아나요? 그 요리의 특별한 점은 무엇인가요?

나의 답변 먼저 나의 답변을 실제로 말해보자. 그 후, 등급 UP! 핵심표현과 AL 달성! 모범답변을 참고하여 나의 답변을 보완하자.

등급 UP! 핵심표현 ⚡

① 유명한 한국 요리 소개	· 한국 음식에 대해 점점 더 많이 알고 있는 · 수많은 다양한 종류의 김치 · 요즘 대유행	→ more and more aware of Korean cuisine → a million different types of kimchi → all the rage these days
② 유명한 한국 요리의 특징	· 각자의 방식대로 이 음식을 만든다 · 김치를 팬에 볶아야 한다 · 집에서 자주 만든다 · 별식	→ make this dish in their own way → need to stir-fry the kimchi in a pan → prepare it quite often at home → a one-of-a-kind treat
③ 유명한 한국 요리에 대한 내 생각	· 만족시키지 못하는 법이 없다 · 그걸 주문하면 잘못되려야 잘못될 수가 없다 · 점차 맛을 들이게 되는 것 · 호불호가 갈리는	→ never fails to please → you can't go wrong with ordering it → an acquired taste → not for everybody

AL 달성! 모범답변 ✍

① 유명한 한국 요리 소개 These days, with Korean restaurants popping up all over the place, people around the world are becoming **more and more aware of Korean cuisine**. **The most famous Korean dish of all is** bibimbap.

② 유명한 한국 요리의 특징 **To give you an idea of** the ingredients, bibimbap usually contains rice, bean sprouts, carrots, fresh greens, mushrooms, and red pepper paste. People often put a fried egg on top and sometimes add beef as well. In fact, everybody can **make this dish in their own way** by adding or taking out ingredients. Bibimbap is very easy to prepare, and **it's a great dish for** vegetarians if you leave the meat out. Once it's served, you just mix the ingredients together with chopsticks and then enjoy the tasty combination of flavors.

③ 유명한 한국 요리에 대한 내 생각 **As for me, I like** bibimbap **because** it's healthy, easy to make, and **never fails to please**.

① 유명한 한국 요리 소개 오늘날 한국 음식점이 여기저기에서 불쑥 나타나면서 전 세계의 사람들이 한국 음식에 대해 점점 더 많이 알아가고 있습니다. 그중에서도 가장 유명한 한국 음식은 비빔밥입니다.

② 유명한 한국 요리의 특징 재료에 대해서 말씀드리자면, 비빔밥은 쌀, 콩나물, 당근, 신선한 채소, 버섯, 그리고 약간의 고추장이 들어갑니다. 사람들은 종종 계란후라이를 맨 위에 올리고 가끔 소고기도 넣습니다. 사실, 모든 사람들이 재료를 넣거나 빼면서 각자의 방식대로 이 음식을 만들 수 있습니다. 비빔밥은 만들기도 쉽고, 고기를 빼면 채식주의자들에게 좋은 요리가 됩니다. 음식이 나오면 젓가락으로 재료들을 함께 섞은 후 다양한 맛의 맛있는 조합을 즐기면 됩니다.

③ 유명한 한국 요리에 대한 내 생각 저의 경우에는 비빔밥이 건강하고, 만들기 쉽고 그리고 저를 만족시키지 못하는 법이 없기 때문에 비빔밥을 좋아합니다.

pop up 불쑥 나타나다 bean sprout 콩나물 greens 채소 red pepper paste 고추장 vegetarian 채식주의자

*돌발 주제 <외식·음식>에 대한 추가 답변 아이디어와 표현은 [주제별 답변 아이디어&표현 사전]의 p.56에서 학습할 수 있습니다.

돌발 주제 공략 | UNIT 02 외식·음식 | 10일 만에 끝내는 해커스 OPIc (Advanced 공략)

UNIT 03

인터넷 서핑

음성 바로 듣기

<인터넷 서핑>은 Background Survey에는 없지만 돌발 주제로 자주 등장하므로 미리 준비해 두어야 당황하지 않고 답변할 수 있다. 이 UNIT을 통해 <인터넷 서핑> 빈출 문제 및 모범답변, 그리고 관련 표현을 학습하여 나만의 답변을 준비해 두자. UNIT 14 SNS에 글 올리기와 함께 학습하면 효과적이다.

🔄 빈출 문제

자주 가는 웹사이트 대상 설명하기(3) – 사물	Tell me about a website that you usually visit. What services does this website offer, and what things can you do on it? What got you interested in the website? Explain in detail. 당신이 주로 방문하는 웹사이트에 대해서 이야기해 주세요. 이 사이트에서는 어떤 서비스를 제공하며, 당신은 이 사이트에서 어떤 일을 할 수 있나요? 무엇 때문에 그 웹사이트에 관심을 갖게 되었나요? 상세히 설명해 주세요.
나의 인터넷 사용 경향 습관/경향에 대해 말하기	Everyone uses the Internet these days. Where and when do you use it? What do you mainly use the Internet for? 요즘에는 모든 사람들이 인터넷을 사용합니다. 당신은 언제 그리고 어디에서 인터넷을 사용하나요? 주로 어떤 목적으로 인터넷을 사용하나요?
과거와 현재의 웹사이트 비교 두 가지 대상 비교하기	Do you surf the Internet often? What were websites like in the past? Have they changed since you first started surfing the Internet? How have they changed? Please compare the websites of today to the websites of the past. 당신은 인터넷 서핑을 자주 하나요? 과거에는 웹사이트들이 어땠나요? 당신이 인터넷 서핑을 시작했을 때에 비해 웹사이트들이 달라졌나요? 어떻게 달라졌나요? 현재의 웹사이트를 과거의 웹사이트와 비교해 주세요.

자주 나오는
3단 콤보

• 자주 가는 웹사이트 – 나의 인터넷 사용 경향 – 과거와 현재의 웹사이트 비교

Tell me about a website that you usually visit. What services does this website offer, and what things can you do on it? What got you interested in the website? Explain in detail.

당신이 주로 방문하는 웹사이트에 대해서 이야기해 주세요. 이 사이트에서는 어떤 서비스를 제공하며, 당신은 이 사이트에서 어떤 일을 할 수 있나요? 무엇 때문에 그 웹사이트에 관심을 갖게 되었나요? 상세히 설명해 주세요.

답변구조에 따라 말할 내용을 살펴보고, 아래 모범답변을 참고하여 나의 답변을 말해보자.

AL 달성! 답변구조 ⚙️

① 자주 가는 웹사이트 소개	● 자주 가는 웹사이트의 이름, 어떤 웹사이트인지, 무엇을 하러 가는지
② 자주 가는 웹사이트의 특징	● 어떤 장점이 있는지, 어떤 서비스를 제공하는지
③ 자주 가는 웹사이트에 대한 내 생각	● 내 삶에 미치는 영향

AL 달성! 모범답변 ✏️

① **자주 가는 웹사이트 소개** **A website I visit often is** UrbanMart.com, which is an international shopping website. It sells everything from gardening tools to electronic devices. **I primarily use the site for** buying clothes.

② **자주 가는 웹사이트의 특징** The reason I started visiting UrbanMart was its incredibly low prices, but the site's many useful features kept me coming back for more. For instance, it has a huge number of customer reviews, so it's really easy to find out whether or not a product is worth buying. Also, the site recommends items based on my interests, so there's always something to look forward to when I go to the online store. **What makes the site even more appealing to me is** its refund policy. If there's a problem with a product, they issue a refund immediately or send a new one. No questions asked.

③ **자주 가는 웹사이트에 대한 내 생각** Because of its convenience, UrbanMart. com has become my go-to website when I buy things online.

골라 쓰는 답변 아이디어

→ ● 어떤 웹사이트인지
a job search site 구직 사이트
a social networking site SNS

→ ● 어떤 장점이 있는지
is a good place to find a job
직장을 찾기 좋은 곳이다
features news you don't find elsewhere
다른 곳에서는 못 보는 뉴스를 포함한다

→ ● 어떤 서비스를 제공하는지
gives daily career tips
매일 경력 관련 팁을 준다
alerts me whenever my friends make a post
친구가 포스팅을 할 때마다 내게 알려준다

→ ● 내 삶에 미치는 영향
the first thing I check in the morning 아침에 가장 먼저 확인하는 것
the main way I connect with my friends 친구들과 소통하는 주된 수단

① **자주 가는 웹사이트 소개** 제가 자주 방문하는 웹사이트는 UrbanMart.com인데, 국제적인 쇼핑 사이트입니다. 그곳에서는 원예 도구부터 전자 기기까지 모든 것을 팝니다. 저는 주로 옷을 사기 위해 이 사이트를 이용합니다. ② **자주 가는 웹사이트의 특징** UrbanMart를 이용하기 시작했던 이유는 놀랍도록 싼 가격 때문이었지만, 이 사이트의 많은 유용한 기능들이 제가 이 사이트를 계속 다시 찾아오게끔 만들었습니다. 예를 들어, 이곳에는 엄청나게 많은 고객 리뷰가 있어서 상품이 살만한 가치가 있는지 없는지 알아내기가 정말 쉽습니다. 또한, 이 사이트는 저의 관심사를 바탕으로 상품을 추천해 주어서 온라인 상점에 접속할 때 늘 기대할 만한 것이 있습니다. 제가 이 사이트에 대해 더욱 매력적으로 느끼는 점은 환불 정책입니다. 상품에 문제가 있으면 그들은 즉시 환불을 해주거나 새 제품을 보내 줍니다. 어떠한 질문도 없이 말입니다. ③ **자주 가는 웹사이트에 대한 내 생각** 그런 편리함 때문에 저에게 있어서 UrbanMart.com은 인터넷으로 물건을 살 때 자주 찾는 사이트가 되었습니다.

gardening 원예 **incredibly** 놀랍도록 **refund** 환불 **policy** 정책 **go-to** 자주 찾는

나의 답변 🎤 │ 먼저 나의 답변을 실제로 말해보자. 그 후, AL 달성! 답변구조와 AL 달성! 모범답변을 참고하여 나의 답변을 보완하자.

① 자주 가는 웹사이트 소개

② 자주 가는 웹사이트의 특징

③ 자주 가는 웹사이트에 대한 내 생각

01 나의 인터넷 사용 경향 습관/경향에 대해 말하기

🎧 돌발 UNIT 03 Track 2

Q **Everyone uses the Internet these days. Where and when do you use it? What do you mainly use the Internet for?** 요즘에는 모든 사람들이 인터넷을 사용합니다. 당신은 언제 그리고 어디에서 인터넷을 사용하나요? 주로 어떤 목적으로 인터넷을 사용하나요?

나의 답변 🎤 먼저 나의 답변을 실제로 말해보자. 그 후, 등급 UP! 핵심표현과 AL 달성! 모범답변을 참고하여 나의 답변을 보완하자.

등급 UP! 핵심표현 ⚡

① 인터넷을 사용하는 경향 소개	· 나는 매일매일 인터넷을 사용한다	→ I'm on the Internet day in and day out
	· 인터넷 접속 없이는 살 수 없다	→ can't live without Internet access
	· 친구들과 연락하려고 SNS를 이용한다	→ use social networks to keep up with my friends
② 인터넷을 사용하는 구체적인 경향	· 노래를 듣거나 영화를 본다	→ listen to some tunes or watch a movie
	· 두 시간에 한 번씩 이메일을 확인한다	→ check my e-mail once every couple hours
	· 지하철로 출퇴근하는 동안	→ while I'm commuting on the subway
③ 인터넷 사용에 대한 내 생각	· 요즘에는 인터넷에 의존한다	→ relies on the Internet nowadays
	· 인터넷 사용을 줄여야 한다	→ need to cut back on my Internet use
	· 인터넷이 내 삶을 장악하고 있다	→ the Internet is taking over my life

AL 달성! 모범답변 🎯

① **인터넷을 사용하는 경향 소개** I'm on the Internet day in and day out. Like most people, I have a smartphone that lets me stay connected all the time. Whenever I get a social media notification or an e-mail, my phone lets me know immediately. So **unless** I'm asleep, **hardly a few minutes go by without** me doing something online.

② **인터넷을 사용하는 구체적인 경향** There's no avoiding the Internet if you want to stay plugged in to society. In addition to using it to communicate with friends and family, **I use it for** entertainment. All the best video games require an Internet connection these days, and if I want to **listen to some tunes or watch a movie**, I always do it online. I also do most of my shopping online, and I read the news there as well.

③ **인터넷 사용에 대한 내 생각** There's not much I don't do on the Internet. I seriously doubt I'm alone in this regard. Everyone **relies on the Internet nowadays**.

① **인터넷을 사용하는 경향 소개** 저는 매일매일 인터넷을 사용합니다. 대부분의 사람들처럼 저 또한 스마트폰을 갖고 있는데 이것은 제가 항상 인터넷에 접속해 있게 해줍니다. 제가 소셜미디어 알림이나 이메일을 받을 때마다, 제 스마트폰이 저에게 즉시 알려줍니다. 그렇기 때문에 자고 있지 않은 이상 제가 인터넷으로 무언가를 하지 않는 시간은 거의 몇 분도 채 안 됩니다.

② **인터넷을 사용하는 구체적인 경향** 당신이 사회에 연결되어 있기 원한다면 인터넷 사용은 불가피합니다. 저는 친구들과 가족과 연락하며 지내기 위해 그것을 사용할 뿐 아니라 오락을 위해서도 사용합니다. 요즘은 모든 최고의 비디오 게임들이 인터넷 연결을 필요로 하고, 만약 제가 노래를 듣고 싶거나 영화가 보고 싶어지면 저는 항상 인터넷으로 합니다. 저는 또한 대부분의 쇼핑도 인터넷으로 하고, 뉴스도 인터넷에서 읽습니다.

③ **인터넷 사용에 대한 내 생각** 제가 인터넷으로 하지 않는 일은 거의 없습니다. 저는 진심으로 이런 면에 있어서 저만 이렇다고는 생각하지 않습니다. 요즘에는 모든 사람들이 인터넷에 의존합니다.

day in and day out 매일매일 **notification** 알림 **hardly** 거의 ~ 아니다 **plug in** ~에 연결하다 **in this regard** 이런 면에 있어서

02 과거와 현재의 웹사이트 비교 두 가지 대상 비교하기

Q Do you surf the Internet often? What were websites like in the past? Have they changed since you first started surfing the Internet? How have they changed? Please compare the websites of today to the websites of the past. 당신은 인터넷 서핑을 자주 하나요? 과거에는 웹사이트들이 어땠나요? 당신이 인터넷 서핑을 시작했을 때에 비해 웹사이트들이 달라졌나요? 어떻게 달라졌나요? 현재의 웹사이트를 과거의 웹사이트와 비교해 주세요.

나의 답변 🎤 먼저 나의 답변을 실제로 말해보자. 그 후, 등급 UP! 핵심표현과 AL 달성! 모범답변을 참고하여 나의 답변을 보완하자.

등급 UP! 핵심표현 ⚡

① 비교 대상 소개	· 웹사이트가 보이는 방식에 많은 변화	→ many changes in the way websites look
	· 낮과 밤처럼 차이가 매우 크다	→ the difference is like night and day
	· 내 컴퓨터를 갖자마자 푹 빠졌다	→ became hooked once I got my own computer
② 과거 웹사이트의 특징	· 대부분 텍스트로 한정된	→ limited to mostly text
	· 그 당시의 인터넷은 속도가 느렸다	→ the Internet was slow going back then
	· 인터넷 쇼핑은 말처럼 쉽지 않았다	→ shopping online was easier said than done
③ 현재 웹사이트의 특징	· 멀티미디어를 통한 체험을 제공한다	→ offers a multimedia experience
	· 매우 빨리 로딩한다	→ loads in no time flat
	· 우리 삶을 더 편리하게 만들어 준다	→ makes our lives more convenient
	· 마우스 클릭으로 뭐든지 살 수 있다	→ can buy anything with the click of a button

AL 달성! 모범답변 ✏️

① 비교 대상 소개 I've been surfing the Internet since I was a child. Over the years, I've noticed many changes in the way websites look and function. So I'd like to compare how websites appear today and how they looked in the past.

② 과거 웹사이트의 특징 A long time ago, websites were nothing like they are today. The key difference between past and present websites is graphics. People used slow, dial-up modems, so it took forever to load large image files. This meant that websites were limited to mostly text with just a few simple images. In addition, people didn't have widescreen monitors back then, so the overall size of the websites was smaller.

③ 현재 웹사이트의 특징 Websites have come a long way since then. These days, people have much faster Internet connections. Taking advantage of this, most sites offer a multimedia experience. They have lots of high-definition images, and there are also all kinds of video clips and animations built into the websites that visitors can watch.

① 비교 대상 소개 저는 어렸을 때부터 인터넷 서핑을 해왔습니다. 저는 지난 수년간 웹사이트가 보이고 기능하는 방식에 생긴 많은 변화를 알고 있습니다. 그래서 저는 웹사이트가 오늘날 어떻게 보이는지와 과거에는 어떻게 보였는지를 비교해 보고 싶습니다.

② 과거 웹사이트의 특징 옛날에는 웹사이트가 요즘과는 완전히 달랐습니다. 과거와 현재 웹사이트의 가장 큰 차이점은 그래픽입니다. 사람들은 느린 전화식 모뎀을 썼기 때문에 큰 그림 파일을 로딩하는 데 한참 걸렸습니다. 이는 웹사이트가 단지 간단한 이미지 몇 개와 대부분 텍스트로 한정되었음을 의미합니다. 게다가, 그 당시의 사람들은 와이드스크린 모니터를 갖고 있지 않았기 때문에 웹사이트의 전반적인 크기가 더 작았습니다.

③ 현재 웹사이트의 특징 웹사이트는 그때 이후로 많이 발전했습니다. 요즘에는 사람들이 훨씬 더 빠른 인터넷을 사용합니다. 이 점을 이용해 대부분의 웹사이트들은 멀티미디어를 통한 체험을 제공하고 있습니다. 웹사이트에는 고해상도의 이미지들이 많이 있고 방문자들이 볼 수 있는 온갖 종류의 비디오 클립과 애니메이션들도 내장되어 있습니다.

function 기능하다   come a long way 많이 발전하다   high-definition 고해상도의

*돌발 주제 <인터넷 서핑>에 대한 추가 답변 아이디어와 표현은 [주제별 답변 아이디어&표현 사전]의 p.58에서 학습할 수 있습니다.

UNIT 04

명절

음성 바로 듣기

<명절>은 Background Survey에는 없지만 돌발 주제로 자주 등장하므로 미리 준비해 두어야 당황하지 않고 답변할 수 있다. 이 UNIT을 통해 <명절> 빈출 문제 및 모범답변, 그리고 관련 표현을 학습하여 나만의 답변을 준비해 두자.

🔄 빈출 문제

우리나라의 명절
대상 설명하기(3) – 사물

I would like to know about the holidays celebrated in your country. What do the holidays commemorate? How do people celebrate them?

당신 나라에서 기념하는 명절에 대해서 알고 싶어요. 그 명절들이 기념하는 것은 무엇인가요? 사람들은 어떻게 기념하나요?

명절에 하는 활동 경향
습관/경향에 대해 말하기

Tell me about one of the biggest holidays in your country. What do people do and what kind of special food do people prepare on that day? Describe it in detail.

당신 나라에서 가장 큰 명절 중 하나에 대해서 이야기해 주세요. 사람들은 그날에 무엇을 하고, 어떤 특별한 음식을 준비하나요? 상세히 설명해 주세요.

명절에 겪은 경험
기억에 남는 경험 말하기

Tell me about a memorable holiday experience you had as a child. What exactly happened on that holiday? What made it so memorable? Provide as many details as possible.

당신이 어렸을 때 겪었던 기억에 남는 명절 경험에 대해 이야기해 주세요. 그 명절에 정확히 무슨 일이 있었나요? 무엇이 그 일을 기억에 남게 만들었나요? 되도록 상세히 설명해 주세요.

자주 나오는!
3단 콤보

• 우리나라의 명절 – 명절에 하는 활동 경향 – 명절에 겪은 경험

I would like to know about the holidays celebrated in your country. What do the holidays commemorate? How do people celebrate them?

당신 나라에서 기념하는 명절에 대해서 알고 싶어요. 그 명절들이 기념하는 것은 무엇인가요? 사람들은 어떻게 기념하나요?

답변구조에 따라 말할 내용을 살펴보고, 아래 모범답변을 참고하여 나의 답변을 말해보자.

AL 달성! **답변구조** ⚙️

① 우리나라의 명절 소개	● 어떤 명절이 있는지
② 우리나라 명절의 특징	● 어떻게 기념하는지, 무엇을 기념하는지
③ 우리나라 명절에 대한 내 생각	● 명절이 왜 중요한지

AL 달성! **모범답변** ✏️

① **우리나라의 명절 소개** There are several different holidays in Korea. Like many other countries, Korea observes Thanksgiving each year. In addition, holidays like Korean Independence Day and Children's Day are also widely celebrated throughout Korea.

② **우리나라 명절의 특징** Korean Thanksgiving Day **is very important to people here**. It's based on the lunar calendar, so the exact date varies from year to year. People have traditionally celebrated Thanksgiving Day by throwing a feast in honor of their ancestors. Another important holiday is Korean Independence Day, which is observed on the 15th of August. On that day, each household hangs a national flag to remember Korea's struggle to free itself from Japanese occupation. We've also got a special holiday for children called Children's Day. We give all kinds of gifts to children to mark the day. It's a day off for most people, so they often take the opportunity to go out with their families.

③ **우리나라 명절에 대한 내 생각** I think holidays are important because they help us remember events and traditions that are of significance to our country.

골라 쓰는 답변 **아이디어**

→ ● 어떤 명절이 있는지
National Foundation Day 개천절
Hangul Day 한글날

→ ● 어떻게 기념하는지
putting on traditional clothing
전통 의상을 입기
paying a visit to the cemetery
묘소를 방문하기

→ ● 무엇을 기념하는지
mark the invention of the Korean alphabet
한국어 자모의 발명을 기념한다
celebrate the founding of ancient Korea 고대 한국의 건국을 기념한다

→ ● 명절이 왜 중요한지
remember our national heritage
국가 문화유산을 기억한다
pass on traditions to younger generations
젊은 세대에 전통을 물려준다

---

① **우리나라의 명절 소개** 한국에는 몇 가지 다른 명절들이 있습니다. 많은 다른 나라들처럼 한국도 매년 추석을 기념합니다. 또한, 광복절과 어린이날 같은 명절도 한국 전역에서 널리 기념합니다. ② **우리나라 명절의 특징** 한국의 추석은 사람들에게 대단히 중요합니다. 추석은 음력에 기초하기 때문에, 정확한 날짜는 해마다 달라집니다. 사람들은 전통적으로 자신들의 조상을 기리는 의미에서 잔치를 엶으로써 추석을 기념해 왔습니다. 또 다른 중요한 명절은 광복절인데, 이것은 8월 15일에 기념됩니다. 그날에는 일본의 점령으로부터 벗어나기 위한 한국의 투쟁을 기리기 위해 각 집에서 국기를 내겁니다. 저희에게는 또한 어린이날이라고 불리는 아이들을 위한 명절도 있습니다. 저희는 그날을 기념하기 위해 아이들에게 각종 선물을 줍니다. 그날은 대부분의 사람들에게 휴일이기 때문에 사람들은 종종 이 기회를 가족과 함께 외출하는 데 사용합니다. ③ **우리나라 명절에 대한 내 생각** 저는 명절이 우리나라의 중요한 사건들과 전통을 우리가 기억할 수 있도록 도와주기 때문에 중요하다고 생각합니다.

observe (축제일을) 기념하다, 관찰하다 **lunar calendar** 음력 **vary** 달라지다 **throw** (잔치 등을) 열다, 벌이다 **feast** 잔치
in honor of ~을 기리는 의미에서 **occupation** 점령 **mark** 기념하다 **day off** 휴일

나의 답변 💬 먼저 나의 답변을 실제로 말해보자. 그 후, AL 달성! 답변구조와 AL 달성! 모범답변을 참고하여 나의 답변을 보완하자.

① **우리나라의 명절 소개**

② **우리나라 명절의 특징**

③ **우리나라 명절에 대한 내 생각**

01 명절에 하는 활동 경향 습관/경향에 대해 말하기

🎧 돌발 UNIT 04 Track 2

Q **Tell me about one of the biggest holidays in your country. What do people do and what kind of special food do people prepare on that day? Describe it in detail.** 당신 나라에서 가장 큰 명절 중 하나에 대해서 이야기해 주세요. 사람들은 그날에 무엇을 하고, 어떤 특별한 음식을 준비하나요? 상세히 설명해 주세요.

나의 답변 🎙 먼저 나의 답변을 실제로 말해보자. 그 후, 등급 UP! 핵심표현과 AL 달성! 모범답변을 참고하여 나의 답변을 보완하자.

등급 UP! 핵심표현 ⚡

① 우리나라의 큰 명절 소개	· 많은 다양한 명절을 쇤다	→ celebrates many different holidays
	· 가장 중요한 명절로 특별하다	→ stands out as the most important holiday
	· 한국에서 상당히 중요한 것	→ a pretty big deal in Korea
② 큰 명절에 하는 구체적인 활동	· 설날의 흥미로운 풍습을 지킨다	→ observe interesting New Year's Day customs
	· 추석에 가족들과 함께 모인다	→ get together with one's family on Thanksgiving
	· 조상을 기리며	→ in memory of our ancestors
	· 음력으로 첫 보름달	→ the first full moon of the lunar calendar
③ 큰 명절에 대한 내 생각	· 가족과의 유대 관계를 돈독하게 한다	→ maintain ties with one's family
	· 조상을 기릴 수 있게 해준다	→ allows us to pay respects to our ancestors
	· 나에게 매우 소중한 명절	→ a holiday that is very near to my heart

AL 달성! 모범답변 ✏️

① 우리나라의 큰 명절 소개 Korea **celebrates many different holidays** throughout the year. **One of the most important of these is** New Year's Day.

② 큰 명절에 하는 구체적인 활동 This is an important family holiday, so we typically travel back to our hometowns to see our parents and other relatives. Once everyone is together, we **observe several interesting New Year's Day customs**. For one, children bow to adults, and the adults give them some money in return. We also take part in a traditional board game which uses four sticks as a sort of dice. And of course, we eat special kinds of food. Specifically, we prepare a soup made with rice cake and meat. **The reason for this is that** in Korea, one year is added to a person's age on New Year's Day. We mark this occasion by eating a bowl of rice cake soup.

③ 큰 명절에 대한 내 생각 New Year's Day **provides an opportunity to maintain ties with one's family**. It also helps us keep in touch with ancient traditions.

① 우리나라의 큰 명절 소개 한국에서는 일 년 내내 많은 다양한 명절을 쇱니다. 이 중에서 가장 중요한 명절 중 하나는 설날입니다.

② 큰 명절에 하는 구체적인 활동 이것은 중요한 가족 명절이기 때문에 저희는 보통 부모님과 다른 친척들을 뵙기 위해 고향으로 돌아갑니다. 모두가 모이고 나면 저희는 설날의 몇 가지 흥미로운 풍습을 지킵니다. 첫째로, 아이들이 어른들에게 절을 하고, 어른들은 답례로 아이들에게 돈을 조금 줍니다. 저희는 또한 전통적인 보드게임에 참여하는데, 이것은 4개의 막대기를 일종의 주사위로 사용합니다. 그리고 물론 특별한 종류의 음식을 먹습니다. 특히, 저희는 떡과 고기로 만든 국을 준비합니다. 이렇게 하는 이유는 한국에서는 설날에 한 살을 더 먹기 때문입니다. 저희는 떡국을 한 그릇 먹음으로써 이 일을 기념합니다.

③ 큰 명절에 대한 내 생각 설날은 가족과의 유대 관계를 돈독하게 할 수 있는 기회를 제공해 줍니다. 이는 또한 저희가 오래된 전통을 계속 접할 수 있도록 도와줍니다.

dice 주사위 occasion 일, 행사 ties 유대 관계

02 명절에 겪은 경험 기억에 남는 경험 말하기

🎧 돌발 UNIT 04 Track 3

Q **Tell me about a memorable holiday experience you had as a child. What exactly happened on that holiday? What made it so memorable? Provide as many details as possible.** 당신이 어렸을 때 겪었던 기억에 남는 명절 경험에 대해 이야기해 주세요. 그 명절에 정확히 무슨 일이 있었나요? 무엇이 그 일을 기억에 남게 만들었나요? 되도록 상세히 설명해 주세요.

나의 답변 🎤 먼저 나의 답변을 실제로 말해보자. 그 후, 등급 UP! 핵심표현과 AL 달성! 모범답변을 참고하여 나의 답변을 보완하자.

등급 UP! 핵심표현 ⚡

① 명절에 겪은 경험 소개	· 어린이날에 나를 경기에 데려갔다 · 추석에 친척들을 찾아 뵀다 · 설날에 돈을 꽤 벌었다	→ took me to a game on Children's Day → paid a visit to relatives on Thanksgiving → made a small fortune on New Year's Day
② 명절에 겪은 구체적인 경험	· 공을 잡을 수 있었다 · 사촌들과 즐거운 시간을 보냈다 · 음식을 잔뜩 먹었다	→ managed to catch the ball → had a blast with my cousins → stuffed myself with food
③ 결과와 느낀 점	· 반 친구들의 동경의 대상 · 내게, 강한 인상을 남겼다 · 절대로 잊히지 않을 경험	→ the envy of all my classmates → really made an impression on me → an experience never to be forgotten

AL 달성! 모범답변 🎤

① 명절에 겪은 경험 소개 **The most memorable holiday experience I ever had** as a child occurred at a baseball game. My dad **took me to a baseball game on Children's Day**, and I ended up catching a foul ball.

② 명절에 겪은 구체적인 경험 **To get into details**, it began at the top of the fourth inning. Our team was up to bat, and the batter hit a foul ball right at us. Fortunately I was wearing my baseball glove, so I **managed to catch the ball**. A little bit later, I saw my dad talking to one of the ushers, who then said we could meet the player who had hit the ball! Right after the game, we made a beeline for the locker room. The player was really nice, and he chatted with me for a bit and signed the ball.

③ 결과와 느낀 점 **The incident was unforgettable** and I was so happy. I was **the envy of all my classmates** for weeks afterwards. Every kid was jealous of my luck and wanted my signed ball.

① 명절에 겪은 경험 소개 제가 아이였을 때 겪었던 일 중 가장 기억에 남는 명절 경험은 야구 경기에서 일어났습니다. 어린이날 아버지가 저를 야구 경기에 데려가셨는데, 저는 파울 공을 잡게 되었습니다.

② 명절에 겪은 구체적인 경험 상세히 말씀을 드리자면, 그 일은 4회 초에 시작되었습니다. 저희 팀이 타석에 나왔는데 타자가 바로 저희 쪽으로 파울 공을 쳤습니다. 운 좋게도 저는 야구 글러브를 끼고 있었기 때문에 공을 잡을 수 있었습니다. 잠시 후에 저희 아버지가 안내원 중 한 명과 말하는 것을 보았는데 그 안내원은 저희가 그 공을 친 선수를 만나 볼 수 있다고 했습니다! 경기 직후에 저희는 곧장 라커룸으로 갔습니다. 그 선수는 무척 친절했고, 저와 잠시 이야기를 나누고는 공에 사인을 해주었습니다.

③ 결과와 느낀 점 저는 그 사건을 잊을 수 없었고, 너무나 행복했습니다. 그 후 몇 주 동안 저는 모든 반 친구들의 동경의 대상이었습니다. 모든 아이들이 저의 행운을 부러워했고, 저의 사인볼을 탐냈습니다.

---

top of the inning (야구의) 회 초 usher 안내원 make a beeline for 곧장 ~로 가다

---

*돌발 주제 <명절>에 대한 추가 답변 아이디어와 표현은 [주제별 답변 아이디어&표현 사전]의 p.60에서 학습할 수 있습니다.

UNIT 05

교통수단

음성 바로 듣기

<교통수단>은 Background Survey에는 없지만 돌발 주제로 자주 등장하므로 미리 준비해 두어야 당황하지 않고 답변할 수 있다. 이 UNIT을 통해 <교통수단> 빈출 문제 및 모범답변, 그리고 관련 표현을 학습하여 나만의 답변을 준비해 두자.

빈출 문제

많이 이용하는 대중교통 대상 설명하기(3) – 사물	Can you tell me about the public transportation system in your country? Which type of transportation do you use the most and why? Give me as many details as possible. 당신 나라의 대중교통에 대해 이야기해 줄 수 있나요? 당신은 어떤 종류의 대중교통을 가장 많이 이용하며, 그 이유는 무엇인가요? 되도록 상세히 설명해 주세요.
과거와 현재의 대중교통 비교 두 가지 대상 비교하기	I'd like to know how the public transportation system in your country has changed over time. What are the differences between the types of transportation you used as a child and the types you use today? Provide as many details as possible. 당신 나라의 대중교통 시스템이 시간이 흐르면서 어떻게 변해왔는지 알고 싶어요. 어릴 때 당신이 이용했던 대중교통과 오늘날 당신이 이용하는 대중교통의 차이는 무엇인가요? 되도록 상세히 설명해 주세요.
대중교통을 이용하다 겪은 문제 문제 해결 경험 말하기	You may have had a time when you faced an uncomfortable situation while using the subway or bus. Can you tell me about that experience? When did it occur? How did you handle the situation? 당신이 지하철이나 버스를 이용하면서 불편한 상황에 직면한 때가 있었을 것입니다. 그 경험에 대해 이야기해 줄 수 있나요? 언제 그 일이 일어났나요? 어떻게 그 상황을 해결했나요?

자주 나오는 3단 콤보 • 많이 이용하는 대중교통 – 대중교통을 이용하다 겪은 문제 – 과거와 현재의 대중교통 비교

Can you tell me about the public transportation system in your country? Which type of transportation do you use the most and why? Give me as many details as possible.

당신 나라의 대중교통에 대해 이야기해 줄 수 있나요? 당신은 어떤 종류의 대중교통을 가장 많이 이용하며, 그 이유는 무엇인가요? 되도록 상세히 설명해 주세요.

답변구조에 따라 말할 내용을 살펴보고, 아래 모범답변을 참고하여 나의 답변을 말해보자.

AL 달성! 답변구조 ⚙

① 많이 이용하는 대중교통 소개	● 한국의 대중교통이 어떤지, 무엇을 많이 이용하는지
② 많이 이용하는 대중교통의 특징	● 왜 대중교통을 많이 이용하는지, 어떤 장점이 있는지
③ 많이 이용하는 대중교통에 대한 내 생각	● 대중교통을 이용하면 좋은 점

AL 달성! 모범답변 🎯

① **많이 이용하는 대중교통 소개** In Korea, we have various types of public transportation. For example, there are many bus systems throughout the country, and several Korean cities have state-of-the-art subway systems. As for me, I use the subway most frequently.

② **많이 이용하는 대중교통의 특징** First and foremost, the subway is very convenient because it has stops every few blocks throughout Seoul, where I live. I rely on the subway to get around during the week, and I also use it when I'm making my way across the city to meet friends on the weekend. It's also a very affordable means of transportation, as a ticket costs only around a dollar. **Another advantage of taking the subway is that** the trains run quite frequently.

③ **많이 이용하는 대중교통에 대한 내 생각** **I like the subway system because** it really comes in handy. It saves me a lot of time and money and makes it easier for me to get where I need to go. I'm really proud that my country has such amazing public transportation.

골라 쓰는 답변 아이디어

→ • 한국의 대중교통이 어떤지
top-of-the-line 최고급의
rider-friendly 탑승객에게 친화적인
easily accessible 쉽게 접근할 수 있는

→ • 왜 대중교통을 많이 이용하는지
goes through all the major areas of town
시내의 주요 지역들을 모두 통과해 지나간다
follows a reliable schedule
시간표가 믿을 만하다

→ • 어떤 장점이 있는지
I can look out the window
창밖을 내다볼 수 있다
I don't have to worry about traffic jams
교통체증을 걱정하지 않아도 된다

→ • 대중교통을 이용하면 좋은 점
allows me to be more punctual
내가 시간을 더 잘 지킬 수 있게 해준다
cuts down on pollution 공해를 줄인다

① **많이 이용하는 대중교통 소개** 한국에는 다양한 종류의 대중교통이 있습니다. 예를 들어, 국내 곳곳에 많은 버스 시스템이 있고, 한국의 몇몇 도시들은 최첨단 지하철 시스템을 갖추고 있습니다. 저의 경우에는 지하철을 가장 많이 이용합니다. ② **많이 이용하는 대중교통의 특징** 무엇보다도, 지하철은 제가 살고 있는 서울 곳곳에 몇 블록마다 정류장이 있기 때문에 매우 편리합니다. 저는 주중에 여기저기 돌아다닐 때 지하철에 의존하고, 주말에 친구들을 만나러 도시를 가로질러 갈 때도 이용합니다. 또한, 표가 약 1달러 정도밖에 안 하기 때문에 지하철은 가격이 매우 적당한 교통수단입니다. 지하철을 타는 것의 또 다른 장점은 열차가 꽤 자주 운행을 한다는 것입니다. ③ **많이 이용하는 대중교통에 대한 내 생각** 저는 지하철 시스템이 정말 유용하기 때문에 지하철을 좋아합니다. 지하철은 많은 시간과 돈을 절약해주고, 제가 가야 하는 곳에 더 쉽게 갈 수 있게 해줍니다. 저는 우리나라에 이런 놀라운 대중교통이 있다는 것이 정말 자랑스럽습니다.

state-of-the-art 최첨단의 first and foremost 무엇보다도 get around 돌아다니다 means 수단 come in handy 유용하다

나의 답변 📢   먼저 나의 답변을 실제로 말해보자. 그 후, AL 달성! 답변구조와 AL 달성! 모범답변을 참고하여 나의 답변을 보완하자.

① 많이 이용하는 대중교통 소개

② 많이 이용하는 대중교통의 특징

③ 많이 이용하는 대중교통에 대한 내 생각

01 과거와 현재의 대중교통 비교 두 가지 대상 비교하기

🎧 돌발 UNIT 05 Track 2

Q **I'd like to know how the public transportation system in your country has changed over time. What are the differences between the types of transportation you used as a child and the types you use today? Provide as many details as possible.** 당신 나라의 대중교통 시스템이 시간이 흐르면서 어떻게 변해왔는지 알고 싶어요. 어릴 때 당신이 이용했던 대중교통과 오늘날 당신이 이용하는 대중교통의 차이는 무엇인가요? 되도록 상세히 설명해 주세요.

나의 답변 🎤 먼저 나의 답변을 실제로 말해보자. 그 후, 등급 UP! 핵심표현과 AL 달성! 모범답변을 참고하여 나의 답변을 보완하자.

등급 UP! 핵심표현 ⚡

① 비교 대상 소개	· 더 좋아졌다	→ has changed for the better
	· (기차 또는 지하철의) 객차/고속버스	→ passenger cars/express buses
	· 수년에 걸쳐 뚜렷하게 향상되었다	→ markedly improved over the years
② 과거 대중교통의 특징	· 종종 스케줄보다 늦게 운행된다	→ often run behind schedule
	· 환승이 불편했다	→ transferring was not convenient
	· 항상 교통 체증에 갇히다	→ always stuck in traffic
③ 현재 대중교통의 특징	· 스케줄대로 운행된다	→ stay on schedule
	· 별도의 추가 요금 없이 갈아탈 수 있다	→ can transfer at no extra charge
	· 이제 버스전용차선이 있다	→ have dedicated bus lanes now

AL 달성! 모범답변 ✏️

① 비교 대상 소개 **It is definitely true that** the public transportation system in my country **is different from** how it was in the past. Without hesitation, I would say that Korea's public transportation system **has changed for the better**.

② 과거 대중교통의 특징 **In the past, public transportation was** much less convenient. There weren't special lanes for the buses, so they had to fight traffic to make their way to their destinations. They would **often run behind schedule**. **Another way public transportation differed in the past is that** the subway trains were slower, and there were fewer subway lines. When I was young, there were only four lines in my city.

③ 현재 대중교통의 특징 **Nowadays, the system is** much more efficient. Buses have their own lanes, helping them **stay on schedule**, and the subway system now has many more lines. In addition, several aboveground train routes pass through the city and link up with the subway system. Without a doubt, using our city's public transportation system is the most convenient way to get around the city.

① 비교 대상 소개 우리나라의 대중교통 시스템이 과거와 다르다는 것은 명백한 사실입니다. 저는 주저 없이 한국의 대중교통 시스템이 더 좋아졌다고 말할 것입니다.

② 과거 대중교통의 특징 과거에는, 대중교통이 훨씬 더 불편했습니다. 버스를 위한 전용선도 없었기 때문에, 버스는 목적지에 도착하려면 교통체증과 전쟁을 하며 했습니다. 그들은 종종 스케줄보다 늦게 운행되곤 했습니다. 대중교통이 과거에 달랐던 또 다른 점은 지하철 열차가 더 느렸고, 지하철 노선도 더 적었다는 점입니다. 제가 어렸을 때는, 제가 사는 도시에 겨우 4개의 노선만 있었습니다.

③ 현재 대중교통의 특징 오늘날, 시스템은 훨씬 더 효율적입니다. 버스는 스케줄대로 운행되도록 돕는 전용선이 있고, 지하철 시스템은 현재 훨씬 더 많은 노선이 있습니다. 게다가, 몇몇 지상 기차 노선은 도시를 지나가며 지하철 시스템과 연결되어 있습니다. 의심할 여지 없이, 제가 사는 도시의 대중교통 시스템은 도시 이곳저곳을 돌아다닐 수 있는 가장 편리한 방법입니다.

aboveground 지상의 **pass through** 관통하다 **link up with** ~과 연결하다

02 대중교통을 이용하다 겪은 문제 문제 해결 경험 말하기

🎧 돌발 UNIT 05 Track 3

Q **You may have had a time when you faced an uncomfortable situation while using the subway or bus. Can you tell me about that experience? When did it occur? How did you handle the situation?** 당신이 지하철이나 버스를 이용하면서 불편한 상황에 직면한 때가 있었을 것입니다. 그 경험에 대해 이야기해 줄 수 있나요? 언제 그 일이 일어났나요? 어떻게 그 상황을 해결했나요?

나의 답변 🎙 먼저 나의 답변을 실제로 말해보자. 그 후, 등급 UP! 핵심표현과 AL 달성! 모범답변을 참고하여 나의 답변을 보완하자.

등급UP! 핵심표현 ⚡

① 대중교통을 이용하다 겪은 문제	· 버스가 사람들로 가득 찼다 · 잠들어서 정거장을 놓쳤다 · 버스가 사고가 났다 · 엉뚱한 버스를 타서 길을 잃었다	→ The bus was packed with people → fell asleep and missed my stop → the bus got in an accident → took the wrong bus and got lost
② 해결 방법	· 일어나고 있는 일에 신경 쓰지 않는다 · 자는 척하였다 · 냉정을 잃지 않으려고 최선을 다했다	→ take my mind off of what was happening → pretended to be asleep → did my best not to lose my cool
③ 결과와 배운 점	· 벗어나는 것이 더 낫다 · 침착하게 상황에 대처하다 · 결국 한 시간 지연되었다 · 그에 관여하지 않는 옳은 결정을 내렸다	→ better to walk away → approach the situation calmly → ended up delayed for an hour → made the right decision to stay out of it

AL 달성! 모범답변 🎯

① 대중교통을 이용하다 겪은 문제 **I remember a time when I had a very uncomfortable experience** on a bus. It occurred last month on a Monday evening while I was on my way home. **The bus was packed with people**, so most of us had to stand. There was a man standing next to me who was red in the face and seemed very drunk. Within minutes, he was yelling at the bus driver about his driving and getting upset with other passengers for no reason.

② 해결 방법 Since he was acting irrationally, I tried to **take my mind off of what was happening** by listening to music. But he was just too loud to ignore. **To put an end to the situation**, for me at least, I got off at the next stop and got on another bus.

③ 결과와 배운 점 I think I made a good decision. The next bus was less crowded, and I was able to get a seat. **I learned from that encounter that** it's sometimes **better to walk away** than to be caught up in an incident like that.

① 대중교통을 이용하다 겪은 문제 저는 버스에서 아주 불편한 경험을 했던 때가 기억납니다. 그 일은 지난달 어느 월요일 저녁에 제가 집으로 가는 길에 일어났습니다. 버스가 사람들로 가득 찼기 때문에 대부분의 사람들이 서 있어야 했습니다. 제 옆에 얼굴이 빨갛고 만취해 보이는 남자가 서 있었습니다. 곧 그는 버스 운전사의 운전에 대해 그에게 소리를 지르고, 다른 승객들에게 아무 이유 없이 화를 내고 있었습니다.

② 해결 방법 그 남자가 비이성적으로 행동하고 있었기에, 저는 일어나고 있는 일에 신경 쓰지 않으려고 음악을 들으려 했습니다. 하지만 그 남자는 그냥 무시하기에는 너무 시끄러웠습니다. 저는 적어도 저에게만큼은 그 상황을 끝내기 위해 다음 정거장에서 내려서 다른 버스를 탔습니다.

③ 결과와 배운 점 저는 제가 좋은 결정을 내렸다고 생각합니다. 다음 버스는 덜 붐볐고 저는 자리에 앉을 수 있었습니다. 저는 그 만남으로부터 때로는 그와 같은 사건에 휘말리기보다는 벗어나는 것이 더 낫다는 것을 배웠습니다.

within minutes 곧, 이내 **irrationally** 비이성적으로 **encounter** 만남 **walk away** 벗어나다, 떠나 버리다

*돌발 주제 <교통수단>에 대한 추가 답변 아이디어와 표현은 [주제별 답변 아이디어&표현 사전]의 p.62에서 학습할 수 있습니다.

UNIT 06

프로젝트

음성 바로 듣기

<프로젝트>는 Background Survey에는 없지만 돌발 주제로 자주 등장하므로 미리 준비해 두어야 당황하지 않고 답변할 수 있다. 이 UNIT을 통해 <프로젝트> 빈출 문제 및 모범답변, 그리고 관련 표현을 학습하여 나만의 답변을 준비해 두자.

빈출 문제

기억에 남는 프로젝트 경험 기억에 남는 경험 말하기	What is the most memorable project you have worked on? What sort of project was it, and why was it memorable? Please describe the project in detail. 당신이 일해 본 프로젝트 중 가장 기억에 남는 것은 무엇인가요? 어떤 종류의 프로젝트였고, 그것이 왜 기억에 남나요? 프로젝트를 상세히 설명해 주세요.
프로젝트를 하다 겪은 문제 문제 해결 경험 말하기	Have you ever had a problem while working on a project? What was it? How did you resolve it? Please tell me about it in detail. 프로젝트를 하는 동안 문제를 경험한 적이 있나요? 무슨 문제였나요? 어떻게 해결하였나요? 그것에 대해 상세히 이야기해 주세요.
최근에 끝낸 프로젝트의 과정 시간 순서대로 설명하기	Tell me about a recent project you finished. What type of project was it? Was it successful? What steps did you take to complete the project from start to end? Please describe the process in detail. 당신이 최근에 끝낸 프로젝트에 대해 이야기해 주세요. 어떤 종류의 프로젝트였나요? 성공적이었나요? 그 프로젝트를 마치기 위해 시작부터 끝까지 어떤 단계들을 거쳤나요? 과정을 상세히 설명해 주세요.

자주 나오는! 3단 콤보 • 최근에 끝낸 프로젝트의 과정 – 기억에 남는 프로젝트 경험 – 프로젝트를 하다 겪은 문제

기억에 남는 프로젝트 경험 기억에 남는 경험 말하기

What is the most memorable project you have worked on? What sort of project was it, and why was it memorable? Please describe the project in detail.

당신이 일해 본 프로젝트 중 가장 기억에 남는 것은 무엇인가요? 어떤 종류의 프로젝트였고, 그것이 왜 기억에 남나요? 프로젝트를 상세히 설명해 주세요.

답변구조에 따라 말할 내용을 살펴보고, 아래 모범답변을 참고하여 나의 답변을 말해보자.

AL 달성! 답변구조 ⚙

① 기억에 남는 프로젝트 경험 소개	● 어떤 프로젝트를 했는지
② 기억에 남는 프로젝트의 구체적인 경험	● 어떤 노력을 했는지
③ 결과와 느낀 점	● 어떤 교훈을 얻었는지, 프로젝트의 결과는 어땠는지

AL 달성! 모범답변 ✍

① **기억에 남는 프로젝트 경험 소개** I recently got hired for an entry-level position at an advertising firm. For me, **my most memorable project was** the first one I did at the company. Along with three other colleagues, I had to come up with an advertising campaign for a company that wanted to promote a new car.

② **기억에 남는 프로젝트의 구체적인 경험** Because everyone on the team was determined to put their best foot forward and make the project successful, we worked overtime every day for a month. It was the most effort I'd ever put into a project. We spent countless late nights together in the office. Because of our shared sacrifice, we developed a strong bond with one another.

③ **결과와 느낀 점** **The most important lesson I learned from the experience is** that hard work pays off. **In the end**, we pulled off the project before the deadline, and management was happy with what we delivered. We even got a small bonus.

골라 쓰는 답변 아이디어

→ ● 어떤 프로젝트를 했는지
plan a conference 콘퍼런스를 계획하다
overhaul our website 회사 웹사이트를 정비하다

→ ● 어떤 노력을 했는지
put everything else on hold for the project 프로젝트를 위해 모든 것을 보류했다
talked at length about our goals 우리의 목표에 대해 오래도록 이야기했다

→ ● 어떤 교훈을 얻었는지
the value of teamwork 팀워크의 가치
that good communication is the key 좋은 의사소통이 비결이다

→ ● 프로젝트의 결과는 어땠는지
wowed everyone with the final product 최종 결과물로 모두를 놀라게 했다
surpassed even our own expectations 우리 자신의 기대초차도 능가했다

① **기억에 남는 프로젝트 경험 소개** 저는 최근 한 광고 회사의 신입직으로 채용되었습니다. 저에게 있어 가장 기억에 남는 프로젝트는 제가 회사에서 처음 하게 된 프로젝트입니다. 저는 다른 세 명의 동료와 함께 새로운 자동차를 홍보하고자 하는 기업을 위해 광고 캠페인을 생각해 내야 했습니다. ② **기억에 남는 프로젝트의 구체적인 경험** 팀에 있는 모든 사람들이 있는 힘을 다해 프로젝트를 성공시키기로 마음먹었기 때문에 저희는 한 달 동안 매일 초과 근무를 했습니다. 그것은 제가 어떤 프로젝트에 들인 노력보다도 더 큰 것이었습니다. 저희는 셀 수 없이 많은 밤을 늦게까지 함께 사무실에서 보냈습니다. 저희 공동의 희생으로 인해, 저희는 서로에게 강한 유대감이 생겼습니다. ③ **결과와 느낀 점** 이 경험으로부터 제가 배운 가장 중요한 교훈은 열심히 일하면 성과가 난다는 것이었습니다. 결국 저희는 마감 기한 전에 프로젝트를 해냈고, 경영진은 저희가 내놓은 결과물에 만족했습니다. 저희는 심지어 작은 보너스까지 받았습니다.

entry-level 신입의, 초보적인 **come up with** ~을 생각해 내다 **put one's best foot forward** 있는 힘을 다하다 **pay off** 성과가 나다
pull off 해내다, 성사시키다 **deliver** (결과를) 내놓다, 산출하다

나의 답변 ┃ 먼저 나의 답변을 실제로 말해보자. 그 후, AL 달성! 답변구조와 AL 달성! 모범답변을 참고하여 나의 답변을 보완하자.

① **기억에 남는 프로젝트 경험 소개**

② **기억에 남는 프로젝트의 구체적인 경험**

③ **결과와 느낀 점**

01 프로젝트를 하다 겪은 문제 문제 해결 경험 말하기

🎧 돌발 UNIT 06 Track 2

Q **Have you ever had a problem while working on a project? What was it? How did you resolve it? Please tell me about it in detail.** 프로젝트를 하는 동안 문제를 경험한 적이 있나요? 무슨 문제였나요? 어떻게 해결하였나요? 그것에 대해 상세히 이야기해 주세요.

🎙 나의 답변 | 먼저 나의 답변을 실제로 말해보자. 그 후, 등급 UP! 핵심표현과 AL 달성! 모범답변을 참고하여 나의 답변을 보완하자.

등급 UP! 핵심표현 ⚡

① 프로젝트를 하다 겪은 문제점과 원인	· 실수로 노트 카드를 집에 놓고 왔다	→ had accidentally left my note cards at home
	· 자신이 맡은 일을 하지 않았다	→ didn't do his share of the work
	· 중요한 파일을 분실했다	→ important files have gone missing
	· 프로젝트가 한창 진행 중일 때 떠났다	→ left in the middle of the project
② 해결 방법	· 기억을 더듬어서 발표를 했다	→ did the presentation from memory
	· 스스로 정신을 차리려고 했다	→ tried to pull myself together
	· 마음을 진정시키기 위해 심호흡을 했다	→ took a deep breath to steady my nerves
	· 파트너와 잘 지내려고 시도했다	→ made attempts to get along with my partner
③ 결과와 배운 점	· 결국 행운이 되었다	→ turned out to be a lucky break
	· 세부 사항에 주의를 기울이는 것이 중요한	→ important to pay attention to details
	· 내 경험 부족 탓으로 돌렸다	→ chalked it up to my inexperience

AL 달성! 모범답변 ✍

① 프로젝트를 하다 겪은 문제점과 원인 **A time I faced an especially difficult problem was when I was** a sophomore in college. I was taking a communications class, and for one of our first projects we were instructed to prepare a presentation on the definition of communication. I spent hour after hour putting together note cards and going over what I would say. On the day of the presentation, however, **my heart sank when** I discovered that I **had accidentally left my note cards at home.**

② 해결 방법 I started to panic, but then I realized that I had probably practiced the speech both out loud and in my head hundreds of times. I would be able to **do the presentation from memory.** I just needed to remind myself that I could do it.

③ 결과와 배운 점 **In the end**, forgetting the cards at home **turned out to be a lucky break**. The professor gave me an A because he was impressed that I hadn't relied on note cards. Little did he know why!

① 프로젝트를 하다 겪은 문제점과 원인 제가 특별히 어려운 문제를 직면했던 것은 대학교 2학년일 때였습니다. 저는 커뮤니케이션 수업을 듣고 있었고, 수업의 첫 프로젝트 중 하나로 커뮤니케이션의 정의에 대한 발표를 준비하라고 지시받았습니다. 저는 몇 시간이나 계속해서 노트 카드를 만들고 제가 말할 것을 점검했습니다. 그러나 발표 당일, 실수로 노트 카드를 집에 놓고 왔다는 것을 알았을 때 제 가슴은 철렁 내려앉았습니다.

② 해결 방법 저는 당황하기 시작했지만, 곧 제가 그 발표를 소리 내어서 그리고 머리 속에서 아마 수백 번을 연습했을 거라는 것을 깨달았습니다. 저는 기억을 더듬어서 발표를 할 수 있을 것이었습니다. 저는 그저 제가 할 수 있다는 것을 스스로에게 상기시키기만 하면 되었습니다.

③ 결과와 배운 점 결국 집에 카드를 놓고 온 것은 행운이 되었습니다. 교수님께서는 제가 노트 카드에 의지하지 않았던 것에 깊은 인상을 받으셔서 저에게 A학점을 주셨습니다. 제가 왜 그랬는지 그분은 전혀 알지 못하셨죠!

hour after hour 몇 시간이나 계속해서, 매시간 **put together** ~을 만들다, 준비하다 **go over** 점검하다, 검토하다 **lucky break** 행운

02 최근에 끝낸 프로젝트의 과정 시간 순서대로 설명하기 🎧 돌발 UNIT 06 Track 3

Q Tell me about a recent project you finished. What type of project was it? Was it successful? What steps did you take to complete the project from start to end? Please describe the process in detail. 당신이 최근에 끝낸 프로젝트에 대해 이야기해 주세요. 어떤 종류의 프로젝트였나요? 성공적이었나요? 그 프로젝트를 마치기 위해 시작부터 끝까지 어떤 단계들을 거쳤나요? 과정을 상세히 설명해 주세요.

나의 답변 🎙️ ⟶ 먼저 나의 답변을 실제로 말해보자. 그 후, 등급 UP! 핵심표현과 AL 달성! 모범답변을 참고하여 나의 답변을 보완하자.

등급 UP! 핵심표현 ⚡

① 최근에 끝낸 프로젝트 소개	· 파티를 준비하는 업무를 맡은	→ put in charge of organizing the party
	· 비용을 절감할 방법을 찾아야 했다	→ had to find a cost-effective way
	· 팀 전체가 나를 믿고 있었다	→ the entire team was counting on me
② 시간 순서대로 설명	· 모든 것이 제대로 진행되도록 했다	→ made sure everything was in order
	· 트렌드와 이슈에 대해 철저히 조사한다	→ read up on the trends and issues
	· 최대한 많은 것을 알아내는데 착수한다	→ set about finding out as much as I could
	· 참조 파일들을 무작위로 살펴본다	→ go through all the reference files at random
③ 최근에 끝낸 프로젝트에 대한 내 생각	· 다행히도, 모든 것이 순조롭게 돌아갔다	→ Fortunately, everything went smoothly
	· 잘 되기를 빌고 있었다	→ kept my fingers crossed
	· 끝났을 때 안도의 한숨을 내쉬었다	→ let out a sigh of relief when it was finished
	· 나의 노력이 결국 성과가 났다	→ my hard work finally paid off

AL 달성! 모범답변 🎯

① **최근에 끝낸 프로젝트 소개** I work as a sales representative at a major electronics company. Last month, I was **put in charge of organizing the year-end party** for our division's staff of more than 40 people.

② **시간 순서대로 설명 The first thing I did to prepare for the event was** to book a banquet center near our office. **Once that was done, I** chose a theme for the event and ordered decorations, food and beverages. **During the event**, I **made sure everything was in order** and organized a few games. **By the end of the night**, everyone was dancing to music and having a lot of fun. **Following the event**, I asked the staff to give me feedback on the event. I incorporated that feedback into a report for my supervisor.

③ **최근에 끝낸 프로젝트에 대한 내 생각** It was my first time organizing such a big event. **I was both** nervous **and** excited **at the same time**. I was worried about forgetting important details or something going wrong at the last minute. **Fortunately, everything went smoothly**, and people were very happy with the party.

① **최근에 끝낸 프로젝트 소개** 저는 큰 전자 회사에서 영업사원으로 일하고 있습니다. 지난달 저는 40명이 넘는 저희 부서의 직원을 위한 송년회를 준비하는 업무를 맡았습니다.

② **시간 순서대로 설명** 행사를 준비하기 위해 첫 번째로 제가 한 일은 저희 사무실 근처에 있는 연회장을 예약하는 것이었습니다. 일단 그것이 완료된 후, 전 행사의 주제를 정하고 장식품, 음식과 음료를 주문했습니다. 행사 동안에는 모든 것이 제대로 진행되도록 하고, 몇몇 게임을 준비했습니다. 그날 밤 끝 무렵에는 모두가 음악에 맞춰 춤을 추고 매우 즐거운 시간을 보내고 있었습니다. 행사 후에는 저는 직원들에게 행사에 대한 피드백을 달라고 요청했습니다. 저는 그 피드백을 제 상사께 드리는 보고서에 포함하였습니다.

③ **최근에 끝낸 프로젝트에 대한 내 생각** 제가 그렇게 큰 행사를 준비해 본 것은 처음이었습니다. 저는 떨리기도 하고 동시에 흥분되기도 했습니다. 저는 중요한 세부 사항을 잊거나 마지막 순간에 뭔가 잘못되는 것에 대해 걱정했습니다. 다행히도, 모든 것이 순조롭게 돌아갔고 사람들은 파티에 매우 만족했습니다.

year-end party 송년회 **banquet** 연회 **incorporate** 포함하다 **at the last minute** 마지막 순간에 **smoothly** 순조롭게

*돌발 주제 <프로젝트>에 대한 추가 답변 아이디어와 표현은 [주제별 답변 아이디어&표현 사전]의 p.64에서 학습할 수 있습니다.

UNIT 07 날씨 · 계절

음성 바로 듣기

<날씨 · 계절>은 Background Survey에는 없지만 돌발 주제로 자주 등장하므로 미리 준비해 두어야 당황하지 않고 답변할 수 있다. 이 UNIT을 통해 <날씨 · 계절> 빈출 문제 및 모범답변, 그리고 관련 표현을 학습하여 나만의 답변을 준비해 두자.

빈출 문제

우리나라의 계절 대상 설명하기(3) – 사물	I would like to know about the seasons in your country. How many seasons are there? How are they different? What is the weather like in each season? 저는 당신 나라의 계절에 대해 알고 싶어요. 몇 개의 계절이 있나요? 계절들이 어떻게 다른가요? 각 계절의 날씨는 어떤가요?
과거와 현재의 날씨 비교 두 가지 대상 비교하기	Do you think that the weather has changed over the past few years? What was it like in the past? How has it changed? Please describe the differences in detail. 당신은 지난 몇 년 사이에 날씨가 변했다고 생각하나요? 과거에는 날씨가 어땠나요? 어떻게 변화했나요? 차이점에 대해 상세히 설명해 주세요.
이상 기후로 인해 겪은 경험 기억에 남는 경험 말하기	Have you ever had a memorable or unexpected experience because of unusual weather conditions? When was it? What happened? Tell me about it in as much detail as possible. 이상 기후 현상 때문에 기억에 남거나 예상하지 못한 경험을 한 적이 있나요? 언제였나요? 무슨 일이 있었나요? 그것에 대해 되도록 상세히 이야기해 주세요.

자주 나오는 3단 콤보 • 우리나라의 계절 – 과거와 현재의 날씨 비교 – 이상 기후로 인해 겪은 경험

I would like to know about the seasons in your country. How many seasons are there? How are they different? What is the weather like in each season?

저는 당신 나라의 계절에 대해 알고 싶어요. 몇 개의 계절이 있나요? 계절들이 어떻게 다른가요? 각 계절의 날씨는 어떤가요?

답변구조에 따라 말할 내용을 살펴보고, 아래 모범답변을 참고하여 나의 답변을 말해보자.

AL 달성! 답변구조 ⚙️

① 우리나라의 계절 소개	● 사계절이 있다는 사실 소개
② 우리나라 계절의 특징	● 여름은 어떤지, 겨울은 어떤지, 봄과 가을은 어떤지
③ 우리나라 계절에 대한 내 생각	● 어떤 계절을 더 선호하거나 싫어하는지

AL 달성! 모범답변 ✏️

① 우리나라의 계절 소개 Korea **has what is known as** a temperate climate. This means that it has four seasons, each with very different weather.

② 우리나라 계절의 특징 **For instance**, the summer is very hot and humid. It is much too muggy for me. During July and August, it rains a lot, sometimes for days on end. On the other hand, in winter, the temperature often drops below zero and snow isn't out of the ordinary. **As for the spring and fall**, the temperatures are moderate and comfortable. In the spring, the flowers bloom all over the country, and in the fall, the leaves change color. Both times of the year are absolutely stunning.

③ 우리나라 계절에 대한 내 생각 Although I enjoy the rhythm of the seasons and appreciate the beauty each has to offer, **I personally find** Korean winters a little too cold **for my taste**. Also, the hot summers are more than I can bear. **I much prefer** the mild temperatures of the fall and spring.

골라 쓰는 답변 아이디어

• 여름은 어떤지
sees a lot of rainfall 비가 많이 온다
is when the temperatures skyrocket 기온이 급상승하는 때이다

• 겨울은 어떤지
the streets ice over and become dangerous 길이 얼어서 위험해진다
the winds can be brutal 바람이 혹독하기도 하다

• 봄은 어떤지
the air can be a little bit dusty 공기가 약간 탁해질 수 있다
everything begins to thaw 모든 것이 녹기 시작한다

• 가을은 어떤지
there's a lot of beautiful scenery to look at 구경할 아름다운 풍경이 많다
a chill starts to set in 한기가 돌기 시작한다

① 우리나라의 계절 소개 한국은 온대 기후라고 부르는 날씨를 가지고 있습니다. 이것은 사계절이 있고, 각 계절의 날씨가 서로 매우 다름을 의미합니다. ② 우리나라 계절의 특징 예를 들어, 여름은 몹시 덥고 습합니다. 저에게는 너무 후덥지근합니다. 7월과 8월 동안에는 비가 많이 오는데, 가끔 며칠씩 계속 오기도 합니다. 반면에 겨울에는 기온이 종종 영하로 떨어지고, 눈이 오는 것은 이상한 일이 아닙니다. 봄과 가을에 대해 말하자면, 기온이 적당하고 쾌적합니다. 봄에는 전국에 꽃들이 피어나고, 가을에는 나뭇잎에 단풍이 듭니다. 1년 중 이 두 계절 다 굉장히 아름답습니다. ③ 우리나라 계절에 대한 내 생각 제가 계절의 변화를 즐기고 각 계절이 주는 아름다움에 감사하긴 하지만, 저는 개인적으로 한국의 겨울이 제 취향에는 좀 너무 춥다고 생각합니다. 또한, 더운 여름도 제가 견디기 어렵습니다. 저는 가을과 봄의 포근한 기온을 훨씬 더 선호합니다.

temperate climate 온대 기후 muggy 후덥지근한 on end 계속 below zero 영하 out of the ordinary 이상한 일이 아닌, 평범한
stunning 굉장히 아름다운 rhythm 변화 mild 포근한

나의 답변 🎙️ 먼저 나의 답변을 실제로 말해보자. 그 후, AL 달성! 답변구조와 AL 달성! 모범답변을 참고하여 나의 답변을 보완하자.

① 우리나라의 계절 소개

② 우리나라 계절의 특징

③ 우리나라 계절에 대한 내 생각

01 과거와 현재의 날씨 비교 두 가지 대상 비교하기

🎧 돌발 UNIT 07 Track 2

Q **Do you think that the weather has changed over the past few years? What was it like in the past? How has it changed? Please describe the differences in detail.** 당신은 지난 몇 년 사이에 날씨가 변했다고 생각하나요? 과거에는 날씨가 어땠나요? 어떻게 변화했나요? 차이점에 대해 상세히 설명해 주세요.

나의 답변 🎤 먼저 나의 답변을 실제로 말해보자. 그 후, 등급 UP! 핵심표현과 AL 달성! 모범답변을 참고하여 나의 답변을 보완하자.

등급 UP! 핵심표현 ⚡

① 비교 대상 소개	· 지구 온난화가 모든 곳에 영향을 미친다	→ global warming is having an effect everywhere
	· 우려의 원인	→ a cause for concern
	· 점점 더 예측하기 어려워지고 있는	→ getting ever more unpredictable
② 과거 날씨의 특징	· 각 계절을 최대로 경험해 봤다	→ experienced each season to the full
	· 겨우내 꽁꽁 얼어붙은	→ frozen solid all winter
	· 완전히 겨울 동화 나라	→ truly a winter wonderland
③ 현재 날씨의 특징	· 온화한 날씨는 눈 깜짝할 사이에 지나간다	→ the mild weather passes in the blink of an eye
	· 황사 현상이 훨씬 더 심해졌다	→ Asian dust phenomenon got a lot worse
	· 태풍이 그 어느 때보다도 강력하다	→ typhoons are stronger than ever before
	· 비 오는 날에 우산은 필수품이다	→ an umbrella is a must-have on rainy days

AL 달성! 모범답변 ✍

① 비교 대상 소개 I think it goes without saying that **global warming is having an effect everywhere**. Neither is Korea immune from this phenomenon. **There are many differences between** the country's weather in the past **and** that of today, but the most noticeable is the length of the seasons.

② 과거 날씨의 특징 When I was a kid, the four seasons divided the year evenly. This gave everyone a chance to **experience each season to the full**. On top of that, the winters were much colder, and snow was very common at that time of the year. In fact, my friends and I would bundle up and go sledding together almost every day after school.

③ 현재 날씨의 특징 **These days, however,** summer and winter seem to last longer than the other two seasons. This means that for a full five months, you must endure the humidity of summer, and for the same amount of time, the harshness of winter. On the other hand, **the mild weather of spring and fall passes in the blink of an eye.**

① 비교 대상 소개 지구 온난화가 모든 곳에 영향을 미친다는 것은 말할 것도 없다고 생각합니다. 한국 역시 이 현상에 영향을 받지 않는 것이 아닙니다. 과거의 한국 날씨와 현재의 날씨에는 많은 차이점이 있지만, 가장 뚜렷한 차이는 계절의 기간입니다.

② 과거 날씨의 특징 제가 어렸을 때는 사계절이 1년을 고르게 나누었습니다. 이것은 모든 사람에게 각 계절을 최대로 경험해 볼 기회를 주었습니다. 게다가 겨울은 훨씬 더 춥고, 일 년 중 그 시기에는 눈이 매우 흔했습니다. 사실 제 친구들과 저는 학교 끝나고 거의 매일 옷을 껴입고 함께 썰매를 타러 가곤 했습니다.

③ 현재 날씨의 특징 하지만 오늘날에는 여름과 겨울이 나머지 두 계절보다 더 오래 지속되는 것 같습니다. 이는 다섯 달을 꽉 채워 여름의 습함을 견뎌야 하고, 같은 기간 동안 겨울의 혹독함을 견뎌야 함을 의미합니다. 반면에 봄과 가을의 온화한 날씨는 눈 깜짝할 사이에 지나갑니다.

immune 영향을 받지 않는 **phenomenon** 현상 **noticeable** 뚜렷한 **bundle up** 옷을 껴입다 **sledding** 썰매 타기 **harshness** 혹독함, 엄함

02 이상 기후로 인해 겪은 경험 기억에 남는 경험 말하기

Q Have you ever had a memorable or unexpected experience because of unusual weather conditions? When was it? What happened? Tell me about it in as much detail as possible. 이상 기후 현상 때문에 기억에 남거나 예상하지 못한 경험을 한 적이 있나요? 언제였나요? 무슨 일이 있었나요? 그것에 대해 되도록 상세히 이야기해 주세요.

나의 답변 🎤 | 먼저 나의 답변을 실제로 말해보자. 그 후, 등급 UP! 핵심표현과 AL 달성! 모범답변을 참고하여 나의 답변을 보완하자.

등급 UP! 핵심표현 ⚡

① 이상 기후로 겪은 경험 소개	· 내게 오랜 인상을 남겼다 · 비가 끊임없이 내렸다 · 몇 시간 동안 지속된 폭풍우 · 사상 최대의 폭설을 겪었다	→ left a lasting impression on me → the rain poured nonstop → a thunderstorm that lasted for hours → suffered the heaviest snowfall on record
② 이상 기후로 겪은 구체적인 경험	· 많은 사람들이 수일 동안 전기 없이 살았다 · 지하철역에서 대피했다 · 3일 동안 완전히 눈에 갇힌 · 몇 시간 동안 접근금지 구역 · 지하 주차장이 물에 잠겼다	→ many people were without power for days → took cover in the subway station → completely snowed in for three days → a no-go area for several hours → underground parking area was submerged
③ 결과와 느낀 점	· 이런 큰 폭풍에 직면하여 무력감을 느꼈다 · 생명에 위협을 느꼈다 · 경보에 주의를 기울이다	→ felt powerless in the face of such a big storm → feared for my life → keep an eye out for warning signs

AL 달성! 모범답변 ✏️

① **이상 기후로 겪은 경험 소개** One example of unusual weather that **sticks out for me is** a storm that occurred when I was a university student. It was an experience that **left a lasting impression on me.**

② **이상 기후로 겪은 구체적인 경험** I live in Busan, which is on the southern coast of the Korean Peninsula. **A few years back,** a huge storm passed through our region. It destroyed numerous buildings, and quite a few people lost their lives to the floods. When the storm struck my city, my apartment building shook violently. It really scared me. Even though Busan is one of the biggest cities in Korea, **many people were without power for days** after the storm's passing.

③ **결과와 느낀 점** After a few weeks, the government managed to repair the worst of the damage. However, **the incident was unforgettable because** I **felt so powerless in the face of such a big storm. I realized that** even with modern technology, we are still at the mercy of nature.

① **이상 기후로 겪은 경험 소개** 저에게 기억에 남는 이상 기후의 한 예는 제가 대학생이었을 때 일어났던 태풍입니다. 그것은 제게 오랜 인상을 남긴 경험이었습니다.

② **이상 기후로 겪은 구체적인 경험** 저는 부산에 사는데, 그곳은 한반도의 남쪽 해안에 위치해 있습니다. 몇 년 전, 큰 태풍이 우리 지역을 통과해 지나갔습니다. 태풍은 많은 건물들을 파괴했고, 상당수의 사람들이 홍수에 목숨을 잃었습니다. 태풍이 우리 도시를 강타했을 때, 저희 아파트 건물은 격렬하게 흔들렸습니다. 저는 정말 겁이 났습니다. 부산이 한국에서 가장 큰 도시들 중 하나임에도 불구하고, 태풍이 통과한 후 많은 사람들이 수일 동안 전기 없이 살았습니다.

③ **결과와 느낀 점** 몇 주 후, 정부는 가장 심각한 피해를 가까스로 복구할 수 있었습니다. 하지만 이런 큰 폭풍에 직면하여 전 매우 무력감을 느꼈기 때문에 이 사건을 잊을 수 없습니다. 저는 우리가 현대 기술에도 불구하고 여전히 자연환경의 지배를 받고 있음을 깨달았습니다.

peninsula 반도 pass through ~을 통과해 지나가다, ~을 거쳐 가다 violently 격렬하게 powerless 무력한 at the mercy of ~의 지배를 받고 있는

*돌발 주제 <날씨·계절>에 대한 추가 답변 아이디어와 표현은 [주제별 답변 아이디어&표현 사전]의 p.66에서 학습할 수 있습니다.

도서관

<도서관>은 Background Survey에는 없지만 돌발 주제로 자주 등장하므로 미리 준비해 두어야 당황하지 않고 답변할 수 있다. 이 UNIT을 통해 <도서관> 빈출 문제 및 모범답변, 그리고 관련 표현을 학습하여 나만의 답변을 준비해 두자.

빈출 문제

도서관에서 겪은 경험 기억에 남는 경험 말하기	Tell me about a memorable experience you had in a library. When was it, and what happened? Why was it so memorable? 도서관에서 겪은 기억에 남는 경험에 대해 이야기해 주세요. 언제였고, 무슨 일이 있었나요? 그것이 왜 그렇게 기억에 남았나요?
자주 가는 도서관 대상 설명하기(2) – 장소	Describe the library you often go to. Where is it? What does it look like from the outside? What is the inside like? Provide as many details as possible. 당신이 자주 가는 도서관을 설명해 주세요. 어디에 있나요? 밖에서 보면 외관은 어떻게 생겼나요? 실내는 어떤가요? 되도록 상세히 설명해 주세요.
과거와 현재의 도서관 비교 두 가지 대상 비교하기	What did the library you visited in your childhood look like? Are there any differences between it and the library you go to these days? Explain in detail. 당신이 어렸을 때 방문했던 도서관은 어땠나요? 그 도서관과 요즘 당신이 가는 도서관에는 어떤 차이점들이 있나요? 상세히 설명해 주세요.

자주 나오는 3단 콤보
• 자주 가는 도서관 – 도서관에서 겪은 경험 – 과거와 현재의 도서관 비교

대표문제 | **도서관에서 겪은 경험** 기억에 남는 경험 말하기

Tell me about a memorable experience you had in a library. When was it, and what happened? Why was it so memorable?
도서관에서 겪은 기억에 남는 경험에 대해 이야기해 주세요. 언제였고, 무슨 일이 있었나요? 그것이 왜 그렇게 기억에 남았나요?

답변구조에 따라 말할 내용을 살펴보고, 아래 모범답변을 참고하여 나의 답변을 말해보자.

AL 달성! 답변구조 ⚙

① 도서관에서 겪은 경험 소개	● 도서관에서 무엇을 하고 있었는지
② 도서관에서 겪은 구체적인 경험	● 무슨 일이 있었는지, 나는 어떤 행동을 했는지
③ 결과와 느낀 점	● 왜 기억에 남는지

AL 달성! 모범답변 ✐

① 도서관에서 겪은 경험 소개 **The most memorable experience I have ever had in a library happened during** my senior year of university. I was studying for my finals, which were to start the next day.

② 도서관에서 겪은 구체적인 경험 It must have been around 8:30 or 9:00 on a Sunday night. Because it was right before finals, the university library was crammed with people. All of a sudden, the fire alarm went off and lights started flashing. An announcement came over the loudspeaker that we had to evacuate the building immediately. I rushed to gather up my belongings and followed everyone through the emergency exits. **In the end, we found out** it was a false alarm, and everyone was let back in the building.

③ 결과와 느낀 점 **The incident was unforgettable because** I was very upset and a little frightened. It was hard for me to concentrate after all that commotion. I heard later that it was just a prank a young kid had played.

골라 쓰는 답변 아이디어

→ • 도서관에서 무엇을 하고 있었는지
doing research for a paper
과제물을 위해 자료 조사를 하고 있는
returning an overdue book
연체된 책을 반납하고 있는

→ • 무슨 일이 있었는지
a noisy argument broke out
시끄러운 말다툼이 일어났다
I spilled coffee all over a student's shirt 한 학생의 셔츠에 온통 커피를 쏟았다

→ • 나는 어떤 행동을 했는지
tried to break it up 말리려고 해보았다
apologized profusely 거듭 사과했다

→ • 왜 기억에 남는지
those two students got into a fight 그 두 학생이 싸웠다
I felt like such an idiot
내가 바보같이 느껴졌다

① 도서관에서 겪은 경험 소개 도서관에서 겪은 가장 기억에 남는 경험은 대학교 4학년 때 일어났습니다. 저는 기말고사를 위해 공부를 하고 있었고, 기말고사는 그다음 날 시작될 예정이었습니다. ② 도서관에서 겪은 구체적인 경험 그때가 아마 일요일 밤 약 8시 30분이나 9시였을 겁니다. 기말고사 바로 전이었기 때문에 대학교 도서관은 사람들로 가득 차 있었습니다. 갑자기, 화재경보기가 울리고 불빛이 번쩍거리기 시작했습니다. 우리가 즉시 건물 밖으로 대피해야 한다는 안내방송이 스피커로 나왔습니다. 저는 제 소지품들을 서둘러 챙기고 비상구를 통해서 모두를 따라갔습니다. 나중에 저희는 그것이 허위 화재 신고였다는 것을 알게 되었고, 모두 건물 안으로 들여보내졌습니다. ③ 결과와 느낀 점 저는 매우 화가 났고 조금 놀랐기 때문에 이 사건이 기억에 잊히지 않았습니다. 저는 이 모든 소동 이후 집중하기가 힘들었습니다. 나중에 이것이 그저 한 어린 아이가 친 장난이었다고 들었습니다.

be crammed with ~으로 가득 찬   go off (경보기 등이) 울리다   come over (스피커 등에서) 소리가 나오다   evacuate 대피하다, 대피시키다
false alarm 허위 화재 신고   commotion 소동   prank 장난

나의 답변 🎤 | 먼저 나의 답변을 실제로 말해보자. 그 후, AL 달성! 답변구조와 AL 달성! 모범답변을 참고하여 나의 답변을 보완하자.

① 도서관에서 겪은 경험 소개

② 도서관에서 겪은 구체적인 경험

③ 결과와 느낀 점

01 자주 가는 도서관 대상 설명하기(2) – 장소

🎧 돌발 UNIT 08 Track 2

Q **Describe the library you often go to. Where is it? What does it look like from the outside? What is the inside like? Provide as many details as possible.** 당신이 자주 가는 도서관을 설명해 주세요. 어디에 있나요? 밖에서 보면 외관은 어떻게 생겼나요? 실내는 어떤가요? 되도록 상세히 설명해 주세요.

나의 답변 🎤 먼저 나의 답변을 실제로 말해보자. 그 후, 등급 UP! 핵심표현과 AL 달성! 모범답변을 참고하여 나의 답변을 보완하자.

등급 UP! **핵심표현** ⚡

① 자주 가는 도서관 소개	• ~에서 매우 가까운 거리에 있는 • 아직 대학교 도서관을 드나든다 • 전자도서관을 이용하기 시작했다	→ just a stone's throw away from ~ → still visit the university library → began to use the electronic library
② 자주 가는 도서관의 특징	• 나무와 꽃으로 둘러싸여 있는 • 넓은 주차장이 있다 • 최근에 리모델링된 • 큰 창과 아늑한 독서 공간이 있다 • 입구 밖에 있는 책 회수함	→ surrounded by trees and flowers → has a big parking area → recently renovated → has large windows and cozy reading areas → a book drop box just outside the entrance
③ 자주 가는 도서관에 대한 내 생각	• 몇 시간이고 시간 가는 줄을 모른다 • 무료한 시간을 보내기 훌륭한 장소 • 칸막이한 학습용 좌석이 더 있었으면 한다	→ lose myself for hours → a great place to kill time → wish it had more study booths

AL 달성! **모범답변** 🖊

① 자주 가는 도서관 소개 I live in an apartment complex that is **just a stone's throw away from** the National Library. That's the library I most often go to.

② 자주 가는 도서관의 특징 **The library is a four-story building** that is **surrounded by trees and flowers**. As a result, the whole area resembles a park. The building itself has big glass windows that provide a lot of natural light. Inside is everything you could ever ask for. **There are plenty of** study rooms, computer labs, and reading areas. To top it all off, there's even a huge cafeteria inside! **The best part of the library is** the fine arts section. There are dozens of shelves full of art books, and a sitting area that's not as busy as other parts of the library.

③ 자주 가는 도서관에 대한 내 생각 I can **lose myself for hours** browsing through the books there. **For me, the library is the perfect place to** escape.

① 자주 가는 도서관 소개 저는 국립 도서관에서 매우 가까운 거리에 있는 아파트 단지에 살고 있습니다. 그곳은 제가 가장 자주 가는 도서관입니다.

② 자주 가는 도서관의 특징 도서관은 4층 건물이며 나무와 꽃으로 둘러싸여 있습니다. 그 결과, 일대가 공원과 비슷합니다. 건물 자체는 자연광이 많이 들어오는 커다란 유리창들이 있습니다. 도서관 안에는 당신이 바랄만한 모든 것이 있습니다. 그곳에는 스터디룸, 컴퓨터실, 그리고 독서 공간이 넉넉히 있습니다. 이 모든 것에 더해, 안에 큰 카페테리아까지 있습니다! 도서관의 가장 큰 장점은 미술 섹션입니다. 수십 개의 책꽂이에 가득 차 있는 미술 서적들이 있고, 앉을 수 있는 공간도 도서관의 다른 곳들만큼 붐비지 않습니다.

③ 자주 가는 도서관에 대한 내 생각 저는 몇 시간이고 시간 가는 줄 모르고 거기에 있는 책을 훑어볼 수 있습니다. 저에게 있어 도서관은 현실을 벗어나는 데 딱 맞는 장소입니다.

surround 둘러싸다 **resemble** 비슷하다, 닮다 **fine arts** 미술 **browse through** ~을 훑어보다

02 과거와 현재의 도서관 비교 두 가지 대상 비교하기

Q **What did the library you visited in your childhood look like? Are there any differences between it and the library you go to these days? Explain in detail.** 당신이 어렸을 때 방문했던 도서관은 어땠나요? 그 도서관과 요즘 당신이 가는 도서관에는 어떤 차이점들이 있나요? 상세히 설명해 주세요.

나의 답변 🎤 먼저 나의 답변을 실제로 말해보자. 그 후, 등급 UP! 핵심표현과 AL 달성! 모범답변을 참고하여 나의 답변을 보완하자.

등급 UP! 핵심표현 ⚡

① 비교 대상 소개	· 내가 자랐던 곳의 도서관 · 전혀 다른 것들을 비교하는 것과 같다 · 지역에 도서관이 단 하나밖에 없었다	→ the library where I grew up → is like comparing apples and oranges → there was but one library in the region
② 과거 도서관의 특징	· 약간 낡은 · 나를 항상 주시했던 사서 · 공부하기에 최상의 장소는 아닌	→ a little run-down → a librarian who always kept an eye on me → not the best place to study
③ 현재 도서관의 특징	· 다양한 잡지 코너 · 매우 다양한 읽을거리를 제공한다 · 전산화된 시스템이 있다 · 스마트폰으로 도서 예약을 할 수 있다	→ a diverse selection of magazines → provide a wide variety of reading materials → has a computerized system → can reserve books with smartphones

AL 달성! 모범답변 🎯

① 비교 대상 소개 I'd like to compare **the library where I grew up** and the library where I live now. I spent my childhood in the middle of nowhere, but now I'm living in a big city.

② 과거 도서관의 특징 **The library I used to visit as a child** was a **little run-down,** and it didn't have any computers. **If my memory serves me right**, there were maybe less than a thousand books. I had finished off almost all the books in the children's section there by the time my family moved out of town.

③ 현재 도서관의 특징 As you might imagine, the library from my childhood and the one I visit now have hardly anything in common. **The library I go to these days is** much bigger, and it has far more books. It also has a large computer lab. I have my own laptop, so I don't use it, but lots of elderly people do. In addition, there is **a diverse selection of magazines**. I enjoy flipping through these every time I go there.

the middle of nowhere 인적이 드문   flip through 훑어보다, 휙휙 넘기다

① 비교 대상 소개 저는 제가 자랐던 곳의 도서관과 현재 살고 있는 곳의 도서관을 비교하고자 합니다. 저는 어린 시절을 인적이 드문 곳에서 보냈지만, 지금은 대도시에서 살고 있습니다.

② 과거 도서관의 특징 제가 어릴 때 방문했던 도서관은 약간 낡았고, 컴퓨터가 한 대도 없었습니다. 제 기억이 맞다면, 그곳에는 아마 책이 천 권도 없었던 것 같습니다. 저희 가족이 그 동네를 떠나 이사 갈 무렵 저는 그곳 어린이 섹션에 있는 거의 모든 책을 다 읽었습니다.

③ 현재 도서관의 특징 상상하실 수 있다시피, 어릴 적 도서관과 제가 지금 방문하는 도서관은 비슷한 점이 거의 없습니다. 요즘 제가 가는 도서관이 훨씬 더 크고, 훨씬 더 많은 책을 보유하고 있습니다. 또한, 넓은 컴퓨터실도 있습니다. 저는 제 노트북이 있어서 그곳을 이용하지는 않지만 많은 어르신들은 사용하십니다. 게다가, 다양한 잡지 코너도 있습니다. 저는 그곳에 갈 때마다 이 잡지들을 훑어보는 것을 좋아합니다.

*돌발 주제 <도서관>에 대한 추가 답변 아이디어와 표현은 [주제별 답변 아이디어&표현 사전]의 p.68에서 학습할 수 있습니다.

UNIT 09 산업

음성 바로 듣기

<산업>은 Background Survey에는 없지만 돌발 주제로 자주 등장하므로 미리 준비해 두어야 당황하지 않고 답변할 수 있다. 이 UNIT을 통해 <산업> 빈출 문제 및 모범답변, 그리고 관련 표현을 학습하여 나만의 답변을 준비해 두자.

빈출 문제

우리나라의 산업 또는 회사 대상 설명하기(3) – 사물	Tell me about one of the major industries or companies in your nation. How has this industry or company achieved such a high level of success? 당신 나라의 주요 산업이나 회사들 중 하나에 대해 이야기해 주세요. 이 산업 또는 회사가 어떻게 그렇게 높은 수준의 성공을 달성할 수 있었나요?
과거와 현재의 산업 또는 회사 비교 두 가지 대상 비교하기	Describe an industry or company in your country that has undergone significant change. What is its current state? Describe some of the changes that have occurred. Provide specific examples of how that industry or company has developed. 당신의 나라에서 상당한 변화를 겪은 산업이나 회사에 대해 설명해 주세요. 현재 상황은 어떤가요? 일어났던 몇몇 변화에 대해 설명해 주세요. 그 산업 또는 회사가 어떻게 발전했는지에 대해 구체적인 예를 들어주세요.
우리나라 산업 또는 회사의 영향 이슈 설명하고 나의 의견 말하기	What kind of impact does the industry or company you described earlier have on society? What are some of its positive contributions? Provide as many details as possible. 당신이 앞서 설명한 산업 또는 회사가 사회에 어떤 종류의 영향을 미칩니까? 그것의 긍정적인 공헌은 어떤 것들인가요? 되도록 상세히 설명해 주세요.

> **자주 나오는 3단 콤보**
> • 우리나라의 산업 또는 회사 – 과거와 현재의 산업 또는 회사 비교 – 우리나라 산업 또는 회사의 영향

우리나라의 산업 또는 회사
대상 설명하기(3) – 사물

🎧 돌발 UNIT 09 Track 1

Tell me about one of the major industries or companies in your nation. How has this industry or company achieved such a high level of success?

당신 나라의 주요 산업이나 회사들 중 하나에 대해 이야기해 주세요. 이 산업 또는 회사가 어떻게 그렇게 높은 수준의 성공을 달성할 수 있었나요?

답변구조에 따라 말할 내용을 살펴보고, 아래 모범답변을 참고하여 나의 답변을 말해보자.

AL 달성! 답변구조 ⚙

① 우리나라 산업 소개	● 우리나라의 주요 산업이 무엇인지
② 우리나라 산업의 특징	● 그 산업의 특징이 무엇인지, 어떻게 성공했는지
③ 그 산업에 대한 내 생각	● 그 산업의 전망이 어떤지

AL 달성! 모범답변 🎯

① **우리나라 산업 소개** It is clear to me that the electronics industry is extremely important in my country. These days, Korean electronics are successful both at home and internationally.

② **우리나라 산업의 특징** Currently, the Korean electronics industry is breaking sales records all over the world. As a result, companies in this country are enjoying a lot of financial success and are a major source of employment for Korean people. The reason why Korean electronics are so popular is that our brands are associated with quality and innovation. People who buy smartphones, TVs, and more look to Korea for the latest trends and technological innovations. Products from this country always meet the needs of consumers and include unique new features that people love to use.

③ **그 산업에 대한 내 생각** As far as I can tell, the electronics industry in Korea will continue to thrive. Even though the business world of the future will be much different than that of today, I am confident that Korean companies will enjoy further success.

골라 쓰는 답변 아이디어

→ ● 우리나라의 주요 산업이 무엇인지
fashion industry 패션 산업
cosmetics industry 화장품 산업
telecommunications industry 통신 산업

→ ● 그 산업의 특징이 무엇인지
is known for being ahead of the pack 집단의 선두 주자로 알려져 있다
is more popular than ever before 그 어떤 때보다 더 인기가 많다

→ ● 어떻게 성공했는지
offer quality products at very competitive prices 양질의 제품을 매우 경쟁력 있는 가격으로 제공한다
design their devices to have a global appeal 세계적인 호응을 받게 제품들을 디자인한다

→ ● 그 산업의 전망이 어떤지
will likely gain ground internationally 국제적으로 더 성공할 것으로 보인다
will remain the same for the most part 대체로 똑같이 유지될 것이다

① **우리나라 산업 소개** 제가 볼 때 우리나라에서 전자제품 산업이 매우 중요하다는 것은 명백합니다. 요즘 한국 전자제품들은 국내에서, 그리고 국제적으로도 모두 성공적입니다. ② **우리나라 산업의 특징** 현재, 한국 전자제품 산업은 전 세계에서 판매 기록을 깨고 있습니다. 그 결과, 이 나라의 회사들은 재정적인 성공을 많이 누리고 있고 그 회사들은 한국 사람들 취업의 주요 원천입니다. 한국 전자제품이 그렇게 인기 있는 이유는 우리 브랜드들이 품질과 혁신과 연관 있기 때문입니다. 스마트폰, TV, 그 밖의 것들을 구입하는 사람들은 한국에 최신 트렌드와 기술적 혁신을 기대합니다. 이 나라의 제품들은 항상 소비자들의 욕구를 충족시키고 사람들이 애용하는 특이한 새 특징들을 포함합니다. ③ **그 산업에 대한 내 생각** 제가 말할 수 있는 건, 한국의 전자제품 산업은 계속해서 번창할 것이라는 점입니다. 미래의 사업 세계는 오늘날의 사업과 매우 다를 것이라 하더라도, 저는 한국 회사들이 더 큰 성공을 누릴 것이라고 확신합니다.

internationally 국제적으로 **be associated with** ~과 연관 있다 **innovation** 혁신 **meet** 충족시키다 **feature** 특징 **thrive** 번창하다

나의 답변 먼저 나의 답변을 실제로 말해보자. 그 후, AL 달성! 답변구조와 AL 달성! 모범답변을 참고하여 나의 답변을 보완하자.

① 우리나라 산업 소개

② 우리나라 산업의 특징

③ 그 산업에 대한 내 생각

01 과거와 현재의 산업 또는 회사 비교 두 가지 대상 비교하기

🎧 돌발 UNIT 09 Track 2

Q **Describe an industry or company in your country that has undergone significant change. What is its current state? Describe some of the changes that have occurred. Provide specific examples of how that industry or company has developed.** 당신의 나라에서 상당한 변화를 겪은 산업이나 회사에 대해 설명해 주세요. 현재 상황은 어떤가요? 일어났던 몇몇 변화에 대해 설명해주세요. 그 산업 또는 회사가 어떻게 발전했는지에 대해 구체적인 예를 들어주세요.

나의 답변 🎙 먼저 나의 답변을 실제로 말해보자. 그 후, 등급 UP! 핵심표현과 AL 달성! 모범답변을 참고하여 나의 답변을 보완하자.

등급 UP! 핵심표현 ⚡

① 비교 대상 소개	· 상당히 성장했다	→ has grown significantly
	· 몹시 빠르게 확장했다	→ has expanded remarkably quickly
	· 상황이 눈 깜짝할 사이에 바뀌었다	→ things changed in the blink of an eye
② 과거 산업의 특징	· 주로 국내 여행객들에게 집중되었다	→ was mostly focused on domestic travelers
	· 연예인 광고를 강조했다	→ placed an emphasis on celebrity endorsements
	· 대체로 저렴한 제품들을 생산했다	→ produced mostly low-end products
③ 현재 산업의 특징	· 모든 사람들의 기대를 뛰어넘었다	→ surpassed everyone's expectations
	· 젊은 디자이너들에게 혁신을 담당시킨다	→ put young designers in charge of innovation
	· 국제적으로 마케팅하는 걸로 전환했다	→ shifted to marketing internationally

AL 달성! 모범답변 🎯

① 비교 대상 소개 The tourism industry in Korea **has grown significantly** over the past several decades.

② 과거 산업의 특징 **In the past**, this industry **was mostly focused on domestic travelers**. We had many luxurious hotels, but they were used almost exclusively by Korean people taking short vacations close to home. Our attractions were not advertised abroad, so only a few foreign visitors came here, and they were mostly from nearby countries like Japan and China.

③ 현재 산업의 특징 **These days**, **on the other hand**, the number of international visitors coming to Korea has skyrocketed. Much of this growth can be attributed to the increased popularity of Korean brand names, music, and movies in countries all around the globe. Moreover, the Korean government has finally begun promoting both our exciting cities and our natural beauty using innovative and unique marketing campaigns. Overall, I would say that the Korean tourism industry has **surpassed everyone's expectations**.

① 비교 대상 소개 한국의 관광 산업은 지난 몇십 년 동안 상당히 성장했습니다.

② 과거 산업의 특징 과거에 이 산업은 주로 국내 여행객들에게 집중되어 있었습니다. 많은 고급 호텔들이 있었지만, 집에서 가까운 곳에서 짧은 휴가를 보내는 한국 사람들에 의해 거의 독점적으로 이용되었습니다. 우리의 명소들은 해외로 광고되지 않았기 때문에 소수의 외국인 방문자들만 이곳에 왔고, 그들은 대부분 일본과 중국처럼 근처에 있는 나라에서 왔습니다.

③ 현재 산업의 특징 반면에, 오늘날에는 한국을 방문하는 국제 방문객들의 수가 치솟았습니다. 이런 성장의 많은 부분이 전 세계 곳곳의 나라에서 한국 브랜드명, 음악, 영화의 높아진 인기 덕분으로 여겨집니다. 게다가 한국 정부는 마침내 혁신적이고 독특한 마케팅 캠페인을 이용하여 우리의 흥미진진한 도시와 우리의 자연미를 홍보하기 시작했습니다. 종합적으로, 저는 한국의 관광 산업이 모든 사람들의 기대를 뛰어넘었다고 말하고 싶습니다.

exclusively 독점적으로 **attraction** 명소 **skyrocket** 치솟다 **be attributed to** ~ 덕분으로 여겨지다 **surpass** 뛰어넘다

Q **What kind of impact does the industry or company you described earlier have on society? What are some of its positive contributions? Provide as many details as possible.** 당신이 앞서 설명한 산업 또는 회사가 사회에 어떤 종류의 영향을 미칩니까? 그것의 긍정적인 공헌은 어떤 것들인가요? 되도록 상세히 설명해 주세요.

나의 답변 🎤 | 먼저 나의 답변을 실제로 말해보자. 그 후, 등급 UP! 핵심표현과 AL 달성! 모범답변을 참고하여 나의 답변을 보완하자.

등급 UP! 핵심표현 ⚡

① 이슈 소개	· 여러 가지 방법으로 우리 삶을 개선했다	→ improved our lives in a variety of ways
	· 산업의 상황을 대대적으로 개혁했다	→ shook things up in the industry
	· 우리의 소통에 큰 변화를 일으켰다	→ made a big difference in our interactions
	· 쇼핑에 대해 생각하는 방식을 바꿨다	→ changed the way we think about shopping
② 다양한 영향	· 전자 상거래의 발전에 박차를 가함	→ spurring the development of online commerce
	· 삶의 질에 놀라운 일을 일으켰다	→ did wonders for our quality of life
	· 낭비되는 시간을 줄이도록 도와준다	→ helps to cut down on wasted time
③ 나의 의견	· 명백히 가장 영향력 있는 산업이다	→ is hands down the most influential industry
	· 이런 변화에 대해 만감이 교차한다	→ have mixed feelings about these changes
	· 이 산업을 고맙게 여기다	→ am very grateful for this industry

AL 달성! 모범답변 🎯

① **이슈 소개** **Without a doubt**, the electronics industry has had a profound impact on Korean society. Its innovative products have **improved our lives in a variety of ways**.

② **다양한 영향** The smartphones developed by Korean companies are now a fact of life for most people here. In fact, statistics show that around 96 percent of Koreans now own a smartphone. This percentage is expected to grow even higher in the years to come! In some countries this kind of technology is popular mostly with young people, but in Korea even senior citizens are comfortable using smartphones. I truly believe that this has positively affected our economy by increasing our efficiency and **spurring the development of online commerce**. Not only that, but by making it easier to communicate with our loved ones, this technology has improved our overall quality of life.

③ **나의 의견** **In my opinion**, the electronics industry **is hands down the most influential industry** in my country.

① **이슈 소개** 의심할 여지 없이, 전자제품 산업은 한국 사회에 엄청난 영향을 미쳤습니다. 그 산업의 혁신적인 제품들은 여러 가지 방법으로 우리 삶을 개선했습니다.

② **다양한 영향** 한국 기업들이 개발한 스마트폰은 이제 이곳 사람들 대부분에게 삶의 일부입니다. 사실, 통계는 약 96퍼센트의 한국 사람들이 현재 스마트폰을 소유하고 있다는 것을 보여줍니다. 이 비율은 앞으로 훨씬 더 높아질 것으로 예상됩니다! 어떤 나라에서는 이런 종류의 기술이 주로 젊은 사람들 사이에서 인기가 있지만, 한국에서는 노령층조차도 스마트폰을 사용하는 것을 편안해합니다. 저는 이것이 우리의 효율성을 높이고 전자 상거래의 발전에 박차를 가함으로써 우리 경제에 긍정적으로 영향을 끼쳤다고 진심으로 생각합니다. 그뿐만 아니라, 우리가 사랑하는 사람들과 연락하는 것을 더 쉽게 만들어 줌으로써 이 기술은 우리 삶의 전반적인 질을 개선하였습니다.

③ **나의 의견** 제 생각에, 전자제품 산업은 명백히 우리나라에서 가장 영향력 있는 산업인 것 같습니다.

profound 엄청난 a fact of life 삶의 일부, 현실 statistics 통계 senior citizen 노령층, 어르신 spur 박차를 가하다, 격려하다
hands down 명백히

*돌발 주제 <산업>에 대한 추가 답변 아이디어와 표현은 [주제별 답변 아이디어&표현 사전]의 p.70에서 학습할 수 있습니다.

가구 · 가전

음성 바로 듣기

<가구·가전>은 Background Survey에는 없지만 돌발 주제로 자주 등장하므로 미리 준비해 두어야 당황하지 않고 답변할 수 있다. 이 UNIT을 통해 <가구·가전> 빈출 문제 및 모범답변, 그리고 관련 표현을 학습하여 나만의 답변을 준비해 두자.

빈출 문제

좋아하는 가구
대상 설명하기(3) – 사물

What is your favorite piece of furniture in the house? How do you use it? What makes it special? Give me as many details as possible.

당신이 집에서 가장 좋아하는 가구는 무엇인가요? 그것을 어떻게 사용하나요? 무엇이 그 가구를 특별하게 만드나요? 되도록 상세히 설명해 주세요.

과거와 현재의 가구 비교
두 가지 대상 비교하기

The furniture in people's homes has changed over the years. Is the furniture in your current house different from the furniture you had when you were young? Provide as many details as possible.

사람들의 집에 있는 가구들은 지난 수년간 변화했습니다. 당신의 현재 집에 있는 가구가 당신이 어렸을 때 있던 가구와 다른가요? 그것에 대해 상세히 이야기해 주세요.

빌린 가전제품이 고장 나 겪은 문제
문제 해결 경험 말하기

Can you remember a time when you borrowed an electronic appliance that became damaged or broken? What was the problem, and how did it happen? How did you solve it?

당신이 빌려온 가전제품이 손상되거나 고장 났던 때를 기억할 수 있나요? 문제가 무엇이었고, 어떻게 그 일이 일어났나요? 당신은 그것을 어떻게 해결했나요?

자주 나오는 3단 콤보
• 좋아하는 가구 – 과거와 현재의 가구 비교 – 빌린 가전제품이 고장 나 겪은 문제

| 대표문제 | 좋아하는 가구 | 대상 설명하기(3) – 사물 | 🎧 돌발 UNIT 10 Track 1 |

What is your favorite piece of furniture in the house? How do you use it? What makes it special? Give me as many details as possible.

당신이 집에서 가장 좋아하는 가구는 무엇인가요? 그것을 어떻게 사용하나요? 무엇이 그 가구를 특별하게 만드나요? 되도록 상세히 설명해 주세요.

답변구조에 따라 말할 내용을 살펴보고, 아래 모범답변을 참고하여 나의 답변을 말해보자.

AL 달성! 답변구조 ⚙️

① 좋아하는 가구 소개	●─ 좋아하는 가구가 무엇인지
② 좋아하는 가구의 특징	●─ 가구가 무엇으로 만들어져 있는지, 특별한 기능이 있는지, 좋은 점이 무엇인지
③ 좋아하는 가구에 대한 내 생각	●─ 왜 기억에 남는지

AL 달성! 모범답변 ✒️

① 좋아하는 가구 소개 **When it comes to the furniture in my house, my favorite is** the armchair in the living room. **I primarily use it when** I want to relax and watch TV. Plopping down on it after a hard day at work is a great feeling.

② 좋아하는 가구의 특징 My armchair is covered in a soft, grey fabric. With plush cushions, it's comfortable enough to fall asleep in. **The thing I like the most is that** it features an extendable leg rest. It makes it really easy to kick back and relax. I should probably mention that my armchair isn't in the best shape, though. It's got a bunch of scratches, thanks to my cat, and one of the armrests doesn't adjust quite as smoothly as it once did.

③ 좋아하는 가구에 대한 내 생각 I guess I'll have to replace my armchair eventually, but I think I'll hold on to it for a while longer. I've searched for new armchairs, but the comfort my broken armchair provides me remains unmatched.

골라 쓰는 답변 아이디어

→ • 좋아하는 가구가 무엇인지
comfortable bed 편안한 침대
table in the kitchen 부엌에 있는 식탁

→ • 가구가 무엇으로 만들어져 있는지
is made of wood-like plastic
목재 같은 느낌을 주는 플라스틱으로 만들어졌다
has a leather covering
가죽 커버로 되어있다

→ • 특별한 기능이 있는지
has many convenient drawers
편리한 서랍이 많이 있다
has wheels on the bottom
바닥에 바퀴가 달렸다
doubles as a bed
침대로도 쓸수도 있다

→ • 좋은 점이 무엇인지
organize my files 파일을 정리하다
reposition the couch whenever
I want 소파의 위치를 언제든지 바꾼다

① 좋아하는 가구 소개 저희 집에 있는 가구 중에서는 제가 가장 좋아하는 것은 거실에 있는 안락의자입니다. 저는 그것을 주로 휴식을 취하고 TV를 보고 싶을 때 사용합니다. 직장에서 힘든 하루를 보낸 후 안락의자에 털썩 앉으면 기분이 매우 좋습니다. ② 좋아하는 가구의 특징 제 안락의자는 부드러운 회색 천으로 씌워져 있습니다. 안락한 쿠션이 있어서 그 위에서 잠을 수 있을 정도로 편안합니다. 제가 가장 좋아하는 점은 안락의자가 길이를 늘일 수 있는 발 받침대를 특별히 포함한다는 것입니다. 그것은 휴식을 취하고 느긋이 쉬는 것을 정말 쉽게 해 줍니다. 하지만 제 안락의자가 좋은 상태가 아니라는 것을 말씀드려야 할 것 같습니다. 제 고양이 때문에 긁힌 자국이 많이 있고, 팔걸이도 이전만큼 꽤 부드럽게 잘 조절되지 않습니다. ③ 좋아하는 가구에 대한 내 생각 제 안락의자를 언젠가는 교체해야 할 것 같지만, 좀 더 오랫동안 계속 가지고 있을 것 같습니다. 새로운 안락의자를 찾아보았지만, 저의 망가진 안락의자가 주는 편안함은 어떤 것도 따라올 수가 없습니다.

armchair 안락의자 plop down 털썩 앉다 plush 안락한, 편한 extendable (길이를) 늘일 수 있는, 연장할 수 있는 leg rest 발 받침대
kick back 휴식을 취하다 scratch 긁힌 자국 hold on to 계속 가지고 있다, 고수하다

🎤 나의 답변 | 먼저 나의 답변을 실제로 말해보자. 그 후, AL 달성! 답변구조와 AL 달성! 모범답변을 참고하여 나의 답변을 보완하자.

① 좋아하는 가구 소개

② 좋아하는 가구의 특징

③ 좋아하는 가구에 대한 내 생각

01 과거와 현재의 가구 비교 두 가지 대상 비교하기 🎧 돌발 UNIT 10 Track 2

Q **The furniture in people's homes has changed over the years. Is the furniture in your current house different from the furniture you had when you were young? Provide as many details as possible.** 사람들의 집에 있는 가구들은 지난 수년간 변화했습니다. 당신의 현재 집에 있는 가구가 당신이 어렸을 때 있던 가구와 다른가요? 그것에 대해 상세히 이야기해 주세요.

나의 답변 🎙 먼저 나의 답변을 실제로 말해보자. 그 후, 등급 UP! 핵심표현과 AL 달성! 모범답변을 참고하여 나의 답변을 보완하자.

등급 UP! 핵심표현 ⚡

① 비교 대상 소개	· 많은 변화가 있었다	→ have seen a lot of changes
	· 가구에 대한 취향은 많이 변했다	→ taste in furniture has changed a lot
	· 집에 딸려 왔다	→ came with the house
	· 독립해 나왔을 때 완전 새 가구를 샀다	→ got brand new furniture when I moved out
② 과거 가구의 특징	· 공간을 확보하려고 식탁을 치워두었다	→ stored the table to free up space
	· 매우 구식이었다	→ was very old-fashioned
	· 큰 장롱이 있었다	→ used to have a big wardrobe
	· 침대를 옮기려면 사람이 몇 명 필요했다	→ took several people to move the bed
③ 현재 가구의 특징	· 자리를 더 많이 차지한다	→ takes up more space
	· 우리 방에는 붙박이 옷장이 있다	→ have built-in closets in our rooms
	· 다양한 색상으로 나온다	→ comes in many colors
	· 상대적으로 봤을 때 깃털처럼 가볍다	→ is feather light in comparison

AL 달성! 모범답변 ✏

① 비교 대상 소개 Furniture styles **have seen a lot of changes** in the last 20 years. As a result, **there are differences between** the furniture my family has now **and** what we had during my childhood.

② 과거 가구의 특징 **Let's start with** the kitchen table. **When I was young**, we used one with really short, foldable legs. This was because we all sat cross-legged on the floor while we ate a meal. When we were done eating, we **stored the table to free up space** in our home. In addition, no one slept on a bed. Instead, we slept on thick blankets that lay directly on the floor. In the mornings, the blankets were folded up and put away.

③ 현재 가구의 특징 **These days**, we have a wooden, Western-style kitchen table. It **takes up more space**, but it is much more comfortable. Additionally, everyone has their own bed now. **All in all, I prefer** our furniture now **over** what we had when I was a kid.

① 비교 대상 소개 지난 20년 동안, 가구 스타일에는 많은 변화가 있었습니다. 그 결과 저희 가족이 지금 가지고 있는 가구와 제가 어렸을 때 가지고 있던 것에는 차이점이 있습니다.

② 과거 가구의 특징 식탁으로 시작하겠습니다. 제가 어렸을 때 저희는 아주 낮고 접을 수 있는 다리로 된 것을 사용했습니다. 이것은 저희가 식사를 할 때 모두 바닥에 양반다리를 하고 앉았기 때문이었습니다. 저희는 식사를 마치면 집안에 공간을 확보하려고 식탁을 치워두었습니다. 이 밖에도, 아무도 침대에서 잠을 자지 않았습니다. 대신에 저희는 바닥에 바로 두꺼운 이불을 깔고 그 위에서 잤습니다. 아침에는 이불을 개서 치웠습니다.

③ 현재 가구의 특징 지금은, 저희는 나무로 된 서양식 식탁이 있습니다. 이것은 자리를 더 많이 차지하지만, 훨씬 더 편합니다. 게다가 모두가 이제 각자의 침대가 있습니다. 대체로 저는 제가 어렸을 때 갖고 있던 가구보다 지금 있는 가구가 더 좋습니다.

foldable 접을 수 있는 cross-legged 양반다리를 하고 put away 치우다, 집어넣다 Western-style 서양식 take up 차지하다, 쓰다

02 빌린 가전제품이 고장 나 겪은 문제 문제 해결 경험 말하기

🎧 돌발 UNIT 10 Track 3

Q **Can you remember a time when you borrowed an electronic appliance that became damaged or broken? What was the problem, and how did it happen? How did you solve it?** 당신이 빌려온 가전제품이 손상되거나 고장 났던 때를 기억할 수 있나요? 문제가 무엇이었고, 어떻게 그 일이 일어났나요? 당신은 그것을 어떻게 해결했나요?

나의 답변 🎤   먼저 나의 답변을 실제로 말해보자. 그 후, 등급 UP! 핵심표현과 AL 달성! 모범답변을 참고하여 나의 답변을 보완하자.

등급 UP! 핵심표현 ⚡

① 빌린 가전제품에 생긴 문제점과 원인	· 노트북 전원이 켜지지 않았다	→ the laptop wouldn't turn on
	· 내 친구 카메라가 벽돌이 되었다	→ my friend's camera was bricked
	· 액정을 깨뜨렸다	→ cracked the screen
	· 여기저기 긁히고 흠집이 났다	→ got all scratched up
② 해결 방법	· 배터리를 꺼내서 다시 끼워 넣었다	→ took the battery out and put it back in
	· 기기를 초기 세팅으로 돌려놓아야 했다	→ had to hard reset the device
	· 문제를 해결하려고 노력했다	→ tried to troubleshoot the problem
	· 서비스센터에 전화를 걸었다	→ called up the service center
③ 결과와 배운 점	· 다른 사람의 물건을 조심스럽게 다루는	→ careful with the belongings of others
	· 컴퓨터를 재부팅 하는 것이 효과가 있었다	→ rebooting the computer did the trick
	· 내 실수에 대한 대가를 치러야 했다	→ had to pay the price for my mistake

AL 달성! 모범답변 🎯

① 빌린 가전제품에 생긴 문제점과 원인 **I had an experience like this** just a few months **ago.** My computer was not working, so I borrowed my older brother's laptop to work on a presentation. **The problem was that** I dropped it while packing my bag, and after that **it wouldn't turn on.**

② 해결 방법 I was really worried that my brother would be angry with me, so **I tried everything I could think of to** get it to work. I **took the battery out and put it back in**, and when that didn't have any effect, I tried using a different power cord. It was no use, as the computer still wouldn't start. I ended up taking it to a service center.

③ 결과와 배운 점 The technician examined the laptop carefully and then fiddled around with one of its parts. Sure enough, it started up like normal. I could breathe again because I wouldn't have to tell my brother I had broken his laptop. **From this incident I learned to** be much more **careful with the belongings of others**.

① 빌린 가전제품에 생긴 문제점과 원인 저는 바로 몇 달 전에 이와 같은 경험을 했습니다. 제 컴퓨터가 작동하지 않았기 때문에, 발표를 준비하기 위해 제 형의 노트북을 빌렸습니다. 문제는 제가 가방을 싸면서 노트북을 떨어뜨렸고, 그 후에 전원이 켜지지 않았다는 것이었습니다.

② 해결 방법 저는 형이 저에게 화를 낼까봐 정말 걱정되어서, 노트북이 작동하게 하기 위해 생각해 낼 수 있는 모든 방법을 다 시도해 보았습니다. 저는 배터리를 꺼내서 다시 끼워 넣었고, 그것이 아무 소용이 없자 다른 전선을 사용해 보기도 했습니다. 컴퓨터는 여전히 켜지지 않았고, 별 소용이 없었습니다. 저는 결국 노트북을 서비스 센터로 가져가게 되었습니다.

③ 결과와 배운 점 수리기사는 노트북을 주의 깊게 점검한 후에 부품 중 하나를 손보았습니다. 아니나 다를까, 노트북은 정상으로 켜졌습니다. 저는 형에게 제가 노트북을 망가뜨렸다고 말할 필요가 없어졌기 때문에 한시름 놓을 수 있었습니다. 그 사건을 통해 저는 다른 사람의 물건을 훨씬 더 조심스럽게 다뤄야 함을 배웠습니다.

fiddle around with ~을 손보다, 만지작거리다   **sure enough** 아니나 다를까

*돌발 주제 <가구·가전>에 대한 추가 답변 아이디어와 표현은 [주제별 답변 아이디어&표현 사전]의 p.72에서 학습할 수 있습니다.

UNIT 11 약속

음성 바로 듣기

<약속>은 Background Survey에는 없지만 돌발 주제로 자주 등장하므로 미리 준비해 두어야 당황하지 않고 답변할 수 있다. 이 UNIT을 통해 <약속> 빈출 문제 및 모범답변, 그리고 관련 표현을 학습하여 나만의 답변을 준비해 두자.

↻ 빈출 문제

약속을 잡는 경향 습관/경향에 대해 말하기	People set up appointments for various reasons. What sort of appointments do you usually make, social or otherwise? Who do you usually meet with? Where do you usually meet them? Give me as many details as possible. 사람들은 여러 가지 이유로 약속을 잡습니다. 당신은 어떤 종류의 약속을 주로 잡나요, 사교적인 것인가요, 아니면 다른 것인가요? 주로 누구와 함께 만나나요? 어디서 주로 만나나요? 되도록 상세히 설명해 주세요.
기억에 남는 약속 기억에 남는 경험 말하기	Tell me about the most memorable appointment you have ever had. What kind of appointment was it? Who did you meet? What did you do? Did anything unexpected or interesting occur? Why was it so memorable? 지금까지 했던 약속 중 가장 기억에 남는 것에 대해서 이야기해 주세요. 어떤 종류의 약속이었나요? 누구를 만났나요? 무엇을 했나요? 예상하지 못했던 일이나 흥미로운 일이 있었나요? 그것이 왜 그렇게 기억에 남았나요?
약속 잡기 전 연락 과정 시간 순서대로 설명하기	When you want to meet up with someone, how do you get in touch with him or her? Do you make phone calls, send an e-mail, or do something else? How does the exchange usually go? Tell me about the process from beginning to end. 누군가와 만나고 싶을 때, 당신은 어떻게 상대에게 연락을 취하나요? 전화를 거나요, 이메일을 보내나요, 아니면 다른 방법을 쓰나요? 연락을 주고받는 것은 보통 어떻게 진행되나요? 그 과정을 처음부터 끝까지 이야기해 주세요.

자주 나오는!
3단 콤보
• 주로 약속을 잡는 장소 – 약속을 잡는 경향 – 기억에 남는 약속

대표문제 | 약속을 잡는 경향 습관/경향에 대해 말하기

People set up appointments for various reasons. What sort of appointments do you usually make, social or otherwise? Who do you usually meet with? Where do you usually meet them? Tell me about it in detail.

사람들은 여러 가지 이유로 약속을 잡습니다. 당신은 어떤 종류의 약속을 주로 잡나요, 사교적인 것인가요, 아니면 다른 것인가요? 주로 누구와 함께 만나나요? 어디서 주로 만나나요? 되도록 상세히 설명해 주세요.

답변구조에 따라 말할 내용을 살펴보고, 아래 모범답변을 참고하여 나의 답변을 말해보자.

AL 달성! 답변구조 ⚙️

① 약속을 잡는 경향 소개	● 주로 누구와 만나는지
② 약속을 잡는 구체적인 경향	● 얼마나 자주 약속을 잡는지, 만나면 무엇을 하는지
③ 약속을 잡는 경향에 대한 내 생각	● 약속 잡는 것을 좋아하는 이유

AL 달성! 모범답변 ✍️

① 약속을 잡는 경향 소개 When I make plans to meet others, it's either with my old university friends or with some colleagues from my last internship. Those are the people I socialize with most often.

② 약속을 잡는 구체적인 경향 I go out a couple of times a week. **My typical routine involves** going out on Friday and Saturday nights. If I'm meeting with people in the evening, **we usually start out at** a restaurant. There are quite a few good places to eat in my city, so we try to mix it up and give new places a try. We'll grab a bite, have a few drinks, and catch up with one another. **Afterward, we often** go out to a karaoke place or to a pool hall.

③ 약속을 잡는 경향에 대한 내 생각 **I like going out with old friends and colleagues because** these are the people I'm closest to at this point in time. And it's easy to get along with them because we spend so much time with each other.

골라 쓰는 답변 아이디어

→ • 주로 누구와 만나는지
a coworker 동료
friends I know from childhood
어린 시절부터 아는 친구들

→ • 얼마나 자주 약속을 잡는지
when I have the time
내가 시간이 있을 때
virtually every single day 거의 매일

→ • 만나면 무엇을 하는지
check out some clubs
몇몇 클럽에 가본다
hang out at a café
카페에서 시간을 보낸다
see what's playing at the movie theater
극장에서 무슨 영화를 상영하는지 본다

→ • 약속 잡는 것을 좋아하는 이유
they help me blow off steam
내가 스트레스를 풀게 도와준다
I just love to hang out with them
그들과 함께 시간을 보내는 것을 좋아한다

① 약속을 잡는 경향 소개 제가 다른 사람들을 만날 계획을 세운다면, 그것은 옛날 대학 친구들 아니면 마지막 인턴십에서 만난 몇몇 동료들과의 약속입니다. 이들은 제가 가장 자주 어울리는 사람들입니다. **② 약속을 잡는 구체적인 경향** 저는 한 주에 두어 번 정도 외출합니다. 저의 전형적인 일상은 금요일과 토요일 밤에 외출하는 것을 포함합니다. 제가 만약 저녁에 사람들을 만난다면, 저희는 보통 레스토랑에서 시작합니다. 제가 사는 도시에는 좋은 식당이 꽤 많아서 저희는 골고루 가려고 시도하고 새로운 곳들도 한번 가봅니다. 저희는 간단히 요기를 하고, 술도 몇 잔 마시고, 서로 못다 한 이야기를 하기도 합니다. 그 후에 종종 노래방이나 당구장에 가기도 합니다. **③ 약속을 잡는 경향에 대한 내 생각** 제가 오랜 친구들이나 동료들과 외출하는 것을 좋아하는 것은 이 사람들이 지금 제가 가장 가까운 사람들이기 때문입니다. 그리고 저희가 서로 매우 많은 시간을 보내기 때문에 그들과 함께 잘 지내는 것이 쉽습니다.

socialize with ~와 어울리다   start out 시작하다   give a try 한번 해 보다   grab a bite 간단히 먹다, 요기하다   pool hall 당구장

나의 답변 ✏️ 먼저 나의 답변을 실제로 말해보자. 그 후, AL 달성! 답변구조와 AL 달성! 모범답변을 참고하여 나의 답변을 보완하자.
① 약속을 잡는 경향 소개
② 약속을 잡는 구체적인 경향
③ 약속을 잡는 경향에 대한 내 생각

01 기억에 남는 약속 기억에 남는 경험 말하기

🎧 돌발 UNIT 11 Track 2

Q Tell me about the most memorable appointment you have ever had. What kind of appointment was it? Who did you meet? What did you do? Did anything unexpected or interesting occur? Why was it so memorable? 지금까지 했던 약속 중 가장 기억에 남는 것에 대해서 이야기해 주세요. 어떤 종류의 약속이었나요? 누구를 만났나요? 무엇을 했나요? 예상하지 못했던 일이나 흥미로운 일이 있었나요? 그것이 왜 그렇게 기억에 남았나요?

나의 답변 🎙 먼저 나의 답변을 실제로 말해보자. 그 후, 등급 UP! 핵심표현과 AL 달성! 모범답변을 참고하여 나의 답변을 보완하자.

등급 UP! 핵심표현 ⚡

① 기억에 남는 약속 경험 소개	· 점심 먹으러 형을 만났다 · 소개팅이 있었다 · 그 해 이맘때쯤	→I met my older brother for lunch →had a blind date →around this time of the year
② 기억에 남는 약속의 구체적인 경험	· 내 전화기의 배터리가 꺼졌다 · 제시간에 도착하기 위해 서둘러야 했다 · 시간에 딱 맞춰서 식당에 도착했다 · 데이트 상대를 찾아 방을 둘러봤다 · 커피를 마시며 몸을 녹이고 있었다 · 그는 약속 장소에 나타나지 않았다	→the battery on my phone had died →had to get a move on to be on time →made it to the restaurant just in time →scanned the room for my date →was warming up with some coffee →he was a no-show
③ 결과와 느낀 점	· 2분쯤 후에 뛰어 들어왔다 · 그와 이야기하는 것이 정말 즐거웠다	→came rushing in about two minutes later →had a blast talking to him

AL 달성! 모범답변 🎯

① **기억에 남는 약속 경험 소개** One example of an appointment that sticks out for me was when I met my older brother for lunch last month.

② **기억에 남는 약속의 구체적인 경험** He had just gotten promoted, and he wanted to take me out for a meal to celebrate. I didn't want to be late because it was a big deal for him. **The problem was that** a section of the expressway was being repaired, so traffic was very heavy. It took me much longer to get downtown by bus than expected. **What made it even worse was that** the battery on my phone had died, so I couldn't even phone him to let him know my situation. When I finally arrived at the restaurant, my brother wasn't anywhere to be seen.

③ **결과와 느낀 점** To my surprise, though, he **came rushing in about two minutes later**. **It turned out** he had had an unexpected meeting and was running late as well. **I felt** very relieved, and we both had a good laugh about the situation.

expressway 고속도로 **phone** 전화를 걸다 **relieved** 한시름 놓은, 안심한 **have a good laugh** 한바탕 웃다

① **기억에 남는 약속 경험 소개** 제 기억에 가장 두드러지는 약속 중 한 예는 제가 지난달 점심 먹으러 형을 만났던 때였습니다.

② **기억에 남는 약속의 구체적인 경험** 그는 막 승진하였고, 축하하기 위해 저에게 밥을 사주고 싶어 했습니다. 그것은 형에게 대단한 일이었기 때문에 전 늦고 싶지 않았습니다. 문제는 고속도로의 한 섹션이 복구되고 있었기 때문에 교통이 매우 정체된다는 것이었습니다. 버스로 도심까지 도착하는 데 예상했던 것보다 훨씬 더 오래 걸렸습니다. 설상가상으로 제 전화기의 배터리가 꺼져서 제 상황을 알리기 위해 형에게 전화를 걸 수조차 없었습니다. 제가 마침내 식당에 도착했을 때, 형은 어디에도 보이지 않았습니다.

③ **결과와 느낀 점** 하지만 놀랍게도 그는 2분쯤 후에 뛰어 들어왔습니다. 형은 예기치 않은 회의가 있었고 마찬가지로 늦었던 것이었습니다. 저는 정말 한시름 놓았고, 저희 둘은 이 상황에 대해 한바탕 웃었습니다.

Q **When you want to meet up with someone, how do you get in touch with him or her? Do you make phone calls, send an e-mail, or do something else? How does the exchange usually go? Tell me about the process from beginning to end.** 누군가와 만나고 싶을 때, 당신은 어떻게 상대에게 연락을 취하나요? 전화를 거나요, 이메일을 보내나요, 아니면 다른 방법을 쓰나요? 연락을 주고받는 것은 보통 어떻게 진행되나요? 그 과정을 처음부터 끝까지 이야기해 주세요.

나의 답변 🎤 먼저 나의 답변을 실제로 말해보자. 그 후, 등급 UP! 핵심표현과 AL 달성! 모범답변을 참고하여 나의 답변을 보완하자.

등급 UP! 핵심표현 ⚡

① 약속 잡기 전의 연락 과정 소개	· 모든 약속을 정하는 것은 내 몫이 된다	→falls to me to make all the arrangements
	· 내게 어쩌다 한 번씩 전화를 건다	→rings me up every once in a while
	· 정기적으로 메시지를 주고받는다	→exchange texts on a regular basis
② 연락 과정을 시간 순서대로 설명	· 단체 대화방에서 문자를 보내는 것	→texting in our group chat
	· 늦을 것 같으면 항상 전화하려고 노력한다	→always try to call if I'm running late
	· 모두가 오는 중인지 확인한다	→make sure everyone's on the way
	· 최후의 수단으로 전화한다	→call as a last resort
③ 연락 과정에 대한 내 생각	· 친구들과 연락하며 지내는 것이 좋은	→good to stay in touch with my friends
	· 아직 내 삶의 중요한 부분	→still a big part of my life
	· 내 사촌들에게 종종 연락한다	→check in with my cousins now and then
	· 가장 친한 친구들을 볼 수 있게 된다	→get to see my best friends

AL 달성! 모범답변 🎯

① 약속 잡기 전의 연락 과정 소개 Once a month, my friends and I meet, and it usually **falls to me to make all the arrangements**.

② 연락 과정을 시간 순서대로 설명 A typical meeting with my friends begins by texting in our group chat. We are all foodies, so we usually make plans to go to a trendy new restaurant for dinner. I suggest a few places, and **once that's settled**, we choose a date and time to get together. **I really enjoy going to restaurants with my friends because** we can catch up while we eat. On the day we're supposed to meet, I send everyone a reminder by text message. If one of my friends doesn't send a confirmation reply, I follow up with a phone call.

③ 연락 과정에 대한 내 생각 I have always found these occasions to be very enjoyable. It's **good to stay in touch with my friends**, and I like having the opportunity to treat myself with some good food.

① 약속 잡기 전의 연락 과정 소개 한 달에 한번 제 친구들과 제가 만나는데, 보통 모든 약속을 정하는 것은 제 몫이 됩니다.

② 연락 과정을 시간 순서대로 설명 친구들과의 일반적인 모임은 단체 대화방에서 문자를 보내는 것으로 시작됩니다. 저희는 모두 먹는 걸 좋아하는 사람들이기 때문에 주로 인기 많은 새로운 레스토랑에서 저녁을 먹을 계획을 세웁니다. 제가 몇몇 장소를 제안하고, 그것이 일단 결정되면 저희는 모일 날짜와 시간을 정합니다. 저는 친구들과 함께 레스토랑에 가는 것을 정말 좋아하는데 왜냐하면 먹는 동안 못다 한 이야기를 할 수 있기 때문입니다. 저희가 만나기로 한 날이면 저는 모두에게 잊지 않도록 상기시키는 문자 메시지를 보냅니다. 만약 친구 중에 한 명이 확인 답신을 안 보내면 저는 전화를 따로 합니다.

③ 연락 과정에 대한 내 생각 저는 언제나 이러한 기회들이 매우 즐겁다고 생각합니다. 친구들과 연락하면서 지내는 것이 좋고, 맛있는 음식을 먹을 수 있는 기회도 있어서 좋습니다.

---

foodie 먹는 걸 좋아하는 사람, 식도락가 **reminder** 상기시키는 것 **occasion** 기회, 경우

---

*돌발 주제 <약속>에 대한 추가 답변 아이디어와 표현은 [주제별 답변 아이디어&표현 사전]의 p.74에서 학습할 수 있습니다.

UNIT 12

은행

음성 바로 듣기

<은행>은 Background Survey에는 없지만 돌발 주제로 자주 등장하므로 미리 준비해 두어야 당황하지 않고 답변할 수 있다. 이 UNIT을 통해 <은행> 빈출 문제 및 모범답변, 그리고 관련 표현을 학습하여 나만의 답변을 준비해 두자.

🔄 빈출 문제

우리나라의 은행 대상 설명하기(2) – 장소	Describe the banks in your country. Where are they usually located, and what are they like? What hours are banks typically open there? Give me as many details as possible. 당신 나라의 은행에 대해 설명해 주세요. 어디에 주로 위치하고 있으며 어떤가요? 그곳의 은행들은 보통 영업시간이 몇 시인가요? 되도록 상세히 설명해 주세요.
과거와 현재의 은행 비교 두 가지 대상 비교하기	Have there been any changes to the banks in your country since you were a child? How were they in the past? How are they now? Please describe the changes in detail. 당신이 어렸을 때 이후로 당신 나라의 은행들에 변화가 있었나요? 과거에는 은행이 어땠나요? 지금은 어떤가요? 변화에 대해 상세히 설명해 주세요.
은행에서 겪은 문제 문제 해결 경험 말하기	Have you ever experienced any problems at a bank? For instance, sometimes ATMs malfunction. What sort of problem did you face, and how did you deal with it? 당신은 은행에서 문제를 경험한 적이 있었나요? 예를 들어, 가끔 ATM은 고장 납니다. 당신은 어떤 종류의 문제에 직면했고, 그것을 어떻게 처리했나요?

> **자주 나오는!**
> **3단 콤보**
>
> • 우리나라의 은행 – 과거와 현재의 은행 비교 – 은행에서 겪은 문제

Describe the banks in your country. Where are they usually located, and what are they like? What hours are banks typically open there? Give as many details as possible.

당신 나라의 은행에 대해 설명해 주세요. 어디에 주로 위치하고 있으며 어떤가요? 그곳의 은행들은 보통 영업시간이 몇 시인가요? 되도록 상세히 설명해 주세요.

답변구조에 따라 말할 내용을 살펴보고, 아래 모범답변을 참고하여 나의 답변을 말해보자.

AL 달성! 답변구조 ⚙️

① 우리나라의 은행 소개	● 주로 어디에 위치하고 있는지
② 우리나라 은행의 특징	● 은행에 어떤 것들이 있는지, 은행에 왜 가는지, 은행의 영업시간이 언제인지
③ 우리나라 은행에 대한 내 생각	● 우리나라 은행의 장단점

AL 달성! 모범답변 ✒️

① **우리나라의 은행 소개** In Korea, there are about half a dozen or so major banks to choose from, and these banks have many branches. In fact, a bank branch can be found on nearly every corner.

② **우리나라 은행의 특징** If you go inside a bank, you'll see a customer lobby and several windows with tellers who can help you attend to your business. There's also an area for people who want to speak with a banker to take out a loan. What's more, outside each bank branch, there are usually several ATMs for people who need to perform quick transactions. Banks are typically open from 9 a.m. until around 4 p.m., and ATMs are usually available around the clock.

③ **우리나라 은행에 대한 내 생각** In my opinion, banks in Korea are really convenient and provide great service. The employees are very knowledgeable and always ready to help you with a smile. And for those in a hurry, ATMs **allow you to** take care of basic transactions without having to wait in line.

골라 쓰는 답변 아이디어

→ • 주로 어디에 위치하고 있는지
in every major shopping mall
모든 주요 쇼핑몰 내에
even in the remote countryside
벽지 시골에서도

→ • 은행에 어떤 것들이 있는지
a coin counting machine
동전 세는 기계
a machine for paying bills
공과금을 내는 기계
a coffee machine 커피 기계

→ • 은행에 왜 가는지
open a bank account
은행 계좌를 연다
exchange currency 환전한다

→ • 우리나라 은행의 장단점
are unmatched in customer service
고객 서비스에 있어서는 상대가 없다
ought to extend their business hours 영업시간을 연장해야 한다

① **우리나라의 은행 소개** 한국에는 선택 가능한 주요 은행이 약 6개 정도 있고, 이 은행들은 많은 지점을 가지고 있습니다. 사실 은행 지점은 거의 모든 모퉁이마다 찾아볼 수 있습니다. ② **우리나라 은행의 특징** 은행 안에 들어가면, 손님용 로비와 당신의 업무처리를 도와줄 수 있는 직원이 있는 몇몇 창구가 보입니다. 또한, 대출을 받기 위해 은행원과 상담하길 원하는 사람들을 위한 공간도 있습니다. 게다가 각 은행 지점 바깥에는 보통 신속한 거래를 처리해야 하는 사람들을 위해 여러 대의 ATM 기계가 있습니다. 은행은 보통 오전 9시부터 대략 오후 4시까지 문을 열고, ATM 기계는 대개 24시간 내내 이용 가능합니다. ③ **우리나라 은행에 대한 내 생각** 저는 한국의 은행이 정말 편리하고, 훌륭한 서비스를 제공한다고 생각합니다. 직원들은 정말 아는 것이 많고, 항상 웃으면서 도와줄 준비가 되어 있습니다. 그리고 바쁜 사람들을 위해 ATM이 있어 줄을 서서 기다릴 필요 없이 기본적인 거래를 처리할 수 있도록 해줍니다.

window 창구　**teller** (은행의) 직원　**attend to** (~을) 처리하다　**loan** 대출　**transaction** 거래　**around the clock** 24시간 내내　**take care of** ~을 처리하다

나의 답변 🎤 먼저 나의 답변을 실제로 말해보자. 그 후, AL 달성! 답변구조와 AL 달성! 모범답변을 참고하여 나의 답변을 보완하자.

① 우리나라의 은행 소개

② 우리나라 은행의 특징

③ 우리나라 은행에 대한 내 생각

01 과거와 현재의 은행 비교 두 가지 대상 비교하기

🎧 돌발 UNIT 12 Track 2

Q **Have there been any changes to the banks in your country since you were a child? How were they in the past? How are they now? Please describe the changes in detail.** 당신이 어렸을 때 이후로 당신 나라의 은행들에 변화가 있었나요? 과거에는 은행이 어땠나요? 지금은 어떤가요? 변화에 대해 상세히 설명해 주세요.

나의 답변 🎤 먼저 나의 답변을 실제로 말해보자. 그 후, 등급 UP! 핵심표현과 AL 달성! 모범답변을 참고하여 나의 답변을 보완하자.

등급 UP! 핵심표현 ⚡

① 비교 대상 소개	· 같은 역할을 한다	→ serve the same purpose
	· 그 이후 정말 크게 진보했다	→ have really come a long way since then
	· 작지만 중요한 면에서 변화했다	→ changed in a small but significant way
② 과거 은행의 특징	· 돈을 인출하기 위해 창구직원과 말한다	→ speak to a teller to withdraw money
	· 인터넷 뱅킹 같은 것은 없었다	→ was no such thing as Internet banking
	· 무엇을 하건 간에 양식을 채워야 했다	→ had to fill out forms for everything
	· 은행에 통장을 들고 가야 했다	→ had to bring the bankbook to the bank
③ 현재 은행의 특징	· 금융 업무를 온라인으로 처리한다	→ take care of financial matters online
	· 훨씬 더 고객들이 사용하기 편한	→ a lot more customer friendly
	· 모든 것을 손쉽게 했다	→ made everything a breeze

AL 달성! 모범답변 ✍️

① 비교 대상 소개 Although they **serve the same purpose**, **there are differences between** the banks from when I was a child **and** the banks today. Most everything was done manually when I was young, but now everything is automated.

② 과거 은행의 특징 **The most noticeable difference is that** the banks used to be really crowded, and more people worked there. This was because in order to get anything related to finance done, you had to go to the bank. For example, since ATMs were not very common, you had to **speak to a teller to withdraw money** from your account.

③ 현재 은행의 특징 **These days, however,** people don't have to visit the bank as often. This is because Internet banking enables people to **take care of most financial matters online**. So when you go to the bank, it's much quieter and less crowded compared to what I remember. **To sum it all up, I prefer** the quieter banks of today combined with the ease and comfort of online banking.

① 비교 대상 소개 비록 같은 역할을 하지만 제가 어렸을 때의 은행과 현재의 은행 사이에는 차이가 있습니다. 제가 어렸을 때는 거의 대부분의 일이 수기로 처리되었지만, 지금은 모든 것이 자동화되었습니다.

② 과거 은행의 특징 가장 분명한 차이점은 은행이 이전에는 정말 붐볐고, 더 많은 사람들이 그곳에서 근무했다는 것입니다. 이것은 자금과 관련된 모든 것을 처리하기 위해서는 은행으로 가야 했기 때문입니다. 예를 들어, 그 당시에 ATM이 흔하지 않았기 때문에, 계좌에서 돈을 인출하려면 창구직원에게 말해야 했습니다.

③ 현재 은행의 특징 하지만 요즘은 사람들이 그만큼 자주 은행을 방문할 필요가 없습니다. 이는 인터넷 뱅킹이 사람들이 대부분의 금융 업무를 온라인으로 처리할 수 있게 해주기 때문입니다. 그래서 은행에 가면, 제가 기억하는 것에 비해 훨씬 더 조용하고 덜 붐빕니다. 이 모든 것을 종합해 보자면 저는 온라인 뱅킹의 쉽고 편리함을 겸비한 오늘날의 더 조용한 은행을 선호합니다.

manually 수기로, 손으로 **automated** 자동화된 **noticeable** 분명한 **withdraw** 인출하다 **combine** 겸비하다, 결합시키다

Q **Have you ever experienced any problems at a bank? For instance, sometimes ATMs malfunction. What sort of problem did you face, and how did you deal with it?** 당신은 은행에서 문제를 경험한 적이 있었나요? 예를 들어, 가끔 ATM은 고장 납니다. 당신은 어떤 종류의 문제에 직면했고, 그것을 어떻게 처리했나요?

나의 답변 🎙️ | 먼저 나의 답변을 실제로 말해보자. 그 후, 등급 UP! 핵심표현과 AL 달성! 모범답변을 참고하여 나의 답변을 보완하자.

등급 UP! 핵심표현 ⚡

① 은행에서 겪은 문제점과 원인	· ATM이 내 은행 카드를 먹었다 · 수중에 신분증을 가지고 있지 않았다 · 영업시간 확인하는 것을 잊었다 · ATM에 고액지폐가 다 떨어졌다	→ the ATM ate my bank card → didn't have my ID on me → forgot to check the business hours → the ATM was out of large bills
② 해결 방법	· 즉각 기술자를 보내주겠다고 했다 · 다음 날 다시 올 수밖에 없었다 · ATM에서 돈을 송금했다 · 돈을 빌려줌으로써 구했다 · 근처 가게에서 소액지폐로 환전했다	→ would send over a technician right away → had no choice but to come back the next day → wired the money from an ATM → saved the day by lending me money → exchanged it for small bills at a nearby store
③ 결과와 배운 점	· 정신을 차리고 있다 · 차선책은 준비해 둘 만한 가치가 있다	→ keep yourself together → it pays to have a plan B

AL 달성! 모범답변 🎯

① 은행에서 겪은 문제점과 원인 **A big problem I had with my bank happened** last year **when** I was back in my hometown visiting my family. I was running low on cash, so I went to an ATM. The ATM malfunctioned and **it ate my bank card**! I didn't have a credit card at the time, **so I was in a tight spot**.

② 해결 방법 For a few seconds there, I was in a total panic. Then I took a deep breath and forced myself to calm down. I remembered that ATMs have a phone number posted on them so customers can let the bank know about any problems. I called the number, and the person on the line said the bank **would send over a technician right away** to help. The technician showed up about 15 minutes later and retrieved my card for me.

③ 결과와 배운 점 **After that incident, I realized that** it's important not to panic when a problem occurs. As long as you **keep yourself together**, you'll find a solution eventually.

① 은행에서 겪은 문제점과 원인 은행과 관련되어 겪은 큰 문제는 작년에 제가 가족을 만나러 고향으로 돌아갔을 때 일어났습니다. 저는 현금이 모자라서 ATM으로 갔습니다. ATM이 제대로 작동하지 않더니 제 은행 카드를 먹었습니다! 저는 그 당시 신용카드가 없었기 때문에, 곤란한 처지에 놓였습니다.

② 해결 방법 그곳에서 잠시 동안 저는 완전히 허둥지둥거리고 있었습니다. 그 후에 저는 심호흡을 한 후 억지로 스스로를 진정시켰습니다. 저는 ATM에 전화번호가 붙어있어서 고객들이 은행에 어떤 문제에 대해 알릴 수 있다는 것을 기억했습니다. 저는 그 번호로 전화를 걸었고, 전화를 받은 사람은 은행에서 즉각 도와줄 기술자를 보내주겠다고 말했습니다. 기술자는 약 15분 후에 나타났고 저를 위해 카드를 다시 찾아주었습니다.

③ 결과와 배운 점 그 사건 후, 저는 문제가 발생할 때, 당황하지 않는 것이 중요하다는 것을 깨달았습니다. 정신만 차리고 있으면, 결국 해결책을 찾을 것입니다.

run low on ~이 모자라다, 고갈되다   **malfunction** 제대로 작동하지 않다   **in a tight spot** 곤란한 처지에 놓인   **retrieve** 다시 찾다, 회수하다

*돌발 주제 <은행>에 대한 추가 답변 아이디어와 표현은 [주제별 답변 아이디어&표현 사전]의 p.76에서 학습할 수 있습니다.

UNIT 13

지역 축제

음성 바로 듣기

<지역 축제>는 Background Survey에는 없지만 돌발 주제로 자주 등장하므로 미리 준비해 두어야 당황하지 않고 답변할 수 있다. 이 UNIT을 통해 <지역 축제> 빈출 문제 및 모범 답변, 그리고 관련 표현을 학습하여 나만의 답변을 준비해 두자.

🔄 빈출 문제

지역사회의 축제 대상 설명하기(3)- 사물	Can you tell me about special events in your community? What kind of festivals or events are held? Give me as many details as possible. 당신의 지역사회의 특별한 행사들에 대해 이야기해 줄 수 있나요? 어떤 종류의 축제 또는 행사들이 열리나요? 되도록 상세히 설명해 주세요.
지역 축제에 가는 경향 습관/경향에 대해 말하기	When do you go to your community festival? How often do you go and who do you go with? Please give me all the details. 당신은 언제 당신의 지역사회 축제에 가나요? 얼마나 자주, 그리고 누구와 함께 가나요? 모두 상세히 이야기해 주세요.
가장 기억에 남는 지역 축제 기억에 남는 경험 말하기	Tell me about your most memorable experience related to the community festival. What happened? What made the experience memorable? Please describe it in as much detail as possible. 지역사회 축제와 관련된 가장 기억에 남는 경험에 대해 이야기해 주세요. 무슨 일이 있었나요? 무엇이 그 경험을 기억에 남게 만들었나요? 그것에 대해 되도록 상세히 설명해 주세요.

자주 나오는 3단 콤보
● 지역사회의 축제 – 지역 축제에 가는 경향 – 가장 기억에 남는 지역 축제

지역사회의 축제 대상 설명하기(3)- 사물　🎧 돌발 UNIT 13 Track 1

Can you tell me about special events in your community? What kind of festivals or events are held? Give me as many details as possible.

당신의 지역사회의 특별한 행사들에 대해 이야기해 줄 수 있나요? 어떤 종류의 축제 또는 행사들이 열리나요? 되도록 상세히 설명해 주세요.

답변구조에 따라 말할 내용을 살펴보고, 아래 모범답변을 참고하여 나의 답변을 말해보자.

AL 달성! 답변구조 ⚙

① 지역사회 축제 소개	● 어떤 축제들이 있는지
② 지역사회 축제의 특징	● 언제 열리는지, 축제에서 무엇을 하는지
③ 지역사회 축제에 대한 내 생각	● 지역사회 축제에 어떤 불만이 있는지

AL 달성! 모범답변 ✏

① **지역사회 축제 소개** There are two very popular festivals in my community. Every spring there is a cherry blossom festival, and a fireworks festival is held each fall. I attend both of these festivals every year, and my younger sister Eun Young usually tags along with me.

② **지역사회 축제의 특징** The cherry blossom festival is at the end of April when the cherry trees are in full bloom. **What attracts me to it** is the opportunity to get away from the daily grind of my regular routine and be surrounded by nature. Our fireworks festival, on the other hand, takes my breath away. Teams from all over the province compete for big prizes. Crowds of visitors are amazed as the teams try to outdo each other with spectacular displays.

③ **지역사회 축제에 대한 내 생각** **My only complaint is** that the festivals are extremely crowded because of their popularity. **As a result**, it can be nearly impossible to get tickets sometimes.

골라 쓰는 답변 아이디어

→ • 어떤 축제들이 있는지
　film festival 영화 축제
　lantern festival 등불 축제
　music festival 음악 축제

→ • 언제 열리는지
　on one of the hottest days of the year
　1년 중 가장 더운 날 중 하루에
　every second year 한 해 걸러 마다
　in the middle of the winter 한겨울에

→ • 축제에서 무엇을 하는지
　watch movies with my friends
　친구들과 함께 영화를 본다
　listen to music from around the world 전 세계의 음악을 듣는다

→ • 지역사회 축제에 어떤 불만이 있는지
　the lines went on forever
　줄이 끝도 없이 이어졌다
　parking was at a premium
　주차가 부족했다
　high ticket prices were hard to swallow
　비싼 티켓 가격이 납득하기 어려웠다

① **지역사회 축제 소개** 제가 살고 있는 지역에는 두 개의 매우 인기 있는 축제가 있습니다. 매년 봄마다 벚꽃 축제가 있고, 불꽃 축제는 매년 가을에 열립니다. 저는 이 두 축제에 해마다 참가하고, 보통 저의 여동생인 은영이가 저를 따라옵니다. ② **지역사회 축제의 특징** 벚꽃 축제는 벚꽃 나무가 활짝 피는 4월 말에 있습니다. 제가 그것에 매력을 느끼는 부분은 저의 평상시 일과의 힘든 일상으로부터 벗어나서 자연에 둘러싸여 있는 기회라는 것입니다. 반면에, 저희 불꽃 축제는 숨이 멎을 정도로 멋있습니다. 전국 각지의 팀들이 큰 상을 위해 경쟁합니다. 팀들이 장관을 이루는 불꽃놀이로 서로를 능가하기 위해 노력하기 때문에 방문객 무리들은 감탄하게 됩니다. ③ **지역사회 축제에 대한 내 생각** 제 유일한 불만은 축제가 인기 때문에 극도로 혼잡하다는 것입니다. 그 결과, 가끔 티켓을 구하는 것이 거의 불가능할 수 있습니다.

be in full bloom ~이 활짝 피는　get away from ~으로부터 벗어나다　daily grind 힘든 일상　take one's breath away 숨이 멎을 정도로 멋있다
compete for ~을 위해 경쟁하다　outdo 능가하다

나의 답변 🖊 먼저 나의 답변을 실제로 말해보자. 그 후, AL 달성! 답변구조와 AL 달성! 모범답변을 참고하여 나의 답변을 보완하자.

① 지역사회 축제 소개

② 지역사회 축제의 특징

③ 지역사회 축제에 대한 내 생각

01 지역 축제에 가는 경향 습관/경향에 대해 말하기

🎧 돌발 UNIT 13 Track 2

Q **When do you go to your community festival? How often do you go and who do you go with? Please give me all the details.** 당신은 언제 당신의 지역사회 축제에 가나요? 얼마나 자주, 그리고 누구와 함께 가나요? 모두 상세히 이야기해 주세요.

나의 답변 🎤 먼저 나의 답변을 실제로 말해보자. 그 후, 등급 UP! 핵심표현과 AL 달성! 모범답변을 참고하여 나의 답변을 보완하자.

등급 UP! 핵심표현 ⚡

① 지역 축제에 가는 경향 소개	· 정기적으로 간다 · 시간을 낼 수 있을 때마다 참석한다 · 매년 관중석에 있다	→ go to on a regular basis → attend whenever I can find the time → am in the audience each and every year
② 지역 축제에서 하는 구체적인 활동	· 즉시 일정을 비운다 · 바로 티켓을 예매한다 · 누가 행사에서 공연하는지 확인한다 · 친구들에게 함께 가자고 설득한다	→ immediately clear my schedule → book tickets right away → check to see who is performing at the event → talk my friends into coming along
③ 지역 축제에 대한 내 생각	· 항상 우리들을 가깝게 만들어 준다 · 많은 음악가들은 진정 놀랍다 · 전반적으로, 좋은 시간을 보낸다	→ always brings us closer together → many of the musicians are truly amazing → by and large, I have a good time

AL 달성! 모범답변 ✏️

① **지역 축제에 가는 경향 소개** There are several different festivals in my hometown, but the only one I **go to on a regular basis** is our annual music festival.

② **지역 축제에서 하는 구체적인 활동** **To get into details**, the festival is held every year in the middle of autumn. Most of the performances happen outdoors, and the weather at this time of year is fantastic. The festival is such an amazing experience that no matter what is going on in my life, I **immediately clear my schedule** when its schedule is officially announced. Not only do I enjoy the event as it happens, but my anticipation as the date approaches adds a lot of excitement to my daily routine.

③ **지역 축제에 대한 내 생각** **The first few years** the festival was held I went by myself or with a friend from school. **These days**, **I usually drag** my sister **along**. Spending a whole weekend watching amazing music **always brings us closer together**.

① **지역 축제에 가는 경향 소개** 제가 살고 있는 도시에는 몇 가지 다른 축제들이 있는데, 제가 정기적으로 가는 유일한 것은 연례 음악 축제입니다.

② **지역 축제에서 하는 구체적인 활동** 더 구체적으로 말하자면, 그 축제는 매년 가을 중순에 열립니다. 대부분의 공연은 야외에서 이뤄지고, 이 무렵의 날씨는 환상적입니다. 그 축제는 너무나 놀라운 경험이기 때문에 제 삶에서 어떤 일이 일어나고 있던지 그 일정이 공식적으로 발표될 때 저는 즉시 제 일정을 비웁니다. 저는 그 행사가 진행될 때 즐길 뿐만 아니라 저의 기대감 역시 날짜가 다가옴에 따라 제 일상생활에 큰 기쁨을 더해줍니다.

③ **지역 축제에 대한 내 생각** 그 축제가 열렸던 처음 몇 년은 저 혼자 아니면 학교 친구와 함께 갔습니다. 요즘은 보통 제 여동생을 데리고 갑니다. 주말 내내 황홀한 음악을 감상하며 보내는 것은 항상 저희를 가깝게 만들어 줍니다.

on a regular basis 정기적으로 **immediately** 즉시 **officially** 공식적으로 **anticipation** 기대감

02 가장 기억에 남는 지역 축제 기억에 남는 경험 말하기

🎧 돌발 UNIT 13 Track 3

Q **Tell me about your most memorable experience related to the community festival. What happened? What made the experience memorable? Please describe it in as much detail as possible.** 지역사회 축제와 관련된 가장 기억에 남는 경험에 대해 이야기해 주세요. 무슨 일이 있었나요? 무엇이 그 경험을 기억에 남게 만들었나요? 그것에 대해 되도록 상세히 설명해 주세요.

나의 답변 먼저 나의 답변을 실제로 말해보자. 그 후, 등급 UP! 핵심표현과 AL 달성! 모범답변을 참고하여 나의 답변을 보완하자.

등급 UP! 핵심표현 ⚡

① 지역 축제에서 겪은 경험 소개	· 시사회를 위해 동네로 왔다	→ was coming to town for the premiere
	· 음악 공연에 숨이 멎는 줄 알았다	→ a musical performance took my breath away
	· 맑은 공기를 쐬는 시간을 가졌다	→ spent time getting some fresh air
② 지역 축제에서 겪은 구체적인 경험	· 많은 연예인들이 참석했다	→ a lot of celebrities attended
	· 팬들은 그 쇼에 열광했다	→ fans were very excited about the show
	· 엄청난 관중들 앞에서 공연했다	→ performed in front of a huge crowd
	· 노점상들이 여러 가지의 맛있는 간식을 제공했다	→ Vendors served a variety of tasty snacks
③ 결과와 느낀 점	· 이 행사를 영원히 기억할 것이다	→ will always remember this event
	· 내 경험으로 매우 감동받았다	→ deeply moved by my experience
	· 나에게 오랜 영향을 미쳤다	→ had a lasting impact on me
	· 그날 밤에 대해 종종 이야기한다	→ often talk about that night

AL 달성! 모범답변 ✎

① 지역 축제에서 겪은 경험 소개 **The most memorable experience I've had was** at a film festival earlier this year. My friend and I heard that our favorite actor **was coming to town for the premiere** of his newest movie, so we bought tickets as soon as they went on sale.

② 지역 축제에서 겪은 구체적인 경험 **The thing that sticks out most in my memory is** how glamorous everything was. The premiere was a really big deal, and **a lot of celebrities attended** the event. The best part of the night came after the movie, when audience members got a chance to be photographed with one of the stars. My friend and I leaped at the chance to meet our favorite actor. Not only did we get a picture, but he signed autographs for both of us.

③ 결과와 느낀 점 My friend and I **will always remember this event**. Our tickets to the festival cost a lot of money, but we certainly agree that it was worth it.

① 지역 축제에서 겪은 경험 소개 제가 겪은 가장 기억에 남는 경험은 올해 초에 영화 축제에서 있었던 일입니다. 제 친구와 저는 저희가 가장 좋아하는 배우가 그의 신작 시사회를 위해 동네로 온다고 들어서, 티켓이 판매되자마자 구매했습니다.

② 지역 축제에서 겪은 구체적인 경험 제 기억에 가장 두드러지는 점은 모든 것이 얼마나 화려했는지입니다. 시사회는 정말 엄청난 것이었고, 많은 연예인들이 그 행사에 참석했습니다. 그날 밤의 가장 압권은 영화 이후에 관객들이 스타들 중 한 명과 사진을 찍을 수 있는 기회를 얻었을 때였습니다. 제 친구와 저는 저희가 가장 좋아하는 배우를 만날 수 있는 기회를 잡았습니다. 저희는 사진도 얻었을 뿐만 아니라, 그가 저희 둘 모두를 위해 사인을 해주었습니다.

③ 결과와 느낀 점 제 친구와 저는 이 행사를 영원히 기억할 것입니다. 그 축제에 대한 저희 티켓은 많은 돈이 들었지만, 저희는 그것이 그만한 가치가 있었다고 확실히 동의합니다.

premiere 시사회 glamorous 화려한 leap at a chance 기회를 잡다

*돌발 주제 <지역 축제>에 대한 추가 답변 아이디어와 표현은 [주제별 답변 아이디어&표현 사전]의 p.78에서 학습할 수 있습니다.

UNIT 14 지형·야외 활동

<지형·야외 활동>은 Background Survey에는 없지만 돌발 주제로 자주 등장하므로 미리 준비해 두어야 당황하지 않고 답변할 수 있다. 이 UNIT을 통해 <지형·야외 활동> 빈출 문제 및 모범답변, 그리고 관련 표현을 학습하여 나만의 답변을 준비해 두자.

↻ 빈출 문제

우리나라의 지형 대상 설명하기(3) – 사물	I would like to know about the geographic features of your country. What makes them different from other countries? Please describe them in as much detail as possible. 당신 나라의 지형에 대해 알고 싶어요. 다른 나라에 비해 어떤 점이 다른가요? 그것에 대해 되도록 상세히 설명해 주세요.
기억에 남는 야외 활동 경험 기억에 남는 경험 말하기	Describe the most memorable experience you have had outdoors. What is a beautiful place you have been to? Please provide as many details as possible. 야외 활동 도중 겪었던 가장 기억에 남는 경험을 설명해 주세요. 당신이 가본 아름다운 곳은 어디였나요? 되도록 상세히 설명해 주세요.
우리나라 사람들이 즐겨 하는 야외 활동 대상 설명하기(3) – 사물	What kind of outdoor activities do people in your country do? Do they enjoy things like jogging, cycling, or hiking? Why do they like to do those activities? 당신 나라의 사람들은 어떤 야외 활동을 하나요? 사람들이 조깅이나 사이클링, 하이킹 같은 것들을 즐기나요? 그들은 왜 그런 활동을 즐겨 하나요?

자주 나오는 3단 콤보
• 우리나라의 지형 – 기억에 남는 야외 활동 경험 – 지형으로 인해 겪은 문제

I would like to know about the geographic features of your country. What makes them different from other countries? Please describe them in as much detail as possible.

당신 나라의 지형에 대해 알고 싶어요. 다른 나라에 비해 어떤 점이 다른가요? 그것에 대해 되도록 상세히 설명해 주세요.

답변구조에 따라 말할 내용을 살펴보고, 아래 모범답변을 참고하여 나의 답변을 말해보자.

AL 달성! 답변구조 ⚙️

① 우리나라의 지형 소개	● 우리나라에 어떤 지형이 있는지
② 우리나라 지형의 특징	● 특별한 점이 무엇인지, 특별한 지형의 예시
③ 우리나라 지형에 대한 내 생각	● 왜 우리나라의 지형을 좋아하는지

AL 달성! 모범답변 ✍️

① 우리나라의 지형 소개 Korea is a small country. To travel by car from coast to coast takes less than 10 hours. Despite its size, Korea has a wide range of geographic features. The sea surrounds the country on three sides, and everywhere you look there are mountains, plains, and rivers.

② 우리나라 지형의 특징 **What sets Korea apart from other countries** is this constantly changing landscape. **To give you an idea of** how varied the landscape is, I will describe the area around Sokcho. This is a small city that is popular with tourists for its natural beauty. **What makes the region so special** is that it has beautiful mountains very close to the sea. The combination of these two features has a very striking effect.

③ 우리나라 지형에 대한 내 생각 **I like the geography of my country because** it's so varied. When I visit countries where the scenery never seems to change, I find myself getting bored. **In my opinion**, the more variety, the better.

골라 쓰는 답변 아이디어

→ • 우리나라에 어떤 지형이 있는지
rolling hills 구불구불한 언덕
cliffs and rock faces 절벽과 암벽들
beautiful waterfront areas
아름다운 물가 지역

→ • 특별한 점이 무엇인지
are these soaring peaks
치솟은 봉우리들이다
is this extensive coastline
긴 해안선이다
are these numerous rocky islands
수많은 돌섬들이다

→ • 특별한 지형의 예시
are mountains within the city limits 도시의 경계 내에 있는 산이다
is the mud that is used to make ceramics
도자기를 만드는 데 사용되는 진흙이다
is a dormant volcano 휴화산이다

→ • 왜 우리나라의 지형을 좋아하는지
it has so many beautiful forests and valleys
아름다운 숲과 계곡이 굉장히 많다
it's unlike any other place
다른 어떤 곳과도 다르다

① **우리나라의 지형 소개** 한국은 작은 나라입니다. 자동차로 횡단하는 데 10시간도 채 걸리지 않습니다. 하지만 이런 크기에도 불구하고, 한국은 다양한 지리적 특색을 가지고 있습니다. 바다가 나라의 삼면을 감싸고, 보이는 모든 곳에 산, 평야 그리고 강이 있습니다. ② **우리나라 지형의 특징** 이렇게 끊임없이 변하는 풍경이 한국을 다른 나라들보다 돋보이게 하는 점입니다. 풍경이 얼마나 다채로운지 알려드리기 위해 속초 주변 지역을 설명하겠습니다. 이곳은 작은 도시인데 자연이 아름다워서 관광객들에게 인기가 많습니다. 이 지역을 정말 특별하게 만드는 점은 이곳에 바다와 아주 가까운 아름다운 산들이 있다는 것입니다. 이 두 가지 특성의 조합은 매우 인상적인 효과를 줍니다. ③ **우리나라 지형에 대한 내 생각** 저는 우리나라의 지형이 매우 다채롭기 때문에 좋습니다. 저는 경치가 전혀 바뀌지 않는 것 같은 나라들을 방문할 때면, 지루함을 느낍니다. 제 생각에는 더 다양할수록 더 좋은 것 같습니다.

plain 평야 **landscape** 풍경 **striking** 인상적인 **scenery** 경치

🎤 **나의 답변** 먼저 나의 답변을 실제로 말해보자. 그 후, AL 달성! 답변구조와 AL 달성! 모범답변을 참고하여 나의 답변을 보완하자.

> ① 우리나라의 지형 소개
>
> ② 우리나라 지형의 특징
>
> ③ 우리나라 지형에 대한 내 생각

01 기억에 남는 야외 활동 경험 기억에 남는 경험 말하기 🎧 돌발 UNIT 14 Track 2

Q **Describe the most memorable experience you have had outdoors. What is a beautiful place you have been to? Please provide as many details as possible.** 야외 활동 도중 겪었던 가장 기억에 남는 경험을 설명해 주세요. 당신이 가본 아름다운 곳은 어디였나요? 되도록 상세히 설명해 주세요.

나의 답변 🎤 | 먼저 나의 답변을 실제로 말해보자. 그 후, 등급 UP! 핵심표현과 AL 달성! 모범답변을 참고하여 나의 답변을 보완하자.

등급 UP! 핵심표현 ⚡

① 기억에 남는 야외 활동 경험 소개	· 함께 시간을 보낼 기회를 주었다	→ gave us a chance to spend time together
	· 해변가로 짧은 여행을 계획했다	→ planned an excursion to the beach
	· 시골로 당일치기 여행을 떠났다	→ took a day trip to the countryside
	· 대자연을 만끽하고 싶었다	→ wanted to experience the great outdoors
② 기억에 남는 야외 활동의 구체적인 경험	· 산길을 따라 돌아다녔다	→ wandered along the mountain paths
	· 별을 보며 잠자는 것을 즐겼다	→ enjoyed sleeping under the stars
	· 숨이 멎는듯한 주변 전망	→ a breathtaking view of the surroundings
	· 3시간 만에 정상에 도착했다	→ made it to the top of the hill in three hours
③ 결과와 느낀 점	· 내가 가장 좋아하는 기억	→ my fondest memory
	· (일행들이) 나를 억지로 끌고 와야 했다	→ I had to be dragged away
	· 다음 휴가를 고대하고 있다	→ can't wait for my next vacation

AL 달성! 모범답변 🎯

① 기억에 남는 야외 활동 경험 소개 **One example of an outdoor experience that sticks out for me is** a camping trip I went on with my family as a child. It was a lot of fun to explore nature together, and the trip **gave us a chance to spend time together**.

② 기억에 남는 야외 활동의 구체적인 경험 **To get into details**, the trip occurred in the summer before I started middle school. My father took us to a campground near Jirisan, which is a mountain in the southern part of Korea. I remember being very excited because it was the first time I had ever slept in a tent. My parents and I spent a lot of time **wandering along the mountain paths**, and we even went fishing in a nearby river. We really enjoyed ourselves as a family.

③ 결과와 느낀 점 Since then, I have traveled to many beautiful locations. However, **my fondest memory** is still the camping trip with my family. I have never had such a fun outdoor experience since.

① 기억에 남는 야외 활동 경험 소개 야외 경험 중 제 기억에 가장 두드러지는 한 예는 제가 어릴 적 가족들과 함께 갔던 캠핑 여행입니다. 모두 함께 자연을 탐험하는 것은 무척 재미있었고, 그 여행은 우리 모두에게 함께 시간을 보낼 기회를 주었습니다.

② 기억에 남는 야외 활동의 구체적인 경험 자세히 이야기하자면, 그 여행은 제가 중학교에 입학하기 전 여름에 갔습니다. 아버지께서 저희를 지리산 근처에 있는 캠핑장으로 데려가셨는데, 지리산은 한국 남쪽에 있는 산입니다. 제가 텐트에서 잤던 것이 그때가 처음이어서 매우 들떴던 것이 기억납니다. 저희 부모님과 저는 산길을 따라 돌아다니며 많은 시간을 보냈고, 심지어는 근처 강으로 낚시도 갔습니다. 저희는 가족으로서 매우 즐거운 시간을 보냈습니다.

③ 결과와 느낀 점 그때 이후로 저는 많은 아름다운 장소들을 여행해 왔습니다. 하지만 제가 가장 좋아하는 기억은 여전히 저희 가족과 함께 한 캠핑 여행입니다. 저는 그 이후로 그렇게 즐거운 야외 경험은 해 보지 못했습니다.

stick out 두드러지다 campground 캠핑장 wander 돌아다니다 fond 좋아하는, 정다운

우리나라 사람들이 즐겨 하는 야외 활동 대상 설명하기(3) – 사물 🎧 돌발 UNIT 14 Track 3

Q **What kind of outdoor activities do people in your country do? Do they enjoy things like jogging, cycling, or hiking? Why do they like to do those activities?** 당신 나라의 사람들은 어떤 야외 활동을 하나요? 사람들이 조깅이나 사이클링, 하이킹 같은 것들을 즐기나요? 그들은 왜 그런 활동을 즐겨 하나요?

나의 답변 🎤 먼저 나의 답변을 실제로 말해보자. 그 후, 등급 UP! 핵심표현과 AL 달성! 모범답변을 참고하여 나의 답변을 보완하자.

등급 UP! **핵심표현** ⚡

① 야외 활동 소개	· 나와서 한껏 즐긴다	→ go out and make the most of their time
	· 부모님 세대에 유행이 되었다	→ became a fad among my parents' generation
	· 사람들이 건강에 더욱 민감해지면서	→ as people become more health conscious
② 야외 활동의 특징	· 등산로 시작점을 쉽게 찾을 수 있다	→ is easy to find the trailheads
	· 값비싼 장비가 필요하지 않다	→ doesn't require expensive equipment
	· 출발하기 전에 날씨를 확인한다	→ check the weather before heading out
	· 아침 일찍 집을 나온다	→ set out early in the morning
③ 야외 활동에 대한 내 생각	· 언제나 매우 건강하다	→ are always in really good shape
	· 때때로 상당히 위험할 수 있다	→ could be quite dangerous at times
	· 훌륭한 스트레스 해소법이다	→ is a great stress reliever

AL 달성! **모범답변** ✍️

① 야외 활동 소개 Korean people love the outdoors. **Not a day goes by that you don't** see elderly people stretching and exercising in parks. And on evenings and weekends, lots of people love to **go out and make the most of their time** by spending it in nature.

② 야외 활동의 특징 Hiking **has got to be one of the most popular outdoor activities**. For one thing, it is very convenient. In my country, the mountains are always close by, so people don't have to travel very far to go on a nice hike. On any given day, you can see people on public transportation with their hiking gear. It **is easy to find the trailheads**, and there are plenty of well-marked trails to choose from, whether you are in the mood for a modest half-day hike or a strenuous full-day trek.

③ 야외 활동에 대한 내 생각 **I personally think that** hiking is great exercise. That's why people who hike regularly, regardless of age, **are always in really good shape**.

① 야외 활동 소개 한국인들은 야외를 좋아합니다. 공원에서 스트레칭과 운동을 하는 노인들이 안 보이는 날은 하루도 없습니다. 그리고 저녁과 주말에는 많은 사람들이 나와서 자연에서 시간을 보내며 한껏 즐기는 것을 좋아합니다.

② 야외 활동의 특징 등산은 아마 가장 인기 있는 야외 활동 중 하나일 것입니다. 우선 한 가지 이유는 등산이 매우 편리하다는 것입니다. 우리나라는 산이 언제나 가까이 있어서 사람들이 괜찮은 등산을 하기 위해 멀리까지 가지 않아도 됩니다. 어떤 날이더라도 대중교통에서 등산 장비를 착용한 사람들을 볼 수 있습니다. 등산로 시작점은 쉽게 찾을 수 있으며, 당신이 가벼운 반나절 등산이 하고 싶건, 아니면 온종일 걸리는 힘이 많이 드는 트레킹을 하고 싶건 간에 선택할 수 있는 잘 표시된 등산로로 많이 있습니다.

③ 야외 활동에 대한 내 생각 개인적으로 저는 등산이 훌륭한 운동이라고 생각합니다. 그래서 정기적으로 등산을 하는 사람들은 나이와 관계없이 언제나 매우 건강합니다.

gear 장비, 기어 **well-marked** 잘 표시된, 눈에 띄는 **trail** 등산로, 지나간 자국 **strenuous** 힘이 많이 드는

---

*돌발 주제 <지형·야외 활동>에 대한 추가 답변 아이디어와 표현은 [주제별 답변 아이디어&표현 사전]의 p.80에서 학습할 수 있습니다.

돌발 주제 공략 | UNIT 14 | 지형·야외 활동 | 10일 만에 끝내는 해커스 OPIc (Advanced 공략)

UNIT 15

패션

<패션>은 Background Survey에는 없지만 돌발 주제로 자주 등장하므로 미리 준비해 두어야 당황하지 않고 답변할 수 있다. 이 UNIT을 통해 <패션> 빈출 문제 및 모범답변, 그리고 관련 표현을 학습하여 나만의 답변을 준비해 두자.

🔁 빈출 문제

우리나라의 패션
습관/경향에 대해 말하기

What kind of clothes do people in your country usually wear? Do they wear different clothes when they go to work and when they are relaxing? Describe the local attire in as much detail as possible.

당신 나라의 사람들은 보통 어떤 종류의 옷을 입나요? 일하러 갈 때와 쉴 때 다른 옷을 입나요? 지역의 복장에 대해 되도록 상세히 설명해 주세요.

과거와 현재의 패션 비교
두 가지 대상 비교하기

Tell me about the changes in fashion trends in your country. What kind of clothes did people wear in the past? What do people wear these days? Describe the differences between them.

당신 나라의 패션 트렌드의 변화에 대해 이야기해 주세요. 과거에는 사람들이 어떤 종류의 옷을 입었나요? 요즘은 사람들이 무엇을 입나요? 둘 사이의 차이점에 대해 설명해 주세요.

최근 옷을 사러 간 경험
기억에 남는 경험 말하기

When was the last time you went shopping for clothes? What did you buy, and who did you go with? Please describe the experience in detail.

마지막으로 옷을 사러 간 적이 언제였나요? 무엇을 샀고, 누구와 함께 갔나요? 그 경험에 대해 상세히 설명해 주세요.

자주 나오는
3단 콤보
• 우리나라의 패션 – 최근 옷을 사러 간 경험 – 과거와 현재의 패션 비교

What kind of clothes do people in your country usually wear? Do they wear different clothes when they go to work and when they are relaxing? Describe the local attire in as much detail as possible.

당신 나라의 사람들은 보통 어떤 종류의 옷을 입나요? 일하러 갈 때와 쉴 때 다른 옷을 입나요? 지역의 복장에 대해 되도록 상세히 설명해 주세요.

답변구조에 따라 말할 내용을 살펴보고, 아래 모범답변을 참고하여 나의 답변을 말해보자.

AL 달성! 답변구조 ⚙️

① 우리나라의 패션 소개	● 한국의 패션이 보통 어떤지
② 우리나라 패션의 구체적인 경향	● 일하러 갈 때 주로 입는 옷, 쉴 때 주로 입는 옷
③ 우리나라 패션에 대한 내 생각	● 개인적으로 어떻게 생각하는지

AL 달성! 모범답변 🎯

① **우리나라의 패션 소개** The type of clothing people wear in Korea isn't much different from what you'd see in other developed nations. **It's pretty typical for people to** wear whatever they want at home. However, when it comes to work and school, people are generally expected to dress a certain way.

② **우리나라 패션의 구체적인 경향** **For the most part**, people wear business attire to work, especially if they have an office job. It's a way of appearing professional, which is important. Similarly, high school and middle school students are expected to wear a school uniform. Once they return home, most people change into more casual attire, like jeans or sweats. I can't imagine trying to relax in a suit and tie!

③ **우리나라 패션에 대한 내 생각** **I personally think that** fashion in Korea is pretty nice. I think work clothes are probably a bit more formal than they are in the United States and Europe. People would probably be more comfortable if they wore casual clothes in the workplace.

골라 쓰는 답변 아이디어

→ 한국의 패션이 보통 어떤지
usually looks polished 세련돼 보인다
goes through various trends 다양한 유행을 거친다

→ 일하러 갈 때 주로 입는 옷
white shirt and tie 흰 와이셔츠와 넥타이
a black two-piece suit 검은색 투피스 정장

→ 쉴 때 주로 입는 옷
shorts and T-shirt 반바지와 티셔츠
something they never wear in public 밖에서는 절대 입지 않는 것

→ 개인적으로 어떻게 생각하는지
is too restrictive 너무 제한적이다
could use more variety 더 다양하면 좋을 것 같다
has something for everyone 누구에게라도 어필할 만한 것이 있다

① **우리나라의 패션 소개** 한국에서 사람들이 입는 의복의 종류는 다른 선진국에서 보는 것과 많이 다르지 않습니다. 사람들은 일반적으로 집에서 자신이 원하는 것을 아무거나 입습니다. 하지만, 직장이나 학교에 있어서는 사람들이 보통 어떤 특정한 방식으로 옷을 입도록 요구됩니다. ② **우리나라 패션의 구체적인 경향** 보통, 사람들은 특히 사무직일 경우 직장에서 비즈니스 정장을 입습니다. 그것은 직업에 적합하도록 보이게 하는 한 방법이고, 이는 중요합니다. 이와 비슷하게 고등학생과 중학생은 학교 교복을 입도록 요구됩니다. 사람들은 일단 집에 오면 대부분 청바지나 운동복처럼 좀 더 편안한 복장으로 갈아입습니다. 전 양복을 입고 넥타이를 맨 상태에서 쉬려고 하는 것을 상상할 수 없습니다! ③ **우리나라 패션에 대한 내 생각** 저는 개인적으로 한국의 패션이 상당히 훌륭하다고 생각합니다. 사무실 복장은 미국과 유럽에서 입는 것보다 좀 더 격식을 차리는 것 같습니다. 사람들이 직장에서 캐주얼 복장을 입는다면 아마도 더 편안할 것 같습니다.

developed nation 선진국　business attire 비즈니스 정장　professional 직업상 적합한　office job 사무직　sweat 운동복　formal 격식 차린

나의 답변 먼저 나의 답변을 실제로 말해보자. 그 후, AL 달성! 답변구조와 AL 달성! 모범답변을 참고하여 나의 답변을 보완하자.

① 우리나라의 패션 소개

② 우리나라 패션의 구체적인 경향

③ 우리나라 패션에 대한 내 생각

01 과거와 현재의 패션 비교 두 가지 대상 비교하기   🎧 돌발 UNIT 15 Track 2

Q **Tell me about the changes in fashion trends in your country. What kind of clothes did people wear in the past? What do people wear these days? Describe the differences between them.** 당신 나라의 패션 트렌드의 변화에 대해 이야기해 주세요. 과거에는 사람들이 어떤 종류의 옷을 입었나요? 요즘은 사람들이 무엇을 입나요? 둘 사이의 차이점에 대해 설명해 주세요.

나의 답변 🎤 | 먼저 나의 답변을 실제로 말해보자. 그 후, 등급 UP! 핵심표현과 AL 달성! 모범답변을 참고하여 나의 답변을 보완하자.

등급 UP! 핵심표현 ⚡

① 비교 대상 소개	· 사람들이 입었던 것과 전혀 달라 보인다	→ looks nothing like what people wore
	· 지난 10년간 많은 변화가 있었다	→ have seen a lot of changes in the past decade
② 과거 패션의 특징	· 전통 의상으로 여기는 옷을 입었다	→ wore what we consider to be traditional clothing
	· 평상복 취급을 받는다	→ pass for casual outfits
	· 큰 신발이 유행이었다	→ big shoes were in style
	· 헐렁한 셔츠가 필수품이었다	→ a loose-fitting shirt was a must have
	· 그 당시 대유행	→ all the rage in those days
③ 현재 패션의 특징	· 매년 새로운 트렌드가 등장한다	→ new fashion trends pop up each year
	· 유행이 지난 것이 되었다	→ went out of fashion
	· 남자들의 일상복이 되었다	→ became men's everyday wear

AL 달성! 모범답변 🎯

① 비교 대상 소개 Korean clothing styles **have changed a great deal over** the past century or so. In fact, what the average Korean wears nowadays **looks nothing like what people wore** a hundred years ago.

② 과거 패션의 특징 **In the past**, everyone **wore what we now consider to be traditional clothing**. For women, the most common outfit was a full-length baggy skirt covered by a blouse and a jacket. Men wore something similar, but with loose pants instead. These garments were worn by almost everyone, although the wealthy could afford luxurious materials such as silk, while regular people used plainer and more durable fabrics like cotton.

③ 현재 패션의 특징 **These days, though**, there are far more options for people to choose from. It's possible to buy an item of clothing in pretty much any color, fabric, length, or style. So people these days are able to express themselves through their personal styles. Koreans have embraced this wholeheartedly, with **new fashion trends popping up each year**.

① 비교 대상 소개 한국의 옷 스타일은 지난 100여 년 동안 크게 변해 왔습니다. 사실, 요즘 보통 한국인들이 입는 옷은 100년 전에 사람들이 입었던 것과 전혀 달라 보입니다.

② 과거 패션의 특징 과거에는 오늘날 전통 의상으로 여기는 옷을 모두가 입었습니다. 여성들에게 있어서 가장 일반적인 의상은 발목까지 오는 헐렁한 치마를 상의와 외투로 덮는 것이었습니다. 남성들은 이와 비슷한 것을 입었지만 치마 대신 헐렁한 바지를 입었습니다. 거의 모든 사람이 이러한 옷을 입었으나, 부자들은 비단과 같은 비싼 옷감을 살 여력이 되었던 반면 보통 사람들은 면과 같이 보다 평범하고 튼튼한 옷감을 사용했습니다.

③ 현재 패션의 특징 하지만 요즘은 사람들이 고를 수 있는 선택의 여지가 훨씬 더 많이 있습니다. 거의 모든 색상과 직물, 길이, 그리고 스타일의 옷을 구입하는 것이 가능합니다. 따라서 오늘날 사람들은 자신의 개인적 스타일을 통해 스스로를 표현할 수 있습니다. 한국인들은 이를 전적으로 받아들였으며, 매년 새로운 패션 트렌드가 등장합니다.

full-length 발목까지 오는 baggy 헐렁한 garment 옷 plain 평범한 durable 튼튼한 wholeheartedly 전적으로

02 최근 옷을 사러 간 경험 기억에 남는 경험 말하기

돌발 UNIT 15 Track 3

Q **When was the last time you went shopping for clothes? What did you buy, and who did you go with? Please describe the experience in detail.** 마지막으로 옷을 사러 간 적이 언제였나요? 무엇을 샀고, 누구와 함께 갔나요? 그 경험에 대해 상세히 설명해 주세요.

나의 답변 먼저 나의 답변을 실제로 말해보자. 그 후, 등급 UP! 핵심표현과 AL 달성! 모범답변을 참고하여 나의 답변을 보완하자.

등급 UP! 핵심표현 ⚡

① 최근 옷을 사러 간 경험 소개	· 2주 정도밖에 되지 않은 · 봄옷 신상품을 구경하고 싶었다 · 신발을 보러 다니고 있었다 · 마구 쇼핑을 하고 있었다	→ no more than a couple of weeks ago → wanted to check out the new spring clothes → was on the lookout for some shoes → was on a shopping spree
② 최근 옷을 사러 간 구체적인 경험	· 눈에 띄는 것이 있으면 · 특별 세일 중이었다 · 내 사이즈에 맞는 것이 없었다 · 재고가 다 떨어졌다 · 생각하는 가격대보다 약간 더 비쌌다 · 가게 주인과 흥정을 했다	→ if something caught my eye → was offering special deals → didn't have it in my size → was out of stock → was a little out of my price range → haggled with the shop owner
③ 결과와 느낀 점	· 구매한 물건들이 마음에 들었다 · 바가지를 쓴 것 같았다 · 그다지 나쁘지만은 않았다	→ was satisfied with my purchases → felt like I was ripped off → wasn't all that bad

AL 달성! 모범답변 ✏️

① 최근 옷을 사러 간 경험 소개 **The last time I went shopping was no more than a couple of weeks ago.** I went to a large mall to buy clothes with one of my friends.

② 최근 옷을 사러 간 구체적인 경험 My friend had a pretty good idea of what she wanted to buy before she got there. She needed a dress for her cousin's wedding. I didn't need anything special, but I thought I'd just wander around and **if something caught my eye**, I'd try it on. Eventually, something did. **To be more specific**, I saw some nice jeans in a store window. They actually fit really well, so I bought them. After my friend had found her dress, we spent another two hours browsing, and I ended up buying a pair of sneakers as well.

③ 결과와 느낀 점 **My last shopping trip was** a lot of fun. I got to spend the afternoon with my friend, and I **was very satisfied with my purchases**. **All in all, it was a** great **experience**.

① 최근 옷을 사러 간 경험 소개 제가 마지막으로 쇼핑을 간 것은 2주 정도밖에 되지 않았습니다. 저는 제 친구 한 명과 함께 큰 쇼핑몰로 옷을 사러 갔습니다

② 최근 옷을 사러 간 구체적인 경험 제 친구는 그곳에 도착하기 전에 자신이 무엇을 사고 싶은지에 대해 꽤 확실한 생각을 가지고 있었습니다. 그녀는 사촌 결혼식에 입을 원피스가 필요했습니다. 저는 특별히 필요한 것이 없었지만, 그냥 이리저리 돌아다니다가 눈에 띄는 것이 있으면 입어 보려고 생각했습니다. 결국 어떤 것이 눈에 띄었습니다. 구체적으로 말씀드리면, 저는 가게 진열 유리창에서 괜찮은 청바지를 보았습니다. 그 바지는 정말 잘 맞아서 저는 그것을 구입했습니다. 제 친구가 드레스를 발견한 후 저희는 두 시간 동안 상점을 더 둘러보았고, 저는 결국 운동화 한 켤레도 사게 되었습니다.

③ 결과와 느낀 점 저의 가장 최근 쇼핑은 매우 재미있었습니다. 저는 친구와 함께 오후를 보내게 되었고, 제가 구매한 물건들이 매우 마음에 들었습니다. 대체로, 그것은 좋은 경험이었습니다.

wander around 이리저리 돌아다니다 **catch one's eye** 눈에 띄다 **fit** 맞다 **browse** 둘러보다

*돌발 주제 <패션>에 대한 추가 답변 아이디어와 표현은 [주제별 답변 아이디어&표현 사전]의 p.82에서 학습할 수 있습니다.

UNIT 16

전화 통화

음성 바로 듣기

<전화 통화>는 Background Survey에는 없지만 돌발 주제로 자주 등장하므로 미리 준비해 두어야 당황하지 않고 답변할 수 있다. 이 UNIT을 통해 <전화 통화> 빈출 문제 및 모범답변, 그리고 관련 표현을 학습하여 나만의 답변을 준비해 두자.

빈출 문제

전화 통화를 하는 장소 및 습관 습관/경향에 대해 말하기	Where do you usually talk on the phone? Is there a particular place that you use the phone a lot? Please describe your habits in detail. 당신은 보통 어디에서 전화 통화를 하나요? 당신이 특별히 전화 통화를 많이 하는 장소가 있나요? 당신의 습관에 대해 되도록 상세히 설명해 주세요.
친구와 통화하는 경향 습관/경향에 대해 말하기	Do you talk on the phone with your friends often? How frequently do you talk and at what time of day? What do you usually talk about and for how long? 당신은 친구와 전화 통화를 자주 하나요? 얼마나 자주 통화하며, 하루 중 언제 하나요? 보통 무엇에 대해 이야기하고, 통화를 얼마 동안 하나요?
전화 통화 중 겪은 경험 기억에 남는 경험 말하기	Can you describe a memorable experience you have had while talking on the phone? Who were you talking with? What happened? What was so special about it? 전화 통화를 하는 도중에 겪었던 기억에 남는 경험을 설명해 줄 수 있나요? 누구와 이야기를 나누고 있었나요? 무슨 일이 있었나요? 그것이 왜 그렇게 특별했나요?

자주 나오는!
3단 콤보 • 전화 통화를 하는 장소 및 습관 – 친구와 통화하는 경향 – 전화 통화 중 겪은 경험

Where do you usually talk on the phone? Is there a particular place that you use the phone a lot? Please describe your habits in detail.

당신은 보통 어디에서 전화 통화를 하나요? 당신이 특별히 전화 통화를 많이 하는 장소가 있나요? 당신의 습관에 대해 되도록 상세히 설명해 주세요.

답변구조에 따라 말할 내용을 살펴보고, 아래 모범답변을 참고하여 나의 답변을 말해보자.

AL 달성! 답변구조 ⚙️

① 전화 통화 습관 소개	➡ 주로 전화를 하는 상황
② 전화 통화의 구체적인 습관	➡ 통화를 왜 하는지, 전화 통화와 관련된 습관
③ 전화 통화 습관에 대한 내 생각	➡ 왜 전화 통화를 더 선호하는지

AL 달성! 모범답변 🎯

① 전화 통화 습관 소개 **Not a day goes by that I don't** talk on the phone. Sometimes I call up friends or family members when I'm at home or on the go, but I'd say that most of my phone time occurs when I'm at work.

② 전화 통화의 구체적인 습관 Like pretty much all office workers, I've got a phone installed at my desk. It rings **every now and then** throughout the day. Usually the person calls to ask for my help. These phone calls typically last less than a minute. I also tend to have a few phone calls with clients each day. Sometimes these conversations with clients can last for a long time. When that happens, I switch to using a headset because it's more comfortable that way.

③ 전화 통화 습관에 대한 내 생각 Talking on the phone is a really important part of my job. Some people these days might prefer to use text messages or instant message programs, but I think that speaking on the phone is a much better way to communicate.

골라 쓰는 답변 아이디어

→ 주로 전화를 하는 상황
during my commute on the bus/subway 통근길에 버스/지하철에서
in the evenings before bed 잠자리에 들기 전 밤에

→ 통화를 왜 하는지
figure out where to meet a friend 친구를 만날 장소를 정한다
confirm the schedule with the client 고객과 스케줄을 확인한다

→ 전화 통화와 관련된 습관
scribble down some notes 메모를 끄적거린다
put my phone on speaker 전화를 스피커로 켜 놓는다

→ 왜 전화 통화를 더 선호하는지
I like hearing the other person's voice 나는 다른 사람의 목소리를 듣는 것이 좋다
phone calls are much more personal 전화가 훨씬 더 인간적이다

① 전화 통화 습관 소개 제가 전화 통화를 하지 않는 날은 하루도 없습니다. 때때로 저는 집에 있을 때나 이동 중에 친구나 가족에게 전화를 걸지만, 그래도 제 통화시간은 대부분 제가 직장에 있을 때 일어난다고 말할 수 있습니다. ② 전화 통화의 구체적인 습관 거의 모든 회사원들과 마찬가지로, 제 책상에는 전화기가 설치되어있습니다. 전화는 하루 내내 가끔 울립니다. 대개는 사람들이 제 도움을 요청하기 위해 전화를 겁니다. 이런 전화들은 보통 1분 이하로 걸립니다. 저는 또한 매일 고객들과 전화를 몇 통 하는 경향이 있습니다. 때때로 고객과 하는 이런 대화는 오랜 시간 동안 계속될 수 있습니다. 그런 일이 일어나면 저는 헤드셋으로 바꾸어 사용하는데, 그렇게 하는 것이 더 편하기 때문입니다. ③ 전화 통화 습관에 대한 내 생각 전화 통화는 제 업무의 매우 중요한 부분입니다. 요즘 어떤 사람들은 문자 메시지나 메신저 프로그램을 사용하기를 선호하지만, 저는 전화로 통화하는 것이 훨씬 더 나은 의사소통 방식이라고 생각합니다.

ring 울리다, 전화가 오다 typically 보통 switch 바꾸다, 스위치를 켜다

나의 답변 🎤 먼저 나의 답변을 실제로 말해보자. 그 후, AL 달성! 답변구조와 AL 달성! 모범답변을 참고하여 나의 답변을 보완하자.
① 전화 통화 습관 소개
② 전화 통화의 구체적인 습관
③ 전화 통화 습관에 대한 내 생각

01 친구와 통화하는 경향 습관/경향에 대해 말하기

🎧 돌발 UNIT 16 Track 2

Q **Do you talk on the phone with your friends often? How frequently do you talk and at what time of day? What do you usually talk about and for how long?** 당신은 친구와 전화 통화를 자주 하나요? 얼마나 자주 통화하며, 하루 중 언제 하나요? 보통 무엇에 대해 이야기하고, 통화를 얼마 동안 하나요?

🎤 나의 답변
> 먼저 나의 답변을 실제로 말해보자. 그 후, 등급 UP! 핵심표현과 AL 달성! 모범답변을 참고하여 나의 답변을 보완하자.

등급 UP! 핵심표현 ⚡

① 친구와 통화하는 경향 소개	· 친구 중 한 명에게 전화를 건다 · 전화로 연락하며 지낸다 · 언제든지 그들에게 전화로 연락한다	→ ring up one of my friends → stay in touch by phone → reach them by phone anytime
② 친구와 통화하는 구체적인 경향	· 가족 문제에 대해 서로 조언을 해준다 · 문자 교환으로 만족해야 한다 · 가끔 한 번씩 그녀에게 전화한다 · 거의 한 시간이 걸릴 수 있다 · 때때로 오랫동안 대화한다	→ give each other advice on family matters → have to be content with texting → call her every once in a while → could take up most of an hour → sometimes hold a long conversation
③ 친구와 통화하는 경향에 대한 내 생각	· 내 하루 중 가장 흥미로운 일이다 · 서로 연락하며 지낼 수 있게 해준다 · 전화 통화로 시간을 많이 낭비한다	→ are the highlight of my day → allows us to stay in touch → waste a lot of time talking on the phone

AL 달성! 모범답변 ✍️

① 친구와 통화하는 경향 소개 **Not a day goes by that** I don't **ring up one of my friends**. I have a couple of friends that I'm very close to, and I like to chat on the phone with them as often as I can.

② 친구와 통화하는 구체적인 경향 Since my friends and I all have office jobs, we usually get hold of each other in the evenings. **We prefer this time because** we can have long conversations. Sometimes we will talk for two or three hours straight. **On a regular weekday, I will** call one of my friends at around 8:00 p.m. when I get home. We will discuss our day at work, make plans for the weekend, and **give each other advice on family and relationship matters**.

③ 친구와 통화하는 경향에 대한 내 생각 These phone conversations **are definitely the highlight of my day**. **I love them because** they help me deal with stress and make me feel closer to my friends.

① 친구와 통화하는 경향 소개 제가 제 친구 중 한 명에게 전화를 걸지 않는 날은 하루도 없습니다. 저는 매우 친한 친구가 두어 명 있는데, 그들과 되도록 자주 전화로 수다 떠는 것을 좋아합니다.

② 친구와 통화하는 구체적인 경향 제 친구들과 저는 모두 사무직이라, 저희는 보통 저녁에 서로와 연락합니다. 저희는 긴 대화를 나눌 수 있기 때문에 이 시간대를 선호합니다. 때때로 저희는 두세 시간 동안 내리 말을 하기도 합니다. 보통 평일에는 제가 집에 도착하는 저녁 8시쯤 친구들 중 한 명에게 전화를 겁니다. 저희는 직장에서의 하루에 대해 이야기를 나누고, 주말을 위해 계획을 세우며, 가족이나 인간관계 문제 등에 대해 서로 조언을 해줍니다.

③ 친구와 통화하는 경향에 대한 내 생각 이렇게 전화로 나누는 대화는 단언코 제 하루 중 가장 흥미로운 일입니다. 이런 대화는 제가 스트레스를 다루는 데 도움을 주고 친구들을 더 가깝게 느끼도록 해주어서 좋습니다.

not a day goes by that ~하지 않는 날은 하루도 없다 get hold of ~와 연락을 하다 straight 내리, 똑바로

전화 통화 중 겪은 경험 기억에 남는 경험 말하기

🎧 돌발 UNIT 16 Track 3

Q **Can you describe a memorable experience you have had while talking on the phone? Who were you talking with? What happened? What was so special about it?** 전화 통화를 하는 도중에 겪었던 기억에 남는 경험을 설명해 줄 수 있나요? 누구와 이야기를 나누고 있었나요? 무슨 일이 있었나요? 그것이 왜 그렇게 특별했나요?

나의 답변 | 먼저 나의 답변을 실제로 말해보자. 그 후, 등급 UP! 핵심표현과 AL 달성! 모범답변을 참고하여 나의 답변을 보완하자.

등급 UP! 핵심표현 ⚡

① 전화 통화 중 겪은 경험 소개	· 저녁 식사를 하려던 참이었다	→ was sitting down to dinner
	· 전화를 받았다	→ picked up the call
	· 전화 상대편의 사람	→ the person on the other end of the line
② 전화 통화 중 겪은 구체적인 경험	· 단지 내 안부를 물으려고 전화했다	→ was just calling to ask after me
	· 그녀에게 끊지 말고 기다리라고 했다	→ told her to stay on the line
	· 반복해서 말해야 했다	→ had to repeat myself
	· (상대방이) 전화를 끊어버렸다	→ hung up on me
③ 결과와 느낀 점	· 나는 말로 표현하지 못할 만큼 기뻤다	→ was beside myself with joy
	· 상냥하게 말해 줘서 고마웠다	→ was grateful for the kind words
	· 은행에서 오는 전화를 조심하게 되었다	→ became wary of phone calls from banks

---

AL 달성! 모범답변 🎯

① **전화 통화 중 겪은 경험 소개** One example of a phone conversation that sticks out for me is one I had early last year. I was sitting down to dinner with my parents when I got a call from my best friend.

② **전화 통화 중 겪은 구체적인 경험** I figured she was just calling to ask after me, but she got right down to business and told me she had some big news to share. She had won some radio contest, and the prize was two tickets for a concert by our favorite pop star. She wanted me to be her guest. What made it even better was that she had also been given backstage passes, so we would be able to meet our idol in person.

③ **결과와 느낀 점** I was beside myself with joy. It was a very pleasant surprise to be told I would be her plus-one for the event. The incident was unforgettable because it made me realize what a great friend I had.

① **전화 통화 중 겪은 경험 소개** 저에게 특히 기억에 남는 전화 통화의 한 예를 들면 지난해 초에 있었던 통화입니다. 저는 부모님과 함께 저녁 식사를 하려던 참에 가장 친한 친구로부터 전화를 받았습니다.

② **전화 통화 중 겪은 구체적인 경험** 저는 친구가 단지 제 안부를 물으려고 전화를 건 것이라고 생각했지만, 친구는 바로 본론으로 들어가서 함께 나누고 싶은 깜짝 놀랄 뉴스가 있다고 말했습니다. 그녀는 어떤 라디오 이벤트에 당첨되었으며, 상품은 저희가 가장 좋아하는 팝 가수의 공연 티켓 두 장이었습니다. 친구는 제가 함께 가기를 바랐습니다. 그보다 더 좋았던 것은 그녀가 무대 뒤 출입증도 받았기 때문에 우리의 우상을 직접 만나볼 수 있으리라는 것이었습니다.

③ **결과와 느낀 점** 저는 기뻐서 어쩔 줄을 몰랐습니다. 제가 그녀의 덤으로 공연에 갈 수 있다는 것을 전해 듣게 된 것은 매우 기쁜 깜짝 소식이었습니다. 이 사건은 제가 얼마나 좋은 친구를 두었는지 깨닫게 해 주었기 때문에 잊지 못할 일이었습니다.

figure 생각하다, 판단하다   get right down to business 바로 본론으로 들어가다   backstage pass 무대 뒤 출입증

*돌발 주제 <전화 통화>에 대한 추가 답변 아이디어와 표현은 [주제별 답변 아이디어&표현 사전]의 p.84에서 학습할 수 있습니다.

UNIT 17

호텔

<호텔>은 Background Survey에는 없지만 돌발 주제로 자주 등장하므로 미리 준비해 두어야 당황하지 않고 답변할 수 있다. 이 UNIT을 통해 <호텔> 빈출 문제 및 모범답변, 그리고 관련 표현을 학습하여 나만의 답변을 준비해 두자

🔄 빈출 문제

우리나라의 호텔 대상 설명하기(2) – 장소	Tell me about the hotels in your country. Where are they usually located? Do they have any facilities that are unique to your country? Give as many details as possible. 당신 나라의 호텔에 대해 이야기해 주세요. 어디에 주로 위치해 있나요? 당신 나라에만 있는 독특한 시설이 있나요? 되도록 상세히 설명해 주세요.
기억에 남는 호텔 투숙 경험 기억에 남는 경험 말하기	Tell me about a memorable experience you have had while staying at a hotel. When and where was it? Who were you with? What happened? Describe the experience in detail, and explain why it was so memorable. 호텔에 머무르면서 겪은 가장 기억에 남는 경험에 대해 이야기해 주세요. 언제 어디에서였나요? 누구와 함께 있었나요? 어떤 일이 있었나요? 그 경험에 대해 상세히 묘사하고 왜 기억에 남는지 설명해 주세요.
최근 호텔 투숙 경험 기억에 남는 경험 말하기	When was your most recent stay at a hotel? Which hotel did you stay at? What did you do at the hotel? Give me as many details as possible. 가장 최근에 호텔에 머무른 것은 언제였나요? 어느 호텔에서 머물렀나요? 호텔에서 무엇을 하셨나요? 되도록 상세히 설명해 주세요.

자주 나오는!
3단 콤보
• 우리나라의 호텔 – 호텔에서 하는 일 – 기억에 남는 호텔 투숙 경험

Tell me about the hotels in your country. Where are they usually located? Do they have any facilities that are unique to your country? Give as many details as possible.

당신 나라의 호텔에 대해 이야기해 주세요. 어디에 주로 위치해 있나요? 당신 나라에만 있는 독특한 시설이 있나요? 되도록 상세히 설명해 주세요.

답변구조에 따라 말할 내용을 살펴보고, 아래 모범답변을 참고하여 나의 답변을 말해보자.

AL 달성! 답변구조 ⚙️

① 우리나라의 호텔 소개	● 어떤 종류가 있는지, 주로 어디에 있는지
② 우리나라 호텔의 특징	● 특별한 점이 무엇인지
③ 우리나라 호텔에 대한 내 생각	● 우리나라 호텔에 대한 평가

AL 달성! 모범답변 ✏️

① **우리나라의 호텔 소개** Many Western-style hotels can be found in Korea. However, there are also guesthouses built in traditional Korean style. **These are usually located** a few minutes away from places of historical or cultural significance, such as the royal palaces in Seoul.

② **우리나라 호텔의 특징** These guesthouses are a good option for foreign tourists who want to experience Korean culture firsthand, but many Koreans also like to stay at these guesthouses. **The thing that sets this type of accommodation apart from others is** that it is built and furnished in the traditional style. Traditional Korean guesthouses have sliding doors, mats on the floor to sleep on, and an under-the-floor heating system called ondol. The rooms stay cozy and comfortable, even in the winter.

③ **우리나라 호텔에 대한 내 생각** I've stayed at one of these guesthouses in Seoul a couple of times. **In my opinion, this is an excellent place to escape from the daily grind.**

골라 쓰는 답변 아이디어

→ • 어떤 종류가 있는지
well-furnished motels 시설 좋은 모텔들
affordable youth hotels
저렴한 유스호스텔들

→ • 주로 어디에 있는지
around airports
공항 근처에
throughout the city
도시 곳곳에

→ • 특별한 점이 무엇인지
its competitive rates 경쟁력 있는 요금
that it's equipped with computers
컴퓨터를 갖추고 있다

→ • 우리나라 호텔에 대한 평가
get an affordable room for the night
밤에 머물 가격이 적당한 방을 얻다
have a weekend getaway
주말 휴가를 보내다

① **우리나라의 호텔 소개** 한국에는 많은 서구식 호텔을 찾아볼 수 있습니다. 하지만 전통 한국식으로 지어진 숙소도 있습니다. 이러한 숙소들은 보통 서울의 고궁과 같이 역사적 또는 문화적인 의의가 있는 장소에서 몇 분 걸리지 않는 곳에 위치해 있습니다. ② **우리나라 호텔의 특징** 이러한 숙소는 한국의 문화를 직접 경험하고 싶어 하는 외국인 관광객들에게 좋은 대안이지만, 많은 한국사람들도 이러한 숙소에서 머무르는 것을 좋아합니다. 이러한 시설이 다른 곳들과 구별되는 점은 전통적인 방식으로 지어지고 가구가 꾸며졌다는 것입니다. 전통적인 한국 숙소에는 미닫이문이 있고, 바닥에 이불을 깔고 잠을 자며, 바닥 밑에 온돌이라는 난방 시스템이 깔려 있습니다. 방은 심지어 겨울에도 계속 아늑하고 편안합니다. ③ **우리나라 호텔에 대한 내 생각** 저는 서울에 있는 이러한 숙소 중 한 곳에 두어 번 머물러 봤습니다. 제 생각에 이곳은 단조로운 일상에서 벗어나기에 매우 훌륭한 곳입니다.

historical significance 역사적인 의의　royal palace 고궁　firsthand 직접　furnished 가구가 꾸며져 있는　daily grind 단조로운 일상

나의 답변 ✎ 먼저 나의 답변을 실제로 말해보자. 그 후, AL 달성! 답변구조와 AL 달성! 모범답변을 참고하여 나의 답변을 보완하자.

① 우리나라의 호텔 소개

② 우리나라 호텔의 특징

③ 우리나라 호텔에 대한 내 생각

01 기억에 남는 호텔 투숙 경험 기억에 남는 경험 말하기

🎧 돌발 UNIT 17 Track 2

Q **Tell me about a memorable experience you have had while staying at a hotel. When and where was it? Who were you with? What happened? Describe the experience in detail, and explain why it was so memorable.** 호텔에 머무르면서 겪은 가장 기억에 남는 경험에 대해 이야기해 주세요. 언제 어디에서였나요? 누구와 함께 있었나요? 어떤 일이 있었나요? 그 경험에 대해 상세히 묘사하고 왜 기억에 남는지 설명해 주세요.

나의 답변 🎙 먼저 나의 답변을 실제로 말해보자. 그 후, 등급 UP! 핵심표현과 AL 달성! 모범답변을 참고하여 나의 답변을 보완하자.

등급 UP! 핵심표현 ⚡

① 기억에 남는 호텔 투숙 경험 소개	· 온라인으로 방을 예약했다	→ made an online reservation for a room
	· 전망이 좋은 방을 요청했다	→ requested a room with a view
	· 가장 좋은 숙면이었다	→ was the best sleep I ever had
	· 집처럼 편했다	→ made me feel at home
② 기억에 남는 호텔 투숙의 구체적인 경험	· 도시를 내려다보는 멋진 전망이 있었다	→ had a beautiful view overlooking the city
	· 비수기 숙박료가 청구되었다	→ charged us the off-season rate
	· 아침 식사가 진수성찬이었다	→ had an amazing breakfast spread
③ 결과와 느낀 점	· 꼭 엄청나게 큰돈이 들어야 하는 것은 아니다	→ doesn't have to cost an arm and a leg
	· 정말 즐겁게 머물렀다	→ had a really enjoyable stay
	· 겉으로만 판단하지 말아야 한다는 것을 배웠다	→ learned not to judge a book by its cover

AL 달성! 모범답변 🎯

① 기억에 남는 호텔 투숙 경험 소개 **The most memorable experience I have ever had while staying at a hotel** was during my last trip abroad with my sister. We booked a flight to Bangkok and **made an online reservation for a room** at an inexpensive hotel.

② 기억에 남는 호텔 투숙의 구체적인 경험 Although our expectations for the hotel were not very high because of its cheap rates, we were pleasantly surprised. Although a bit sparse in terms of furniture, the hotel was well maintained, and the room itself was very clean and comfortable. **What made it even better was that** we **had a beautiful view overlooking the city**. To top it off, we discovered that the hotel restaurant served excellent food, and we enjoyed a number of delicious Thai dishes.

③ 결과와 느낀 점 **The trip was unforgettable because** the hotel we stayed at was so much better than we had thought it would be. **I learned that** something **doesn't have to cost an arm and a leg** to be great.

inexpensive 비싸지 않은 rate 요금 sparse 드문

① 기억에 남는 호텔 투숙 경험 소개 호텔에 머무르면서 겪은 가장 기억에 남는 경험은 가장 최근에 저희 언니와 함께했던 해외여행 중에 있었습니다. 저희는 방콕행 비행편을 예매했고, 온라인으로 비싸지 않은 호텔에 방을 예약했습니다.

② 기억에 남는 호텔 투숙의 구체적인 경험 저렴한 요금 때문에 호텔에 대한 기대가 크지 않았는데, 저희는 의외로 괜찮아서 놀랐습니다. 비록 가구가 좀 드물긴 했지만, 호텔은 관리가 잘 되어 있었고, 방 자체도 매우 깨끗하고 편안했습니다. 더욱 좋았던 것은 도시를 내려다보는 멋진 전망이 있었다는 것이었습니다. 그에 더해 저희는 호텔 레스토랑에서 훌륭한 음식을 제공한다는 것을 알게 되어, 여러 맛있는 태국 요리를 즐겼습니다.

③ 결과와 느낀 점 저희가 머물렀던 호텔이 생각했던 것보다 훨씬 더 좋았기에 그 여행이 기억에 남았습니다. 저는 훌륭한 것이 꼭 엄청나게 큰돈이 들어야 하는 것은 아니라는 것을 알게 되었습니다.

Q **When was your most recent stay at a hotel? Which hotel did you stay at? What did you do at the hotel? Give me as many details as possible.** 가장 최근에 호텔에 머무른 것은 언제였나요? 어느 호텔에서 머물렀나요? 호텔에서 무엇을 하셨나요? 되도록 상세히 설명해 주세요.

나의 답변 ✏️ 먼저 나의 답변을 실제로 말해보자. 그 후, 등급 UP! 핵심표현과 AL 달성! 모범답변을 참고하여 나의 답변을 보완하자.

등급 UP! 핵심표현 ⚡

① 최근 호텔 투숙 경험 소개	· 고급 호텔에 체크인 했다	→ checked in at a luxury hotel
	· 나의 방이 이중 예약되었다	→ they had double-booked my room
	· 극찬하는 리뷰를 보고 선택했다	→ chose it based on the rave reviews
② 최근 호텔에 투숙한 구체적인 경험	· 숙박료를 나눠서 냈다	→ split the fee
	· 그 레스토랑의 음식은 정말 맛있었다	→ the food at the restaurant was to die for
	· 모든 걸 빤히 바라볼 수밖에 없었다	→ couldn't stop staring at everything
	· 모든 비용이 포함되어 있었다	→ was all-inclusive
	· 예약이 모두 차 있었다	→ was fully booked
	· 무료 조식이 제공되었다	→ offered a complimentary breakfast
③ 결과와 느낀 점	· 돈을 더 준 만큼의 값어치가 있었다	→ was well worth the extra cost
	· 지상천국 같다	→ like heaven on earth
	· 싼 게 비지떡이라는 것을 배웠다	→ learned that you get what you pay for
	· 작은 사고가 있었지만 만족했다	→ was satisfied despite the minor mishap

AL 달성! 모범답변 ✍️

① 최근 호텔 투숙 경험 소개 **My last time staying in a hotel was** this summer. My three friends and I felt like splurging, so we **checked in at a luxury hotel** right on the beach.

② 최근 호텔에 투숙한 구체적인 경험 Usually, such a fancy place would be out of our price range. But since we **split the fee**, the cost wasn't outrageous. When we got into our room, we were blown away. It was quite large and very luxurious. We really enjoyed ourselves at the hotel. During our stay, we had dinner at the buffet, swam in the pool, and relaxed in the sauna. As the hotel had a spa, we all got massages as well.

③ 결과와 느낀 점 It was my first time staying at a luxury hotel, and it **was well worth the extra cost**. **I really felt like** we were given the VIP treatment by the staff. **As a result**, I'd definitely like to do it again someday!

① 최근 호텔 투숙 경험 소개 제가 마지막으로 호텔에 투숙했던 것은 지난 여름이었습니다. 제 친구 세 명과 저는 사치를 조금 부려 보고 싶어서 해변 바로 옆에 있는 고급 호텔에 체크인 했습니다.

② 최근 호텔에 투숙한 구체적인 경험 보통 이처럼 고급스러운 곳은 저희가 감당할 수 있는 가격대를 벗어납니다. 하지만 숙박료를 나눠서 냈기 때문에 비용이 터무니없지는 않았습니다. 저희가 방에 들어갔을 때, 저희는 깜짝 놀랐습니다. 방은 상당히 넓었으며 매우 호화로웠습니다. 저희는 호텔에서 정말 즐겁게 지냈습니다. 호텔에 머무르는 동안, 저희는 뷔페에서 저녁 식사를 하고, 수영장에서 수영을 하고, 사우나에서 휴식을 취했습니다. 호텔에는 스파가 있었기 때문에 저희는 모두 마사지도 받았습니다.

③ 결과와 느낀 점 전 고급 호텔에서 머물러 본 것은 처음이었고, 돈을 더 준 만큼의 값어치가 있었습니다. 저는 정말 직원들로부터 저희가 VIP 대접을 받았던 것처럼 느꼈습니다. 그래서 저는 언젠가 이러한 경험을 꼭 다시 한번 해 보고 싶습니다!

splurge 사치를 부리다 fancy 고급스러운, 호화로운 outrageous 터무니 없는 blow away 깜짝 놀라다, 날아가다

*돌발 주제 <호텔>에 대한 추가 답변 아이디어와 표현은 [주제별 답변 아이디어&표현 사전]의 p.86에서 학습할 수 있습니다.

UNIT 18

기술

음성 바로 듣기

<기술>은 Background Survey에는 없지만 돌발 주제로 자주 등장하므로 미리 준비해 두어야 당황하지 않고 답변할 수 있다. 이 UNIT을 통해 <기술> 빈출 문제 및 모범답변, 그리고 관련 표현을 학습하여 나만의 답변을 준비해 두자.

🔄 빈출 문제

과거와 현재의 기술 비교 두 가지 대상 비교하기	Technology is advancing more rapidly than ever. Can you tell me about the way technology has been changing? What changes have occurred since you were a child? Provide me with as many details as possible. 기술은 그 어느 때보다도 빠르게 발전하고 있습니다. 기술이 변화해 온 방식에 대해 이야기해 줄 수 있나요? 당신이 어렸을 때 이후로 어떠한 변화가 일어났나요? 되도록 상세히 설명해 주세요.
기술과 관련되어 생긴 문제 문제 해결 경험 말하기	Have you ever experienced a problem related to technology? For instance, sometimes a device does not work properly or is difficult to use. Describe your technological problem in detail. How did you handle it? 기술과 관련된 문제를 경험하신 적이 있나요? 예를 들면, 가끔 기계 장치가 제대로 작동하지 않거나, 사용하기 어렵게 되어 있습니다. 당신이 겪은 기술적 문제를 상세히 설명해 주세요. 그것을 어떻게 해결했나요?
우리나라에서 인기 있는 기술 대상 설명하기(3) - 사물	Tell me about the technologies that are popular in your country. Which technology do people use the most there? What is it used for? Can you tell me why they like to use it? 당신 나라에서 인기 있는 기술에 대해 이야기해 주세요. 당신 나라에서 사람들이 어떤 기술을 가장 많이 사용하나요? 그 기술은 어떤 용도로 사용되나요? 사람들이 왜 그것을 즐겨 사용하는지 이야기해 줄 수 있나요?

자주 나오는!
3단 콤보
- 우리나라에서 인기 있는 기술 – 과거와 현재의 기술 비교 – 요즘 자주 사용하는 기술
- 우리나라에서 인기 있는 기술 – 기술을 가르쳐 준 사람 – 기술과 관련되어 생긴 문제

| 대표문제 | 과거와 현재의 기술 비교 | 두 가지 대상 비교하기 | 🎧 돌발 UNIT 18 Track 1 |

Technology is advancing more rapidly than ever. Can you tell me about the way technology has been changing? What changes have occurred since you were a child? Provide me with as many details as possible.

기술은 그 어느 때보다도 빠르게 발전하고 있습니다. 기술이 변화해 온 방식에 대해 이야기해 줄 수 있나요? 당신이 어렸을 때 이후로 어떠한 변화가 일어났나요? 되도록 상세히 설명해 주세요.

답변구조에 따라 말할 내용을 살펴보고, 아래 모범답변을 참고하여 나의 답변을 말해보자.

AL 달성! **답변구조** ⚙️

① 비교 대상 소개	● 전반적으로 어떻게 변화했는지
② 과거 기술의 특징	● 과거 컴퓨터의 단점은 무엇이었는지
③ 현재 기술의 특징	● 나아진 점, 새롭게 등장한 기술

AL 달성! **모범답변** ✍️

① 비교 대상 소개 I first started paying attention to technology when I was 12. I've seen a lot of changes since then. The devices we have now are superior to their equivalents in the past.

② 과거 기술의 특징 Take computers, for instance. Early home computers were not very powerful. At first, they didn't even have proper hard drives! They only used floppy disks. I'm sure kids these days don't even have a clue what a floppy disk is! Plus, laptops were few and far between at that time. They were much less portable than they are now and much pricier compared to desktops.

③ 현재 기술의 특징 Since then, computers have become faster, smaller, and more powerful. Additionally, as laptops have dropped in cost, they are now more common than desktops. Furthermore, handheld tablet computers have become mainstream. These feature built-in touch screens and, while they aren't as powerful as desktops or laptops, they offer the ultimate in portability and convenience.

골라 쓰는 답변 **아이디어**

→ • 전반적으로 어떻게 변화했는지
are sleeker and better designed 더 매끈하고 디자인이 더 낫다
evolve at a much quicker pace 훨씬 더 빠른 속도로 발전한다

→ • 과거 컴퓨터의 단점은 무엇이었는지
were terribly noisy 매우 시끄러웠다
took up a lot of space 자리를 많이 차지했다

→ • 나아진 점
vastly increased their storage capacities 저장 용량이 크게 증가했다
become lightweight 가벼워졌다

→ • 새롭게 등장한 기술
VR headsets VR 헤드셋
3D printers 3D 프린터
smart appliances 스마트 가전

① 비교 대상 소개 저는 12살 때 처음 기술에 관심을 갖기 시작했습니다. 그 이후로 저는 많은 변화를 목격해 왔습니다. 오늘날 우리가 갖고 있는 기기들은 그에 상당하는 과거의 기기들에 비해 뛰어납니다. **② 과거 기술의 특징** 컴퓨터를 예로 들어보겠습니다. 초기의 가정용 컴퓨터는 성능이 그다지 좋지 않았습니다. 처음에는, 컴퓨터에 제대로 된 하드 드라이브조차 없었습니다! 컴퓨터에는 오직 플로피 디스크만 사용했습니다. 요즘 아이들은 플로피 디스크가 무엇인지 짐작도 하지 못할 것이 분명합니다! 게다가 당시에 노트북은 흔치 않았습니다. 노트북이 지금보다 휴대하기 훨씬 좋지 않았고 데스크톱 컴퓨터에 비해 가격도 훨씬 더 비쌌습니다. **③ 현재 기술의 특징** 그 이후로 컴퓨터는 더욱 빨라지고, 작아졌으며, 더욱 성능이 좋아졌습니다. 게다가, 노트북 가격이 내려감에 따라 노트북은 이제 데스크톱보다 더 흔해졌습니다. 더욱이 손바닥 크기의 태블릿 컴퓨터가 주류가 되었습니다. 이 기기들은 내장된 터치스크린을 가지고 있으며, 성능은 데스크톱이나 노트북보다 떨어지지만, 최고의 휴대성과 편리성을 제공합니다.

equivalent 상당하는 것, 동등한 **have a clue** 짐작을 하다 **few and far between** 흔치 않다 **handheld** 손바닥 크기의 **mainstream** 주류 **built-in** (기능 등이) 내장된 **portability** 휴대성

나의 답변 먼저 나의 답변을 실제로 말해보자. 그 후, AL 달성! 답변구조와 AL 달성! 모범답변을 참고하여 나의 답변을 보완하자.

① 비교 대상 소개

② 과거 기술의 특징

③ 현재 기술의 특징

01 기술과 관련되어 생긴 문제 문제 해결 경험 말하기

🎧 돌발 UNIT 18 Track 2

Q **Have you ever experienced a problem related to technology? For instance, sometimes a device does not work properly or is difficult to use. Describe your technological problem in detail. How did you handle it?** 기술과 관련된 문제를 경험하신 적이 있나요? 예를 들면, 가끔 기계 장치가 제대로 작동하지 않거나, 사용하기 어렵게 되어 있습니다. 당신이 겪은 기술적 문제를 상세히 설명해 주세요. 그것을 어떻게 해결했나요?

나의 답변 🎤 먼저 나의 답변을 실제로 말해보자. 그 후, 등급 UP! 핵심표현과 AL 달성! 모범답변을 참고하여 나의 답변을 보완하자.

등급 UP! 핵심표현 ⚡

① 문제점과 원인	· 조작하는 것이 쉬운 일은 아니었다	→ operating it was no easy feat
	· 신호를 잡을 수 없었다	→ couldn't get a signal
	· 배터리가 빨리 소모된다	→ drains the batteries quickly
	· 제대로 충전되지 않았다	→ wouldn't charge properly
	· 부팅하는 데 시간이 오래 걸렸다	→ took forever to boot
② 해결 방법	· 매뉴얼을 공부할 수밖에 없었다	→ had no choice but to study the manual
	· 오류를 수정하는 패치를 설치했다	→ installed a patch to fix the bug
	· 고객 센터에 전화했다	→ called customer service
③ 결과와 배운 점	· 기술을 잘 이용하려고 배운다	→ learn the technology to get the most out of it
	· 다시 작동을 멈췄다	→ stopped running again
	· 서로 다른 기기에 사본을 여럿 저장한다	→ store multiple copies in different devices

AL 달성! 모범답변 🎯

① 문제점과 원인 **I remember when** my father bought a smart TV last year. It seemed like a great idea at the time, but we soon realized that **operating it was no easy feat**. There were a lot of different settings, and the remote control had so many buttons. When we tried to watch a movie, we spent over 20 minutes scrolling through different menus. It was so confusing that my father said that he regretted buying it.

② 해결 방법 At that point, I **had no choice but to sit down and study the manual** carefully. After a few hours, I understood all the settings and functions, and I was able to explain them in simple terms that my parents could understand.

③ 결과와 배운 점 Now, we are all very comfortable with the smart TV, and we can't imagine living without it. **The incident was unforgettable because** it made me realize that people must first **learn how to use new technologies to get the most out of them**.

① 문제점과 원인 저는 아버지가 작년에 스마트 TV를 사신 때를 기억합니다. 그 당시에는 매우 좋은 생각처럼 보였지만, 저희는 곧 조작하는 것이 쉬운 일이 아니라는 것을 깨달았습니다. 너무 많은 다양한 설정이 있었고, 리모컨에는 너무나도 많은 버튼이 있었습니다. 우리가 영화를 보려고 했을 때, 우리는 서로 다른 메뉴들을 스크롤하는 데 20분을 넘게 보냈습니다. 너무 혼란스러운 나머지 저희 아버지는 그 TV를 산 것이 후회된다고 말씀하셨습니다.

② 해결 방법 그 시점에 저는 자리를 잡고 앉아서 매뉴얼을 세심하게 공부할 수밖에 없었습니다. 몇 시간 후에 저는 모든 설정과 기능을 이해했으며, 이를 부모님이 이해할 수 있는 간단한 용어로 설명할 수 있었습니다.

③ 결과와 배운 점 지금 저희는 스마트 TV에 대해 모두 매우 편안해하고, 이것 없이 사는 삶을 상상조차 할 수 없습니다. 그 사건은 저에게 사람들이 새로운 기술을 잘 이용하려면 먼저 그것을 어떻게 사용하는지 배워야 한다는 사실을 깨닫게 해주었기 때문에 잊히지 않습니다.

operate 조작하다, 가동하다 **regret** 후회하다 **term** 용어, 말

Q **Tell me about the technologies that are popular in your country. Which technology do people use the most there? What is it used for? Can you tell me why they like to use it?**

당신 나라에서 인기 있는 기술에 대해 이야기해 주세요. 당신 나라에서 사람들이 어떤 기술을 가장 많이 사용하나요? 그 기술은 어떤 용도로 사용되나요? 사람들이 왜 그것을 즐겨 사용하는지 이야기해 줄 수 있나요?

나의 답변 🎙 | 먼저 나의 답변을 실제로 말해보자. 그 후, 등급 UP! 핵심표현과 AL 달성! 모범답변을 참고하여 나의 답변을 보완하자.

등급 UP! 핵심표현 ⚡

① 인기 있는 기술 소개	· 어디에서나 볼 수 있다	→ can be seen everywhere you look
	· 태블릿 컴퓨터 없이 살 수 없다	→ can't live without their tablet computers
	· 순식간에 유행이 되었다	→ quickly became a fad
	· 새로운 신기술 트렌드를 창출했다	→ set new technology trends
	· 문화적 현상이 되었다	→ became a cultural phenomenon
② 인기 있는 기술의 특징	· 거의 모든 것에 사용되다	→ are used for just about everything
	· 이 모든 기능을 갖추고 있다	→ equipped with all those functions
	· 기능이 꽉 차 있다	→ is loaded with features
	· 하나의 편리한 장치로 합쳐졌다	→ rolled into one handy gadget
	· 지금까지 나온 장비 중 가장 최첨단이다	→ is the most advanced piece of equipment to date
③ 그 기술에 대한 내 생각	· 삶을 훨씬 더 편하게 만들어 준다	→ make life so much easier
	· 세계가 이제 당신의 손끝에 닿아 있다	→ the world is now at your fingertips
	· 획기적인 발명	→ a revolutionary invention

AL 달성! 모범답변 ✒

① **인기 있는 기술 소개** In Korea, smartphones **can be seen everywhere you look**. In fact, it's close to impossible to find anyone who doesn't use a smartphone.

② **인기 있는 기술의 특징** Smartphones have become a necessity in most people's daily lives. They are **used for just about everything** in Korea. In addition to calling, texting, and browsing social media, people use them to do their banking, play games, watch TV, and shop. They have high-quality cameras and video recorders, too. They also act as wallets, GPS devices, and more. One of the reasons it's possible to do so many things on a smartphone is because exceptionally fast Internet and free Wi-Fi are available almost everywhere.

③ **그 기술에 대한 내 생각** **I like smartphones because** they **make life so much easier**. And as each year passes, the new models can do more and more. I use my smartphone for almost everything, and I don't think I could live without it.

① **인기 있는 기술 소개** 한국에서, 스마트폰은 어디에서나 볼 수 있습니다. 사실, 스마트폰을 사용하지 않는 사람을 찾기란 거의 불가능합니다.

② **인기 있는 기술의 특징** 스마트폰은 대부분의 사람들의 일상생활에 하나의 필수품이 되었습니다. 스마트폰은 한국에서 거의 모든 것에 사용됩니다. 전화하고, 문자 보내고, 소셜미디어를 검색하는 것 외에도, 한국 사람들은 은행 업무를 보고, 게임을 하고, TV를 보고, 쇼핑하기 위해 스마트폰을 사용합니다. 스마트폰은 고품질 카메라와 비디오 녹화기도 지니고 있습니다. 다운로드하는 앱에 따라 지갑, GPS 장치 등의 역할도 합니다. 스마트폰에서 많은 것을 할 수 있는 이유 중 하나는 매우 빠른 인터넷과 무료 와이파이가 거의 모든 곳에서 사용할 수 있기 때문입니다.

③ **그 기술에 대한 내 생각** 저는 스마트폰이 삶을 훨씬 더 편하게 만들어 주기 때문에 좋습니다. 그리고 해가 지날 때마다, 새로운 모델들은 점점 더 많은 것을 할 수 있습니다. 저는 스마트폰을 거의 모든 일에 사용하고 있고, 스마트폰 없이는 살 수 없을 것 같습니다.

necessity 필수품 **browse** 검색하다, 둘러보다 **exceptionally** 매우, 유난히

*돌발 주제 <기술>에 대한 추가 답변 아이디어와 표현은 [주제별 답변 아이디어&표현 사전]의 p.88에서 학습할 수 있습니다.

UNIT
19
건강 · 병원

음성 바로 듣기

<건강·병원>은 Background Survey에는 없지만 돌발 주제로 자주 등장하므로 미리 준비해 두어야 당황하지 않고 답변할 수 있다. 이 UNIT을 통해 <건강·병원> 빈출 문제 및 모범답변, 그리고 관련 표현을 학습하여 나만의 답변을 준비해 두자.

🔄 빈출 문제

건강한 사람
대상 설명하기(1) – 인물

Tell me about a healthy person you know. What does he or she look like? What kind of food does he or she like to eat? How did you meet him or her? Provide as many details as possible.

당신이 아는 가장 건강한 사람에 대해 이야기해 주세요. 그 사람은 어떻게 생겼나요? 그 사람은 어떤 종류의 음식을 즐겨 먹나요? 당신은 그 사람을 어떻게 만났나요? 되도록 상세히 설명해 주세요.

건강을 유지하기 위한 나의 활동
습관/경향에 대해 말하기

Many people put a lot of effort into keeping themselves fit. Is there anything special that you do to keep healthy? Tell me what you do, and explain why you do it.

많은 사람들은 건강을 유지하기 위해 많은 노력을 기울입니다. 당신은 건강을 지키기 위해 특별히 하는 것이 있나요? 당신이 무엇을 하는지, 그리고 그것을 왜 하는지 이야기해 주세요.

건강에 이상이 생겨 겪은 문제
문제 해결 경험 말하기

Tell me about a health problem that you or a person close to you had. What were the symptoms? What did you or the other person do to get over it?

당신 또는 당신과 가까운 사람이 겪었던 건강상의 문제에 대해 이야기해 주세요. 증세는 무엇이었나요? 당신 또는 다른 사람은 그것을 이겨내기 위해 무엇을 했나요?

치과에 처음 간 경험
기억에 남는 경험 말하기

Tell me about the first time you visited a dental clinic. When was it? Why did you go there? Tell me about it in as much detail as possible.

치과를 처음 갔을 때에 대해 이야기해 주세요. 언제였나요? 왜 그곳을 갔었나요? 그것에 대해 되도록 상세히 이야기해 주세요.

과거와 현재의 병원 비교
두 가지 대상 비교하기

Are the clinics you go to these days different than the ones you went to as a child? How are they different? Describe the differences between them in as much detail as possible.

당신이 요즘 다니는 병원은 당신이 어렸을 때 다녔던 병원과는 다른가요? 둘은 서로 어떻게 다른가요? 그 둘 사이의 차이점에 대해 되도록 상세히 설명해 주세요.

자주 나오는! 3단 콤보
• 건강을 유지하기 위한 나의 활동 – 건강한 사람 – 건강에 이상이 생겨 겪은 문제
• 우리나라의 병원 – 치과에 처음 간 경험 – 과거와 현재의 병원 비교

Tell me about a healthy person you know. What does he or she look like? What kind of food does he or she like to eat? How did you meet him or her? Provide as many details as possible.

당신이 아는 가장 건강한 사람에 대해 이야기해 주세요. 그 사람은 어떻게 생겼나요? 그 사람은 어떤 종류의 음식을 즐겨 먹나요? 당신은 그 사람을 어떻게 만났나요? 되도록 상세히 설명해 주세요.

답변구조에 따라 말할 내용을 살펴보고, 아래 모범답변을 참고하여 나의 답변을 말해보자.

AL 달성! 답변구조 ⚙️

① 건강한 사람 소개	● 누구인지, 어떻게 만났는지
② 건강한 사람의 특징	● 어떻게 생겼는지, 무엇을 즐겨 먹는지
③ 건강한 사람에 대한 내 생각	● 그 사람을 보며 느끼는 점

AL 달성! 모범답변 🎯

① 건강한 사람 소개 **The person I'd like to talk about is** my friend, Dong-hoon. I met him in my first year of university, and we have remained close ever since. He likes to take good care of himself, and he is the healthiest person I know.

② 건강한 사람의 특징 **Regarding his appearance**, he is tall, has dark hair, and is in great shape. **He's in his early** 30s, but he looks a lot younger than his age. This is because he always eats very healthy foods. Even when Dong-hoon wants a snack, he never eats processed or fast food. Instead, he will grab some fresh fruits or vegetables. From what he told me, he developed healthy eating habits as a child because his parents were very concerned about proper nutrition.

③ 건강한 사람에 대한 내 생각 My biggest hope is that one day I'll be as healthy as Dong-hoon. But even though I'm very motivated to improve my physical fitness, I still find it difficult to maintain a healthy diet. I just don't have the willpower to resist eating junk food.

골라 쓰는 답변 아이디어

→ 어떻게 만났는지
through a mutual friend
같이 아는 친구를 통해
at the gym I go to
내가 다니는 체육관에서

→ 어떻게 생겼는지
has well-developed muscles
잘 발달된 근육을 가졌다
never looks tired or rundown
절대 피곤하거나 지쳐 보이지 않는다

→ 무엇을 즐겨 먹는지
sticks to wholesome food
건강에 좋은 음식을 고수한다
loads up on greens
푸른색 채소를 잔뜩 먹는다

→ 그 사람을 보며 느끼는 점
I think he should enjoy himself a little more.
난 그가 좀 더 즐기며 살아도 된다고 생각한다.
Nothing is as valuable as good health. 건강보다 소중한 것은 없다.

① 건강한 사람 소개 제가 이야기하고 싶은 사람은 제 친구인 동훈입니다. 저는 그를 대학 1학년 때 만났으며, 그 이후로 저희는 절친한 사이로 지내왔습니다. 그는 자기 관리하는 것을 즐기며, 제가 아는 사람 중 가장 건강한 사람입니다. ② 건강한 사람의 특징 그의 외모에 있어서, 그는 키가 크고, 검은 머리카락을 가지고 있으며, 매우 건강합니다. 그는 30대 초반이지만, 자기 나이보다 훨씬 더 어려 보입니다. 이는 그가 항상 건강에 매우 좋은 음식을 먹기 때문입니다. 동훈이는 간식이 먹고 싶을 때조차도 절대 가공식품이나 패스트푸드를 먹지 않습니다. 대신 그는 신선한 과일이나 채소를 찾습니다. 그가 제게 말해주기를, 부모님께서 올바른 영양 섭취에 매우 관심이 많으셨기 때문에 그는 어릴 때 건강한 식습관을 들일 수 있었다고 합니다. ③ 건강한 사람에 대한 내 생각 제 가장 큰 희망은 언젠가 저도 동훈이만큼 건강해지는 것입니다. 하지만 제가 신체 건강을 증진하는 것에 매우 의욕이 넘치기는 해도 아직 건강한 식습관을 유지하는 것은 어렵습니다. 저는 정크푸드 먹는 것을 자제할 만큼 의지가 강하지 못합니다.

in great shape 매우 건강한 **processed food** 가공식품 **nutrition** 영양 섭취 **willpower** 의지

나의 답변 🎤 먼저 나의 답변을 실제로 말해보자. 그 후, AL 달성! 답변구조와 AL 달성! 모범답변을 참고하여 나의 답변을 보완하자.
① 건강한 사람 소개
② 건강한 사람의 특징
③ 건강한 사람에 대한 내 생각

돌발 주제 공략

UNIT 19 건강·병원 10일 만에 끝내는 해커스 OPIc (Advanced 공략)

01 건강을 유지하기 위한 나의 활동 습관/경향에 대해 말하기

🎧 돌발 UNIT 19 Track 2

Q **Many people put a lot of effort into keeping themselves fit. Is there anything special that you do to keep healthy? Tell me what you do, and explain why you do it.** 많은 사람들은 건강을 유지하기 위해 많은 노력을 기울입니다. 당신은 건강을 지키기 위해 특별히 하는 것이 있나요? 당신이 무엇을 하는지, 그리고 그것을 왜 하는지 이야기해 주세요.

나의 답변 🎙 먼저 나의 답변을 실제로 말해보자. 그 후, 등급 UP! 핵심표현과 AL 달성! 모범답변을 참고하여 나의 답변을 보완하자.

등급 UP! 핵심표현 ⚡

① 건강 유지 활동 소개	· 내가 먹는 것에 주의를 기울인다	→keep a watchful eye on what I eat
	· 유연성을 키워야 한다	→need to work on my flexibility
	· 쉽게 피곤을 느낀다	→get tired easily
② 건강 유지 활동의 구체적인 경향	· 30분간 러닝머신을 이용한다	→hit the treadmill for 30 minutes
	· 조깅을 할 때면 언제나 땀을 흘린다	→always work up a sweat when jogging
	· 운동을 할 때 최선을 다한다	→give it my all when I work out
	· 10여 분간 줄넘기를 한다	→jump rope for about 10 minutes
③ 건강 유지 활동에 대한 내 생각	· 많은 영역에 긍정적인 영향을 미쳤다	→had a positive impact in many areas
	· 지난해에 몸무게가 많이 줄었다	→shed a lot of weight last year
	· 장거리를 뛴 후에도 숨이 가쁘지 않다	→don't feel out of breath after a long run

AL 달성! 모범답변 ✒

① 건강 유지 활동 소개 **I usually** keep a watchful eye on what I eat **in order to** stay healthy. Since I'm the type of person who puts on weight easily, I need to exercise daily as well.

② 건강 유지 활동의 구체적인 경향 **My typical workout routine involves** lifting weights at the fitness center for an hour and then **hitting the treadmill for 30 minutes**. I also go jogging along the river on the weekends. In addition to exercising, I avoid eating fried foods and sugary snacks. Instead, I prepare balanced meals that include lots of greens and whole grains.

③ 건강 유지 활동에 대한 내 생각 I've done this for about two years now, and it's made a huge difference. My body stays at a weight that is perfect for my height. I also find that I'm in a better mood than I was before. **I personally think that** eating well and staying in shape has **had a positive impact in many areas** of my life.

① 건강 유지 활동 소개 저는 건강을 유지하기 위해 보통 제가 먹는 것에 주의를 기울입니다. 저는 살이 쉽게 찌는 체질의 사람이라서 운동도 매일 해야 합니다.

② 건강 유지 활동의 구체적인 경향 제 일상적인 운동 순서는 헬스장에서 한 시간 동안 역기를 든 후 30분간 러닝머신을 이용하는 것입니다. 또한, 주말에는 강을 따라 조깅을 합니다. 운동뿐만 아니라 저는 튀긴 음식과 설탕이 많이 들어간 간식 섭취를 피합니다. 그 대신 저는 채소와 통곡물이 많이 들어간 균형 잡힌 식단을 준비합니다.

③ 건강 유지 활동에 대한 내 생각 저는 이러한 생활을 이제 거의 2년째 해왔으며, 이는 큰 변화를 가져왔습니다. 제 몸무게는 제 키에 딱 적절한 무게로 유지되고 있습니다. 또한, 저는 이전보다 더 기분 좋게 지내고 있다는 것을 발견합니다. 제 개인적인 생각으로는 잘 먹는 것과 몸매를 유지하는 것이 제 삶의 많은 영역에 긍정적인 영향을 미쳤던 것 같습니다.

routine 순서, 판에 박힌 일 lift weight 역기를 들다 treadmill 러닝머신 balanced meal 균형 잡힌 식단 green 채소, 녹색

02 건강에 이상이 생겨 겪은 문제 문제 해결 경험 말하기

Q **Tell me about a health problem that you or a person close to you had. What were the symptoms? What did you or the other person do to get over it?** 당신 또는 당신과 가까운 사람이 겪었던 건강상의 문제에 대해 이야기해 주세요. 증세는 무엇이었나요? 당신 또는 다른 사람은 그것을 이겨내기 위해 무엇을 했나요?

나의 답변 먼저 나의 답변을 실제로 말해보자. 그 후, 등급 UP! 핵심표현과 AL 달성! 모범답변을 참고하여 나의 답변을 보완하자.

등급 UP! 핵심표현 ⚡

① 건강상에 이상이 생겨 겪은 문제점과 원인	· 그는 극심한 고통에 시달렸다 · 쇠약해 보였다 · 몸이 좋지 않았다	→ left him in extreme pain → looked run down → was in bad shape
② 해결 방법	· 몇몇 생활 습관을 바꿨다 · 약물 처방을 받게 되었다 · 수술을 받았다	→ made some lifestyle changes → was put on medication → underwent surgery
③ 결과와 배운 점	· 새 삶의 기회를 얻었다 · 내가 완쾌되었다고 말했다 · 회복기에 들어섰다	→ got a fresh start in life → gave me a clean bill of health → is on the mend

AL 달성! 모범답변 ✏

① 건강상에 이상이 생겨 겪은 문제점과 원인 My father had a health issue a few years ago. **The problem was that** he had a stomach ulcer, which **left him in extreme pain**. However, he was able to overcome this condition.

② 해결 방법 My dad didn't know he had a health problem until he started to experience pain in his stomach after eating. He went to a medical clinic, where a doctor ran a series of tests. The doctor informed my dad that he had a stomach ulcer, and that he would probably get more of them in the future unless he **made some lifestyle changes**. This surprised my father because he'd always had a strong stomach. **To solve the problem**, my father quit drinking and smoking, and stopped eating spicy food. He **enlisted the help of** my mother, who prepared him delicious foods that did not irritate his stomach.

③ 결과와 배운 점 By making these changes to his lifestyle, my father **got a fresh start in life**. He **learned the hard way** the importance of taking care of his health.

① 건강상에 이상이 생겨 겪은 문제점과 원인 제 아버지는 몇 년 전에 건강 문제를 겪으셨습니다. 문제는 아버지께서 위궤양을 앓고 계신 것이었는데, 이 때문에 극심한 고통에 시달리셨습니다. 하지만 아버지께서는 이 상태를 이겨 내실 수 있으셨습니다.

② 해결 방법 아버지께서는 식사 후 위장에 고통을 느끼시기 전까지는 건강상의 문제가 있는지 모르셨습니다. 아버지는 병원에 가셨고, 그곳에서 의사가 일련의 검사를 실시했습니다. 의사는 아버지에게 위궤양이 있고, 몇몇 생활 습관을 바꾸시기 전까지는 아마도 위궤양을 계속 더 많이 겪게 될 것이라고 알려주었습니다. 아버지는 늘 튼튼한 위를 가지고 계셨기에 이에 놀라셨습니다. 문제를 해결하기 위해 아버지께서는 술과 담배를 끊으시고, 매운 음식을 드시는 것을 멈추셨습니다. 아버지께서는 어머니께 도움을 요청했으며, 어머니는 아버지의 위를 자극하지 않으면서도 맛있는 음식을 준비해 주셨습니다.

③ 결과와 배운 점 이러한 생활 습관 변화를 통해, 아버지께서는 새 삶의 기회를 얻으셨습니다. 아버지는 건강을 돌보는 것의 중요성에 대해 비싼 교훈을 얻으셨습니다.

stomach ulcer 위궤양 enlist 요청하다 learn the hard way 비싼 교훈을 얻다

03 치과에 처음 간 경험 기억에 남는 경험 말하기

Q **Tell me about the first time you visited a dental clinic. When was it? Why did you go there? Tell me about it in as much detail as possible.** 치과를 처음 갔을 때에 대해 이야기해 주세요. 언제였나요? 왜 그곳을 갔나요? 그것에 대해 되도록 상세히 이야기해 주세요.

나의 답변 🎤 | 먼저 나의 답변을 실제로 말해보자. 그 후, 등급 UP! 핵심표현과 AL 달성! 모범답변을 참고하여 나의 답변을 보완하자.

등급 UP! 핵심표현 ⚡

① 치과에 처음 간 경험 소개	· 검진을 위해 치과에 가야 했다	→ had to visit the dentist's office for a checkup
	· 이를 하나 때워야 했다	→ needed to get a tooth filled
	· 단 것을 좋아해서 충치가 많았다	→ had a sweet tooth, so I had lots of cavities
② 치과에 처음 간 구체적인 경험	· 용기 있는 척했다	→ put on a brave face
	· 식은땀이 났다	→ broke out in a cold sweat
	· 주사기를 보자마자 울음을 터뜨렸다	→ burst out crying at the sight of the syringe
③ 결과와 느낀 점	· 모두를 힘들게 했다	→ gave everyone a hard time
	· 다시는 돌아오지 않겠다고 맹세했다	→ made a vow to never come back
	· 심장마비 걸릴 뻔했다	→ almost had a heart attack

AL 달성! 모범답변 ✏️

① 치과에 처음 간 경험 소개 **The first dental visit I remember was when** I was five or six years old. I **had to visit the dentist's office for a checkup**. It is definitely not an event I like to dwell on.

② 치과에 처음 간 구체적인 경험 **As far as I remember, this is what happened.** The drill the dentist used made a scary noise, and the sound of children crying was terrifying. At first, I **put on a brave face** and sat nervously in the waiting room. However, when the receptionist finally called my name, it was just too much. I ran for the door. Unfortunately, a nurse blocked my way. Then my dad picked me up and carried me to the examination room.

③ 결과와 느낀 점 **The incident was unforgettable because** I was so frightened. But now I am over my fear of the dentist. I'm actually a little embarrassed by **how hard of a time I gave everyone** that day.

① 치과에 처음 간 경험 소개 제가 기억하는 첫 치과 방문은 제가 다섯 살 또는 여섯 살 때였습니다. 전 검진을 위해 치과에 가야 했습니다. 그것은 결코 다시 생각하고 싶지 않은 기억입니다.

② 치과에 처음 간 구체적인 경험 제가 기억하는 바로는 이런 일이 있었습니다. 치과 의사가 사용하는 드릴에서는 무서운 소리가 났고, 아이들의 울음소리는 끔찍했습니다. 처음에는 용기 있는 척하면서 대기실에서 초조하게 앉아있었습니다. 하지만 접수 담당 간호사가 마침내 제 이름을 부르자 더 이상 견디지 못했습니다. 저는 문을 향해 뛰어갔습니다. 불행히도 간호사 한 명이 제 앞을 가로막았습니다. 그리고 나서 아버지께서 저를 안아 들고 진찰실로 데려갔습니다.

③ 결과와 느낀 점 저는 너무 무서웠기 때문에 그 사건이 기억에 남게 되었습니다. 하지만 지금은 치과의사에 대한 두려움을 뛰어넘었습니다. 그날 제가 모두를 얼마나 힘들게 했는지 생각하면 사실 약간 부끄럽습니다.

dwell on 다시 생각하다, 곱씹다 **examination room** 진찰실

🎧 돌발 UNIT 19 Track 5

04 과거와 현재의 병원 비교 두 가지 대상 비교하기

Q **Are the clinics you go to these days different than the ones you went to as a child? How are they different? Describe the differences between them in as much detail as possible.** 당신이 요즘 다니는 병원은 당신이 어렸을 때 다녔던 병원과는 다른가요? 둘은 서로 어떻게 다른가요? 그 둘 사이의 차이점에 대해 되도록 상세히 설명해 주세요.

나의 답변 🎤 | 먼저 나의 답변을 실제로 말해보자. 그 후, 등급 UP! 핵심표현과 AL 달성! 모범답변을 참고하여 나의 답변을 보완하자.

등급 UP! 핵심표현 ⚡

① 비교 대상 소개	· 가끔씩 병원에 다녔다	→ have visited doctors' offices off and on
	· 차이점을 알아차리기란 그다지 어렵지 않다	→ not that hard to tell the differences
	· 얼핏 보기에는 똑같아 보인다	→ looks to be the same at a casual glance
② 과거 병원의 특징	· 그 당시에는 모든 것이 상당히 오래 걸렸다	→ everything took forever back then
	· 의료보험증을 가져가야 했다	→ had to bring my medical insurance card
	· 응급실은 덜 붐볐다	→ emergency rooms were less crowded
	· 소아청소년과에 다니곤 했다	→ used to visit a pediatrician
③ 현재 병원의 특징	· 간단한 일이 되었다	→ has become a simple matter
	· 새로 지어진 물리치료실이 있다	→ has a newly built physical therapy room
	· 훨씬 더 빠르게 진행되게 한다	→ sped up the process considerably
	· 과거의 유물	→ a thing of the past
	· 최신 기술을 갖춘	→ equipped with cutting-edge technology

AL 달성! 모범답변 ✒️

① 비교 대상 소개 I **have visited doctors' offices off and on** for over 20 years. Medical clinics today **differ from** those of my childhood **in several ways**.

② 과거 병원의 특징 **Let's start with the** equipment. When I first began visiting the doctor, there were very few electronic devices being used. Nurses used to take patients' blood pressure using some manually operated tool. Also, doctors wrote prescriptions by hand. **Another difference is that** everything took forever back then. Sometimes you had to wait for weeks until your medical checkup results came back.

③ 현재 병원의 특징 **These days**, taking one's blood pressure **has become a simple matter** of putting one's arm through a machine and reading the result on the screen. Also, prescriptions are printed out. **On top of this**, after taking a medical exam, a patient will most likely be able to get a detailed result in just a few days. **To sum it up**, I believe that clinics today are much better than those of the past.

① 비교 대상 소개 저는 지난 20년간 가끔 병원에 다녔습니다. 오늘날의 병원은 몇 가지 점에서 제가 어릴 때의 병원과는 다릅니다.

② 과거 병원의 특징 장비에 대해서부터 시작하겠습니다. 제가 처음 병원을 가기 시작했을 때는 사용되는 전자 기기가 매우 적었습니다. 간호사들은 어떤 수동으로 작동되는 기구를 사용하여 환자의 혈압을 재곤 했습니다. 또한 의사들은 손으로 처방전을 썼습니다. 또 다른 차이점은 그 당시에는 모든 것이 상당히 오래 걸렸다는 것입니다. 때때로 검진 결과를 받으려면 몇 주씩 기다려야 했습니다.

③ 현재 병원의 특징 요즘에는 혈압을 재는 일이 기계에 팔만 집어넣고 스크린에 뜬 결과를 읽기만 하면 되는 간단한 일이 되었습니다. 또한 처방전은 인쇄됩니다. 더욱이 의료 검진을 받은 후 환자는 대부분의 경우 단 며칠 만에 상세한 결과를 받을 수 있을 것입니다. 이 모두를 종합해서 말하자면, 저는 오늘날의 병원이 과거의 병원보다 훨씬 더 좋다고 생각합니다.

off and on 가끔 blood pressure 혈압 manually 수동으로 operate 작동되다 prescription 처방전

*돌발 주제 <건강·병원>에 대한 추가 답변 아이디어와 표현은 [주제별 답변 아이디어&표현 사전]의 p.90에서 학습할 수 있습니다.

UNIT 20 재활용

음성 바로 듣기

<재활용>은 Background Survey에는 없지만 돌발 주제로 자주 등장하므로 미리 준비해 두어야 당황하지 않고 답변할 수 있다. 이 UNIT을 통해 <재활용> 빈출 문제 및 모범답변, 그리고 관련 표현을 학습하여 나만의 답변을 준비해 두자.

🔄 빈출 문제

집에서 하는 재활용 과정 시간 순서대로 설명하기	How do you recycle at home? When and how often do you recycle? Describe each step of the process from beginning to end. 당신은 집에서 어떻게 재활용을 하나요? 언제, 그리고 얼마나 자주 재활용을 하나요? 그 과정의 각 단계를 처음부터 끝까지 설명해 주세요.
재활용을 하며 기억에 남는 경험 기억에 남는 경험 말하기	Tell me about a memorable experience you had while recycling. What happened? What made it so memorable? Tell me about it in as much detail as possible. 재활용을 하며 기억에 남는 경험에 대해 이야기해 주세요. 무슨 일이 있었나요? 무엇 때문에 기억에 남나요? 그것에 대해 되도록 상세히 이야기해 주세요.
우리나라의 재활용 대상 설명하기(3) – 사물	Tell me about recycling in your country. What kind of items do people usually recycle? Please describe the recycling system in your country in detail. 당신 나라의 재활용에 대해 이야기해 주세요. 사람들은 보통 어떤 종류의 물건을 재활용하나요? 당신 나라의 재활용 시스템을 상세히 설명해 주세요.

자주 나오는 3단 콤보
• 우리나라의 재활용 – 집에서 하는 재활용 과정 – 재활용을 하며 기억에 남는 경험

집에서 하는 재활용 과정 시간 순서대로 설명하기 🎧 돌발 UNIT 20 Track 1

How do you recycle at home? When and how often do you recycle? Describe each step of the process from beginning to end.

당신은 집에서 어떻게 재활용을 하나요? 언제, 그리고 얼마나 자주 재활용을 하나요? 그 과정의 각 단계를 처음부터 끝까지 설명해 주세요.

답변구조에 따라 말할 내용을 살펴보고, 아래 모범답변을 참고하여 나의 답변을 말해보자.

AL 달성! 답변구조 ⚙

① 집에서 하는 재활용 소개	● 어떻게 재활용을 하게 되었는지
② 시간 순서대로 설명	● 재활용 절차, 언제 하는지, 어디에서 하는지
③ 재활용에 대한 내 생각	● 재활용의 중요성

AL 달성! 모범답변 🎯

① **집에서 하는 재활용 소개** Not long ago, my family moved into an apartment building where there are really strict rules about recycling. In our old building, the rules were more lax, but the new place is different. So we have been recycling meticulously since our move.

② **시간 순서대로 설명** **The first thing we do is** separate the different types of recyclable items. For example, plastic bottles, metal cans, and newspapers all go in different bags. My mother always goes through the bags to make sure everything is where it's supposed to be. Then, on Wednesdays and Sundays, I take the bags out for pickup. There's a designated area next to our building.

③ **재활용에 대한 내 생각** **To tell you the truth**, this whole recycling thing is really a bit of a chore. However, **I realize that** it is necessary because of the environmental benefits. It's something everyone should take seriously in order to keep the planet healthy for future generations.

골라 쓰는 답변 아이디어

→ ● 어떻게 재활용을 하게 되었는지
I saw a documentary about pollution.
환경 오염에 관한 다큐멘터리를 보았다.
Recycling is required by law in our country.
재활용은 우리나라에서 법으로 의무화되어 있다.

→ ● 언제 하는지
on my way to work 출근길에
after dinner most evenings
거의 매일 저녁을 먹은 후에

→ ● 어디에서 하는지
a bin by the curb 도로변에 쓰레기통
a spot on the basement floor of the building 건물 지하에 있는 장소

→ ● 재활용의 중요성
it is our duty as citizens
시민으로서 우리의 의무이다
everyone has to do their part for the planet
모든 사람이 지구를 위해 자기 몫을 해야 한다

---

① **집에서 하는 재활용 소개** 얼마 전에, 저희 가족은 재활용에 대한 규정이 매우 엄격한 아파트로 이사를 왔습니다. 이전에 살던 건물에서는 규정이 더 느슨했지만, 새로운 동네에서는 달랐습니다. 그래서 저희는 이사 온 후 재활용을 꼼꼼하게 해왔습니다. ② **시간 순서대로 설명** 저희가 맨 처음에 하는 일은 여러 종류의 재활용 물품을 분리하는 것입니다. 예를 들면, 플라스틱병과 금속 깡통, 그리고 신문은 모두 다른 봉투로 들어갑니다. 저희 어머니는 항상 봉투들을 살펴보시면서 모든 것이 각자 있어야 할 봉투에 있는지 확인하십니다. 그리고 나면 수요일과 일요일에는 제가 봉투를 밖에 내놓아서 수거해 가게 합니다. 저희 건물 옆에 지정된 장소가 있습니다. ③ **재활용에 대한 내 생각** 솔직히 말씀드리면 이 모든 재활용 일은 정말 꽤 번거로운 일입니다. 하지만 저는 환경에 대한 이로움 때문에 이 일을 하는 것이 필요하다는 것을 인식하고 있습니다. 이것은 다음 세대를 위한 지구를 보호하기 위해 모두가 진지하게 임해야 하는 일입니다.

lax 느슨한 meticulously 꼼꼼하게 go through ~을 살펴보다 designated area 지정된 장소 a bit of a chore 꽤 번거로운 일
take seriously 진지하게 임하다 planet 지구, 행성

나의 답변 🎙 먼저 나의 답변을 실제로 말해보자. 그 후, AL 달성! 답변구조와 AL 달성! 모범답변을 참고하여 나의 답변을 보완하자.

① 집에서 하는 재활용 소개

② 시간 순서대로 설명

③ 재활용에 대한 내 생각

01 재활용을 하며 기억에 남는 경험 기억에 남는 경험 말하기

🎧 돌발 UNIT 20 Track 2

Q **Tell me about a memorable experience you had while recycling. What happened? What made it so memorable? Tell me about it in as much detail as possible.** 재활용을 하며 기억에 남는 경험에 대해 이야기해 주세요. 무슨 일이 있었나요? 무엇 때문에 기억에 남나요? 그것에 대해 되도록 상세히 이야기해 주세요.

나의 답변 🎤 먼저 나의 답변을 실제로 말해보자. 그 후, 등급 UP! 핵심표현과 AL 달성! 모범답변을 참고하여 나의 답변을 보완하자.

등급 UP! 핵심표현 ⚡

① 재활용을 하며 겪은 경험 소개	· 돈이 좀 들어있는 지갑을 우연히 발견했다	→ came across a wallet with some money
	· 새 이웃과 마주쳤다	→ ran into my new neighbor
	· 쓰레기 봉투가 터졌다	→ the recycling bag burst open
	· 차에 치일 뻔하다	→ was almost run over by a car
	· 심하게 다쳤다	→ hurt myself badly
② 재활용을 하며 겪은 구체적인 경험	· 두툼한 지갑이 봉투에서 떨어졌다	→ a fat wallet fell out of the bag
	· 쓰레기를 쓰레기통에 버렸다	→ tossed the trash in the bin
	· 통조림 뚜껑에 손가락을 베었다	→ cut my finger on a tin can lid
	· 쓰레기 더미에 발이 걸려 넘어졌다	→ stumbled on a pile of trash and fell
③ 결과와 느낀 점	· 스스로를 칭찬해 주었다	→ gave myself a pat on the back
	· 다가오는 차들에 주의할 것이다	→ will keep an eye out for oncoming traffic

AL 달성! 모범답변 ✍️

① 재활용을 하며 겪은 경험 소개 **The most memorable experience I have ever had while recycling happened** last month. I **came across a wallet with some money** in it in the recycling area of my apartment building.

② 재활용을 하며 겪은 구체적인 경험 **To give you a more detailed account**, I noticed a large paper bag next to one of the recycling containers. Assuming that someone had meant to recycle it, I picked it up to put it in the bin. Imagine my surprise when **a fat wallet fell out of the bag**. I looked around for the owner, but no one else was in the recycling area. **In the end**, I decided to run it over to the administration office and give it to the security guard.

③ 결과와 느낀 점 About three hours later, the guard called my apartment to let me know that a tenant had claimed the wallet. The person was really grateful that I had done the right thing. **As a result, I felt** very proud of myself. I **gave myself a pat on the back** for being honest.

① 재활용을 하며 겪은 경험 소개 제가 재활용을 하면서 가장 기억에 남는 경험은 지난달에 일어났습니다. 저는 아파트 건물의 재활용 구역에서 돈이 좀 들어있는 지갑을 우연히 발견했습니다.

② 재활용을 하며 겪은 구체적인 경험 보다 상세하게 설명 드리자면, 저는 재활용 통 중 하나의 옆에 큰 종이봉투가 하나 있음을 알아챘습니다. 누군가가 그것을 재활용하려 했던 것이라고 여기고 재활용 쓰레기통에 넣으려고 그 봉투를 들었습니다. 봉투에서 두툼한 지갑이 떨어졌을 때 제가 얼마나 놀랐을지 상상해 보세요. 저는 주인을 찾아 주위를 둘러보았으나 재활용 구역에는 아무도 없었습니다. 결국 저는 이를 관리실로 가져가서 경비원에게 갖다주기로 결심했습니다.

③ 결과와 느낀 점 약 세 시간 후에 경비원은 제게 전화해서 어떤 세입자가 지갑을 자기 것이라고 말했다고 알려줬습니다. 그 사람은 제가 올바른 일을 해 주어서 정말 고마워했다고 합니다. 결과적으로 저는 제 자신이 매우 자랑스러웠습니다. 저는 제 자신의 정직한 행동에 스스로를 칭찬해 주었습니다.

administration office 관리실, 행정실   tenant 세입자   claim 자기 것이라고 말하다, 요구하다

Q **Tell me about recycling in your country. What kind of items do people usually recycle? Please describe the recycling system in your country in detail.** 당신 나라의 재활용에 대해 이야기해 주세요. 사람들은 보통 어떤 종류의 물건을 재활용하나요? 당신 나라의 재활용 시스템을 상세히 설명해 주세요.

나의 답변 🎤 먼저 나의 답변을 실제로 말해보자. 그 후, 등급 UP! 핵심표현과 AL 달성! 모범답변을 참고하여 나의 답변을 보완하자.

등급 UP! 핵심표현 ⚡

① 우리나라의 재활용 소개	· 무료로 수거된다 · 쓰레기를 줄이도록 설계되었다 · 어린 나이 때부터 재활용하도록 가르쳤다 · 모든 빌딩에 재활용 시설이 있다	→ are picked up free of charge → designed to cut down on waste → taught to recycle from a young age → there are recycling facilities in every building
② 우리나라 재활용의 특징	· 특정한 날에 수거된다 · 버리는 것은 돈이 들지 않는다 · 큰 품목을 버리려면 비용을 내야 한다	→ are picked up on specific days → doesn't cost anything to throw out → must pay a fee to dispose of larger items
③ 우리나라 재활용에 대한 내 생각	· 큰 물건을 재활용하는 것은 보통 일이 아니다 · 쉽지 않은 일 · 일단 습관이 되면 식은 죽 먹기다	→ no picnic to recycle large items → not a walk in the park → a breeze once it becomes habit

AL 달성! 모범답변 🎯

① 우리나라의 재활용 소개 **When it comes to recycling, I think** our country's system is very effective. Regular garbage is only picked up if it's in special bags, which you must purchase from the store. This costs money, but most recyclable materials **are picked up free of charge**. This encourages everyone to recycle.

② 우리나라 재활용의 특징 People must recycle most items made of paper, metal, and plastic. However, certain things, like fluorescent bulbs and empty paint containers, cannot be recycled. In addition, recyclable items **are picked up on specific days**, depending on where you live. **To give you an idea of** how strict this rule is, people who put their recycling out on the wrong day can be fined. So it is important to keep track of the schedule.

③ 우리나라 재활용에 대한 내 생각 **The one thing I don't like about my country's recycling system is** that it's **no picnic to recycle large items** like furniture or appliances. People must travel to the local government office and pay a fee. They are then given a sticker that must be attached to the item before it is put out for pickup. Obviously, this is a hassle.

① 우리나라의 재활용 소개 재활용에 대해서라면 저는 우리나라의 시스템이 매우 효율적이라고 생각합니다. 일반 쓰레기들은 특정 봉투에 담겨있을 때만 수거가 되는데, 이 봉투는 상점에서 구입해야 합니다. 따라서 그 경우는 돈이 들어가지만, 대부분의 재활용 가능한 물건들은 무료로 수거됩니다. 이러한 시스템은 모든 사람들이 재활용을 하도록 장려합니다.

② 우리나라 재활용의 특징 사람들은 종이나 금속 및 플라스틱으로 만들어진 물건들을 대부분 재활용해야 합니다. 하지만 형광등이나 빈 페인트 통 같은 특정 물건들은 재활용이 될 수 없습니다. 더욱이, 당신이 사는 곳에 따라 재활용 물품들은 특정한 날에 수거됩니다. 이 규정이 얼마나 엄격한지에 대해 이해를 돕자면, 재활용품을 엉뚱한 날에 내놓는 사람들은 벌금을 물 수도 있습니다. 따라서 이 일정을 계속 파악하고 있는 것이 중요합니다.

③ 우리나라 재활용에 대한 내 생각 우리나라의 재활용 체계에 대해 한 가지 불만이 있다면, 가구나 전자제품과 같은 큰 물건들을 재활용하는 것이 보통 일이 아니라는 것입니다. 사람들은 동사무소에 가서 요금을 내야 합니다. 그러면 스티커를 받게 되고, 물건을 수거해 가도록 내놓기 전에 스티커를 붙여야 합니다. 분명히 이것은 귀찮은 일입니다.

fluorescent bulbs 형광등 **keep track of** ~을 계속 파악하고 있다 **hassle** 귀찮은 일

*돌발 주제 <재활용>에 대한 추가 답변 아이디어와 표현은 [주제별 답변 아이디어&표현 사전]의 p.92에서 학습할 수 있습니다.

Hackers.co.kr
무료 토익·토스·오픽·취업 자료 제공

롤플레이 유형 공략

'롤플레이 유형 공략'에서는 롤플레이 문제를 유형별로 집중적으로 다룹니다. 롤플레이 유형을 학습할 때
자신이 선택할 설문 주제 및 돌발 주제를 중심으로 시험을 준비하세요.

면접관에게 질문하기

음성 바로 듣기

OPIc의 가상 면접관인 에바에게 직접 질문을 하는 롤플레이 유형이다. 면접관이 특정 주제에 대한 자신의 정보를 제공하면, 이에 대한 질문을 3~4개 하면 된다. 이 UNIT을 통해 롤플레이 중 <면접관에게 질문하기> 유형의 빈출 문제 및 모범답변, 그리고 관련 표현을 학습하여 나만의 답변을 준비해 두자.

↻ 빈출 문제

면접관이 사는 곳에 대해 질문하기 (관련주제) 설문 – 사는 곳	I live in an apartment. Please ask me three or four questions about the place I live in. 저는 아파트에 살고 있습니다. 제가 사는 곳에 대해 제게 서너 가지 질문을 해주세요.
면접관이 만드는 요리에 대해 질문하기 (관련주제) 설문 – 요리하기	I like to cook Italian food. Please ask me three or four questions about cooking Italian food. 저는 이탈리아 음식 요리하기를 좋아합니다. 이탈리아 음식 요리하는 것에 대해 제게 서너 가지 질문을 해주세요.
면접관에게 여행하기에 대해 질문하기 (관련주제) 설문 – 국내·해외여행	I enjoy traveling too. Please ask me three or four questions about traveling. 저도 여행하는 것을 즐깁니다. 여행하는 것에 대해 제게 서너 가지 질문을 해주세요.
면접관에게 악기 연주에 대해 질문하기 (관련주제) 설문 – 악기 연주하기	I play the violin in an orchestra. Please ask me three or four questions about it. 저는 오케스트라에서 바이올린을 연주합니다. 그것에 대해 제게 서너 가지 질문을 해주세요.
면접관이 사는 나라의 지형에 대해 질문하기 (관련주제) 돌발 – 지형·야외 활동	I live in Canada. Ask me three or four questions about the geographic features of my country. 저는 캐나다에 살고 있습니다. 제가 사는 나라의 지리적 특징에 대해 서너 가지 질문을 해주세요.

면접관이 사는 곳에 대해 질문하기 관련주제 설문 - 사는 곳

I live in an apartment. Please ask me three or four questions about the place I live in.
저는 아파트에 살고 있습니다. 제가 사는 곳에 대해 제게 서너 가지 질문을 해주세요.

답변구조에 따라 말할 내용을 살펴보고, 아래 모범답변을 참고하여 나의 답변을 말해보자.

AL 달성! 답변구조 ⚙

① 질문 확인	● 면접관이 아파트에 살고 있음을 확인, 그에 대한 질문을 하고 싶다는 의사 표현
② 면접관이 사는 곳에 대한 질문과 궁금한 이유	● 아파트의 위치, 실내, 이웃에 대한 질문과 궁금한 이유
③ 감사 표현	● 질문을 들어준 것에 대한 감사 표현

AL 달성! 모범답변 ✏

① **질문 확인** Hi. I'm glad to hear you're living in an apartment. I'm apartment-hunting, and I've been hard-pressed to find one. So if it's OK with you, I have some questions I'd like to ask.

② **면접관이 사는 곳에 대한 질문과 궁금한 이유** First, is your apartment conveniently located? In my opinion, it's preferable to live close to a subway station or a major bus route. Having supermarkets and dry cleaners nearby is nice as well. Second, how big is your apartment? I think it's good to have enough space so you don't feel cramped. My apartment is a little small, so I'm thinking of moving into a larger one when my current lease is up. Finally, are your neighbors noisy? It's best to have quiet neighbors, especially if you spend a lot of time at home. Mine are really noisy at night, so I have a hard time falling asleep. They keep me up till all hours of the night.

③ **감사 표현** Thanks in advance for considering my questions. I hope I'm not prying.

골라 쓰는 답변 아이디어

→ • 위치
do you live near your work?
직장 근처에 사는지?
do you live in a busy area?
번화한 지역에 사는지?
is your apartment close to a subway station?
아파트가 지하철역에 가까운지?

→ • 실내
what's your favorite room?
가장 좋아하는 방은 무엇인지?
how many rooms does it have?
방은 몇 개가 있는지?
does it have a big living room?
큰 거실이 있는지?

→ • 이웃
who's your favorite neighbor?
가장 좋아하는 이웃은 누구인지?
do you see your neighbors often?
이웃들을 자주 보는지?
do any of your neighbors have pets?
이웃 중에 반려동물이 있는 사람이 있는지?

① **질문 확인** 안녕하세요. 당신이 아파트에 살고 있다는 것을 알게 되어 기쁩니다. 저는 아파트를 구하고 있는데, 이를 찾는 데 애를 먹고 있습니다. 그래서 괜찮으시다면 제가 몇 가지 드리고 싶은 질문이 있습니다. ② **면접관이 사는 곳에 대한 질문과 궁금한 이유** 먼저, 당신의 아파트는 편리한 위치에 있나요? 제 의견으로는 지하철역 또는 주요 버스 노선 가까이에 사는 것이 더 좋습니다. 근처에 슈퍼마켓이나 세탁소가 있는 것도 좋습니다. 두 번째로, 당신의 아파트는 얼마나 큰가요? 저는 갑갑하다고 느끼지 않도록 충분한 공간을 갖는 것이 좋다고 생각합니다. 제 아파트는 좀 작아서 현재 임대 계약이 다 되면 더 큰 곳으로 이사할 생각을 하고 있습니다. 마지막으로, 당신의 이웃들은 시끄럽나요? 특히 당신이 집에서 시간을 많이 보낸다면 조용한 이웃을 두는 것이 가장 좋습니다. 제 이웃들은 밤에 정말 시끄러워서 저는 잠들기가 힘듭니다. 이웃들은 밤새 저를 깨어 있게 만듭니다. ③ **감사 표현** 저의 질문들을 고려해 주심에 미리 감사드립니다. 제가 너무 캐묻는 게 아니길 바랍니다.

hard-pressed 애를 먹는 **preferable** 더 좋은, 바람직한 **cramped** 갑갑한, 비좁은 **up** (기간이) 다 된, (잠자리에서) 깬, 일어난 **pry** 캐묻다

나의 답변 🎤 먼저 나의 답변을 실제로 말해보자. 그 후, AL 달성! 답변구조와 AL 달성! 모범답변을 참고하여 나의 답변을 보완하자.
① 질문 확인
② 면접관이 사는 곳에 대한 질문과 궁금한 이유
③ 감사 표현

01 면접관이 만드는 요리에 대해 질문하기 (관련주제) 설문 – 요리하기 🎧 롤플 UNIT 01 Track 2

Q **I like to cook Italian food. Please ask me three or four questions about cooking Italian food.** 저는 이탈리아 음식 요리하기를 좋아합니다. 이탈리아 음식 요리하는 것에 대해 제게 서너 가지 질문을 해주세요.

🎙 나의 답변 | 먼저 나의 답변을 실제로 말해보자. 그 후, 등급 UP! 핵심표현과 AL 달성! 모범답변을 참고하여 나의 답변을 보완하자.

등급 UP! 핵심표현 ⚡

① 질문 확인	· 당신은 이탈리아 음식 요리를 좋아한다고 말했다.	→ You mentioned that cooking Italian food is your thing.
② 이탈리아 음식 만들기에 대한 질문과 궁금한 이유	**차이점** · 다양한 파스타의 차이점은?	→ What are the differences between the various kinds of pasta?
	· 수년간 이탈리아 요리가 변했는지?	→ Has Italian cooking changed over the years?
	방법 · 이탈리안 소스를 어떻게 조리하는지?	→ How do you prepare Italian sauces?
	· 파스타를 어떻게 요리하는지?	→ How do you cook the pasta?
	종류 · 즐겨 만드는 이탈리아 요리는?	→ What are some Italian dishes you enjoy making?
③ 감사 표현	· 대답에 시간을 내주어 감사하다.	→ Thanks for taking the time to answer my questions.

AL 달성! 모범답변 🎯

① **질문 확인** You mentioned that cooking Italian food is your thing. I'd like to ask you a few questions about it, if I may.

② **이탈리아 음식 만들기에 대한 질문과 궁금한 이유** What are the differences between the various kinds of pasta? There's a huge selection of pastas at the supermarket, and sometimes I'm not sure what kind to buy for what dishes. Also, how do you prepare Italian sauces? My favorite dishes use tomato sauce, but I'd like to try other types, too. Finally, what are some Italian dishes you enjoy making? I think everyone can name pizza and pasta as common Italian dishes off the top of their head, but there must be some other standouts. If you have an easy recipe, maybe I can try my hand at it.

③ **감사 표현** Thanks for taking the time to answer my questions. I find the subject of Italian cooking an interesting one.

① 질문 확인 당신은 이탈리아 음식 요리하는 것을 좋아한다고 말씀하셨습니다. 괜찮다면, 제가 그에 대해 몇 가지 질문을 좀 하고 싶습니다.

② 이탈리아 음식 만들기에 대한 질문과 궁금한 이유 다양한 종류의 파스타 간에는 어떤 차이점이 있나요? 슈퍼마켓에는 많은 종류의 파스타가 있고, 전 가끔 어떤 음식을 위해 어떤 종류를 사야 할지 모르겠습니다. 또한, 당신은 이탈리안 소스를 어떻게 조리하나요? 제가 가장 좋아하는 요리는 토마토 소스를 사용하지만 다른 종류도 먹어보고 싶습니다. 마지막으로, 당신이 즐겨 만드는 이탈리아 요리는 무엇인가요? 저는 모든 사람이 흔한 이탈리아 음식으로 즉석에서 피자와 파스타를 댈 수 있다고 생각하지만, 분명 다른 뛰어난 요리들이 몇 가지 있을 것입니다. 쉬운 요리법을 갖고 계시면, 어쩌면 제가 그것을 시도할 수 있을 것입니다.

③ 감사 표현 제 질문에 대답해 주시는 데 시간을 할애해 주셔서 감사합니다. 저는 이탈리아 요리라는 주제가 흥미로운 것이라고 생각합니다.

off the top of one's head 즉석에서, 당장 머리에 떠오르는 대로 try one's hand at ~을 시도해 보다

02 면접관에게 여행하기에 대해 질문하기 （관련주제） 설문 – 국내·해외여행 　🎧 롤플 UNIT 01 Track 3

Q **I enjoy traveling too. Please ask me three or four questions about traveling.**

저도 여행하는 것을 즐깁니다. 여행하는 것에 대해 제게 서너 가지 질문을 해주세요.

나의 답변 🎤 ┃ 먼저 나의 답변을 실제로 말해보자. 그 후, 등급 UP! 핵심표현과 AL 달성! 모범답변을 참고하여 나의 답변을 보완하자.

등급 UP! 핵심표현 ⚡

① 질문 확인	· 여행 애호가 친구를 만나서 기쁘다. · 언젠가는 세상을 구경하고 싶다.	→ It's nice to meet a fellow travel lover. → One day I hope to see the world.
② 여행하기에 대한 　질문과 궁금한 이유	**경험** · 유럽에 가본 적 있는지? · 최고의 여행 기억은? · 가장 좋아하는 여행 경험은? **수단** · 유람선으로 여행을 가본 적 있는지? · 비행기 타기를 즐기는지? · 자전거 여행을 해보았는지? · 기차로 여행하는 것은 어떤지? **장소** · 가본 곳 중 가장 놀라운 곳은? · 얼마나 많은 국가를 가봤는지? · 다음으로 방문할 계획인 장소는?	→ Have you ever been to Europe? → What is your best travel memory? → What was your favorite travel experience? → Have you ever traveled by cruise ship? → Do you enjoy flying? → Have you ever done a bike trip? → How do you feel about traveling by train? → Where was the most remarkable place you've 　been to? → How many countries have you been to? → What's the next place you plan to visit?
③ 감사 표현	· 당신에게 배울 것이 많을 거라 확신한다.	→ I'm sure there's a lot I can learn from you.

AL 달성! 모범답변 ✍️

① **질문 확인** It's nice to meet a fellow travel lover. I'd like to know more about your travels.

② **여행하기에 대한 질문과 궁금한 이유** First, **have you ever been to Europe?** There are so many famous buildings there. I've always wanted to see the Eiffel tower and the Vatican Palace with my own eyes. If you've seen any of these places, please tell me what you thought about them. Another thing. **Have you ever traveled by cruise ship?** I've always wondered what it would be like traveling in one of those. I wouldn't be able to afford it now, but one can always hope. And oh, I've got one more question. In your opinion, **where was the most remarkable place you've been to?** Personally, I liked Sydney. It's got lovely beaches and its Opera House is really spectacular. People are friendly to foreigners, too, so I really enjoyed my stay there.

③ **감사 표현** I hope I haven't asked too many questions. I'm sure there's a lot I can learn from you.

① **질문 확인** 여행 애호가 친구를 만나서 기쁩니다. 당신의 여행에 대해서 더 알고 싶습니다.

② **여행하기에 대한 질문과 궁금한 이유** 먼저, 유럽에 가본 적이 있으신가요? 그곳에는 유명한 건축물이 아주 많이 있습니다. 저는 항상 에펠탑과 바티칸 궁전을 제 눈으로 직접 보고 싶었습니다. 이곳 중 어느 곳이라도 보셨다면, 그것들에 대해 어떻게 생각하셨는지 저에게 말씀해 주세요. 한 가지 더요. 유람선으로 여행을 가본 적 있으신가요? 저는 항상 그런 배들 중 하나로 여행하는 것은 어떨지 궁금했습니다. 제가 지금은 그 비용을 감당할 수 없겠지만, 사람은 항상 희망을 품을 수 있으니까요. 그리고, 아, 저 질문이 하나 더 있습니다. 당신이 생각하기에, 당신이 가본 곳 중 가장 놀라운 곳은 어디였나요? 개인적으로, 저는 시드니가 좋았습니다. 그곳은 아름다운 해변이 있고, 시드니의 오페라 하우스는 정말 장관입니다. 사람들도 외국인에게 친절해서, 저는 그곳에서의 체류를 매우 즐겼습니다.

③ **감사 표현** 너무 많은 질문을 한 것이 아니길 바랍니다. 제가 당신에게 배울 것이 많을 거라고 확신합니다.

---

afford (비용을) 감당하다 　**spectacular** 장관인, 극적인 　**stay** 체류

Q **I play the violin in an orchestra. Please ask me three or four questions about it.**

저는 오케스트라에서 바이올린을 연주합니다. 그것에 대해 제게 서너 가지 질문을 해주세요.

나의 답변 🎤 | 먼저 나의 답변을 실제로 말해보자. 그 후, 등급 UP! 핵심표현과 AL 달성! 모범답변을 참고하여 나의 답변을 보완하자.

등급 UP! **핵심표현** ⚡

① 질문 확인	· 우리가 공통점이 있어 기쁘다.	→ I'm glad that we have something in common.
	· 당신은 분명 숙련된 연주자일 것이다.	→ You must be a very skilled violinist.
② 악기 연주에 대한 질문과 궁금한 이유	**시작**	
	· 어떻게 연주를 시작했는지?	→ How did you first get into playing that instrument?
	· 첫 선생님은 누구였는지?	→ Who was your first violin teacher?
	· 연주를 언제 시작했는지?	→ When did you start playing the violin?
	· 왜 배우려고 결정했는지?	→ Why did you decide to learn the violin?
	경험	
	· 가장 어려웠던 점은?	→ What was the most difficult part of learning to play the violin?
	· 가장 기억에 남았던 경험은?	→ What was your most memorable experience while playing the violin?
	· 다른 사람 앞에서 연주한 경험은?	→ Have you played the violin in front of others?
	· 일주일에 몇 시간 연습하는지?	→ How many hours per week do you practice the violin?
	의견	
	· 오케스트라와 연주하는 건 어떤지?	→ What is it like to play music with an orchestra?
	· 연주의 한 가지 장점은?	→ What is one advantage of playing the violin?
	· 가장 좋아하는 점은?	→ What's your favorite thing about the violin?
③ 감사 표현	· 악기 연주에 대한 당신의 견해를 듣게 되어 감사하다.	→ I'm grateful to hear your thoughts about playing an instrument.

AL 달성! **모범답변** ✍

① **질문 확인** I'm glad that we have something in common. We're both musicians, although I play the piano, not the violin. All the same, I'd like to ask you some questions about it.

② **악기 연주에 대한 질문과 궁금한 이유** **How did you first get into playing that instrument?** Lots of people start when they're young, because it's easier. That was the case with me, at least. Here's another question. **What was the most difficult part of learning to play the violin?** When I was learning the piano, I had trouble playing a lot of the chords because my fingers weren't long enough. Also, **what is it like to play music with an orchestra?** I've never been part of a musical group, but I'd like to give it a try someday.

③ **감사 표현** Anything you could tell me about your experience would be great. I'm grateful to hear your thoughts about playing an instrument.

① **질문 확인** 우리가 공통점이 있어 기쁩니다. 저는 바이올린이 아니라 피아노를 연주하지만, 우리는 둘 다 음악가입니다. 그래도 저는 그것에 관해 당신께 몇 가지 질문하고 싶습니다.

② **악기 연주에 대한 질문과 궁금한 이유** 처음에 어떻게 그 악기를 연주하게 되었나요? 많은 사람들이 어릴 때 연주를 시작하는데, 그게 더 쉽기 때문입니다. 적어도 저의 경우는 그랬습니다. 또 다른 질문이 있습니다. 바이올린 연주를 배우는데 가장 어려운 점은 무엇이었나요? 저는 피아노를 배울 때, 제 손가락이 충분히 길지 않아서 많은 코드를 연주하는 것이 힘들었습니다. 또한, 오케스트라와 함께 음악을 연주하는 것은 어떤가요? 저는 음악 그룹의 일원이었던 적이 없지만, 언젠가는 시도해 보고 싶습니다.

③ **감사 표현** 당신의 경험에 대해서 제게 말씀해 주실 수 있는 어떤 것이라도 좋을 것입니다. 악기를 연주에 하는 것에 대한 당신의 견해를 듣게 되어 감사합니다.

all the same 그래도 **chord** 코드, 화음 **give it a try** 시도하다, 한번 해보다

Q **I live in Canada. Ask me three or four questions about the geographic features of my country.** 저는 캐나다에 살고 있습니다. 제가 사는 나라의 지리적 특징에 대해 제게 서너 가지 질문을 해주세요.

나의 답변 🎙 먼저 나의 답변을 실제로 말해보자. 그 후, 등급 UP! 핵심표현과 AL 달성! 모범답변을 참고하여 나의 답변을 보완하자.

등급 UP! **핵심표현** ⚡

① 질문 확인	· 언젠가 꼭 방문하고 싶다.	→ I'm keen on visiting someday.
	· 캐나다에 가는 것은 내 소원 목록에 있다.	→ Going to Canada is on my wish list.
② 캐나다의 지리적 특징에 대한 질문과 궁금한 이유	**선호**	
	· 최고의 지리적 특징은?	→ What do you consider Canada's best geographic feature to be?
	· 캐나다에서 최고의 볼거리는?	→ What's the best thing to see in Canada?
	· 캐나다에서 가장 좋아하는 장소는?	→ What's your favorite place in Canada?
	차이점	
	· 캐나다와 한국 간 지형의 차이는?	→ What are some of the differences between Canada's geography and that of Korea?
	· 캐나다의 지형이 다른 나라와 차이가 있는지?	→ Is the geography in Canada different from other countries?
	· 다양한 지리적 특징이 있는지?	→ Does Canada have many different geographical features?
	지형	
	· 어떤 종류의 숲이 있는지?	→ What kinds of forests does Canada have?
	· 어떤 유명한 산이 있는지?	→ What famous mountains does Canada have?
	· 많은 호수와 강이 있는지?	→ Do you have a lot of lakes and rivers in Canada?
③ 감사 표현	· 당신의 나라에 대해 설명해 줘서 감사하다.	→ Thanks for filling me in about your country.

AL 달성! **모범답변** 📝

① **질문 확인** You mentioned that you live in Canada. That's very interesting. I've never been there before, but I'm keen on visiting someday. I have a few questions to ask about your country.

② **캐나다의 지리적 특징에 대한 질문과 궁금한 이유** To begin with, **what do you consider Canada's best geographic feature to be?** I know Canada is huge, and there are mountains, rivers, lakes, and beaches, but one of them probably stands out as your favorite. Also, **what are some of the differences between Canada's geography and that of Korea?** You might already know this, but Korea is a very mountainous country. There are also loads of little islands and a couple of big ones that people like to visit. Lastly, **what kinds of forests does Canada have?** I'm interested in hearing all about the different types of trees that grow in Canada.

③ **감사 표현** Thanks for taking the time to fill me in about your country.

① **질문 확인** 당신은 캐나다에 살고 있다고 말했습니다. 그것은 정말 흥미롭습니다. 저는 그곳에 한 번도 가보지 못했지만, 언젠가 꼭 방문하고 싶습니다. 저는 당신의 나라에 대해서 몇 가지 질문이 있습니다.

② **캐나다의 지리적 특징에 대한 질문과 궁금한 이유** 우선, 캐나다 최고의 지리적 특징은 무엇이라고 생각하시나요? 저는 캐나다가 거대하고, 산, 강, 호수, 그리고 해변들이 있다는 것은 알고 있지만, 아마 그중 한 가지가 당신이 가장 좋아하는 것으로 두드러질 것입니다. 또한, 캐나다와 한국 간 지형의 차이에는 어떤 것이 있나요? 당신이 이미 알고 계실 수도 있지만, 한국은 산이 많은 나라입니다. 또한, 한국에는 사람들이 방문하기 좋아하는 수많은 작은 섬들과 두어 개의 큰 섬들이 있습니다. 마지막으로, 캐나다에는 어떤 종류의 숲이 있나요? 저는 캐나다에서 자라는 여러 가지 종류의 나무에 대해 모두 듣는 데 관심이 있습니다.

③ **감사 표현** 당신의 나라에 관해서 설명하는 데 저에게 시간을 할애해 주셔서 감사합니다.

be keen on ~을 꼭 하고 싶다, 열망하다 **mountainous** 산이 많은 **loads of** 수많은

롤플레이 유형 공부

UNIT 01

면접관에게 질문하기

10일 만에 끝내는 해커스 OPIc (Advanced 공략)

주어진 상황에서 직접 질문하기

음성 바로 듣기

면접관이 제시하는 상황에서 특정 인물과 대면한다는 가정하에 질문을 하는 롤플레이 유형이다. 주어진 주제와 연관된 질문을 3~4개 하면 된다. 이 UNIT을 통해 롤플레이 중 <주어진 상황에서 직접 질문하기> 유형의 빈출 문제 및 모범답변, 그리고 관련 표현을 학습하여 나만의 답변을 준비해 두자.

🔄 빈출 문제

도서관 컴퓨터 이용에 대해 질문하기
(관련주제) 돌발 – 도서관

I'm going to give you a situation to act out. Pretend that you have gone to a new library in your neighborhood. You want to use a computer, but you don't know how to proceed. Find the librarian, and ask three or four questions about using a computer.

당신에게 연기할 상황을 드릴게요. 당신이 동네에 새로 생긴 도서관에 갔다고 해봅시다. 당신은 컴퓨터를 사용하고 싶지만 어떻게 진행해야 할지 모릅니다. 도서관 사서를 찾아서 컴퓨터 이용에 대해 서너 가지 질문을 해주세요.

차 렌트에 대해 질문하기
(관련주제) 설문 – 국내·해외여행

I'm going to give you a situation to act out. Pretend you are overseas on vacation and you need a car to get around, so you have gone to a car rental agency. Ask the agent three or four questions about renting a car.

당신에게 연기할 상황을 드릴게요. 당신이 휴가로 외국에 있고 여기저기 돌아다니기 위해 차가 필요해서 렌터카 회사에 갔다고 해봅시다. 중개상에게 차를 빌리는 것에 대해 서너 가지 질문을 해주세요.

사고 싶은 가구에 대해 질문하기
(관련주제) 돌발 – 가구·가전

I am going to give you a situation to act out. Imagine that you have gone to a store to buy new furniture. Ask the salesperson three or four questions about the furniture you are looking for.

당신에게 연기할 상황을 드릴게요. 당신이 새 가구를 사기 위해 상점에 갔다고 해봅시다. 판매인에게 당신이 찾고 있는 가구에 대해 서너 가지 질문을 해주세요.

필요한 요리 재료에 대해 질문하기
(관련주제) 설문 – 요리하기

I am going to give you a situation to act out. Pretend that you are looking for ingredients for a special dinner at the supermarket. Ask the employee three or four questions about the ingredients.

당신에게 연기할 상황을 드릴게요. 당신은 슈퍼마켓에서 특별한 저녁 식사를 위한 재료들을 찾고 있다고 해봅시다. 그곳 직원에게 재료들에 대해 서너 가지 질문을 해주세요.

헬스장 등록에 대해 질문하기
(관련주제) 설문 – 요가·헬스

I'm going to give you a situation to act out. Imagine you would like to join a gym. Ask the gym manager three or four questions to find out more about the place.

당신에게 연기할 상황을 드릴게요. 당신이 헬스장에 등록하고 싶다고 해봅시다. 그곳에 대해 더 알아보기 위해 헬스장 관리인에게 서너 가지 질문을 해주세요.

도서관 컴퓨터 이용에 대해 질문하기 (관련주제) 돌발 – 도서관 🎧 롤플 UNIT 02 Track 1

I'm going to give you a situation to act out. Pretend that you have gone to a new library in your neighborhood. You want to use a computer, but you don't know how to proceed. Find the librarian, and ask three or four questions about using a computer.

당신에게 연기할 상황을 드릴게요. 당신이 동네에 새로 생긴 도서관에 갔다고 해봅시다. 당신은 컴퓨터를 사용하고 싶지만 어떻게 진행해야 할지 모릅니다. 도서관 사서를 찾아서 컴퓨터 이용에 대해 서너 가지 질문을 해주세요.

답변구조에 따라 말할 내용을 살펴보고, 아래 모범답변을 참고하여 나의 답변을 말해보자.

AL 달성! 답변구조 ⚙

① 질문 목적	● 컴퓨터를 이용하고 싶은데 방법을 몰라서 질문하고 싶다는 의사 표현
② 컴퓨터 이용에 대한 질문과 궁금한 이유	● 컴퓨터 이용 자격, 사용 목적, 규칙에 대한 질문과 궁금한 이유
③ 감사 표현	● 필요한 정보를 제공해 주는 것에 대한 감사 표현

AL 달성! 모범답변 🎯

① **질문 목적** Hello. I'd like to use one of your computers, but I'm not sure about the process. Hopefully you can provide me with some assistance.

② **컴퓨터 이용에 대한 질문과 궁금한 이유** Do I need to be a library cardholder to use a computer here? I don't have a card right now, but I am willing to apply for one if it is necessary. Also, are there printers available for use by library guests? I will need to print out several pages of documents. I hope there isn't a charge for this. Lastly, how long can I use a computer for? I have to do some research for a report that I am writing, so I need the computer for a few hours at least.

③ **감사 표현** I hope I'm not taking up too much of your time with all these questions. I'm just not sure about the policies at this library. Anyway, thanks for taking the time to go over the rules.

골라 쓰는 답변 아이디어

→ • 이용 자격

can anyone use these computers?
누구나 이 컴퓨터들을 사용할 수 있는지?

are these computers open to the public?
이 컴퓨터들이 대중에게 개방되어 있는지?

→ • 사용 목적

can I use a computer to search the Internet?
인터넷 검색을 위해 컴퓨터를 사용할 수 있는지?

do the computers have a word processor installed?
컴퓨터에 워드 프로세서가 설치되어 있는지?

can I search for books using these computers?
이 컴퓨터를 사용해서 책을 찾아봐도 되는지?

→ • 규칙

is there a time limit for using a computer?
컴퓨터를 사용하는 데 시간제한이 있는지?

do I need to make a reservation to use a computer?
컴퓨터를 사용하기 위해 예약을 해야 하는지?

should I turn the computer off when I'm finished?
끝나면 컴퓨터를 꺼야 하는지?

① **질문 목적** 안녕하세요. 저는 이곳의 컴퓨터 중 하나를 이용하고 싶은데, 절차를 잘 모르겠습니다. 당신이 제게 도움을 좀 주실 수 있으면 좋겠습니다. ② **컴퓨터 이용에 대한 질문과 궁금한 이유** 여기서 컴퓨터를 이용하려면 제가 도서관 카드 소지자여야 하나요? 저는 지금 당장은 도서관 카드가 없지만, 만일 필요하다면 카드를 신청할 용의가 있습니다. 또한, 도서관 이용객이 사용할 수 있는 프린터가 있나요? 저는 문서를 몇 페이지 정도 인쇄해야 할 것입니다. 이렇게 하는 데 요금이 없었으면 좋겠네요. 마지막으로, 컴퓨터를 얼마나 오랫동안 사용할 수 있나요? 저는 제가 쓰고 있는 보고서를 위해 조사를 좀 해야 해서 최소 몇 시간은 컴퓨터가 필요합니다. ③ **감사 표현** 제가 이 모든 질문으로 당신의 시간을 너무 많이 빼앗는 것은 아니면 좋겠네요. 저는 단지 이 도서관의 정책을 몰라서요. 아무튼, 시간을 내서 규정을 살펴봐 주셔서 감사합니다.

cardholder 카드 소지자 **be willing to** ~할 용의가 있다 **charge** 요금

나의 답변 🎤 먼저 나의 답변을 실제로 말해보자. 그 후, AL 달성! 답변구조와 AL 달성! 모범답변을 참고하여 나의 답변을 보완하자.

① 질문 목적

② 컴퓨터 이용에 대한 질문과 궁금한 이유

③ 감사 표현

01 차 렌트에 대해 질문하기 (관련주제) 설문 – 국내·해외여행 　🎧 롤플 UNIT 02 Track 2

Q **I'm going to give you a situation to act out. Pretend you are overseas on vacation and you need a car to get around, so you have gone to a car rental agency. Ask the agent three or four questions about renting a car.** 당신에게 연기할 상황을 드릴게요. 당신이 휴가로 외국에 있고 여기저기 돌아다니기 위해 차가 필요해서 렌터카 회사에 갔다고 해봅시다. 중개상에게 차를 빌리는 것에 대해 서너 가지 질문을 해주세요.

> 나의 답변 🎙 먼저 나의 답변을 실제로 말해보자. 그 후, 등급 UP! 핵심표현과 AL 달성! 모범답변을 참고하여 나의 답변을 보완하자.

등급 UP! 핵심표현 ⚡

① 질문 목적	· 얼마 동안 차를 빌리려고 알아보고 있다. · 여기 머무는 동안 차가 필요하다.	→ I'm looking to rent a car for a while. → I need a car for the duration of my stay here.
② 차 렌트에 대한 질문과 궁금한 이유	**필요한 사항** · 어떤 선택사항을 추천하는지? · 선루프가 있는 차를 빌릴 수 있는지? **가격** · 현재 진행 중인 판촉 행사가 있는지? · 하루당 렌트 비용은? **사고 대비** · 자동차 보험이 포함되어 있는지? · 사고가 나면 무엇을 해야 하는지?	→ What options would you recommend for us? → Can I rent a car with a sunroof? → Are you running any promotions right now? → What's the rental fee per day? → Is auto insurance included with your car rentals? → What should I do if there's an accident?
③ 감사 표현	· 질문에 답해줘서 감사하다.	→ Thanks for answering my questions.

AL 달성! 모범답변 🎯

① **질문 목적** Good afternoon. I'm looking to rent a car for a while. I hope you can help me out.

② **차 렌트에 대한 질문과 궁금한 이유** **What options would you recommend for us?** I'm traveling with one other person, so an SUV or van is not necessary. We'd rather not pay extra for such a large amount of room. All we need is space for a couple of bags. Additionally, **are you running any promotions right now**? We plan on traveling for one month, so we'll need the car for a pretty long time. That's why I'm hoping to work out a deal for a long-term rental discount. Also, **is auto insurance included with your car rentals?** If not, please tell me what my options are for insurance coverage. I'd like something comprehensive that will help us avoid any hassles further down the line.

③ **감사 표현** I realize I'm taking up a lot of your time. Thanks for answering my questions.

① **질문 목적** 안녕하세요. 저는 얼마 동안 차를 빌리려고 알아보고 있습니다. 당신이 저를 도와주셨으면 좋겠습니다.

② **차 렌트에 대한 질문과 궁금한 이유** 당신은 저희에게 어떤 선택사항을 추천해주시겠나요? 저는 다른 사람 한 명과 함께 여행하고 있어서 SUV나 밴은 필요 없습니다. 저희는 그런 넓은 공간을 위해 추가로 돈을 내고 싶지는 않습니다. 저희가 필요한 것은 두어 개의 가방을 위한 공간뿐입니다. 또한, 현재 진행 중인 판촉 행사가 있나요? 저희는 한 달 동안 여행할 계획이라서 꽤 긴 기간 동안 차가 필요할 것입니다. 그래서 저는 장기렌트 할인에 대해 합의를 보고 싶습니다. 그리고, 여기 차 렌트에 자동차 보험도 포함되어 있나요? 그렇지 않다면, 보험 적용 범위에 대해서 어떤 선택사항들이 있는지 알려주세요. 나중에 있을 그 어떤 귀찮은 상황도 피할 수 있도록 도와줄 수 있는 포괄적인 것이면 좋겠습니다.

③ **감사 표현** 당신의 시간을 너무 많이 쓰고 있는 것 같군요. 제 질문에 답해주셔서 감사합니다.

pay extra 추가로 돈을 내다　**work out a deal** 합의를 보다　**comprehensive** 포괄적인, 종합적인　**hassle** 귀찮은 상황　**further down the line** 나중에

02 사고 싶은 가구에 대해 질문하기 관련주제 돌발 – 가구·가전

Q I am going to give you a situation to act out. Imagine that you have gone to a store to buy new furniture. Ask the salesperson three or four questions about the furniture you are looking for. 당신에게 연기할 상황을 드릴게요. 당신이 새 가구를 사기 위해 상점에 갔다고 해봅시다. 판매인에게 당신이 찾고 있는 가구에 대해 서너 가지 질문을 해주세요.

나의 답변 | 먼저 나의 답변을 실제로 말해보자. 그 후, 등급 UP! 핵심표현과 AL 달성! 모범답변을 참고하여 나의 답변을 보완하자.

등급 UP! 핵심표현 ⚡

① 질문 목적	· 막 새 아파트에 이사를 왔다. · 올바른 선택을 하는 데 도움이 필요하다.	→ I just moved into a new apartment. → I need help in making the right choices.
② 가구 구입에 대한 질문과 궁금한 이유	**침실** · 더블 침대 중 선택할 수 있는 것은? · 혼자 쓰기 가장 좋은 침대 사이즈는? · 좁은 공간에 알맞은 침대가 있는지? **거실** · 어울리는 소파와 탁자가 있는 거실용 　가구 세트가 있는지? · 어두운 색의 소파가 있는지? **가격** · 혹시 중고 가구를 파는지? · 가격을 낮추어 줄 수 있는지? · 할인품 코너가 있는지?	→ What are my options for double beds? → What size of bed is best for a single person? → Do you have any beds that are good for small spaces? → Do you have any living room sets with a matching sofa 　and table? → Do you have any dark-colored couches? → Do you happen to sell any secondhand furniture? → Can you bring the price down for me? → Do you have a discount section?
③ 감사 표현	· 오늘 나를 도와줘서 고맙다.	→ Thanks for helping me out today.

AL 달성! 모범답변 ✏️

① **질문 목적** Hi there. I just moved into a new apartment. My new place is totally empty, so I need a bed, a sofa, a coffee table, and maybe a few other pieces. Perhaps you could help me out with some recommendations.

② **가구 구입에 대한 질문과 궁금한 이유** To begin with, **what are my options for double beds?** I live alone, so a king- or queen-size bed is not necessary. Plus, I don't have the space for one of those. Additionally, **do you have any living room sets with a matching sofa and table?** I spend a lot of time lying around on the couch, so the comfier, the better. Lastly, **do you happen to sell any secondhand furniture?** I'd be better off with something used. My budget is pretty tight these days, so I can't afford to splurge.

③ **감사 표현** Thanks for helping me out today. I really appreciate it.

① **질문 목적** 안녕하세요. 저는 막 새 아파트에 이사를 왔습니다. 저의 새로운 집은 완전히 비어 있어서, 저는 침대, 소파, 커피 테이블, 그리고 아마 몇몇 다른 가구들이 필요합니다. 당신이 몇 가지 추천으로 저를 도와주실 수 있을 것 같습니다.

② **가구 구입에 대한 질문과 궁금한 이유** 우선, 더블 침대 중 제가 선택할 수 있는 것들은 무엇인가요? 저는 혼자 살아서 킹이나 퀸사이즈 침대는 필요하지 않습니다. 게다가, 저는 그런 침대들을 위한 공간이 없습니다. 추가로, 어울리는 소파와 탁자가 있는 거실용 가구 세트가 있나요? 저는 소파에 누워 빈둥거리며 많은 시간을 보내기 때문에, 더 편안할수록 더 좋습니다. 마지막으로, 혹시 중고 가구도 파시나요? 저는 중고인 것이 더 나을 것 같습니다. 요즘 제 예산이 꽤 빡빡해서 돈을 펑펑 쓸 여유가 없습니다.

③ **감사 표현** 오늘 저를 도와주셔서 고맙습니다. 정말 감사하게 생각합니다.

lie around 누워서 빈둥거리다　**comfy** 편안한　**be better off** ~이 더 낫다　**used** 중고의, 사용된　**splurge** (돈을) 펑펑 쓰다

Q **I am going to give you a situation to act out. Pretend that you are looking for ingredients for a special dinner at the supermarket. Ask the employee three or four questions about the ingredients.** 당신에게 연기할 상황을 드릴게요. 당신은 슈퍼마켓에서 특별한 저녁 식사를 위한 재료들을 찾고 있다고 해봅시다. 그곳 직원에게 재료들에 대해 서너 가지 질문을 해주세요.

🎙 나의 답변 | 먼저 나의 답변을 실제로 말해보자. 그 후, 등급 UP! 핵심표현과 AL 달성! 모범답변을 참고하여 나의 답변을 보완하자.

등급 UP! **핵심표현** ⚡

① 질문 목적	· 재료에 대한 도움이 필요하다.	→ I need help with some ingredients.
	· 몇 가지 일을 도와줄 수 있는지 궁금하다.	→ I'm wondering if you could help me with a few things.
② 요리 재료에 대한 질문과 궁금한 이유	**위치** · 토마토 소스는 어디에 있는지? · 유제품 코너를 찾는 것을 도와줄 수 있는지? · 유기농 제품이 있는지? · 케첩은 어느 통로에 있는지?	→ Where can I find tomato sauce? → Could you help me locate the dairy section? → Do you carry any organic products? → Which aisle should I check for ketchup?
	종류 · 페투치네 면을 파는지? · 다른 종류의 치즈가 있는지? · 어떤 브랜드의 올리브 오일을 추천하는지?	→ Do you sell fettuccine noodles? → Do you have any other types of cheese? → Which brand of olive oil would you recommend?
	가격 · 다진 쇠고기는 얼마인지? · 양파 한 봉지의 가격은 얼마인지? · 피클은 지금 세일 중인지? · 하나 사면 하나가 공짜인지?	→ How much is the ground beef? → How much does one bag of onions cost? → Are the pickles on sale right now? → Is this buy one, get one free?
③ 감사 표현	· 도움에 대해 뭐라 감사의 말씀을 드려야 할지 모르겠다.	→ I can't thank you enough for your help.

AL 달성! **모범답변** ✏️

① **질문 목적** Sorry to bother you. It's my father's birthday today, so I'm going to make a special dinner for my family. But I need help with some ingredients. I'm planning to make pasta with a meat and tomato sauce.

② **요리 재료에 대한 질문과 궁금한 이유** To start, **where can I find tomato sauce?** Any type is fine, as long as it does not include artificial preservatives or too much salt. Also, **do you sell fettuccine noodles?** I have spaghetti at home, but fettuccine is wider, so I think it will work better for my dish. And last but not least, **how much is the ground beef?** The packages in the meat section do not seem to have a price sticker on them. And the employee who is working in that section is busy helping another customer right now.

③ **감사 표현** I don't know how I would have managed on my own. I can't thank you enough for your help.

① **질문 목적** 번거롭게 해서 죄송합니다. 오늘 저희 아버지 생신이라서, 제가 가족들을 위해 특별한 저녁을 만들려고 합니다. 하지만 재료에 대한 도움이 필요합니다. 저는 고기와 토마토소스로 파스타를 만들 계획입니다.

② **요리 재료에 대한 질문과 궁금한 이유** 먼저, 토마토소스는 어디에 있나요? 인공 방부제나 소금이 너무 많이 들어가 있지 않은 한 어떤 종류라도 괜찮습니다. 그리고, 페투치네 면을 파나요? 집에 스파게티가 있는데, 페투치네가 더 넓어서, 제 요리에 더 잘 어울릴 것 같습니다. 마지막으로 하나 더, 다진 쇠고기는 얼마인가요? 고기 코너에 있는 패키지에는 가격 스티커가 붙어 있지 않은 것 같습니다. 그리고 그쪽 코너에서 일하고 있는 직원은 지금 다른 고객을 돕느라 바쁩니다.

③ **감사 표현** 저 혼자서 어떻게 해냈을지 모르겠어요. 당신의 도움에 대해 뭐라 감사의 말씀을 드려야 할지 모르겠습니다.

artificial preservatives 인공 방부제 **fettuccine** 페투치네, 길고 납작한 파스타 **ground** 간, 빻은

04 **헬스장 등록에 대해 질문하기** (관련주제) 설문 – 요가·헬스

Q **I'm going to give you a situation to act out. Imagine you would like to join a gym. Ask the gym manager three or four questions to find out more about the place.** 당신에게 연기할 상황을 드릴게요. 당신이 헬스장에 등록하고 싶다고 해봅시다. 그곳에 대해 더 알아보기 위해 헬스장 관리인에게 서너 가지 질문을 해주세요.

나의 답변 ▐ 먼저 나의 답변을 실제로 말해보자. 그 후, 등급 UP! 핵심표현과 AL 달성! 모범답변을 참고하여 나의 답변을 보완하자.

등급 UP! 핵심표현 ⚡

① 질문 목적	· 운동할 장소를 찾고 있다.	→ I am looking for a place to work out.
	· 헬스장이 조건에 맞는지 궁금하다.	→ I'm wondering if your gym will fit the bill.
② 헬스장에 대한 질문과 궁금한 이유	**영업시간**	
	· 주말에도 문을 여는지?	→ Is this place open on weekends?
	· 24시간 헬스장인지?	→ Is this a 24-hour gym?
	· 영업시간이 어떻게 되는지?	→ What are the hours of operation?
	인기	
	· 주말에 보통 몇 명이나 있는지?	→ How many people are usually here on weekends?
	· 가장 붐비는 시간대가 언젠지?	→ What are the peak busy times?
	· 강좌는 빨리 채워지는지?	→ Do the classes fill up quickly?
	· 인기 많은 기구는 보통 기다려야 하는지?	→ Do people usually have to wait for the popular machines?
	가격	
	· 회원권이 한 달에 얼마인지?	→ How much do you charge monthly for membership?
	· 제공하는 홍보 이벤트가 있는지?	→ Are you offering any promotions?
	· 연간 회원권을 사야 하는지?	→ Do I have to buy a yearly membership?
	· 친구도 등록하면 할인받는지?	→ Can I get a discount if I sign up a friend, too?
③ 감사 표현	· 대답하는 데 시간 내줘서 고맙다.	→ Thank you for taking time to answer my questions.

AL 달성! 모범답변 ✐

① **질문 목적** Hello, I am looking for a place to work out. I was wondering if you could answer some of my questions about this place.

② **헬스장에 대한 질문과 궁금한 이유** First of all, **is this place open on weekends?** I've got a pretty busy schedule nowadays and for the next couple of months, I'll be able to come here only on weekends. I often work out pretty late in the evening. Also, **how many people are usually here on weekends?** My previous gym was so crowded, I generally had to wait 15 minutes or more each time I wanted to use an exercise machine. It was so frustrating. Lastly, **how much do you charge monthly for membership?** I'd like to spend no more than a hundred bucks a month, if possible.

③ **감사 표현** Thank you for taking time to answer my questions. It looks like this place pretty much fits my needs, but the fee is a bit more expensive than I expected. I'll give it more thought tonight and come back tomorrow. Bye.

① **질문 목적** 안녕하세요, 저는 운동할 장소를 찾고 있습니다. 이곳에 대한 몇 가지 제 질문에 대답해 주실 수 있는지 궁금합니다.

② **헬스장에 대한 질문과 궁금한 이유** 무엇보다도 우선, 이곳은 주말에 문을 여나요? 저는 요즘 일정이 상당히 바빠서 다음 두어 달간은 이곳에 주말 동안에만 올 수 있을 것입니다. 저는 종종 저녁 매우 늦게 운동을 합니다. 또한, 주말에 보통 몇 명이나 있나요? 이전 헬스장은 너무 붐벼서 운동기구를 사용하기 원할 때마다 보통 15분 또는 그 이상 기다려야 했습니다. 그것은 너무 불만스러웠습니다. 마지막으로, 회원권이 한 달에 얼마인가요? 가능하다면 저는 한 달에 100달러 이하로 쓰고 싶습니다.

③ **감사 표현** 제 질문에 대답해 주시는 데 시간을 내주셔서 감사합니다. 이 장소가 제 필요에 거의 맞는 것처럼 보이는데, 하지만 비용이 제 예상보다 조금 더 비싸군요. 오늘 밤에 더 생각해 보고 내일 다시 오겠습니다. 안녕히 계세요.

membership 회원권, 회원 자격 **previous** 이전의, 앞의 **frustrating** 불만스러운, 좌절감을 주는

UNIT 03

주어진 상황에서 전화로 질문하기

음성 바로 듣기

면접관이 제시하는 상황에서 특정 인물에게 전화로 질문을 하는 롤플레이 유형이다. 주어진 주제와 연관된 질문을 3~4개 하면 된다. 이 UNIT을 통해 롤플레이 중 <주어진 상황에서 전화로 질문하기> 유형의 빈출 문제 및 모범답변, 그리고 관련 표현을 학습하여 나만의 답변을 준비해 두자.

🔄 빈출 문제

초대받은 파티에 대해 질문하기
(관련주제) 돌발 – 약속

I'd like to give you a situation to act out. Pretend that a friend has invited you to a party, but you don't have any information about it. Call your friend, and ask three or four questions to get some information about the party.

당신에게 연기할 상황을 드릴게요. 친구가 당신을 파티에 초대했는데 당신은 이에 대해 아무런 정보도 없다고 해봅시다. 당신의 친구에게 전화해서 파티에 관한 정보를 얻기 위해 서너 가지 질문을 해주세요.

여행지와 여행 일정에 대해 질문하기
(관련주제) 설문 – 국내·해외여행

I would like to give you a situation to act out. Imagine you are planning a vacation. Call a travel agency, and ask three or four questions about potential destinations and itineraries.

당신에게 연기할 상황을 드릴게요. 당신이 휴가를 계획하고 있다고 해봅시다. 여행사에 전화해서 잠정적인 여행지와 여행 일정에 대해 서너 가지 질문을 해주세요.

호텔 예약에 대해 질문하기
(관련주제) 돌발 – 호텔

Now, I'll give you a situation and ask you to act it out. You are planning an upcoming stay at a hotel. Call the manager and ask three or four questions about the reservation you would like to make.

이제, 당신에게 연기할 상황을 드릴게요. 당신은 곧 호텔에서 숙박하려고 계획하고 있습니다. 매니저에게 전화해서 당신이 하고 싶은 예약에 대해 서너 가지 질문을 해주세요.

수강하고 싶은 수업에 대해 질문하기
(관련주제) 설문 – 수업

I would like to give you a situation to act out. You'd like to register for a writing class, but don't have any information about it. Call the department's office, and ask three or four questions about the class.

당신에게 연기할 상황을 드릴게요. 당신은 작문 수업을 수강하고 싶지만, 이에 대한 정보가 전혀 없습니다. 학과 사무실에 전화해서 그 수업에 대해 서너 가지 질문을 해주세요.

스마트폰 구입에 대해 질문하기
(관련주제) 설문 – 쇼핑하기

I am going to give you a situation to act out. Pretend that you need to buy a smartphone. Call up a store, and ask the clerk three or four questions about the devices.

당신에게 연기할 상황을 드릴게요. 당신이 스마트폰을 사야 한다고 해봅시다. 상점에 전화해서 기기에 대해 점원에게 서너 가지 질문을 해주세요.

---

270 오픽 첨삭 게시판·오픽 실전문제 및 모범답안 Hackers.co.kr

대표문제 · 초대받은 파티에 대해 질문하기 `관련주제` 돌발 – 약속　🎧 롤플 UNIT 03 Track 1

I'd like to give you a situation to act out. Pretend that a friend has invited you to a party, but you don't have any information about it. Call your friend, and ask three or four questions to get some information about the party.

당신에게 연기할 상황을 드릴게요. 친구가 당신을 파티에 초대했는데 당신은 이에 대해 아무런 정보도 없다고 해봅시다. 당신의 친구에게 전화해서 파티에 관한 정보를 얻기 위해 서너 가지 질문을 해주세요.

답변구조에 따라 말할 내용을 살펴보고, 아래 모범답변을 참고하여 나의 답변을 말해보자.

AL 달성! **답변구조** ⚙️

① 전화 목적	→ 파티에 대한 정보를 잊어서 질문을 하려고 한다는 전화 목적을 설명
② 초대받은 파티에 대한 질문과 궁금한 이유	→ 파티의 장소, 준비, 시간에 대한 질문과 궁금한 이유
③ 기대 표현	→ 파티에 대한 기대감을 표현

AL 달성! **모범답변** 🎯

① 전화 목적 Hi, Seung Ki. I've been calling you all day. You mentioned something to me last week about a party you're throwing, but the details totally slipped my mind. I need you to fill me in on the details.

② 초대받은 파티에 대한 질문과 궁금한 이유 Can you tell me where the party will be? I can't remember if you said it's at your house or not. I've never been to your place, so I'm not sure if you've got enough room there to entertain guests. Do you need me to bring anything, or can I show up empty-handed? I'd be more than happy to bring a bottle of wine or some snacks if you need me to. Oh, I forgot to ask the most obvious question. When is the party? I'd like to make sure that I arrive on time.

③ 기대 표현 I really hope I can make it to the party. I'd love the opportunity to meet some new people and hang out with you.

골라 쓰는 답변 **아이디어**

→ **• 장소**

Can you provide directions to the party?
파티에 가는 길을 알려줄 수 있는지?

How big is the venue?
장소가 얼마나 큰지?

Should I walk or drive to the venue?
그곳에 걸어서 아니면 운전해서 가야 하는지?

→ **• 준비**

Do you need me to help set up?
준비하는 데 내 도움이 필요한지?

Do you want me to stay after to help clean up?
내가 남아서 치우는 것을 도와주길 원하는지?

→ **• 시간**

When is everyone showing up?
모두들 언제 오는지?

Is it OK if I'm a little late?
내가 조금 늦어도 괜찮은지?

Are you expecting the party to go late?
파티가 늦게까지 계속될 거라고 예상하고 있는지?

---

① 전화 목적 안녕, 승기야. 나 너에게 종일 전화했었어. 지난주에 나에게 네가 여는 파티에 대해 무언가를 말했는데 구체적인 내용을 완전히 잊어버렸어. 네가 세부 사항을 내게 설명해 줘야 해. **② 초대받은 파티에 대한 질문과 궁금한 이유** 파티가 어디서 열릴지 말해줄 수 있니? 너희 집에서 한다고 말했는지 안 했는지 기억이 안 나. 난 너희 집에 가본 적이 없어서, 손님들을 접대하는 데 충분한 공간이 있는지 확실히 모르겠다. 내가 뭐라도 가지고 가야 하니, 아니면 그냥 빈손으로 나타나도 되니? 네가 필요하다면 난 기꺼이 와인 한 병이나 약간의 간식을 가져갈게. 아, 가장 뻔한 질문을 하는 것을 잊어버렸네. 파티가 언제니? 내가 정시에 도착하도록 확실히 하고 싶어. **③ 기대 표현** 내가 파티에 참석할 수 있길 정말 바라. 난 새로운 사람들을 만나고 너와 시간을 보낼 기회를 갖고 싶어.

throw (파티를) 열다　**slip one's mind** 잊어버리다　**fill in** 설명하다, 자세히 알리다　**entertain** 접대하다　**obvious** 뻔한, 명백한

🎙️ **나의 답변**　먼저 나의 답변을 실제로 말해보자. 그 후, AL 달성! 답변구조와 AL 달성! 모범답변을 참고하여 나의 답변을 보완하자.

① 전화 목적

② 초대받은 파티에 대한 질문과 궁금한 이유

③ 기대 표현

01 여행지와 여행 일정에 대해 질문하기 관련주제 설문 – 국내·해외여행 🎧 롤플 UNIT 03 Track 2

Q I would like to give you a situation to act out. Imagine you are planning a vacation. Call a travel agency, and ask three or four questions about potential destinations and itineraries. 당신에게 연기할 상황을 드릴게요. 당신이 휴가를 계획하고 있다고 해봅시다. 여행사에 전화해서 잠정적인 여행지와 여행 일정에 대해 서너 가지 질문을 해주세요.

나의 답변 먼저 나의 답변을 실제로 말해보자. 그 후, 등급 UP! 핵심표현과 AL 달성! 모범답변을 참고하여 나의 답변을 보완하자.

등급 UP! 핵심표현 ⚡

① 전화 목적	· 여행 패키지에 대한 정보 때문에 전화한다.	→ I'm calling for information about your tour packages.
	· 휴가를 간다.	→ I'm going on holiday.
② 여행에 대한 질문과 궁금한 이유	**대상** · 어르신들에게 적합한 패키지가 있는지?	→ Do you have any packages that are suitable for elderly people?
	· 가족 친화적 여행을 제공하는지?	→ Do you offer family-friendly tours?
	· 귀사 여행이 아이들에게 좋은지?	→ Are your tours good for children?
	상품 특징 · 아시아 국가만을 위한 패키지인지?	→ Are your tour packages just for Asian countries?
	· 여행이 대개 도시 관광인지?	→ Are your tours mostly city tours?
	숙박 · 어떤 종류의 숙소를 제공하는지?	→ What sort of accommodations do the packages offer?
	· 호텔 방을 업그레이드할 수 있는지?	→ Is it possible to upgrade our hotel room?
	· 호텔은 아침을 제공하는지?	→ Do the hotels serve breakfast?
③ 감사 표현	· 어떤 정보도 큰 도움이 될 것이다.	→ Any information would be a big help.

AL 달성! 모범답변 🎯

① 전화 목적 Good morning. I'm calling for information about your overseas tour packages.

② 여행에 대한 질문과 궁금한 이유 Do you have any packages that are suitable for elderly people? I will be traveling with my parents. They prefer easy activities like visiting museums, so something that includes exhibition admission would be great. **Are your tour packages just for Asian countries?** We've never been to Australia, Europe, or North America, so I'd like to explore these options. **What sort of accommodations do the packages offer?** We don't mind something basic because we'd rather spend our money on seeing the sights.

③ 감사 표현 Any information you could provide would be a big help. We really want to make the most of our vacation!

① 전화 목적 안녕하세요. 귀사의 해외 여행 패키지에 대한 정보 때문에 전화 드립니다.

② 여행에 대한 질문과 궁금한 이유 어르신들에게 적합한 패키지가 있나요? 저는 부모님과 함께 여행할 것입니다. 그들은 박물관을 방문하는 것과 같은 편안한 활동들을 선호하셔서 전시회 입장이 포함된 것이 좋을 것 같습니다. 귀사의 여행 패키지들은 아시아 국가만을 위한 건가요? 저희는 호주, 유럽이나 북미를 가본 적이 없어서 이런 선택사항들도 조사해 보고 싶습니다. 패키지에서 어떤 종류의 숙소를 제공하나요? 저희는 차라리 관광지를 보는 데 돈을 더 쓰고 싶기 때문에 숙소는 기본적인 곳이라도 상관없습니다.

③ 감사 표현 귀가가 제공해 줄 수 있는 어떤 정보도 큰 도움이 될 것입니다. 저희는 정말 이 휴가를 최대한 즐기고 싶습니다!

accommodation 숙소 exhibition 전시회 sights 관광지 make the most of ~을 최대한 즐기다, 활용하다

02 호텔 예약에 대해 질문하기 _{관련주제} 돌발 – 호텔

Q **Now, I'll give you a situation and ask you to act it out. You are planning an upcoming stay at a hotel. Call the manager and ask three or four questions about the reservation you would like to make.** 이제, 당신에게 연기할 상황을 드릴게요. 당신은 곧 호텔에서 숙박하려고 계획하고 있습니다. 매니저에게 전화해서 당신이 하고 싶은 예약에 대해 서너 가지 질문을 해주세요.

나의 답변 🎤 먼저 나의 답변을 실제로 말해보자. 그 후, 등급 UP! 핵심표현과 AL 달성! 모범답변을 참고하여 나의 답변을 보완하자.

등급 UP! 핵심표현 ⚡

① 전화 목적	· 곧 있을 휴가를 위해 방을 예약하고 싶다. · 오늘 밤에 묵을 방을 예약해야 한다. · 다음 달 방을 예약하기 위해 전화한다.	→ I'd like to book a room for an upcoming vacation. → I need to reserve a room for tonight. → I'm calling to reserve a room for next month.
② 호텔 예약에 대한 질문과 궁금한 이유	**예약 가능 시기** · 다음 달 예약을 할 수 있는지? · 얼마나 미리 예약할 수 있는지? **숙박비 계산** · 예약할 때 비용을 지불해야 하는지? · 숙박 비용 지불을 웹사이트에서 할 수 있는지? · 신용카드를 받는지? **시설** · 당신의 호텔에는 가족실이 있는지? · 방에 추가 침대를 받을 수 있는지? · 방에서 와이파이를 사용할 수 있는지?	 → Is it possible to make a reservation for next month? → How far in advance can I make a reservation? → Do I need to pay when I make the reservation? → Can I pay for the room through your Web site? → Do you accept credit cards? → Does your hotel have any family rooms? → Can I get an extra bed in my room? → Can I use Wi-Fi in the room?
③ 당부	· 가능한 한 빨리 알려달라. · 당신으로부터 답을 듣기를 기대한다.	→ Please let me know as soon as you can. → I am looking forward to hearing from you.

AL 달성! 모범답변 🎯

① 전화 목적 Good morning. I'd like to book a room for an upcoming vacation, but I have a few questions before I do.

② 호텔 예약에 대한 질문과 궁금한 이유 First of all, **is it possible to make a reservation for next month?** My vacation will be in January, but I am afraid all of your rooms will be taken if I wait too long. This is because there is big festival going on that month. Next, **do I need to pay when I make the reservation?** I would prefer to wait until I check in, but I can pay right away if it's necessary. Finally, **does your hotel have any family rooms?** I'll be traveling with my family, so I'm not sure that a regular-sized room will be adequate. If you don't have any family rooms, I will need to reserve a second room just for my grandparents.

③ 당부 Please let me know as soon as you can so that I can make the appropriate arrangements. Thanks.

① 전화 목적 안녕하세요. 저는 곧 있을 휴가를 위해 방을 예약하고 싶은데, 그 전에 몇 가지 질문이 있습니다.

② 호텔 예약에 대한 질문과 궁금한 이유 우선, 다음 달 예약을 할 수 있나요? 제 휴가는 1월에 있을 것이지만, 제가 너무 오래 기다리면, 모든 방이 다 찰까 봐 걱정이 됩니다. 이건 그달에 진행되는 큰 축제가 있기 때문입니다. 다음으로, 예약할 때 비용을 지불해야 하나요? 저는 체크인할 때까지 기다리는 걸 선호하지만, 필요하다면 곧바로 지불할 수 있습니다. 마지막으로, 당신의 호텔에는 가족실이 있나요? 저는 저희 가족과 여행할 거라서 보통 크기의 방이 충분할지 모르겠습니다. 가족실이 하나도 없다면, 저는 조부모님만을 위한 두 번째 방을 예약해야 할 것입니다.

③ 당부 제가 적절한 준비를 할 수 있도록 가능한 한 빨리 알려주시길 부탁합니다. 고맙습니다.

upcoming 곧 있을 **adequate** 충분한 **arrangement** 준비

Q I would like to give you a situation to act out. You'd like to register for a writing class, but don't have any information about it. Call the department's office, and ask three or four questions about the class. 당신에게 연기할 상황을 드릴게요. 당신은 작문 수업을 수강하고 싶지만, 이에 대한 정보가 전혀 없습니다. 학과 사무실에 전화해서 그 수업에 대해 서너 가지 질문을 해주세요.

나의 답변 🎙 | 먼저 나의 답변을 실제로 말해보자. 그 후, 등급 UP! 핵심표현과 AL 달성! 모범답변을 참고하여 나의 답변을 보완하자.

등급 UP! 핵심표현 ⚡

① 전화 목적	· 새 작문 수업에 관해 전화한다.	→ I'm calling about the new writing class.
	· 작문 수업에 대해 궁금하다.	→ I'm curious about the writing class.
② 수업에 대한 질문과 궁금한 이유	**수업 내용**	
	· 어떤 종류의 작문 수업인지?	→ What kind of writing class is it?
	· 수업 교과서가 있는지?	→ Is there a course textbook?
	· 학생들이 개인 피드백을 받을 것인지?	→ Will students receive personal feedback?
	· 얼마만큼의 숙제를 예상해야 하는지?	→ How much homework should students expect?
	관련 대상	
	· 수업을 누가 가르치는지?	→ Who's teaching the class?
	· 초보자를 위한 수업인지?	→ Is the course for beginners?
	· 초청 강사들이 있는지?	→ Will there be any guest lecturers?
	수업 시간	
	· 몇 시에 시작하는지?	→ What time does the class start?
	· 얼마나 자주 수업하는지?	→ How often does the class meet?
③ 감사 표현	· 정보 감사하다.	→ Thanks so much for the information.

AL 달성! 모범답변 🎯

① **전화 목적** Good afternoon. I'm calling about the new writing class. I saw the notice as I was walking by the student union building this morning. I'm quite interested in it, but there wasn't much information about the course. Hopefully, you can provide some details.

② **수업에 대한 질문과 궁금한 이유** What kind of writing class is it? I'm not really interested in journalistic writing or anything like that. I'd like to learn more about writing poetry and fiction. I'm hoping the course topics are more along those lines. **Who's teaching the class?** I'd really like someone with professional writing experience. Knowing some background about the teacher would help me make up my mind about whether to sign up. Lastly, **what time does the class start?** I'd like to go ahead and enroll, but if it conflicts with my other courses, there's no way I can manage it.

③ **감사 표현** Thanks so much for the information. You've been so helpful.

① **전화 목적** 안녕하세요. 저는 새로운 작문 수업에 관해 전화 드립니다. 오늘 아침에 학생회관을 지나다가 공지를 보았습니다. 저는 상당히 관심이 있는데, 거기엔 그 수업에 관한 정보가 많지 않았습니다. 바라건대, 당신이 몇 가지 세부 사항을 알려 주시면 좋겠습니다.

② **수업에 대한 질문과 궁금한 이유** 그것은 어떤 종류의 작문 수업인가요? 저는 신문 기사 같은 작문이나 그런 비슷한 종류의 것에는 정말 관심이 없습니다. 저는 시나 소설을 쓰는 것에 대해서 더 배우고 싶습니다. 저는 수업 주제가 저것들과 비슷하기를 바랍니다. 수업을 누가 가르치시나요? 저는 전문적인 작문 경력이 있으신 분이면 좋겠습니다. 선생님의 경력에 대해 좀 아는 것은 제가 등록할지 마음을 결정하는 데 도움이 될 것입니다. 마지막으로, 몇 시에 수업이 시작하나요? 저는 그냥 등록하고 싶지만, 만약 저의 다른 수업들과 겹친다면, 제가 해낼 방법이 없습니다.

③ **감사 표현** 정보 감사합니다. 당신은 무척 도움이 되었어요.

student union building 학생 회관 make up one's mind 마음을 결정하다 manage 해내다, 간신히 ~하다

Q **I am going to give you a situation to act out. Pretend that you need to buy a smartphone. Call up a store, and ask the clerk three or four questions about the devices.** 당신에게 연기할 상황을 드릴게요. 당신이 스마트폰을 사야 한다고 해봅시다. 상점에 전화해서 기기에 대해 점원에게 서너 가지 질문을 해주세요.

> 나의 답변 🎤 　먼저 나의 답변을 실제로 말해보자. 그 후, 등급 UP! 핵심표현과 AL 달성! 모범답변을 참고하여 나의 답변을 보완하자.

등급 UP! **핵심표현** ⚡

① 전화 목적	· 스마트폰에 대해 문의하려고 전화한다.	→ I'm calling to inquire about your smartphones.
	· 스마트폰 구매에 대한 조언이 필요하다.	→ I need some advice about buying a smartphone.
② 스마트폰에 대한 질문과 궁금한 이유	**화면**	
	· 화면이 큰 것을 추천해 줄 수 있는지?	→ Could you recommend something with a big screen?
	· 가장 큰 화면 크기가 몇인지?	→ What is the biggest size screen I could get?
	· 고화질 화면이 있는 것으로 추천 가능한지?	→ Can you suggest something with a high screen resolution?
	배터리	
	· 배터리 수명이 긴 것이 있는지?	→ Do you have anything with a long battery life?
	· 충전하는 데 얼마나 걸리는지?	→ How long does it take to recharge?
	가격	
	· 비싸지 않은 휴대폰이 있는지?	→ Do you have any inexpensive phones?
	· 현재 할인 이벤트가 있는지?	→ Do you have any sales promotions at the moment?
③ 감사 표현	· 당신의 추천에 감사한다.	→ I appreciate your recommendations.

AL 달성! **모범답변** 🎯

① **전화 목적** Hello. I'm calling to inquire about your smartphones. I'm looking to get myself a new one and was hoping you could give me some recommendations based on my needs.

② **스마트폰에 대한 질문과 궁금한 이유** For starters, **could you recommend something with a big screen?** I'd like something that won't strain my eyes. Also, **do you have anything with a long battery life?** The one I have right now needs to be recharged every six hours. I don't want to have this problem with the new device. Lastly, **do you have any inexpensive phones?** I'm looking for something that doesn't cost an arm and a leg, and I really don't want to commit myself to something like a two-year contract in order to make it cheaper.

③ **감사 표현** I appreciate your recommendations, but the models you just listed are a bit too expensive for my taste. I'll think it over tonight and drop by your store tomorrow to make the final decision. Have a nice day.

① **전화 목적** 여보세요. 스마트폰에 대해 문의하려고 전화 드립니다. 저는 제가 사용할 새 스마트폰을 찾고 있는데, 당신이 제 요구를 바탕으로 몇 가지 추천해 주시면 좋겠습니다.

② **스마트폰에 대한 질문과 궁금한 이유** 우선, 화면이 큰 것을 추천해 주시겠어요? 저는 제 눈에 무리를 주지 않는 것을 원합니다. 또한, 배터리 수명이 긴 것이 있나요? 제가 지금 가지고 있는 것은 6시간마다 재충전해야 합니다. 저는 새로운 기기에서는 이 문제를 겪고 싶지 않습니다. 마지막으로, 비싸지 않은 스마트폰이 있나요? 저는 엄청나게 돈이 들지는 않는 것을 찾고 있고, 가격을 더 저렴하게 만들기 위해 2년 약정 같은 것에 매이는 것을 정말 원하지 않습니다.

③ **감사 표현** 당신의 추천에 감사합니다만, 방금 열거하신 모델들은 제 취향에 비해 좀 많이 비쌉니다. 오늘 밤에 심사숙고해 보고 최종 결정을 내리기 위해 내일 당신의 상점에 들르겠습니다. 좋은 하루 보내세요.

for starters 우선, 첫째로　**strain** 무리를 주다　**cost an arm and a leg** 엄청나게 돈이 들다　**drop by** 들르다

상황 설명하고 대안 제시하기

음성 바로 듣기

면접관이 제시하는 문제 상황에서 특정 인물에게 상황을 설명하고 대안을 제시하는 롤플레이 유형이다. 주어진 문제에 대한 대안을 2~3개 제시하면 된다. 이 UNIT을 통해 롤플레이 중 <상황 설명하고 대안 제시하기> 유형의 빈출 문제 및 모범답변, 그리고 관련 표현을 학습하여 나만의 답변을 준비해 두자.

🔄 빈출 문제

세일 가격 오류 상황 설명하고 대안 제시하기
관련주제 설문 – 쇼핑하기

I have a problem I'd like you to resolve. You arrive home with the clothes you bought and realize you didn't get them at the sale price. Call the store to explain the situation, and suggest two or three alternatives to the problem.

당신이 해결해 주었으면 하는 문제가 있습니다. 당신은 구입한 옷을 가지고 집에 도착했고, 세일 가격에 구입하지 못했다는 것을 알게 됩니다. 가게에 전화를 걸어 상황을 설명하고, 문제에 대한 대안을 두세 가지 제시해 주세요.

영화표를 잘못 구매한 상황 설명하고 대안 제시하기
관련주제 설문 – 영화 관람

I have a problem for you to solve. You found out you purchased the wrong tickets at the movie theater. Talk to the person at the ticket window about your situation and offer suggestions to solve the problem.

당신이 해결할 문제가 있습니다. 당신은 영화관에서 표를 잘못 구매했다는 것을 알게 되었습니다. 매표소에 있는 사람에게 당신의 상황을 설명하고 문제를 해결하기 위한 제안을 해주세요.

가구 배송 오류 상황 설명하고 대안 제시하기
관련주제 돌발 – 가구·가전

There is a problem I'd like you to solve. You've ordered some furniture and it's just been delivered. However, the furniture that's arrived is not what you ordered. Call the furniture store to explain the situation and suggest some alternatives to the problem.

당신이 해결해 주었으면 하는 문제가 있습니다. 당신은 가구를 몇 개 주문했고, 당신이 주문한 가구가 이제 막 배달되었습니다. 하지만 도착한 가구가 당신이 주문한 것이 아닙니다. 가구점에 전화를 걸어 상황을 설명하고 문제에 대한 대안을 몇 가지 제시해 주세요.

경기장에서 표가 없는 상황 설명하고 대안 제시하기
관련주제 설문 – 스포츠 관람

I have a problem for you to solve. You and a friend want to go watch a sporting event. You've called the ticket office, and there are only single seats left, so you and your friend can't sit together. Call your friend to explain the situation and make some suggestions.

당신이 해결할 문제가 있습니다. 당신과 친구는 스포츠 경기를 보러 가고 싶습니다. 당신이 매표소에 전화를 해보니 1인석밖에 남아있지 않아서 당신과 친구는 함께 앉을 수가 없습니다. 친구에게 전화를 걸어 상황을 설명하고 몇 가지 제안을 해주세요.

원하는 책이 대출 중인 상황 설명하고 대안 제시하기
관련주제 돌발 – 도서관

There is a problem I need you to solve. Pretend that you've gone to the library to look for a book, but the one you want has been checked out. Explain the situation to a librarian and offer two or three alternatives to the problem.

당신이 해결해야 하는 문제가 있습니다. 당신이 도서관에 책을 구하러 갔는데 당신이 원하는 책이 이미 대출 중이라고 가정해 보세요. 도서관 사서에게 상황을 설명하고 문제에 대한 대안을 두세 가지 제시해 주세요.

세일 가격 오류 상황 설명하고 대안 제시하기 관련주제 설문 – 쇼핑하기 🎧 돌발 UNIT 04 Track 1

I have a problem I'd like you to resolve. You arrive home with the clothes you bought and realize you didn't get them at the sale price. Call the store to explain the situation, and suggest two or three alternatives to the problem.

당신이 해결해 주었으면 하는 문제가 있습니다. 당신은 구입한 옷을 가지고 집에 도착했고, 세일 가격에 구입하지 못했다는 것을 알게 됩니다. 가게에 전화를 걸어 상황을 설명하고, 문제에 대한 대안을 두세 가지 제시해 주세요.

답변구조에 따라 말할 내용을 살펴보고, 아래 모범답변을 참고하여 나의 답변을 말해보자.

AL 달성! 답변구조 ⚙

① 상황 설명	● 옷을 세일 가격에 구입하지 못했다는 상황 설명
② 잘못 계산된 가격에 대한 대안	● 잘못 계산된 가격을 어떻게 보상받을 것인지에 대한 두 가지 대안
③ 문제 해결에 대한 기대	● 잘못 계산된 것의 해결에 대한 기대를 표현

AL 달성! 모범답변 ✍

① 상황 설명 Hi. Is this Thread Boutique? I went to the store yesterday for the summer sale. I bought some clothes that were marked 50 percent off, but it seems I was charged the full price.

② 잘못 계산된 가격에 대한 대안 Would it be possible to get a refund for the amount I was overcharged? I have my receipt, and the tags are still on the clothes. I can stop by the store anytime this week to resolve this issue. If a refund isn't possible, why don't we try this? Maybe I can receive store credit for the extra amount I was charged. I shop at the store quite regularly, so I'm sure I'll put it to good use! I need a new jacket for fall anyway. Please let me know if either of these options work for you.

③ 문제 해결에 대한 기대 Thank you so much for hearing me out. I hope you can help me resolve this problem.

골라 쓰는 답변 아이디어

→ • 옷을 세일 가격에 구입하지 못한
   상황 설명
There is an issue with the price.
가격에 문제가 있다.
The price doesn't seem right.
가격이 맞지 않는 것 같다.
The price is higher than what was advertised. 가격이 광고된 것보다 높다.

→ • 잘못 계산된 가격에 대한 대안
I'd like to get a partial refund.
부분 환불을 받고 싶다.
I'll accept a gift card for the additional amount.
추가 금액에 대한 기프트 카드를 받겠다.
I want to exchange them for different products.
다른 제품들로 교환하고 싶다.
You could give me a discount coupon. 내게 할인 쿠폰을 줄 수 있다.

① 상황 설명 안녕하세요. Thread 부티크죠? 어제 여름 세일 때문에 매장에 갔었어요. 제가 50% 할인된 옷을 샀는데, 전액 청구된 것 같습니다. ② 잘못 계산된 가격에 대한 대안 추가 청구된 금액을 환불받을 수 있을까요? 제가 영수증을 가지고 있고, 옷에는 아직 태그도 붙어 있습니다. 이번 주에 아무 때나 매장에 들러서 이 문제를 해결하러 갈 수 있습니다. 만약 환불이 안 된다면, 이것을 시도해 보는 건 어떨까요? 제가 추가로 청구된 금액에 대해 매장 크레딧을 받을 수 있을 것 같습니다. 저는 매장에서 꽤 자주 쇼핑을 해서, 분명히 잘 활용할 것입니다! 어쨌든 가을에 입을 새 재킷도 필요합니다. 이 선택 사항 중 당신에게 맞는 것이 있다면 제가 알려 주세요. ③ 문제 해결에 대한 기대 제 얘기를 들어주셔서 정말 감사합니다. 제가 이 문제를 해결하는 데 당신이 도와줄 수 있기를 바랍니다.

put to good use ~을 잘 사용하다   **regularly** 자주, 정기적으로

나의 답변 🎤 먼저 나의 답변을 실제로 말해보자. 그 후, AL 달성! 답변구조와 AL 달성! 모범답변을 참고하여 나의 답변을 보완하자.

① 상황 설명

② 잘못 계산된 가격에 대한 대안

③ 문제 해결에 대한 기대

01 영화표를 잘못 구매한 상황 설명하고 대안 제시하기 (관련주제) 설문 – 영화 관람

🎧 롤플 UNIT 04 Track 2

Q **I have a problem for you to solve. You found out you purchased the wrong tickets at the movie theater. Talk to the person at the ticket window about your situation and offer suggestions to solve the problem.** 당신이 해결할 문제가 있습니다. 당신은 영화관에서 표를 잘못 구매했다는 것을 알게 되었습니다. 매표소에 있는 사람에게 당신의 상황을 설명하고 문제를 해결하기 위한 제안을 해주세요.

🎙 나의 답변 | 먼저 나의 답변을 실제로 말해보자. 그 후, 등급 UP! 핵심표현과 AL 달성! 모범답변을 참고하여 나의 답변을 보완하자.

등급 UP! 핵심표현 ⚡

① 상황 설명	· 실수로 표를 잘못 샀다	→accidentally bought the wrong ones
	· 잘못 구매했다	→made a mistake with my purchase
	· 무슨 생각을 하고 있었는지 모르겠다	→don't know what I was thinking
② 잘못 구매한 영화표에 대한 대안	· 내일 영화표로 교환한다	→exchange these tickets for ones for tomorrow's show
	· 표를 전액 환불받는다	→get a full refund for the tickets
	· 표를 취소한다	→cancel these tickets
	· 취소 수수료를 지불한다	→pay the cancellation fee
	· 결국 영화를 오늘 밤에 본다	→watch the movie tonight after all
	· 영화표를 무료로 받는다	→receive complimentary movie tickets
	· 다른 영화표를 새로 구매한다	→purchase new tickets for another movie
③ 사과 표현	· 번거롭게 해서 죄송하다	→sorry for the trouble
	· 내가 당신에게 끼친 불편함	→the inconvenience I've caused you
	· 당신의 생각을 알려주길 바란다	→let me know your thoughts
	· 진행할 수 있는 방법에 대한 제안	→suggestions as to how to proceed

AL 달성! 모범답변 🎯

① **상황 설명** Excuse me. Can I get your help with something? I purchased some movie tickets at the theater this morning, but I accidentally bought the wrong ones. I need two tickets for the show at 6 p.m. tomorrow, not today.

② **잘못 구매한 영화표에 대한 대안** First, **would it be possible to exchange these tickets for ones for tomorrow's show?** That would probably be the easiest way to fix this. Unfortunately, there is no way I can make it to the show tonight. Alternatively, **can I get a full refund for the tickets?** That way I can simply buy two new tickets for the movie. If neither of those options works, **I will just cancel these tickets. I will pay the cancellation fee**, if there is one. I'd prefer not to do this, but it is better than losing the full price of the tickets.

③ **사과 표현** Sorry for the trouble. Thanks so much for your help.

① 상황 설명 실례합니다. 뭐 좀 도와주실 수 있나요? 제가 오늘 아침에 극장에서 영화표를 몇 장 샀는데, 실수로 표를 잘못 샀어요. 오늘 말고, 내일 오후 6시로 영화표 두 장이 필요합니다.

② 잘못 구매한 영화표에 대한 대안 우선, 이 표를 내일 영화표로 교환할 수 있을까요? 이렇게 하는 것이 아마도 이것을 해결하는데 가장 쉬운 방법일 것입니다. 유감스럽게도, 제가 오늘 밤에 영화를 볼 수는 도저히 없습니다. 아니면, 표를 전액 환불받을 수 있나요? 그렇게 하면 제가 그냥 영화표를 두 장 새로 구매할 수 있어요. 만약 두 가지 선택 중 어느 것도 안 된다면, 저는 이 표들을 그냥 취소하겠습니다. 취소 수수료가 있다면, 지불하겠습니다. 이렇게는 안 하고 싶지만, 푯값 전액을 다 잃는 것보다는 나아요.

③ 사과 표현 번거롭게 해드려서 죄송합니다. 도와주셔서 정말 감사합니다.

accidentally 실수로, 우연히   **cancellation fee** 취소 수수료

Q There is a problem I'd like you to solve. You've ordered some furniture and it's just been delivered. However, the furniture that's arrived is not what you ordered. Call the furniture store to explain the situation and suggest some alternatives to the problem.

당신이 해결해 주었으면 하는 문제가 있습니다. 당신은 가구를 몇 개 주문했고, 당신이 주문한 가구가 이제 막 배달되었습니다. 하지만 도착한 가구가 당신이 주문한 것이 아닙니다. 가구점에 전화를 걸어 상황을 설명하고 문제에 대한 대안을 몇 가지 제시해 주세요.

> 나의 답변 🎙️ 먼저 나의 답변을 실제로 말해보자. 그 후, 등급 UP! 핵심표현과 AL 달성! 모범답변을 참고하여 나의 답변을 보완하자.

등급 UP! 핵심표현 ⚡

① 상황 설명	· 물건들에 문제가 있는 것 같다	→ there seems to be a problem with the items
	· 실수에 대해 불만을 제기하러 전화하고 있다	→ I'm calling to complain about a mistake
	· 배송에 생긴 문제를 알린다	→ report a problem with my delivery
② 잘못 배달된 가구에 대한 대안	· 반품을 위해 가져간다	→ pick them up for return
	· 다음번 구매에 할인을 해준다	→ give me a discount toward my next purchase
	· 배송비를 면제해 준다	→ waive the shipping costs
	· 불편을 끼친 것에 대한 사은품	→ free gift for the inconvenience
	· 어떤 방법으로 나에게 보상을 해준다	→ compensate me in some way
	· 내게 유리한 쪽으로 불만을 해결한다	→ resolve the complaint in my favor
③ 문제 해결에 대한 기대	· 해결책을 찾아낸다	→ come up with a solution
	· 이것을 처리해 줄 수 있길 바라며	→ hoping you can take care of this
	· 이것을 해결할 수 있는 어떤 방법	→ some way we can fix this

AL 달성! 모범답변 ✍️

① 상황 설명 Hello, is this Uptown Furniture? This is Eun Ji Song, and there seems to be a problem with the items I purchased. I ordered a sofa and a table, both in gray, but the ones that arrived are black.

② 잘못 배달된 가구에 대한 대안 **Could you come back to pick them up for return then and deliver the ones I ordered?** I was out when the furniture was delivered and the delivery people already left. I can't get in touch with them because I don't have their number. If this isn't possible, I have another suggestion. **If you give me a discount toward my next purchase, we could just call it even.** I guess I can live with the black color. I'd definitely be interested in working out a deal.

③ 문제 해결에 대한 기대 Hopefully, we can come up with a solution to this problem soon. Take care.

① 상황 설명 안녕하세요, Uptown 가구죠? 저는 송은지라고 하는데, 제가 구매한 물건들에 문제가 있는 것 같아요. 저는 둘 다 회색으로 된 소파와 탁자를 주문했는데, 도착한 것들은 검은색이에요.

② 잘못 배달된 가구에 대한 대안 반품을 위해 그것들을 가져가시고, 그 후에 제가 주문한 것들을 배달해 주실 수 있을까요? 가구가 배달되었을 때 저는 밖에 있었고, 배달원들은 이미 떠났습니다. 저는 그들의 연락처가 없기 때문에, 그들과 연락을 취할 수가 없습니다. 만약에 이것이 가능하지 않다면, 저에게 또 다른 제안사항이 있어요. 만약 저에게 다음번 구매에 대한 할인을 해주시면, 그냥 해결한 걸로 할 수 있을 것 같아요. 저는 검은색도 감수할 수 있을 것 같아요. 저는 합의를 보는 데 확실히 관심이 있어요.

③ 문제 해결에 대한 기대 바라건대, 우리가 이 문제에 대한 해결책을 곧 찾아낼 수 있으면 좋겠어요. 안녕히 계세요.

get in touch with ~와 연락을 취하다   call it even 해결하다, 비기다

🎧 롤플 UNIT 04 Track 4

Q **I have a problem for you to solve. You and a friend want to go watch a sporting event. You've called the ticket office, and there are only single seats left, so you and your friend can't sit together. Call your friend to explain the situation and make some suggestions.**
당신이 해결할 문제가 있습니다. 당신과 친구는 스포츠 경기를 보러 가고 싶습니다. 당신이 매표소에 전화를 해보니 1인석밖에 남아있지 않아서 당신과 친구는 함께 앉을 수가 없습니다. 친구에게 전화를 걸어 상황을 설명하고 몇 가지 제안을 해주세요.

🎤 **나의 답변** 먼저 나의 답변을 실제로 말해보자. 그 후, 등급 UP! 핵심표현과 AL 달성! 모범답변을 참고하여 나의 답변을 보완하자.

등급 UP! 핵심표현 ⚡

① 상황 설명	· 문제가 하나 생겼다 · 서로 옆에 있는 좌석의 표	→ a problem has come up → tickets next to each other
② 경기장에서 함께 앉을 수 없는 것에 대한 대안	· 누군가와 자리를 바꾸려고 시도한다 · 표를 미리 사지 않고 그냥 간다 · 돈을 조금 더 낸다 · 대신 다른 경기에 가는 걸 시도한다 · 다음을 기약하고 다른 것을 한다 · 술집에서 TV로 경기를 본다 · 아무것도 없는 것보다는 낫다	→ try to swap seats with someone → don't buy tickets in advance and just show up → pay a few extra bucks → try going to a different game instead → take a rain check and do something else → watch the game on TV at a bar → it's better than nothing
③ 사과 표현	· 바라던 바대로 되지 않았다 · 어떻게든 같이 앉는 자리를 구할 것이다 · 우리가 할 수 있는 것에 대한 제안	→ didn't turn out the way we wanted → will get seats together somehow → suggestions as to what we might do

AL 달성! 모범답변 ✍

① **상황 설명** Hi, Ju Young. It's Tae Jin. You know how we're planning to go and watch the soccer game tonight? Well, a problem has come up. I just got off the phone with the ticket office, and they said there are only single seats left.

② **경기장에서 함께 앉을 수 없는 것에 대한 대안** First of all, **we could always just buy two tickets in the same row, or at least in the same section, and try to swap seats with someone at the game.** Most people are pretty accommodating. It might not work out but at least we will be able to watch the game. **Another thing we could do is not buy tickets in advance and just show up.** There are always people around who sell extra tickets, and they'll likely have two seats together. The price might be high, but we can bargain them down.

③ **사과 표현** I'm sorry things didn't turn out the way we wanted. I'll buy the tickets earlier next time.

swap 바꾸다   **work out** 잘 풀리다   **bargain** 흥정하다

① **상황 설명** 안녕, 주영아. 나 태진이야. 너 우리가 오늘 밤에 축구 경기를 보러 갈 계획이었던 거 알지? 음, 문제가 하나 생겼어. 내가 방금 매표소와 통화를 끝냈는데, 1인석들만 남아있다고 말했어.

② **경기장에서 함께 앉을 수 없는 것에 대한 대안** 먼저, 우리는 언제든지 같은 줄이 아니면 최소한 같은 구역에 있는 표 두 장을 사서, 경기에 온 다른 사람과 자리를 바꿔보려고 시도할 수 있어. 대부분의 사람들은 매우 호의적이야. 일이 잘 풀리지 않을 수도 있지만, 적어도 우린 경기를 볼 수는 있을 거야. 우리가 할 수 있는 또 다른 건 미리 표를 사지 않고 그냥 가는 거야. 여분의 표를 파는 사람들이 늘 있으니까 그 사람들은 함께 붙어 있는 두 자리를 가지고 있을 거야. 가격은 높을 수도 있지만, 우리가 흥정해서 깎을 수 있어.

③ **사과 표현** 일이 우리가 바라던 바대로 되지 않아서 미안해. 다음번에는 내가 티켓을 더 일찍 살게.

🎧 롤플 UNIT 04 Track 5

❓ **There is a problem I need you to solve. Pretend that you've gone to the library to look for a book, but the one you want has been checked out. Explain the situation to a librarian and offer two or three alternatives to the problem.** 당신이 해결해야 하는 문제가 있습니다. 당신이 도서관에 책을 구하러 갔는데 당신이 원하는 책이 이미 대출 중이라고 가정해 보세요. 도서관 사서에게 상황을 설명하고 문제에 대한 대안을 두세 가지 제시해 주세요.

나의 답변 🎙 | 먼저 나의 답변을 실제로 말해보자. 그 후, 등급 UP! 핵심표현과 AL 달성! 모범답변을 참고하여 나의 답변을 보완하자.

등급 UP! 핵심표현 ⚡

① 상황 설명	· 이미 대출되었다 · 그것을 꼭 구해야 한다	→ it has been checked out already → really need to get hold of it
② 책이 대출 중인 것에 대한 대안	· 날 위해 책을 따로 두길 요청한다 · 다른 지점에서 구할 수 있는지 확인한다 · 그 책의 전자책 버전 · 책을 다운로드 받기 위해 허가를 받는다 · 대출자에게 연락한다 · 대기자 명단에 나를 올려준다 · 책이 대여 가능해지면 바로 나에게 알려준다	→ request that the book be put aside for me → check if it's available at any other branch → the electronic version of the book → get permission to download the book → contact the borrower → put me on your waiting list → notify me as soon as the book is available
③ 감사 표현	· 책을 찾아내는 데 대한 도움 · 매우 행복할 것이다	→ help in tracking down the book → would make my day

---

AL 달성! 모범답변 ✍

① **상황 설명** Hello. Maybe you can help me. There's a book I absolutely need to borrow for my research, but it's been checked out already. That puts me in a pretty tough spot because I have to turn in my research report within the week.

② **책이 대출 중인 것에 대한 대안** **May I request that the book be put aside for me when it gets returned in a couple of days?** I know you don't usually do that, but I was hoping you'd make an exception. However, if it's going to be gone for some time, I'm in trouble. **Can you check if it's available at any other branch?** I'm willing to travel to go get it, as long as it's not too far. **Is the electronic version of the book available?** I know the library has a collection of e-books that people can access.

③ **감사 표현** Thanks for your help in tracking down the book. It's much appreciated.

① **상황 설명** 안녕하세요. 아마도 당신이 절 도와주실 수 있을 것 같아요. 제 조사를 위해서 꼭 빌려야 하는 책이 있는데, 그 책이 이미 대출되었어요. 제가 이번 주 내로 조사 리포트를 제출해야 하기 때문에, 이는 저를 상당히 곤란한 입장에 처하게 만들었습니다.

② **책이 대출 중인 것에 대한 대안** 그 책이 며칠 후에 반납되면 저를 위해 따로 두시길 부탁드려도 될까요? 당신이 보통 그렇게 하지 않는 것을 알지만 당신이 예외로 해주길 바라고 있었어요. 그러나 만약에 그 책이 한동안 없을 거라면, 전 큰일이에요. 그 책이 혹시 다른 지점에서 구할 수 있는지 확인해 주실 수 있나요? 너무 멀지만 않다면 전 기꺼이 그 책을 가지러 갈 거예요. 그 책의 전자책 버전이 대여 가능한가요? 사람들이 접속할 수 있는 전자책 모음이 있다고 알고 있거든요.

③ **감사 표현** 책을 찾아내는 것을 도와주셔서 고맙습니다. 정말 감사하게 생각해요.

---

in a tough spot 곤란한 입장에 처해서 turn in 제출하다 make an exception 예외로 하다

UNIT 05 상황 설명하고 부탁하기

면접관이 제시하는 문제 상황에서 특정 인물에게 상황을 설명하고 부탁을 하는 롤플레이 유형이다. 상황에 맞게 부탁을 하면서 이유를 제시하면 된다. 이 UNIT을 통해 롤플레이 중 <상황 설명하고 부탁하기> 유형의 빈출 문제 및 모범답변, 그리고 관련 표현을 학습하여 나만의 답변을 준비해 두자.

음성 바로 듣기

🔄 빈출 문제

새로운 식당에 같이 가자고 부탁하기 (관련주제) 돌발 – 외식·음식	I am going to give you a situation to act out. There is a new restaurant close to your home and you want to go there with your friend. Call your friend and ask him or her to visit it with you. 이제, 당신에게 연기할 상황을 드릴게요. 당신의 집 가까이에 새로 문을 연 식당이 있는데, 당신은 친구와 그곳에 가고 싶습니다. 당신의 친구에게 전화해서 당신과 함께 그곳을 방문하자고 요청하세요.
예약 없이 컴퓨터를 사용하게 해달라고 부탁하기 (관련주제) 돌발 – 도서관	Unfortunately, the librarian informs you that you must make a reservation in advance to use a computer. Despite this information, you see that many computers are currently not in use. Give the librarian two or three reasons for allowing you to use a machine. 안타깝게도, 도서관 사서가 당신에게 컴퓨터를 사용하려면 미리 예약을 해야 한다고 알려주었습니다. 이러한 정보에도 불구하고, 당신은 많은 컴퓨터가 현재 사용되지 않고 있는 것이 보입니다. 왜 당신에게 컴퓨터 사용을 허락해 주어야 하는지, 사서에게 두세 가지 이유를 제시해 주세요.
조용한 장소를 추천해 달라고 부탁하기 (관련주제) 돌발 – 도서관	Pretend that you're in the school library and it's so noisy that you can't study. Call a friend and ask him or her to recommend a quiet place to study. 당신이 학교 도서관에 있는데 너무 시끄러워서 공부를 할 수가 없다고 가정해 보세요. 친구에게 전화를 걸어 공부할 조용한 곳을 추천해 달라고 해보세요.
놓고 온 지갑을 돌려받도록 부탁하기 (관련주제) 설문 – 요가·헬스	Upon arriving home from the gym, you noticed that you left your wallet behind. Call the gym and explain your situation to the manager and ask him or her to look for it. 헬스장에서 집에 도착하자마자 당신은 지갑을 놓고 왔다는 것을 알았습니다. 헬스장에 전화를 걸어 매니저에게 당신의 상황을 설명하고, 지갑을 찾아봐 달라고 부탁해 보세요.
레스토랑에 예약을 해달라고 부탁하기 (관련주제) 돌발 – 외식·음식	Imagine that you would like to have a dinner at a downtown restaurant tomorrow evening. Unfortunately, most of the tables have already been reserved for tomorrow, and the remaining tables are for VIPs. Call the manager and give him or her two or three reasons why you should be given a reservation. 당신이 내일 시내에 있는 레스토랑에서 저녁을 먹고 싶어 한다고 가정해 보세요. 안타깝게도, 내일은 대부분의 자리가 예약되어 있고, 남아 있는 자리는 VIP를 위한 것입니다. 매니저에게 전화를 걸어 왜 당신에게 예약을 해주어야 하는지 두세 가지 이유를 제시해 주세요.

새로운 식당에 같이 가자고 부탁하기 | 관련주제 돌발 – 외식·음식 | 🎧 롤플 UNIT 05 Track 1

I am going to give you a situation to act out. There is a new restaurant close to your home and you want to go there with your friend. Call your friend and ask him or her to visit it with you.

이제, 당신에게 연기할 상황을 드릴게요. 당신의 집 가까이에 새로 문을 연 식당이 있는데, 당신은 친구와 그곳에 가고 싶습니다. 당신의 친구에게 전화해서 당신과 함께 그곳을 방문하자고 요청하세요.

답변구조에 따라 말할 내용을 살펴보고, 아래 모범답변을 참고하여 나의 답변을 말해보자.

AL 달성! 답변구조 ⚙️

① 상황 설명	● 새로운 해산물 식당이 문을 열었는데 정말로 가보고 싶다는 상황 설명
② 식당에 가고 싶은 이유	● 그 식당에 가고 싶은 이유를 설명
③ 당부	● 마음이 내키면 전화 달라고 당부

AL 달성! 모범답변 ✒️

① **상황 설명** Hi, Seo Jun, it's Joo Won. I'm calling because a new seafood restaurant just opened near my apartment and I really want to try it out. How about coming with me?

② **식당에 가고 싶은 이유** I've heard that the food at this place is absolutely fantastic. Actually, one of my neighbors went the night it opened. He ordered the king crab and apparently it was one of the best meals he's had in his life. He's a fairly picky eater, so his praise should not be taken lightly. Not only that but the restaurant is surprisingly affordable. At the moment, they are offering daily specials at reduced prices. I'm pretty sure that the specials are just to attract customers while the restaurant is still new, so we should take advantage of them while we still can.

③ **당부** Anyway, I hope that you can find the time to join me for a meal. Please give a call and let me know if you're in the mood.

골라 쓰는 답변 아이디어

→ • 그 식당에 가고 싶은 이유
it's a very trendy place
이곳은 매우 유행하는 곳이다
the restaurant is packed almost every night
그 식당은 거의 매일 밤 사람으로 꽉 찬다
the chef is very well-known
그 요리사는 매우 유명하다
my brother raved about the food
우리 형은 그 음식에 대해 극찬했다
I read glowing reviews of the restaurant online
나는 온라인으로 그 식당에 대해 극찬하는 리뷰들을 읽었다
the dessert menu is out of this world
그 디저트 메뉴는 매우 훌륭하다
it has great ambience
분위기가 매우 좋다

① **상황 설명** 안녕, 서준아, 나 주원이야. 우리 아파트 근처에 새로운 해산물 식당이 막 문을 열었는데, 정말로 가보고 싶어서 전화하는 거야. 나와 함께 가는 게 어떠니? ② **식당에 가고 싶은 이유** 난 그곳의 음식이 굉장히 환상적이라고 들었어. 사실, 내 이웃 중 한 사람이 그곳이 문을 열었던 날 밤에 갔었어. 그는 킹크랩을 주문했고, 그건 분명히 그가 평생 먹어본 것 중에 최고의 식사였어. 그는 꽤 식성이 까다로운 사람이라 그의 칭찬은 가볍게 여겨져서는 안 돼. 그뿐만 아니라 그 식당은 의외로 가격이 적당해. 지금, 그들은 오늘의 특별 요리를 할인된 가격으로 제공하고 있어. 내가 볼 때 그 특별 요리는 그 식당이 아직 잘 알려지지 않았을 때 고객들의 관심을 끌기 위한 것이 분명해서, 우리는 아직 가능할 때 그걸 이용해야 해. ③ **당부** 어쨌든, 네가 나와 함께 식사할 시간을 낼 수 있기를 바라. 네가 마음이 내키면 전화해서 나에게 알려줘.

picky 까다로운　**affordable** (가격이) 적당한, 알맞은　**be in the mood** 마음이 내키다　**special** 특별 요리　**take advantage of** ~을 이용하다

나의 답변 🎤 먼저 나의 답변을 실제로 말해보자. 그 후, AL 달성! 답변구조와 AL 달성! 모범답변을 참고하여 나의 답변을 보완하자.

① **상황 설명**

② **식당에 가고 싶은 이유**

③ **당부**

01 예약 없이 컴퓨터를 사용하게 해달라고 부탁하기 관련주제 돌발 – 도서관 🎧 롤플 UNIT 05 Track 2

Q **Unfortunately, the librarian informs you that you must make a reservation in advance to use a computer. Despite this information, you see that many computers are currently not in use. Give the librarian two or three reasons for allowing you to use a machine.**

안타깝게도, 도서관 사서가 당신에게 컴퓨터를 사용하려면 미리 예약을 해야 한다고 알려주었습니다. 이러한 정보에도 불구하고, 당신은 많은 컴퓨터가 현재 사용되지 않고 있는 것이 보입니다. 왜 당신에게 컴퓨터 사용을 허락해 주어야 하는지, 사서에게 두세 가지 이유를 제시해 주세요.

나의 답변 🎙 | 먼저 나의 답변을 실제로 말해보자. 그 후, 등급 UP! 핵심표현과 AL 달성! 모범답변을 참고하여 나의 답변을 보완하자.

등급 UP! 핵심표현 ⚡

① 상황 설명	· 급한 일이 있다	→ have an emergency
	· 당신이 넘어가 주기를 바란다	→ hope you can let it slide
② 컴퓨터를 사용하게 해달라는 부탁과 이유	· 나는 매우 급하다	→ I'm in a real hurry
	· 대부분의 자리가 비어있다	→ most of the seats are empty
	· 30분 동안만 컴퓨터가 필요하다	→ only need the computer for half an hour
	· 나타나지 않은 학생의 자리에 앉는다	→ take the spot of a student who didn't show up
	· 현재 시간대에 예약한다	→ make a reservation for the current time slot
	· 도서관 정책에 대해 몰랐다	→ wasn't aware of the library's policy
	· 컴퓨터를 예약할 시간이 없었다	→ didn't have time to reserve a computer
③ 당부	· 나를 도와준다면 감사하겠다	→ would be grateful if you could help me out
	· 나의 이 부탁을 들어 줄 바란다	→ hope you can do me this favor

AL 달성! 모범답변 🎯

① **상황 설명** I understand that the library's policy requires advance reservations in order to use the computers, but I have an emergency.

② **컴퓨터를 사용하게 해달라는 부탁과 이유** There's a problem with a report I wrote for a class, and **I'm in a real hurry** to fix it. You see, the report is due tomorrow, and the library is the only place I can get this done. My computer at home isn't working at the moment, so I really need to use one of the computers here. Besides, if you take a look around at the computer lab, you can see that there are only three people using it right now, so **most of the seats are empty**. If you let me use one of the machines, it wouldn't be a big deal. If a person with a reservation needs a computer, I'll happily give up my seat.

③ **당부** I hope you can see the point I'm making. I'd be really grateful if you could help me out. Thanks.

① **상황 설명** 도서관의 정책이 컴퓨터를 사용하기 위해서는 사전 예약을 요구한다는 것을 이해하지만, 저는 급한 일이 있습니다.

② **컴퓨터를 사용하게 해달라는 부탁과 이유** 수업 때문에 쓴 리포트에 문제가 있고, 그것을 고쳐야 해서 정말 급합니다. 있잖아요, 리포트는 내일까지이고, 도서관이 제가 이것을 끝낼 수 있는 유일한 장소입니다. 집에 있는 컴퓨터가 지금 작동하지 않아서, 저는 정말로 여기에 있는 컴퓨터 중 한 대를 사용해야 합니다. 게다가, 컴퓨터실을 한번 둘러보시면 지금 당장 컴퓨터를 사용하는 사람이 단지 세 명뿐이라 대부분의 자리가 비어있음을 보실 수 있습니다. 제가 그 컴퓨터 중 하나를 사용하게 허락해 주셔도, 그렇게 큰일은 아닐 겁니다. 만약에 예약한 사람이 컴퓨터를 필요로 한다면, 저는 기쁘게 제 자리를 내어놓겠습니다.

③ **당부** 제가 말하고 있는 요점을 이해해주시면 좋겠습니다. 저를 도와주신다면 대단히 감사하겠습니다. 감사합니다.

policy 정책 big deal 큰일, 큰 사건

Q **Pretend that you're in the school library and it's so noisy that you can't study. Call a friend and ask him or her to recommend a quiet place to study.** 당신이 학교 도서관에 있는데 너무 시끄러워서 공부를 할 수가 없다고 가정해 보세요. 친구에게 전화를 걸어 공부할 조용한 곳을 추천해 달라고 해보세요.

나의 답변 🎤 먼저 나의 답변을 실제로 말해보자. 그 후, 등급 UP! 핵심표현과 AL 달성! 모범답변을 참고하여 나의 답변을 보완하자.

등급 UP! 핵심표현 ⚡

① 상황 설명	· 차분히 생각할 수가 없다	→ can't hear myself think
	· 평화롭게 독서할 수 있는 조용한 공간	→ quiet zone where I can read in peace
② 조용한 장소를 추천해 달라는 부탁과 장소의 조건	· 한두 군데 제안해 줄 수 있는지?	→ Can you give me a suggestion or two?
	· 음식과 음료를 들여올 수 있다	→ could bring food and beverages in
	· 아무것도 생각해 내지 못하겠다	→ can't come up with anything
	· 내가 노력한 모든 것이 달려있다	→ everything I've worked for is at stake
	· 재수강을 할 여유가 없다	→ can't afford to repeat a course
	· 편안한 의자가 있는 곳	→ place with comfy chairs
	· 벼락치기를 위한 완벽한 장소	→ perfect place for cramming
③ 당부	· 나에게 큰 도움이 될 것이다	→ would be such a big help to me
	· 나에게 대단한 의미일 것이다	→ would mean the world to me

AL 달성! 모범답변 ✏️

① 상황 설명 Hi, Min Jung. This is So Hee. I'm in the library hallway. You're not going to believe this. It's so noisy at the library that I can't hear myself think.

② 조용한 장소를 추천해 달라는 부탁과 장소의 조건 So, I need to find a quiet place to study. **Can you give me a suggestion or two?** I really hope you can help me because if I don't work hard now, I'm going to do badly on my midterms. I'd prefer a place that doesn't get too crowded. It'd be great if I could sit alone. And it would also be nice if I **could bring food and beverages in**. That way, I won't have to stop when I get hungry or thirsty. I tried to think of a place like that, but I just **can't come up with anything**.

③ 당부 If you could give it some thought and have any ideas, please let me know. It would be such a big help to me.

① 상황 설명 안녕, 민정아. 나 소희야. 난 도서관 복도에 있어. 너 이거 못 믿을 거야. 도서관이 너무 시끄러워서 차분히 생각할 수가 없어.

② 조용한 장소를 추천해 달라는 부탁과 장소의 조건 그래서 나는 공부할 수 있는 조용한 장소를 찾아야 해. 나에게 한두 군데 제안해 줄 수 있어? 내가 지금 열심히 공부하지 않으면 중간고사에서 성적을 잘 못 받을 것이기 때문에 네가 날 도와줄 수 있길 간절히 바라. 나는 너무 붐비지 않는 장소를 선호해. 내가 혼자 앉을 수 있다면 좋을 것 같아. 그리고 내가 음식과 음료를 들여올 수 있어도 좋을 것 같아. 그러면 내가 배가 고프거나, 목이 마를 때 멈춰야 할 필요가 없을 거야. 내가 그런 장소를 생각해 보려고 노력했는데, 아무것도 생각해 내지 못하겠어.

③ 당부 네가 좀 생각해 보고 아이디어가 생기면, 나에게 알려줘. 그건 나에게 큰 도움이 될 거야.

hallway 복도 **hear oneself think** 차분히 생각하다 **midterm** 중간고사 **give it some thought** 그것을 좀 생각해 보다

Q **Upon arriving home from the gym, you noticed that you left your wallet behind. Call the gym and explain your situation to the manager and ask him or her to look for it.** 헬스장에서 집에 도착하자마자 당신은 지갑을 놓고 왔다는 것을 알았습니다. 헬스장에 전화를 걸어 매니저에게 당신의 상황을 설명하고, 지갑을 찾아봐 달라고 부탁해 보세요.

나의 답변 🎙 | 먼저 나의 답변을 실제로 말해보자. 그 후, 등급 UP! 핵심표현과 AL 달성! 모범답변을 참고하여 나의 답변을 보완하자.

등급UP! **핵심표현** ⚡

① 상황 설명	· 그것을 가지고 있었다 · 실수를 했고 내 지갑을 두고 왔다 · 지갑이 아직 거기 있을 것으로 생각한다	→ I had it with me → slipped up and left my wallet → think my wallet may still be there
② 지갑을 찾아봐 달라는 부탁과 이유	· 잠깐 찾아본다 · 내가 그곳에 갈 때까지 맡아준다 · 체육관의 오랜 회원 · 중요한 메모가 그 안에 들어있다 · 잃어버리면 안 된다 · 내일 해외로 휴가를 가야 한다 · 시험을 위해 학생증이 필요하다	→ take a quick look → hold on to it until I get there → a long-time member of the gym → has an important memo in it → can't afford to lose it → have to go on a vacation abroad tomorrow → need my student ID for the exam
③ 당부	· 충분한 보상을 한다 · 대단히 고맙다	→ make it worth your while → thanks a million

AL 달성! **모범답변** 🎯

① **상황 설명** Hello, my name is Jae Yeon Park. I was at your gym about an hour ago, and I think I left my wallet there. I'm pretty sure I had it with me until I took a shower, so it's probably in the locker room.

② **지갑을 찾아봐 달라는 부탁과 이유** Do you think you could go in there and **take a quick look**? I know you're probably busy but I've got to have my wallet back tonight since all of my cash and credit cards are in there. Oh, and if you do find my wallet, could you please **hold on to it until I get there**? It's almost closing time, but I promise I won't be long. My friend is driving me over there as we speak. I'm hoping you'll help me out considering I've been **a long-time member of the gym**.

③ **당부** I really can't thank you enough for your help. When I get my wallet back, I'll make it worth your while.

① **상황 설명** 안녕하세요, 제 이름은 박재연입니다. 제가 헬스장에 한 시간 전쯤에 있었는데, 제 생각에 그곳에 제 지갑을 놓고 온 것 같습니다. 제가 샤워를 하기 전까지는 지갑을 가지고 있었음이 확실하니까, 아마도 탈의실에 있을 것 같습니다.

② **지갑을 찾아봐 달라는 부탁과 이유** 당신이 그곳에 가서 잠깐 찾아봐 주실 수 있나요? 바쁘신 건 알지만 제 모든 현금과 신용카드가 그 안에 들어있어서 오늘 밤에 지갑을 돌려받아야 합니다. 아, 그리고 만약 제 지갑을 찾으신다면, 제가 그곳에 갈 때까지 제 지갑을 맡아주실 수 있나요? 문 닫을 시간이 다 되었지만 오래 안 걸린다고 약속합니다. 저희가 이야기하는 동안 제 친구가 저를 거기로 태워다 주고 있습니다. 제가 그 체육관의 오랜 회원이라는 걸 생각해서 절 도와주시길 바랍니다.

③ **당부** 당신의 도움에 대해 뭐라 감사의 말씀을 드려야 할지 모르겠습니다. 제가 지갑을 돌려받으면 당신에게 충분한 보상을 하겠습니다.

locker room 탈의실　hold on to ~을 맡아주다　make it worth one's while ~의 노고에 보상하다

04 레스토랑에 예약해달라고 부탁하기 관련주제 돌발 – 외식·음식

Q Imagine that you would like to have a dinner at a downtown restaurant tomorrow evening. Unfortunately, most of the tables have already been reserved for tomorrow, and the remaining tables are for VIPs. Call the manager and give him or her two or three reasons why you should be given a reservation. 당신이 내일 시내에 있는 레스토랑에서 저녁을 먹고 싶어 한다고 가정해 보세요. 안타깝게도, 내일은 대부분의 자리가 예약되어 있고, 남아 있는 자리는 VIP를 위한 것입니다. 매니저에게 전화를 걸어 왜 당신에게 예약을 해주어야 하는지 두세 가지 이유를 제시해 주세요.

나의 답변 ✏ 먼저 나의 답변을 실제로 말해보자. 그 후, 등급 UP! 핵심표현과 AL 달성! 모범답변을 참고하여 나의 답변을 보완하자.

등급 UP! 핵심표현 ⚡

① 상황 설명	· 중요 인사들만을 위한 것이다	→ are only for VIPs
	· 나는 혹시나 하고 전화한다	→ I'm calling on the off chance
② 레스토랑에 예약해달라는 부탁과 이유	· 내일이 내 여동생의 생일이다	→ tomorrow is my sister's birthday
	· 당신 가게에 가보라고 사람들을 부추길 것이다	→ will encourage people to try out your restaurant
	· 내일은 내 결혼기념일이다	→ tomorrow is my wedding anniversary
	· 당신 레스토랑의 단골	→ a regular customer at your restaurant
	· 종업원들이 내 얼굴을 안다	→ waiters know my face
	· 일생에 단 한 번뿐인 행사가 있다	→ have a once-in-a-lifetime occasion
	· 고객을 데리고 나가서 식사한다	→ take a client out to dinner
	· 적어도 날 대기자 명단에 올려준다	→ at least put me on the waiting list
③ 당부	· 우리에게 큰 의미가 있다	→ mean a lot to both of us
	· 우리가 유명 인사가 아니라고 무시한다	→ look past our not being celebrities

AL 달성! 모범답변 🖋

① 상황 설명 Good morning. I tried making a reservation at your restaurant for tomorrow evening, but they told me that most of the tables have already been reserved. They also said that the few remaining tables are only for VIPs.

② 레스토랑에 예약해달라는 부탁과 이유 Although I'm not a big name in entertainment or any other industry for that matter, **tomorrow is my sister's birthday**, and I know that your restaurant is her absolute favorite. It would be a big blow to both of us if we couldn't have a meal there tomorrow. And that's not all. She happens to be a part-time food blogger, so she will probably write about the meal and **encourage people to try out your restaurant**.

③ 당부 So could you please make an exception for me and my sister and give us a reservation? I know it's a big request, but it would really mean a lot to both of us if we could have dinner at your restaurant tomorrow evening.

① 상황 설명 안녕하세요. 내일 저녁을 위해 당신의 레스토랑을 예약하려고 했는데 레스토랑 측에서 대부분의 자리가 이미 예약이 찼다고 하더군요. 그들은 또한 몇 안 되는 남은 자리는 VIP들만을 위한 거라고도 말했습니다.

② 레스토랑에 예약해달라는 부탁과 이유 저는 비록 연예계에서 유명한 사람도 아니고, 그 점에 대해서는 다른 업계에서도 마찬가지이지만, 내일은 제 여동생의 생일이고, 당신의 레스토랑은 제 동생이 절대적으로 가장 좋아하는 곳이라고 알고 있습니다. 내일 거기서 식사할 수 없다면 저희 두 사람 모두에게 큰 충격일 것입니다. 그리고 그게 다가 아닙니다. 제 동생은 마침 파트타임 음식 블로거인데, 그래서 아마 제 동생은 식사에 대해 글을 작성할 것이고 당신 가게에 가보라고 사람들을 부추길 것입니다.

③ 당부 그러니 저와 제 여동생을 예외로 해주시고 저희에게 예약을 해주실 수 있나요? 저도 그것이 큰 요구라는 것을 알지만, 저희가 내일 저녁 당신의 식당에서 저녁을 먹을 수 있다면 저희 둘 모두에게 큰 의미가 있을 것입니다.

big name 유명한 사람 **for that matter** 그 점에 대해서는 **blow** (슬픔·절망을 가져온) 충격

UNIT 06

상황 설명하고 예매 · 약속하기

음성 바로 듣기

면접관이 제시하는 문제 상황에서 예매 또는 약속을 하는 롤플레이 유형이다. 주어진 상황에 맞게 예매·약속 시 필요한 질문을 3~4개 하면 된다. 이 UNIT을 통해 롤플레이 중 <상황 설명하고 예매·약속하기> 유형의 빈출 문제 및 모범답변, 그리고 관련 표현을 학습하여 나만의 답변을 준비해 두자.

↻ 빈출 문제

비행기 표 예매하기
(관련주제) 설문 – 국내·해외여행

I'd like to give you a situation to act out. You and a friend want to take a trip together. Call an airline, and book tickets for both of you.

당신에게 연기할 상황을 드릴게요. 당신과 당신의 친구는 함께 여행을 가고 싶어 합니다. 항공사에 전화를 걸어 당신들 모두의 표를 예매해 주세요.

친구와 약속하기
(관련주제) 돌발 – 약속

I am going to give you a situation to act out. You would like to meet up with a friend. Call your friend and figure out the details.

당신에게 연기할 상황을 드릴게요. 당신은 당신의 친구와 만나고 싶습니다. 친구에게 전화를 걸어 세부 사항을 결정해 주세요.

축구장 예약하기
(관련주제) 설문 – 농구·야구·축구

I am going to give you a situation to act out. You are planning on setting up a soccer match, and you need to reserve a field. Call the park supervisor and make a reservation.

당신에게 연기할 상황을 드릴게요. 당신을 축구 경기를 주선할 계획이어서 축구장을 예약해야 합니다. 공원 관리자에게 전화를 걸어 예약을 해주세요.

병원 진료 예약하기
(관련주제) 돌발 – 건강·병원

I am going to give you a situation to act out. You're not feeling well and you need to see a doctor. Call the doctor's office and make an appointment.

당신에게 연기할 상황을 드릴게요. 당신은 몸이 별로 좋지 않아서 진료를 받아야 합니다. 병원에 전화해서 예약을 해주세요.

레스토랑 예약하기
(관련주제) 돌발 – 외식·음식

I'd like to give you a situation to act out. You want to have a birthday party at a restaurant. Call the restaurant and make a reservation.

당신에게 연기할 상황을 드릴게요. 당신은 레스토랑에서 생일 파티를 하기 원합니다. 레스토랑에 전화를 걸어 예약을 해주세요.

대표문제 · 비행기 표 예매하기 (관련주제) 설문 – 국내·해외여행

I'd like to give you a situation to act out. You and a friend want to take a trip together. Call an airline, and book tickets for both of you.

당신에게 연기할 상황을 드릴게요. 당신과 당신의 친구는 함께 여행을 가고 싶어 합니다. 항공사에 전화를 걸어 당신들 모두의 표를 예매해 주세요.

답변구조에 따라 말할 내용을 살펴보고, 아래 모범답변을 참고하여 나의 답변을 말해보자.

AL 달성! 답변구조 ⚙️

① 상황 설명	➡ 비행기 표를 예매하려는 상황 설명
② 비행기 표 예매에 대한 정보 요청과 나의 의견	➡ 표 예매를 결정하는 데 필요한 정보 요청과 나의 의견
③ 예매	➡ 정보를 준 것에 대한 감사와 표를 예매하겠다는 표현

AL 달성! 모범답변 ✏️

① **상황 설명** Hi. I'm calling to make a reservation. I'd like to book two tickets to Bali for July 15, but first, I have a few questions.

② **비행기 표 예매에 대한 정보 요청과 나의 의견** Are there any morning flights available? My friend and I would like as much time as possible at the destination. There are a lot of things we'd like to do in Bali. Also, would it be possible to get seats in the exit row? That way, we could get a little more legroom. By the way, are there any discounts being offered right now? I thought I saw on your website that you were having a spring sale. Is it still going on? That would really be a big help since we're traveling on a tight budget.

③ **예매** Thanks for the information. Please book two round-trip tickets to Bali. I can give you my credit card information over the phone when you're ready.

골라 쓰는 답변 아이디어

→ • 비행기 표 예매에 대한 정보 요청

What happens if there is a delay?
지연되면 어떻게 되는지?

Can I get a refund if the flight gets canceled?
항공편이 취소된다면 환불받을 수 있는지?

Would it be possible to get an aisle seat? 통로 쪽 좌석을 구할 수 있는지?

What time does the earliest flight depart?
가장 빠른 항공편은 몇 시에 출발하는지?

Could you email me a copy of my flight itinerary?
비행 일정표 사본을 이메일로 보내줄 수 있는지?

Can I use my miles to get an upgrade?
마일리지를 이용해 업그레이드를 받을 수 있는지?

① **상황 설명** 안녕하세요. 예약하려고 전화 드립니다. 제가 7월 15일 발리행 비행기 표 두 장을 예매하고 싶은데, 우선, 몇 가지 질문이 있습니다. ② **비행기 표 예매에 대한 정보 요청과 나의 의견** 예약 가능한 오전 비행기가 있나요? 저와 제 친구는 목적지에서 가능한 한 많은 시간을 보내길 원합니다. 발리에서 저희가 하고 싶은 게 많습니다. 또한, 출구 쪽 좌석으로 구할 수 있을까요? 그렇게 해야, 다리를 뻗을 수 있는 공간을 좀 더 확보할 수 있습니다. 그런데, 지금 제공되고 있는 할인은 있나요? 웹사이트에서 봄 세일을 한다는 것을 본 것 같습니다. 아직도 계속되고 있나요? 저희가 빠듯한 예산으로 여행하고 있어서 그것은 정말 큰 도움이 될 듯합니다. ③ **예매** 정보를 주셔서 감사합니다. 발리로 가는 왕복표 두 장을 예매해 주세요. 준비되실 때 전화로 신용카드 정보를 드릴 수 있습니다.

legroom 다리를 뻗을 수 있는 공간 **tight budget** 빠듯한 예산 **round-trip** 왕복

나의 답변 🎤

먼저 나의 답변을 실제로 말해보자. 그 후, AL 달성! 답변구조와 AL 달성! 모범답변을 참고하여 나의 답변을 보완하자.

① **상황 설명**

② **비행기 표 예매에 대한 정보 요청과 나의 의견**

③ **예매**

01 친구와 약속하기 (관련주제) 돌발 – 약속

🎧 롤플 UNIT 06 Track 2

Q **I am going to give you a situation to act out. You would like to meet up with a friend. Call your friend and figure out the details.** 당신에게 연기할 상황을 드릴게요. 당신은 당신의 친구와 만나고 싶습니다. 친구에게 전화를 걸어 세부 사항을 결정해 주세요.

나의 답변 🎙 먼저 나의 답변을 실제로 말해보자. 그 후, 등급 UP! 핵심표현과 AL 달성! 모범답변을 참고하여 나의 답변을 보완하자.

등급 UP! 핵심표현 ⚡

① 상황 설명	· 노는 것 때문에 네게 연락한다	→ contact you about hanging out
	· 너와 약속을 잡고 싶다	→ would like to make some plans with you
② 만날 약속의 세부 사항에 대한 정보 요청과 나의 의견	· 대신 스노보드를 타러 가는 것	→ going snowboarding instead
	· 네가 선호하는 특정 시간	→ a specific time that you'd prefer
	· 미술관에 간다	→ go to the gallery
	· 게임을 할 기분이 드는	→ in the mood to play a game
	· 친구들을 모아서 볼링을 치러 간다	→ get some friends together and go bowling
	· 네가 원하는 건 뭐든 할 용의가 있는	→ open to doing whatever you want
	· 너희 집으로 간다	→ go over to your place
③ 약속	· 일요일 아침 11시에 만나자	→ let's meet Saturday morning at 11 a.m.

AL 달성! 모범답변 🎯

① 상황 설명 Hey, Min Young! What's up? I've been wanting to contact you about hanging out this weekend. It's been forever since I last saw you, and we've got to catch up!

② 만날 약속의 세부 사항에 대한 정보 요청과 나의 의견 What do you think we should do? We usually go to a café or a park, but I'd like to do something different this time. **What do you say to going snowboarding instead?** I have a coupon for discounted passes to the ski resort outside town. Does that sound like fun? Either Saturday or Sunday works for me. Which day is best for you? **Is there a specific time that you'd prefer?** The earlier we head out, the fewer people we'll run into, which means less waiting around. There's a shuttle bus to the resort that runs once an hour, so why don't we take that?

③ 약속 OK, let's meet Saturday morning at 11 a.m. at the shuttle bus stop. I'm looking forward to the weekend!

head out 출발하다 run into ~와 마주치다 run 운행하다

① 상황 설명 안녕, 민영아! 요즘 어때? 이번 주말에 노는 것 때문에 네게 연락하고 싶었어. 내가 널 마지막으로 본지 정말 오래됐으니까 우리 서로 어떻게 지냈는지 알아봐야지!

② 만날 약속의 세부 사항에 대한 정보 요청과 나의 의견 넌 우리가 뭘 해야 한다고 생각해? 우리는 보통 카페나 공원에 가지만, 난 이번엔 좀 다른 걸 하고 싶어. 그러지 말고 대신 스노보드 타러 가는 건 어때? 나한테 시외 스키 리조트의 입장권 할인 쿠폰이 있어. 재미있을 것 같아? 난 토요일이나 일요일이 괜찮아. 넌 어떤 날이 제일 좋아? 네가 선호하는 특정 시간이 있니? 우리가 빨리 출발할수록, 우리가 마주치게 될 사람이 더 적을 테고, 그건 덜 기다린다는 뜻이야. 한 시간마다 운행하는 리조트로 가는 셔틀버스가 있는데, 우리 그것을 타면 어떨까?

③ 약속 그럼 일요일 오전 11시에 셔틀버스 정류장에서 만나자. 난 주말이 기대된다!

Q **I am going to give you a situation to act out. You are planning on setting up a soccer match, and you need to reserve a field. Call the park supervisor and make a reservation.**

당신에게 연기할 상황을 드릴게요. 당신을 축구 경기를 주선할 계획이어서 축구장을 예약해야 합니다. 공원 관리자에게 전화를 걸어 예약을 해주세요.

나의 답변 🎤 먼저 나의 답변을 실제로 말해보자. 그 후, 등급 UP! 핵심표현과 AL 달성! 모범답변을 참고하여 나의 답변을 보완하자.

등급 UP! **핵심표현** ⚡

① 상황 설명	· 축구 경기를 준비 중에 있다	→ have a soccer match in the works
	· 토요일에 경기가 잡혀있다	→ have a game lined up for Saturday
	· 축구 경기를 위해 축구장 대여 일정을 잡다	→ schedule a field rental for a soccer match
② 축구장 예약에 대한 정보 요청과 나의 의견	· 시간당 요금 아니면 일일 요금	→ an hourly charge or a daily one
	· 할인을 받을 가능성	→ chance of getting a discount
	· 요금을 약간 깎다	→ knock down the rate a little bit
	· 무슨 요일인지에 따라 다르다	→ differs depending on the day of the week
	· 보증금을 내야 한다	→ have to put down a deposit
	· 근처에 생활 편의 시설을 갖고 있다	→ have nearby amenities
	· 경기장에서 금지된 행동들	→ activities prohibited on the field
③ 예약	· 이번 주 토요일 오후로 예약하고 싶다	→ I'd like to make a reservation for this Saturday afternoon

---

AL 달성! **모범답변** ✏️

① 상황 설명 Hello, is this the park supervisor's office? A few friends and I have a soccer match in the works for an upcoming weekend, and we'd like to make a reservation.

② 축구장 예약에 대한 정보 요청과 나의 의견 There are a few things I'm in the dark about, however. First, how much does a soccer field cost to rent? **Is there an hourly charge or a daily one?** We really only need the space for two hours or so. A full day's rental isn't necessary. Also, **is there any chance of getting a discount?** We're only doing this for fun, so the bottom line is that we don't want to spend too much. Are there different prices for dirt fields and grass fields? We've got our hearts set on playing on a grass field and we'll only play on dirt if there's no other choice.

③ 예약 Thanks for the information. I'd like to make a reservation for this Saturday afternoon between 2 and 4 p.m.

① 상황 설명 안녕하세요, 거기 공원 관리자 사무실이죠? 제 친구 몇 명과 제가 오는 주말에 축구 경기가 하나를 준비 중에 있어서 예약을 하고 싶습니다.

② 축구장 예약에 대한 정보 요청과 나의 의견 하지만 제가 모르는 사항들이 몇 가지 있습니다. 첫째로, 축구장 빌리는 데 돈이 얼마나 드나요? 시간당 요금이 있나요, 아니면 일일 요금이 있나요? 저희는 정말 그곳이 단지 두 시간 정도만 필요합니다. 종일 대여는 필요하지 않습니다. 또한, 할인을 받을 가능성이 있나요? 저희는 단지 재미로 이것을 하는 거라서, 결론은 저희가 너무 많은 돈을 쓰고 싶지는 않다는 겁니다. 흙 구장과 잔디 구장 간에 요금 차이가 있나요? 저희는 잔디 구장에서 축구를 하기로 마음을 굳혔고, 다른 방법이 없는 경우에만 흙 구장에서 하겠습니다.

③ 예약 정보를 주셔서 고맙습니다. 이번 주 토요일 오후 2시에서 4시까지 예약하고 싶습니다.

---

upcoming 오는, 곧 있을   in the dark 모르는   bottom line 결론   have one's heart set on ~하기로 마음을 굳히다

Q **I am going to give you a situation to act out. You're not feeling well and you need to see a doctor. Call the doctor's office and make an appointment.** 당신에게 연기할 상황을 드릴게요. 당신은 몸이 별로 좋지 않아서 진료를 받아야 합니다. 병원에 전화해서 예약을 해주세요.

나의 답변 🎤 | 먼저 나의 답변을 실제로 말해보자. 그 후, 등급 UP! 핵심표현과 AL 달성! 모범답변을 참고하여 나의 답변을 보완하자.

등급 UP! 핵심표현 ⚡

① 상황 설명	· 더 안 좋아졌다	→took a turn for the worse
	· 진료를 받으려고 해왔다	→have been meaning to see the doctor
	· 갈수록 더 악화됐다	→have gone from bad to worse
② 병원 진료 예약에 대한 정보 요청과 나의 의견	· 내가 예약할 수 있는 어떤 방법	→some way I can make an appointment
	· 막판에 요청하는 것이란 것을 안다	→know it's last minute
	· 검사들을 받기 위해 추가 요금을 낸다	→pay extra to have tests run
	· 스케줄에 내 예약을 끼워준다	→squeeze me in the schedule
	· 오늘 오후 언제든 병원에 갈 수 있다	→can come in any time this afternoon
	· 내가 그동안 무엇을 해야 하는지	→what should I do in the meantime
	· 예약 가능한 가장 빠른 시간	→the earliest available appointment slot
	· 병원이 아침에 몇 시에 여는지	→what time the office opens in the morning
③ 예약	· 오후 4시에 예약하고 싶다	→I'd like to book an appointment for 4 p.m.

AL 달성! 모범답변 🎯

① 상황 설명 Is this Doctor Kim's office? This is Jae Hee Park, one of his patients. I've been feeling under the weather the last few days, and today my illness took a turn for the worse. I really need to see Dr. Kim.

② 병원 진료 예약에 대한 정보 요청과 나의 의견 **Is there some way I can make an appointment for today? I know it's last minute,** but I think I have a serious health problem since I became so ill so quickly. Also, **will I have to pay extra to have tests run?** I want to make sure my insurance will cover everything. If it's not at all possible for me to get an appointment today, can you recommend another clinic or hospital? My situation is quite urgent.

③ 예약 Thank you so much for helping me out. I'd like to book an appointment for 4 p.m. this afternoon.

① **상황 설명** 거기 김 선생님 병원인가요? 저는 환자 중 한 명인 박재희입니다. 지난 며칠간 몸이 안 좋았는데요, 오늘 상태가 더 안 좋아졌습니다. 김 선생님께 꼭 진찰을 받아야 합니다.

② **병원 진료 예약에 대한 정보 요청과 나의 의견** 제가 오늘 중으로 예약할 수 있는 어떤 방법이 있나요? 막판에 요청하는 것이라는 것은 알지만, 그렇게 급속히 너무 아프게 된 걸 보니 건강상에 심각한 문제가 있는 것 같습니다. 또한, 검사들을 받기 위해 추가 요금을 내야 할까요? 제 보험이 모든 것을 보장하는지 확인하고 싶습니다. 만일 제가 오늘 중으로 예약을 잡는 것이 전혀 불가능하다면, 다른 진료소나 병원을 추천해 주실 수 있을까요? 제 상황이 상당히 시급합니다.

③ **예약** 저를 도와주셔서 정말 감사합니다. 오늘 오후 4시로 예약하고 싶습니다.

under the weather 몸이 좋지 않은 urgent 시급한

Q **I'd like to give you a situation to act out. You want to have a birthday party at a restaurant. Call the restaurant and make a reservation.** 당신에게 연기할 상황을 드릴게요. 당신은 레스토랑에서 생일 파티를 하기 원합니다. 레스토랑에 전화를 걸어 예약을 해주세요.

나의 답변 🎤 먼저 나의 답변을 실제로 말해보자. 그 후, 등급 UP! 핵심표현과 AL 달성! 모범답변을 참고하여 나의 답변을 보완하자.

등급 UP! **핵심표현** ⚡

① 상황 설명	· 생일이 다음 주로 다가오다	→ birthday is coming up next week
	· 내 생일 파티를 위해 장소가 필요하다	→ need a venue for my birthday party
② 레스토랑 예약에 대한 정보 요청과 나의 의견	· 우리 모두를 수용할 수 있는 특실	→ a special room to accommodate all of us
	· 특별 세트 메뉴를 제공한다	→ offer a special set menu
	· 사전에 보증금을 내야 한다	→ need to pay a deposit in advance
	· 전용 노래방기기를 제공한다	→ offer private karaoke
	· 단체할인을 제공한다	→ offer group discounts
	· 맥주와 와인을 판다	→ serve beer and wine
	· 금요일 밤에 꽉 차는지 궁금하다	→ wonder if it gets packed on Friday nights
	· 채식주의자 메뉴	→ vegetarian-friendly menu
③ 예약	· 다음 주 금요일에 특실을 예약하고 싶다	→ I'd like to book the special room for next Friday

AL 달성! **모범답변** ✐

① 상황 설명 Good morning. My brother's birthday is coming up next week, and it's a special occasion since he's turning 20. I want to have a big party, and I'd like to celebrate at your establishment. But first, I'd like to confirm some things with you.

② 레스토랑 예약에 대한 정보 요청과 나의 의견 First and foremost, I plan on having around 30 guests. **You have a special room to accommodate all of us, right?** Seating us in a private room would be ideal, as I'd hate to disturb the other diners. Also, with large groups, **do you offer a special set menu?** Since I'm picking up the tab, I'd like to limit dining options to keep costs down. Finally, would it be all right if we brought some decorations and put them up around the room?

③ 예약 Thanks for the information. I'd like to book the special room for next Friday evening at 7 p.m., please.

① 상황 설명 안녕하세요. 제 남동생 생일이 다음 주로 다가오는데, 그가 20살이 되기 때문에 특별한 행사입니다. 저는 큰 파티를 하고 싶고, 당신 가게에서 축하해 주고 싶습니다. 하지만 먼저 당신과 몇 가지를 확인하고 싶습니다.

② 레스토랑 예약에 대한 정보 요청과 나의 의견 다른 무엇보다도 먼저, 저는 약 30명 정도의 손님이 있을 것으로 계획하고 있습니다. 저희 모두를 수용할 수 있는 특실이 있죠, 맞나요? 저는 다른 손님들을 방해하는 것을 질색하기 때문에, 저희를 별도의 객실에 앉혀 주시면 이상적일 것 같습니다. 또한, 단체 손님에게 특별 세트 메뉴를 제공하시는 것이 있나요? 제가 계산을 하기 때문에 비용을 줄이기 위해 식사 메뉴를 한정시키고 싶어요. 마지막으로, 저희가 장식을 좀 가져와서 방에 붙여놔도 될까요?

③ 예약 정보를 주셔서 감사합니다. 다음 주 금요일 저녁 7시에 특실을 예약하고 싶습니다.

establishment 가게, 시설 confirm 확인하다 first and foremost 무엇보다도 먼저 disturb 방해하다 pick up the tab 계산하다

Hackers.co.kr

무료 토익·토스·오픽·취업 자료 제공

부록

'시험장 위기 상황 대처 표현'에서는 예상치 못한 문제가 나오거나 답할 내용이 빨리 떠오르지 않는 경우와 같은 위기 상황에 대처할 수 있는 표현을 수록했으며, '알면서도 틀리는 OPIc 표현'에서는 틀리기 쉬운 표현들을 엄선하여 말하기 습관을 점검할 수 있도록 했습니다.

시험장 위기 상황 대처 표현

시험장에서 예상치 못한 여러 상황이 닥쳤을 때 사용할 수 있는 대처 표현들을 학습할 수 있습니다. 아래의 표현들을 익혀두면, 위기 상황에 조금 더 자연스럽게 대처하는 데 도움이 됩니다. 당황스러운 상황에서도 자유자재로 활용할 수 있도록, 입에 붙을 때까지 반복하여 연습하는 것이 좋습니다.

상황 1 | 생각할 시간이 필요할 때

그것에 대해서 잠시 생각할 시간을 주시겠어요?	Could you give me a moment to think about it?
글쎄요. 제가 생각을 정리할 시간을 잠시 가져도 괜찮을까요? 정말 감사할 겁니다.	Let me see. Would you mind if I took a minute to gather my thoughts? I would really appreciate it.

상황 2 | 질문을 잘 이해하지 못했거나 일부 놓쳤을 때

제가 대답할 수 있는 것들을 말해 볼게요. 제가 놓치는 것이 없었으면 좋겠어요.	I'll try to answer what I can. I hope I don't miss anything.
죄송하지만, 문제가 몇 부분밖에 기억나지 않아서 제가 대답할 수 있는 것들만 대답해 볼게요.	I'm sorry, but I remember only parts of the question, so I'll answer what I can.

상황 3 | 정확한 표현이 생각나지 않을 때

그걸 어떻게 말해야 할지 잘 모르겠어요. 하지만 쉬운 말로 풀어서 설명해 볼게요.	I'm not sure how to put it. But let me try to explain it in simple terms.
생각이 날 듯 말 듯 해요. 하지만 정확한 표현이 당장 생각나지 않으니 다른 방식으로 설명해 볼게요.	It's on the tip of my tongue. But I can't think of the correct expression right now, so I'll try to explain it another way.
그 주제에 대해서 할 말이 있는데 그걸 제가 영어로 표현하기가 어렵네요. 최선을 다해 볼게요. 제가 실수를 하더라도 이해해 주세요.	I have something to say on the topic, but it's hard for me to express it in English. I'll try my best. Please excuse me if I make a mistake.

상황 4 | 답변이 요점에서 벗어난 것 같을 때

죄송하지만 제가 주제에서 벗어난 것 같아요. 요점으로 돌아갈게요.	I'm sorry but I think I've gone off topic. Let me get back to the point.
제가 요점에서 벗어나서 옆길로 샌 걸 알게 됐네요. 다시 제대로 돌아갈게요.	I realize I've strayed from the main point. Let me get back on track.

상황 5 | 질문과 관련된 경험이 없거나 잘 기억나지 않을 때

너무 오래전이에요.	It was such a long time ago.
전 그런 경험을 해본 적이 없어요.	I've never had that kind of experience.
대신 좀 더 일반적인 상황에 대해서 말해도 될까요?	Could I talk about a more general situation instead?
대신 어느 정도 비슷한 상황에 대해 말해도 될까요?	Can I talk about a somewhat similar situation instead?
당신이 괜찮으시다면, 대신 제 친구의 경험에 대해 이야기할게요.	I'll talk about a friend's experience instead, if that's OK with you.

상황 6 | 생각해 보지 않은 주제에 대해 물어볼 때

솔직히, 그 주제에 대해 익숙하지 않아요. 그래도 그것에 대해 한번 이야기해 볼게요.	To be honest, I'm not familiar with the subject. I'll give talking about it a try though.
죄송하지만 그것에 대해 많이 생각해 본 적이 없어요. 대신 관련된 주제에 대해 말할게요.	I'm sorry but I haven't given it much thought. I'll talk about a related subject instead.

상황 7 | 이미 답변한 내용에 대해 물어볼 때

그것에 대해서 아까 이야기한 것 같아요. 관련된 문제에 대해 이야기해 볼게요. .	I think I talked about that earlier. Let me talk about a related matter.
저는 이미 이전 답변에서 이것에 대해 이야기했어요. 그래도 다시 해볼게요. 이번엔 추가적인 세부 내용을 이야기해 볼게요.	I already discussed this in an earlier response. Let me try again, though. I'll give additional details this time.

상황 8 | 마지막 몇 문제에 답변 시간이 부족할 때

안타깝지만 여기서 마무리해야 할 것 같아요.	I'm afraid I have to wrap things up now.
그것에 대해 할 수 있는 말이 정말 많지만, 시간이 없네요. 긴 이야기를 짧게 하자면 …	There are so many things I could say about that, but I've run out of time. To make a long story short …

알면서도 틀리는 OPIc 표현

OPIc IH/AL을 목표로 하는 학습자들의 답변을 검토하여 가장 자주 틀리는 표현들을 정리했습니다. 본인이 자주 실수하는 부분을 다시 한번 확인하고, Quiz를 통해 연습해 보세요.

01 | 똑같이 '보다'이지만 see와 watch는 달라요.

전 어제 TV를 봤습니다.	I <u>saw</u> TV yesterday. (X) I <u>watched</u> TV yesterday. (○)

see와 watch는 둘 다 '보다'이지만, see는 '막연히 눈을 뜨고 보는 것'이고, watch는 '주의를 기울여 일정 시간 동안 시청·관찰하는 것'입니다.

예 우연히 그가 요리하고 있는 것을 본 경우 – I saw him cooking.
    그가 요리하는 것을 관찰하고 있던 경우 – I watched him cooking.

Quiz 다음 우리말 문장을 영어로 말해보세요.

1. 저는 어젯밤에 레스토랑에서 제가 가장 좋아하는 가수를 봤습니다.
   🎤 I _____ my favorite pop singer at a restaurant last night.

2. 저희는 한 시간 동안 뉴스 프로그램을 보고 그 후에 자러 갔습니다.
   🎤 We _____ the news program for an hour and then went to bed.

1. saw 2. watched

02 | 쓸 때마다 혼동되는 빌려주다(lend), 빌려오다(borrow)

전 도서관에서 책을 한 권 빌려왔습니다.	I <u>lent</u> a book from the library. (X) I <u>borrowed</u> a book from the library. (○)

내가 상대방에게 빌려주는 것은 lend이고, 상대방으로부터 빌려오는 것은 borrow입니다.

예 그가 나에게 펜을 빌려준 경우 – He lent me a pen.
    내가 그에게 펜을 빌렸다고 할 경우 – I borrowed a pen from him.

Quiz 다음 우리말 문장을 영어로 말해보세요.

1. 저는 당신의 블루투스 스피커를 빌려야 합니다.
   🎤 I need to _____ your Bluetooth speaker.

2. 은행은 우리에게 주택자금을 빌려주기로 승인했습니다.
   🎤 The bank agreed to _____ us money for a house.

1. borrow 2. lend

03 | 입고 있는 상태(wear)와 입는 동작(put on)을 구별해 주세요.

> **나가기 전에 저는 재킷을 입었습니다.**
>
> I <u>wore</u> my jacket before leaving. (X)
> I <u>put on</u> my jacket before leaving. (O)

wear와 put on은 둘 다 '입다/신다/착용하다'이지만, wear는 '입고 있는 상태'를 뜻하고, put on은 '(어느 순간의) 입는 동작'을 말합니다.

예 추운 날 장갑을 착용한 상태 – I wear gloves on cold days.
　 나가기 전에 장갑을 착용하는 동작 – I put on my gloves before going out.

Quiz 다음 우리말 문장을 영어로 말해보세요.

1. 저는 오늘 아침에 산책할 때 새 신발을 신었습니다.

　🎤 I _____ new shoes on my walk this morning.

2. 히터가 고장 나서, 그녀는 스웨터를 입었습니다.

　🎤 The heater broke, so she _____ a sweater.

1. wore 2. put on

04 | 알고 있다(know)와 알게 되다(realize)는 하늘과 땅 차이!

> **전 열쇠를 잃어버린 걸 알게 되었습니다.**
>
> I <u>knew</u> that I had lost my keys. (X)
> I <u>realized</u> that I had lost my keys. (O)

know와 realize는 둘 다 '알다'이지만, '(일반적으로) 아는 것, 알고 있는 것'은 know이고, '(몰랐던 것을) 알게 되는 것' 은 realize입니다.

예 지금까지 몰랐다고 말하는 순간 지각했다는 걸 알게 된 경우 – I realized I had arrived late.
　 내가 지각했다는 걸 이미 알고 있었을 경우 – I knew I had arrived late.

Quiz 다음 우리말 문장을 영어로 말해보세요.

1. 저는 제가 그녀의 생일을 잊었다는 것을 알게 되었습니다.

　🎤 I _____ I had forgotten her birthday.

2. 저는 우리나라의 주택 현황에 대해 아무것도 몰랐습니다.

　🎤 I didn't _____ anything about the country's housing situation.

1. realized 2. know

05 | 불가능해 보이면 wish, 가능해 보이면 hope!

당신이 클래식 음악을 좋아하시면 좋겠어요.	I <u>wish</u> you like classical music. (X) I <u>hope</u> you like classical music. (O)

wish와 hope는 둘 다 '~하면 좋겠다'이지만, wish는 불가능해 보이거나 이미 일어나서 바꿀 수 없을 때 쓰고, hope 는 현실적으로 가능해 보이는 상황에서 씁니다. 참고로, 이때 wish 뒤에는 주로 과거 시제가 옵니다.

> 예 고향에 갈 가망성이 전혀 없을 경우 – I wish I had the time to visit my hometown.
> 다음 주말에 고향에 갈 가망성이 있을 경우 – I hope to visit my hometown next weekend.

Quiz 다음 우리말 문장을 영어로 말해보세요.

1. 제가 더 큰 아파트가 있었다면 좋았을 텐데요.

   🎤 I _____ I had a bigger apartment.

2. 제가 가장 좋아하는 록 밴드가 한국에서 또 공연했으면 좋겠습니다.

   🎤 I _____ my favorite rock band will perform in Korea again.

1. wish 2. hope

06 | 결혼은 함께(with) 하는 것이 아니었다고요?!

제 여동생은 제 친구와 결혼했습니다.	My sister <u>married with</u> my friend. (X) My sister <u>married</u> my friend. (O)

결혼은 물론 두 사람이 함께 하는 것이지만, 영어로 말할 때 marry는 전치사가 필요 없는 타동사라 with 없이 바로 상대방이 나옵니다. 혼동되신다면 사람들이 청혼할 때 늘 하는 말을 떠올려 보세요. Will you marry me?

Quiz 다음 우리말 문장을 영어로 말해보세요.

1. 제 오빠는 올해 약혼자와 결혼했습니다.

   🎤 My brother _____ his fiancée this year.

2. 저는 제가 꿈에 그리던 남자와 결혼했습니다.

   🎤 I _____ the man of my dreams.

1. married 2. married

07 | 토론할(discuss) 때 about을 남용하지 마세요.

> 저희는 그 이슈에 대해 토론했습니다.

We <u>discussed about</u> **the issue.** (X)
We <u>discussed</u> **the issue.** (O)

한국말을 영어로 옮기다 보면 왠지 전치사가 필요해 보이는 '자동사 같은' 단어들이 몇몇 있는데, 그 중 대표적인 단어가 discuss입니다. '~에 대해 토론하다'는 'discuss about'이라고 하고 싶지만, discuss는 엄연히 전치사 없이 바로 목적어를 쓰는 타동사입니다. OPIc 시험에서는 about 없이 토론하세요.

Quiz   다음 우리말 문장을 영어로 말해보세요.

1. 교수님은 과제에 대해 상세히 논하셨습니다.

🎙 The professor _____ the assignment in detail.

2. 그룹의 멤버들은 누가 무엇을 할 것인지에 대해 토론했습니다.

🎙 The members of the group _____ who would do what.

1. discussed 2. discussed

08 | 나에게 말해줘(tell me), 꼭 붙여야겠니… 전치사(to)?

> 저는 남동생에게 집에 일찍 들어오라고 말했습니다.

I <u>told to</u> **my brother to come home early.** (X)
I <u>told</u> **my brother to come home early.** (O)

이전에 한창 유행하던 히트곡 'tell me'에서도 'tell to me'라고 하지 않았죠. 우리는 습관적으로 tell 뒤에 to를 붙일 때가 많지만, tell은 전치사(to)가 필요 없는 타동사입니다. tell someone, told someone 등이 자연스럽게 입에 붙을 수 있도록 평소에 많이 연습하는 것이 중요하답니다.

Quiz   다음 우리말 문장을 영어로 말해보세요.

1. 그녀는 모든 사람에게 자신이 채식주의자라고 말합니다.

🎙 She _____ everyone that she's a vegetarian.

2. 저는 친구에게 낮 12시 전에 기숙사로 오라고 말했습니다.

🎙 I _____ my friend to come to my dorm before noon.

1. tells 2. told

09 | '하고 있다'고 다 현재진행형이 아니랍니다.

> 저는 지금 1년 동안
> 운동을 하고 있습니다.

I am exercising for a year now. (✕)
I have been exercising for a year now. (○)

우리말로는 '하고 있다'이지만, '이전부터 지금까지 계속 하고 있는 것'일 경우 현재진행형(am walking)이 아닌, 현재 완료 진행(have been walking)으로 말해야 합니다. 우리말에 없는 시제라 실수하기 쉬워요. 이전부터 꾸준히 하고 있는 습관/경향을 말할 때, 'have been + -ing'라고 말하세요.

Quiz   다음 우리말 문장을 영어로 말해보세요.

1. 저는 지금까지 2주째 새 자전거를 타고 있습니다.
   🎤 I _____ my new bike for two weeks now.

2. 저희는 지난 6개월 동안 마라톤을 준비하고 있습니다.
   🎤 We _____ for a marathon for the past six months.

1. have been riding   2. have been preparing

10 | 긴 문장에서 '두 번째' 동사의 시제는 특별히 더 신경 써주세요!

> 저는 지난달 우리가
> 친해질 기회가
> 있었다는 것이 기쁩니다.

I'm glad we have the chance to bond last month. (✕)
I'm glad we had the chance to bond last month. (○)

주절과 종속절로 되어 있는 긴 문장을 말할 때, 영어를 잘하는 학습자들도 두 번째로 나오는 동사의 시제를 자칫 잘못 말하기 쉽습니다. 두 동사의 시제가 다를 경우 특히 더 그런데요, 긴 문장을 말할 때는 무심코 기본 현재시제로 말하지 않도록 시제 선택에 주의하세요.

Quiz   다음 우리말 문장을 영어로 말해보세요.

1. 제 친구들은 어제 수업에서 발표를 해야 했다고 저에게 말했습니다.
   🎤 My friends told me they _____ to give a presentation in class yesterday.

2. 전 부모님과 제가 작년에 디즈니 월드에서 멋진 시간을 보냈다고 말할 수 있습니다.
   🎤 I can say that my parents and I _____ a marvelous time at Disney World last year.

1. had   2. had

11 | '모든 사람(everyone)'인데 복수가 아니라고요!?

> 모든 사람이 만족한 것은 아니었습니다.

Not everyone <u>were</u> satisfied. (X)
Not everyone <u>was</u> satisfied. (O)

everyone은 '모든 사람'이니까 복수형일 것 같지만, 우리의 기대와는 달리 단수형입니다. 따라서 단수형 동사(was)가 와야 합니다. 한발 더 나아가, every가 붙은 everyone, everybody, everything도 모두 단수형임을 기억하세요. 헷갈릴 땐 이 말을 떠올려 보세요! Everything is OK!

Quiz 다음 우리말 문장을 영어로 말해보세요.

1. 우리 팀이 경기에서 패했을 때 모든 사람이 놀랐습니다.

🎤 Everyone _____ surprised when our team lost the game.

2. 모든 사람이 콘서트를 보고 있는 동안 저는 과제를 하고 있었습니다.

🎤 While everybody _____ watching the concert, I was doing my paper.

1. was 2. was

12 | 특히 혼동되는 advice(조언)와 advise(조언하다)!

> 부모님은 저에게 조언을 해주셨습니다.

My parents offered me <u>advise</u>. (X)
My parents offered me <u>advice</u>. (O)

동사 advise[ædváiz]와 명사 advice[ædváis]는 발음도 다르고 품사도 전혀 다른 단어입니다. 동사를 쓸 자리와 명사를 쓸 자리를 구별하여 바꿔 쓰지 않도록 주의하세요. 그 외에 비슷하게 생겨 혼동되는 단어들로는 'sleep(자다)/asleep(잠든), sit(앉다)/seat(자리)' 등이 있습니다.

Quiz 다음 우리말 문장을 영어로 말해보세요.

1. 저는 그녀에게 지갑에 돈을 많이 가지고 다니지 말라고 조언했습니다.

🎤 I _____ her not to carry so much money in her wallet.

2. 우리는 부모님이 우리에게 주시는 조언에 항상 귀 기울이는 것은 아닙니다.

🎤 We don't always listen to the _____ that our parents give us.

1. advised 2. advice

13 │ 부정문에는 some 말고 any를 쓰세요.

| 저는 돈이 하나도 없었습니다. | I didn't have <u>some</u> money. (✕)
I didn't have <u>any</u> money. (○) |

긍정문에는 some을 쓰고, 부정문/의문문에는 any를 쓴다는 것은 쉬워 보이지만, 많은 학습자들이 실수하는 표현이에요. 막상 시험 볼 때 긍정문인지, 부정문인지를 생각하며 답하기 어렵기 때문에, 평소 충분히 연습하는 것이 중요합니다. 특히 많은 사람들이 실수하는 부정문/의문문 위주로 연습하세요.

Quiz 다음 우리말 문장을 영어로 말해보세요.

1. 제안 사항이 있으신가요?

🎤 Do you have _____ suggestions?

2. 비행기에 남은 좌석이 전혀 없었습니다.

🎤 There weren't _____ seats left on the plane.

1. any 2. any

14 │ high와 tall 모두 똑같이 높은데, 바꿔 쓰면 안 되나요?

| 저는 아버지처럼 키가 큽니다. | I am <u>high</u> like my dad. (✕)
I am <u>tall</u> like my dad. (○) |

high와 tall은 우리말로는 둘 다 '높다/크다'이지만, 말하는 대상에 따라 다른 형용사를 사용해야 합니다. tall은 주로 사람, 나무처럼 너비보다 높이가 더 긴 대상을 말할 때 사용하고, 그 외 산이나 하늘 등을 말할 때는 high를 사용합니다.

예 높은 산 - a high mountain
키가 큰 여자 - a tall woman

Quiz 다음 우리말 문장을 영어로 말해보세요.

1. 저희 동네 근처에 있는 산들은 매우 높습니다.

🎤 The mountains near my neighborhood are very _____.

2. 제 오빠들과 언니들은 모두 매우 키가 큽니다.

🎤 All of my brothers and sisters are very _____.

1. high 2. tall

15 | 웃긴 것(funny)과 즐거운 것(fun)은 엄연히 다르죠.

> 전 그 파티가 재미있었다고
> 생각했습니다.

I thought the party was <u>funny</u>. (✕)
I thought the party was <u>fun</u>. (○)

우리말로는 둘 다 '재미있다'이지만, 영어로는 조금 다른 의미를 갖고 있어요. funny는 '웃기는, 우스운' 것이고, fun은 어떤 일을 하면서 느끼는 '즐거운' 기분을 말합니다.

예 이야기가 웃겼을 경우 – The story was funny.
　　여행이 즐거웠을 경우 – The trip was fun.

Quiz 다음 우리말 문장을 영어로 말해보세요.

1. 그 유머는 너무 재미있어서 전 웃음을 멈출 수가 없었습니다.

🎤 The joke was so ＿＿＿＿＿＿ that I couldn't stop laughing.

2. 친구와 함께 보냈던 시간이 너무 재미있었습니다.

🎤 The time I spent with a friend was ＿＿＿＿＿＿.

1. funny 2. fun

16 | -ed(bored)와 -ing(boring)를 구별하지 않으면 지루한 사람이 돼요.

> 우리는 지루해서
> TV를 봤습니다.

We were <u>boring</u>, so we watched TV. (✕)
We were <u>bored</u>, so we watched TV. (○)

우리말로 둘 다 '지루하다'이지만, boring은 능동적(-ing) 의미로 '지루하게 만드는'을 뜻하고, bored는 수동적(-ed) 의미로 '지루하게 된'을 말합니다. 자칫 잘못하면, 내가 지루하게 된(I was bored) 재미없던 상황을 말하려다, 도리어 내가 지루하게 만드는(I was boring) 재미없는 사람이 될 수 있으니 주의하세요.

Quiz 다음 우리말 문장을 영어로 말해보세요.

1. 저는 제 아르바이트 일이 정말 지루합니다.

🎤 I am really ＿＿＿＿＿＿ with my part-time job.

2. 학생들은 그 교수님의 강의가 지루하다고 생각했습니다.

🎤 The students thought the professor's lectures were ＿＿＿＿＿＿.

1. bored 2. boring

17 | 충분히 친절해? 친절해 충분히? 우리말과 어순이 다른 enough

그는 저를 도와줄 정도로 충분히 친절했습니다.	He was <u>enough kind</u> to help me. (X) He was <u>kind enough</u> to help me. (○)

'충분히 ~하다'라는 enough는 우리말과 어순이 달라서 자주 실수하게 되는 단어입니다. '~할 정도로 충분히 친절하다'라고 말하려면, '형용사(kind) + enough'로 말해야 합니다. enough를 올바른 어순으로 자연스럽게 말할 수 있도록 자주 쓰는 형용사와 함께 연습해 두세요.

Quiz   다음 우리말 문장을 영어로 말해보세요.

1. 그 책은 1시간 만에 읽을 수 있을 정도로 충분히 짧았습니다.

   🎙 The book was _____ to finish in an hour.

2. 그녀는 투표할 수 있을 만큼 충분히 나이를 먹었다.

   🎙 She was _____ to vote.

1. short enough   2. old enough

18 | 기준 시간에 따라 다른 표현 1. later vs. in

제가 이틀 후에 다시 전화 드리겠습니다.	I'll call you back <u>two days later</u>. (X) I'll call you back <u>in two days</u>. (○)

우리말로는 둘 다 '~ 후에'라는 의미이지만 '(지금부터) ~ 후에'라는 뜻을 가진 in은 기준이 현재이기 때문에 기준 시간이 필요 없고, '(특정 시점)보다 ~ 후에'라는 의미인 later는 기준 시간이 필요하답니다.

> 예 내가 오후 5시에 전화했고, 그가 그보다 1시간 후에 회신한 경우 - I called him at 5 p.m. He called me back an hour later.
>
> 지금부터 1시간 후에 전화할 경우 - He will call you in an hour.

Quiz   다음 우리말 문장을 영어로 말해보세요.

1. 기장은 비행기가 5분 후에 이륙할 것이라고 말했습니다.

   🎙 The captain said the flight would take off _____.

2. 저는 9시에 도착했고, 제 동료는 5분 후에 나타났습니다.

   🎙 I arrived at 9, and my co-worker showed up _____.

1. in five minutes   2. five minutes later

19 | 기준 시간에 따라 다른 표현 2. before vs. ago

> **버스가 5분 전에 떠났습니다.**
>
> **The bus left five minutes <u>before</u>. (✕)**
> **The bus left five minutes <u>ago</u>. (○)**

우리말로는 둘 다 '~ 전에'라는 의미이지만, before는 '(어떤 과거 시점부터) ~ 전에'라는 뜻이고, ago는 '(지금부터) ~ 전에'라는 뜻입니다.

예 지금으로부터 5분 전에 떠난 경우 – The bus left five minutes ago.

어떤 과거 시점(내가 도착했을 때)으로부터 5분 전에 떠난 경우 – The bus left five minutes before I arrived.

Quiz 다음 우리말 문장을 영어로 말해보세요.

1. 저희는 이틀 전에 박물관을 방문했습니다.

🎙 We visited the museum two days _____ .

2. 저는 취직하기 한 달 전에 이 동네로 이사 왔습니다.

🎙 I moved to this area a month _____ getting a job.

1. ago 2. before

20 | similar는 with 말고 to와 함께!

> **제 자전거는 아버지의 것과 비슷합니다.**
>
> **My bike is <u>similar with</u> my dad's. (✕)**
> **My bike is <u>similar to</u> my dad's. (○)**

'~과 비슷하다'라는 의미를 말할 때 '~과'라는 말 때문인지 to 대신 with를 쓰는 사람들이 많이 있어요. 하지만 similar with는 엄격히 말해 문법적으로 틀린 표현이고, similar to로 말하는 것이 맞답니다. similar는 전치사 to와 함께 기억하시고, 입에 붙게 연습해서 실수하지 않도록 주의하세요.

Quiz 다음 우리말 문장을 영어로 말해보세요.

1. 그녀는 제 것과 비슷한 스카프를 가지고 있습니다.

🎙 She owns a scarf that's _____ mine.

2. 저희 동네에 있는 아파트들은 서로 비슷합니다.

🎙 The apartments in my neighborhood are _____ each other.

1. similar to 2. similar to

21 | cross the street이 맞나요? across the street이 맞나요?

> 저는 길 건너에 있는
> 가게에서 일합니다.

I work at the store <u>cross</u> the street. (X)
I work at the store <u>across</u> the street. (O)

cross는 동사로 '건너다'라는 의미로 쓰이고, across는 전치사/부사로 '~을 건너'라는 의미를 나타냅니다. 따라서 길을 건너는 것은 동사 cross를 써서 'cross the street'이고, 길 건너에 있다는 것은 전치사 across를 써서 'across the street'이라고 말합니다.

Quiz 다음 우리말 문장을 영어로 말해보세요.

1. 저희 어머니는 길을 건널 때 뛰지 말라고 가르치셨습니다.

🎙 My mother taught me not to run when I _____ the street.

2. 그 슈퍼마켓은 제가 사는 곳 바로 길 건너에 있습니다.

🎙 The supermarket is just _____ the street from where I live.

1. cross 2. across

22 | 접속사는 하나면 충분해요! 두 개 쓰기 있기? 없기!

> 비록 저는 배가 안 고팠지만,
> 먹었습니다.

<u>Although</u> I wasn't hungry, <u>but</u> I ate. (X)
<u>Although</u> I wasn't hungry, I ate. (O)

Although/Even though는 '비록 ~하지만'이라는 의미로 이미 역접(but)의 의미를 가지고 있는 접속사입니다. 많은 학습자들이 Although/Even though를 쓸 때, 뒤에 but을 붙이는 경향이 있는데, 그렇게 이야기하면 '비록 ~이지만, 하지만'이라고 중복해서 말하는 것이 되어 틀립니다.

Quiz 다음 우리말 문장을 영어로 말해보세요.

1. 비록 저희는 그 영화를 봤긴 했지만, 다시 보러 갔습니다.

🎙 _____ we had seen the movie, _____ we went to see it again.

2. 비록 저희가 늦었지만, 선생님은 저희를 들여보내 주셨습니다.

🎙 _____ we were late, _____ the teacher let us in.

1. Although/Even though, 빈칸 2. Although/Even though, 빈칸

23 | 네!? 병원에 갔다고요? 구급차에 실려 가셨나요?

> 전 감기에 걸려서
> 병원에 갔습니다.

I had a cold, so <u>I went to the hospital.</u> (X)
I had a cold, so <u>I went to see a doctor.</u> (O)

hospital은 수술받거나 응급상황일 때 가는 곳으로, 대학병원같이 입원환자들을 수용할 수 있는 시설을 말합니다. 우리가 흔히 '병원에 갔다'고 말할 때 가는 동네 병원은 hospital이 아닌 doctor's office나 medical clinic이고, 이때 'I went to see a doctor.' 또는 'I went to the doctor's office.'라고 말합니다.

Quiz 다음 우리말 문장을 영어로 말해보세요.

1. 저는 몸이 좋지 않아서 병원에 갔습니다.

🎤 I _____ because I was feeling under the weather.

2. 친구가 제 두통 때문에 저에게 병원에 가보라고 말했습니다.

🎤 A friend told me to _____ for my headaches.

1. went to see a doctor/went to the doctor's office   2. see a doctor/go to the doctor's office

24 | 정녕 이 살(weight)이 "제" 살(my weight)이 아닌 건가요?

> 전 살을 빼야 합니다.

I have to <u>lose my weight.</u> (X)
I have to <u>lose weight.</u> (O)

이상하게 우리말로도 '내 살을 빼다'라고 하지 않지만, 영어로 '살을 빼다'라고 할 때는 'lose my weight'라고 할 때가 많아요. 빼야 하는 것이 '내' 살은 맞지만, '살을 빼다'는 표현에 my weight를 쓰면 틀려요. 살을 빼는 것은 'lose (some) weight', 살이 찌는 것은 'gain (some) weight'라고 합니다.

Quiz 다음 우리말 문장을 영어로 말해보세요.

1. 저는 명절 동안 살이 쪘습니다.

🎤 I _____ during the holidays.

2. 만약 살을 빼고 싶다면 더 적게 먹고 더 많이 운동하세요.

🎤 Eat less and exercise more if you want to _____.

1. gained (some) weight   2. lose (some) weight

MEMO

MEMO

MEMO

10일 만에 끝내는
해커스
OPIc
Advanced 공략

개정 3판 2쇄 발행 2023년 10월 23일

개정 3판 1쇄 발행 2023년 6월 5일

지은이	해커스 오픽연구소
펴낸곳	㈜해커스
펴낸이	해커스 출판팀

주소	서울특별시 서초구 강남대로61길 23 ㈜해커스
고객센터	02-537-5000
교재 관련 문의	publishing@hackers.com
동영상강의	HackersIngang.com

ISBN	979-11-379-1053-9 (13740)
Serial Number	03-02-01

오픽도 역시,
외국어인강 1위 해커스

오픽 최단기 완성을 위한
해커스인강의 고퀄리티 학습 콘텐츠

해커스 레벨별 오픽 스타강사
오픽 전문가에게 배우는 고득점 학습 전략

오픽 클라라

오픽 Jenna

11년 연속 베스트셀러 1위 오픽 교재
Intermediate부터 Advanced까지
목표 등급 달성을 위한 맞춤 학습

체계적인 인강 학습 커리큘럼
철저한 예습·복습·실전대비 학습 시스템,
스타강사의 1:1 멘토링으로 단기 목표달성 가능!

다양한 무료 학습자료
교재별 MP3 · 무료 학습자료,
고퀄리티 무료강의 제공

해커스인강 HackersIngang.com

해커스 오픽 인강
바로가기 ▶